BULLETIN

DE LA

SOCIÉTÉ DES SCIENCES

HISTORIQUES & NATURELLES

DE LA CORSE

VIIIe ANNÉE

JUILLET-AOUT-SEPTEMBRE-OCTOBRE 1888

91e-92e-93e-94e FASCICULES

BASTIA

IMPRIMERIE & LIBRAIRIE Ve OLLAGNIER

1888.

SOMMAIRE

DES ARTICLES CONTENUS DANS LE PRÉSENT BULLETIN

Pages

Introduction . . . . I à XVI
Relazione dell'Accidente occorso in Roma l'anno
    1662. . . . . 1 à 70
Processo de' Corsi in Roma . . . . 71 à 434
Table des matières . . . . 435 à 442

Pour paraître prochainement :

Lettres de Paoli, fascicules de novembre et décembre.
Chronique de Marc'Antonio Ceccaldi, (2ᵉ vol. de l'Histoire de la Corse).
Chronique de Pietr'Antonio Filippini, (3ᵉ vol. de l'Histoire de la Corse).

DEUX DOCUMENTS INÉDITS

SUR

L'AFFAIRE DES CORSES A ROME

(20 Août 1662)

SOCIÉTÉ DES SCIENCES HISTORIQUES ET NATURELLES
DE LA CORSE

DEUX DOCUMENTS INÉDITS

SUR

L'Affaire des Corses à Rome

(20 Août 1662)

MANUSCRITS DE LA BIBLIOTHÈQUE DE BASTIA

PUBLIÉS PAR

L. & P. LUCCIANA

BASTIA

IMPRIMERIE ET LIBRAIRIE Vᵉ EUGÈNE OLLAGNIER

1888

INTRODUCTION

Une rixe grave, mais sans aucune importance politique, entre des soldats corses au service du pape Alexandre VII et les gens du duc de Créquy, ambassadeur de France à Rome en 1662, prit les proportions d'un grand événement, grâce à l'immense orgueil de Louis XIV, si souvent porté à sacrifier à de vaines satisfactions d'amour-propre l'intérêt réel de son pays, — n'est-ce pas lui qui disait : L'Etat, c'est moi ? — Elle amena la rupture de toutes relations entre la fille aînée de l'Eglise et le chef de la catholicité, et aurait peut-être provoqué une guerre européenne, sans l'état de marasme dans lequel les puissances catholiques, et surtout l'Espagne, languissaient en ce moment. Mais elle eut pour les Corses des conséquences bien extraordinaires : non seulement on obligea le pape à licencier en masse, à pourchasser, comme des bêtes fauves, ces soldats d'élite dont plus d'un privilège avait honoré la valeur ; mais le traité de Pise, qui en 1664 mit fin à ce long et funeste débat, déclara (1) la nation corse tout entière à jamais indigne de servir le Saint Siège, et, dernière injure, le Pape dut consentir à perpétuer la mémoire de son humiliation en élevant à Rome une pyramide avec l'inscription suivante :

IN EXECRATIONEM DAMNATI FACINORIS
CONTRA EXC. DUCEM CREQUIUM ORATOREM
REGIS CHRISTIANISSIMI
A MILITIBUS CORSIS
XII. CAL. SEPT. ANNI MDCLXII PATRATI
CORSICA NATIO INHABILIS ET INCAPAX
AD SEDI APOSTOLICÆ INSERVIENDUM
EX DECRETO JUSSU
SS. D. N. ALEXAN. SEPT. PONT. MAX.
EDICTO
IN EXECUTIONEM CONCORDIÆ PISIS INITÆ
AD PERPETUAM REI MEMORIAM
DECLARATA EST
ANNO MDCLXIV.

---

1) Voici les articles du traité auxquels on fait allusion :

Art. XII.

Che tutta la nazione corsa sarà dichiarata incapace per sempre di servire tanto in Roma, quanto in tutto lo Stato Ecclesiastico...

Art. XIII.

Sarà alzata una Piramide in Roma dirimpetto all'antico Corpo di guardia de' Corsi con iscrizione ne' termini concertati, che contenga la sostanza del Decreto fatto contro la Nazione Corsa.

Que fut donc ce que les historiens appellent encore la *terrible* affaire des Corses à Rome? Voici comment la raconte l'abbé Salvetti (1), secrétaire de la commission nommée par le Pape lui-même pour arriver à la découverte de la vérité:

« Il dì 20 agosto 1662 verso le 23 hore trovandosi tre soldati corsi nel Ponte-Sisto, furono da alcuni della famiglia del Signor Duca di Crequi, ambasciatore di Francia, che ivi passavano, ingiuriati con le solite parole di sbirri, spie del Papa. Risposero i Corsi esser soldati d'honore, e replicando i Francesi l'ingiurie, posero mani alle spade; ma divisi dalla gente, che vi accorse, andorno i Corsi verso Porta Settignana, et i Francesi verso la Trinità. Questi dopo pochi passi si rivolsero di nuovo a seguitare i Corsi alle spalle, e già erano loro sopra con pugno alla spada, quando i Corsi di ciò avvedutisi voltarono faccia, e posto anch'essi mano, cominciarono a tirarsi scambievolmente. Si ritirarono i Francesi verso le stalle del Signor Ambasciatore di Francia, dove la seconda volta divisi senz'offesa di alcuno, ritornarono i Corsi ai loro quartieri.

» Uscirono poco dopo dal Palazzo del Signor Ambasciatore da trenta huomini della sua famiglia, armati di spade,

---

1) *Racconto dell'accidente occorso in Roma fra la famiglia del Signor di Crequi e la militia Corsa, nel 1662. — In Monte Chiaro, appresso Gio: Battista Vero. MDCLXXI.*
Ce vol. in-32, de 336 pages, publié après la mort de l'auteur par un de ses amis sous le couvert de l'anonyme, se trouve dans la curieuse collection de M. Vincentelli, qui a bien voulu nous le communiquer.

arme in hasta, terzaruoli, et altre arme da fuoco, e si avanzarono verso Ponte Sisto, dove per disaventura s'incontrarono a passare due Corsi non partecipi della rissa passata, e che però venivano affatto spensierati; onde sorpresi prima di sapere da chi dovessero guardarsi, uno di loro nella bottega d'un erbarolo, dove tentò di ricovrarsi, fu ucciso da' Francesi, e l'altro appena potè salvarsi nella Trinità per l'aiuto d'alcune persone che lo sovvennero.

» La fama del Corso ucciso pervenne subito al corpo di guardia pochi passi lontano, dove corse il rumore, che dalla famiglia del Signor Ambasciatore fossero stati ammazzati alcuni Corsi, e si ricercassero gli altri; onde ammutinatisi parte di quelli che vi si trovarono, corsero tumultuariamente a prender le loro armi, e tentarono d'uscire. A quest'impeto non si trovò nel quartiere altri che il caporale di guardia, il quale procurando di ritener quei primi che si mossero, e non potendo, serrò il rastello, e fece loro ordine di non uscire; ma alcuni infuriati, rotti i legni del cancello, ne uscirono per forza, e cominciorno su la Piazza medesima della Trinità avanti il quartiere a tirar delle archibugiate a quelli che stimavano servitori del Signor Ambasciatore, li quali fuggendo avanti la casa de' Signori Spada verso la Piazza Farnese, furono per la strada medesima successivamente seguitati con le archibugiate da' Corsi sino al Palazzo di Sua Eccellenza nel quale vedendoli ricovrati, fermatisi i Corsi su la sboccatura della medesima strada, e preso il cantone, cominciarono a provocare i Francesi ad uscire, et a tirar ancor loro delle archibugiate nella finestra, che dell'ordine più basso del Palazzo è l'ultima verso la Trinità, donde i Francesi refugiati sparavano contro i Corsi.

» Si sparsero altri di questi ancora verso Campo di fiore, e presero le bocche di quelle strade, tirando delle archibugiate a' Francesi.

» Tornò appunto in quell'hora a casa il Signor Ambasciatore, il quale passando per mezzo a Piazza Farnese a vista de' medesimi Corsi infuriati, non ricevè da loro offesa veruna.

» In questo era la mischia, quando ne giunse la prima notitia al Signor Cardinal Imperiale governatore, in tempo ch'egli ritornava al suo Palazzo da quello del Signor Cardinal Acquaviva, dove fin all'hora era stato. Egli nell'istesso punto mandò l'avviso al Signor D. Mario, perchè potesse operar le sue parti, et inviò un suo giudice criminale con ordine espresso agli officiali de' Corsi di far ritirar subito i soldati in ogni modo, ancorchè dovessero lasciare in abbandono il quartiere.

» Intanto sopragiunti il Capitano e l'alfiere de' Corsi, si sforzavano di ritirarli, et a questo fine fecero nel corpo di guardia battere la cassa, ma inutilmente; onde ciò non bastando, si esposero a pericolo, fino usando, con alcuni più contumaci, della forza per ridurli al quartiere.

» Ritornava in quel tempo a casa ancora la Signora Ambasciatrice incognita per la strada di S. Carlo de' Catenari, e sentito qualche avviso del rumore, si fermò avanti la porta della chiesa medesima, inviando a riconoscere ciò che fusse.

» Due lacchè di Sua Eccellenza avanzatisi a questo fine diedero in due Corsi, che venendo dal Monte della Pietà colle carabine alla mano, si misero a seguitarli; fuggirono i lacchè verso la Piazza di S. Carlo, e contro di loro sparò uno de' Corsi, ma senza colpire.

» In quel tempo la Signora Ambasciatrice, che era tutta

via ferma avanti la porta della chiesa, sentita forse la botta, fece voltare a man dritta verso la Valle per andare dal Signor Cardinal d'Este. Appunto il cocchiero s'allargava su la Piazza per prender la volta a man dritta, e veniva a scoprire il paggio, ch'era alla portiera destra della Signora Ambasciatrice, quando l'altro Corso, che seguiva il lacchè, arrivò nella Piazza, e veduto il paggio, sparò subito contro di lui, e l'uccise. Depongono i testimonii de visu, che il Corso non potè vedere della carrozza della Signora Ambasciatrice altro che le teste de'cavalli; onde essendo già mezz'hora di notte, o di vantaggio, e S. Eccellenza incognita, e senza torcie, non era possibile, che sì d'improviso fosse riconosciuta, et è molto verisimile, che conoscendola havessero verso lei havuto quel rispetto medesimo, che hebbero al Signor Ambasciatore nella Piazza Farnese.

» Era frattanto, anco prima del ritorno del Signor Cardinal Imperiale al suo Palazzo, accorso il Bargello colla sua gente in Campo di fiore per ovviare al male, et impedirne il progresso.

» Monsieur di Lusars, Maestro di camera del Signor Ambasciatore, che da S. Carlo era stato inviato dalla Signora Ambasciatrice per Campo di fiore al Palazzo del Signor Ambasciatore, fu avvertito dagli sbirri del pericolo che haverebbe egli corso passando avanti, mentre nella Piazza si tiravano tuttavia delle archibugiate; ma gli offerirono insieme di servirlo quando havesse risoluto di passare, come fecero, convoiandolo fino al Palazzo Farnese. Il simile fecero con la Signora Ambasciatrice quando col Signor Cardinal d'Este ella ritornò a casa, operando solo quanto poteva esser sicurezza, e servizio di Sua Eccellenza.

» Accorse fra tanto il Signor D. Mario in persona per far ritirare i Corsi, e finalmente con l'autorità di Sua Eccellenza e con la diligenza degli Officiali si ridussero a quartiere. Il Palazzo dalla parte di strada Giulia, e di S. Girolamo della Carità hebbe sempre le venute libere, che sono pur molte: onde non vi è pur ombra del supposto assedio, ch'altri han publicato. La Corte (1) accorse per servire il Signor Ambasciatore, far ritirare i Corsi, e per impedire il concorso alla mischia; onde per dividere le parti fu necessario che si mettesse nel mezzo. Il che apparisce dal fatto, perchè ritiratisi i Corsi, gli sbirri si levarono subito dal Campo di fiore, e rimase tutto in quiete.

» Morirono in quest'accidente tre Francesi (pp. 7-15)...

» E come può mai presumersi, *s'écrie plus loin l'auteur*, che un fatto, il quale fu da'servitori del Signor Ambasciatore cominciato tre volte, nel quale i Corsi ingiuriati, e provocati altrettante, non fecero che difendersi senza offesa de'provocanti, possa attribuirsi a premeditatione per la parte de'Corsi, e d'ordine di chi loro comandava?

» Nel vero, se tali ordini vi fossero stati, ogn'un sa, che non si sariano dati a'soldati in particolare, ma agli Officiali. Veggasi dunque come hanno operato gli Officiali a veduta di tutta Roma; e se è verisimile che chi aveva ordini tali, non havesse fatto altro in occasione di tanta provocatione, che serrare i cancelli, e far precetto ai soldati di non uscire, ritenerne la maggior parte in corpo di guardia, ritirar gli altri ancora con pericolo proprio nel furore della rissa, e far

---

1) C.-à-d. la Police.

poscia carcerare la sera seguente i dodeci (1), che essendo tutti insospettiti e su l'armi, non si sarebbero potuti far prigioni senza l'industria del capitano, il quale sotto altri pretesti li chiamò ad uno ad uno nelle sue stanze, e quivi furono presi.

» Gli huomini per la difesa non han bisogno d'altro ordine di quello che dà loro la natura. E se a Parigi le guardie del Re fussero insultate per due mesi continui dalla famiglia d'un Ambasciatore con ingiurie, con derisioni, con urtoni frequenti, e finalmente fino con ferite, et uccisioni d'alcuno di loro, ben si sa, che non aspetterebbono gli ordini del Re per difendersi e risentirsene (p. 33)...

» Non di meno altro non si fece, per la parte del Governo, che tutto il possibile per far prigioni i Corsi, e tirar avanti il processo contro di loro, li quali erano pure in quel tempo il miglior nerbo delle forze, che qui fossero per la difesa (p. 57)... »

Les lecteurs corses ne se plaindront pas, croyons-nous, de cette longue citation. Nous l'avons faite d'autant plus volontiers qu'elle est en parfait accord, pour ce qui regarde l'origine du conflit, avec les deux documents, de sources diverses, que nous publions ci-après: une *Relation* d'un adversaire politique d'Alexandre VII, et le *Procès* (2) instruit,

---

1) Huit autres furent arrêtés dans leur fuite à Civitavecchia, à Livourne, etc.
2) Nous n'en possédons que la première partie, à notre sens la plus importante, car elle contient toute la procédure depuis le 20 août, jour du conflit, jusqu'au 21 novembre suivant. A cette dernière date l'enquête se

par ordre du Pape, contre les coupables, immédiatement après l'attentat. Puisse notre publication servir à lever quelques doutes, à jeter un peu plus de lumière sur cette question toujours controversée ! (1)

L. ET P. LUCCIANA.

---

trouvait déjà suspendue de fait depuis un mois, faute d'éléments nouveaux. On a donc lieu de la croire achevée en ce qui concerne les Corses. Mais on dut faire un supplément d'instruction pour le sbire accusé d'avoir tiré sur le capitaine des gardes de l'ambassadeur (V. la Conclusion).

1) Voir, à ce sujet, les remarquables articles publiés par M. Charles Gérin, dans la *Revue des questions historiques*, notamment celui du 1er juillet 1880.

M. Gérin pense que l'affaire du 20 août ne fut qu'*un tumulte imprévu dans lequel des soldats corses, provoqués par les gens de l'ambassade française, exercèrent des représailles dépassant les droits d'une légitime défense*, et réfute M. Chantelauze, qui dans son livre (*Le Cardinal de Retz et ses missions diplomatiques à Rome. Paris, Didier*) soutient, au contraire, que la cour pontificale *avait prémédité, secrètement provoqué cet horrible guet-apens, ces nouvelles vêpres siciliennes*.

I.

RELAZIONE

DELL'ACCIDENTE OCCORSO IN ROMA

L'ANNO 1662

(ANONYME)

Ce document est anonyme. La Bibliothèque de Bastia n'en possède qu'une copie, (*) portant à la première page l'indication suivante :

Copiato nel codice CXXVII [1], car. 97-142 della libreria Capponi di Firenze.

Nous y avons fait de petites corrections, nécessaires pour l'intelligence du texte, en ayant soin, toutefois, de reproduire en note les passages que nous avons cru devoir modifier.

Quant à l'auteur de ce récit, c'est évidemment un témoin oculaire, et peut-être a-t-il pris lui-même une part active aux événements qu'il raconte. Mais on ne peut certes pas l'accuser de partialité envers Fabio Chigi, dont il considère l'élévation au trône pontifical comme une calamité pour l'Eglise. « *Le cardinal Rossetti, dit-il encore, qui seul vota contre lui au Conclave, reçut seul en cette occasion le don prophétique du Saint-Esprit.* »

(*) MS. rel. de 88 pag. in-4°, inscrit sous le titre : Z. *Relazione dell'accidente occorso in Roma l'anno 1662.*

SUCCINTA NARRAZIONE

DELL'ACCIDENTE OCCORSO IN ROMA

NEL PONTIFICATO DI PAPA ALESSANDRO VII

L'ANNO 1662

TRA LA FAMIGLIA DEL DUCA DI CREQUI, A$\overline{\text{mbre}}$ X^{nissimo}

E LA MILIZIA CORSA

Quello che successe al tempo di Alessandro VII per l'insulto fatto da' soldati corsi al Duca di Crequì, ambasciatore di Francia, con tutte le cose dipendenti da esso, porge materia a narrazione curiosa ed utile sommamente, perchè non fu un fatto che terminasse in sè stesso, e che dopo l'agitazione restituisse la calma; ma, come le comete e gli ecclissi, estese a lungo tempo i suoi effetti, e, per opinione de' migliori intelletti, ha alterato, se non mutato, il temperamento del Principato Ecclesiastico. Per intendere il racconto, e per cavarne frutto, prima di venire al fatto conviene osservare la pratica de' medici esperti, che alle considerazioni del male presente fanno precedere quelle degli umori predominanti nel corpo infermo, della forma del suo governo, e degli accidenti avvenuti innanzi al decubito. Onde non sarà grave, che si faccia cominciare il discorso dall'origine, et assunzione di Alessandro, siano descritte senza amore, e senza odio le sue qualità, e si mettan sotto l'occhio del lettore le vere cagioni, che sono andate disponendo una delle maggiori alterazioni, che il secolo presente, ancorchè ferace di novità, abbia prodotto.

Fabio Chigi, che nel Pontificato si chiamò Alessandro, nacque nobile nella città di Siena, ed essendo l'ultimo de'fratelli in casa ristretta, andò per migliorar stato nella Corte Romana. Quivi primieramente si diede alli studj, e negli ameni in particolare dell'erudizione e dell'eloquenza fece così buoni progressi, che le lingue, latina e volgare, non erano maneggiate da molti con maggior perfezione. Con questi ornamenti, e con l'onestà de'costumi si andava agevolando la strada; e la fortuna, che aveva formati in bene et in male gran disegni sopra di lui, fece che gli approfittasse l'ispirazione di Dio caduta in un altro, poichè il Marchese Sforza Pallavicino, pigliando l'abito della Compagnia di Gesù, lasciò le sue suppellettili all'amico Fabio, che gliene pagò poi a suo tempo l'usura, e con esse ebbe fondamento di avanzarsi alla Prelatura. Indi fu onorato con varj impieghi fuori della Corte, e comparendo bene per la pulitezza delle sue lettere, fu preferito ad ogni altro nella Nunziatura al celebre e lungo Congresso di Münster, dove diede parimente soddisfazione ad Innocenzo X, allora Pontefice, che in fine lo richiamò per farlo Segretario di Stato, ed esaltarlo alla Dignità Cardinalizia poco dipoi. Ma, come egli era forse una di quelle statue che riescono in lontananza, da vicino non parve così bene all'occhio del Papa, e vi furono grandi indizj che gli cadesse presto di stima; non di meno la conservò con la Corte, che conosceva Innocenzo facile ad annojarsi di quelli che gli praticavano intorno, e *non poteva scoprire i difetti di Chigi sepolto nella Segreteria, e che nella comparsa studiava di farsi vedere in quel profilo che occultava le deformità, e lasciava solamente visibile la bellezza*, non essendovi stato alcuno, che meglio di lui abbia con il lampo di quattro parole in passando sparso lume più chiaro.

Morto però Innocenzo, era proscritto come nemico della Sede Apostolica chi s'opponeva all'esaltazione di Chigi (1); e fabbricando sopra l'applauso universale, prese a tirarlo innanzi lo Squadrone volante. Questa era la Fazione d'Innocenzo, rimasta senza capo, essendo tornato in vita secolare il Cardinal Pamfilio, ma composta, per la maggior parte, di tali soggetti, che ognuno aveva bastantemente il capo da sè, e formava in effetto uno di quei corpi ideali, che la natura non aveva saputo ancora con tal perfezione mettere insieme. Perciò fu dispositore di quel Conclave, e delli seguenti, sino che, mancando di numero, cominciarono a bersagliarlo l'ignoranza e l'invidia, per farvi sopra il loro trionfo. E se poi non sarà riuscito Chigi quel gran Papa che sperava il mondo di avere, vi saranno per lo Squadrone due scuse patenti: l'una di aver voluto l'onore d'inalzare quell'unica creatura d'Innocenzo, che allora ne era capace, e l'altra di essersi ingannato con tutto il genere umano, o per colpa di quella fatalità, che vuol tutte le cose a suo modo, e per decreto della Divina Providenza, che fa sempre bene anco quando la nostra imbecillità l'apprende per male. Ostavano a Chigi la canizie veneranda del Cardinal Sacchetti, e qualche sospetto concepito verso di lui dalla Francia, per la stretta amicizia che contrasse in Münster col Conte de Pegnoranda, Plenipotenziario di Spagna; ma l'ingegno dello Squadrone ridusse a medicina il veleno, facendo che lo stesso Sacchetti entrasse mallevadore col Re Cristianissimo della santa riuscita di Chigi, e così fu egli eletto Pontefice con il voto solo contrario del Cardinal Rossetti, che unico in quell'occasione ebbe dallo Spirito Santo il dono di Profezia.

Volle farsi chiamare Alessandro, perchè se gli potesse

---

1) MS. Morto però Innocenzo era proscritto come nemico della Sede Apostolica. Chi s'opponeva etc.

adattare il Magno, e fosse adorato dalla Cristianità (a guisa del Pantheone) il nome più sublime del Gentilesimo. Questi grandi apparati gli posero a fronte l'aspettazione, che anco alli spiriti partecipanti del Divino è la più dura nemica da vincere, perchè le menti umane, facili a sperare, sono altrettanto difficili a contentarsi, e succede loro per ordinario come a chi mira dipinte le lontananze, che all'accostarsi trovano macchie, dove avean concepiti paesi. Tuttavia un pezzo camminò col moto impresso dall'opinione, e giovogli (1) molto il lenocinio del suo discorso, non essendovi magia più potente di quella delle parole, quando escono da bocca accreditata, con quel bell'ordine che alletta gli animi e incanta le volontà. E quello che sopratutto gli attrasse un principio di sovrumana venerazione fu il bando dell'interesse, che non solo pubblicò con la voce, ma fece imprimere nelle monete, stampare dal confidente P. Pallavicino nella lettera panegirica con la quale gli dedicò l'Istoria del Concilio di Trento, e comprovare dal fatto con una promozione de' Cardinali, nella quale, abbandonando tutti i rispetti del sangue e del genio, scelse i soggetti più degni; accompagnando azioni sì grandi col fare apparire innocenza di costumi, meditazione alla morte, amore verso degli altri, severità con sè stesso, e tutto quel più che, se fosse stato vero, avesse potuto dare la Tesoreria del Paradiso per arricchire la Chiesa. Quale fosse perciò l'ossequio e la tenerezza d'ognuno verso sì sante e non usitate virtù, non può descriverlo la penna, perchè anco la mente resta assai indietro nel concepirlo. Lo Stato Ecclesiastico si teneva già per il più felice che fosse sopra la terra. Gli eretici, dopo di aver calunniati tanto i sensi delle Sacre Carte, non trovando dove attaccare questa Scrittura viva, mutarono l'odio

---

1) MS: giovolle.

in rispetto, e dall'ultimo settentrione si spiccò la figlia del Gran Gustavo per venire penitente ad adorare quel soglio, che il Padre aveva minacciato di distruggere trionfante. Tutti questi miracoli si videro in quattro giorni, e se non produssero altro buon effetto, fecero almeno conoscere ciò che può il credito della bontà maneggiata dalla prudenza, e scoprirono una strada sicura da pervenire alla gloria, da rimettere nella sua maestà la Sede di S. Pietro, e, quello che più importa, da rimediare alli pericoli della Fede, che va manifestamente periclitando per la fiacchezza delli Ministri che la sostengono. E sarà così sfortunato il mondo, che in tanti milioni di uomini che vi nascono, non ne arrivi uno al Pontificato, che conosca il suo debito, comprenda la sua forza, e sappia maneggiar quella spada, che contro il Demonio e li suoi seguaci gli ha posto Dio nelle mani? Si riceva almeno d'Alessandro questo gran documento, e si legga nella sola sua vita quanto può un Papa che va per il diritto sentiero, e in quai laberinti s'intrica chi lo fallisce.

Con la prosperità riferita passarono i primi mesi; poi, assicurato dalla potenza e dalla fortuna, credette di non aver più bisogno di dissimulare, et andò poco a poco allentando la briglia al genio, che indi fece smisurate carriere. O pure, come altri vogliono, essendo di animo leggiero, non potè tener fermi li buoni proponimenti, e gli lasciò corrompere dalle passioni; venisse però da debolezza o da inganno, è manifesto che il primo splendore non fu di oro di miniera, ma lavoro di alchimia, che non stette saldo al cimento e, levata la superficiale tintura, restò meno di piombo, perchè era anco mancante di peso; con tanto maggiore non si sa se stupore o derisione del mondo, quanto che quella vasta mole di gigante spogliata degli artificiali ingrandimenti rimase un pigmeo sopra la scena. E con lo sprezzo ognun volea vendicarsi, chi di aver temuto, chi di aver venerato.

Quello che cominciò prima a dar sospetto di lui fu un

eccesso di vanità, inescusabile veramente. Si pregiava di santità, e con questo l'accusava di non reale, perchè la vera si nasconde agli uomini, lasciando che Dio vada a perscrutarla ne' cuori. Si dava vanto di dottrina contro i fondamenti della non furata (1) sapienza, che si alimenta sotto la scorza della modestia. Nelle materie di Stato niuno si tenne più esperto di lui: diceva di sapere l'interessi, li fini, li sogni di tutte le Teste Regnanti, correggeva l'Istorie, et estendeva la sua giurisdizione alle Profezie, inclinava però alla politica rigorosa, come più da grand'uomo, e rigettando per troppo fiacco il Macchiavello, nel Pompeo, che egli compose, si pregiava nella persona di Fottino di aver descritto sè stesso. Quando dava in passi di erudizione e di purità di lingua, metteva al tormento le sillabe, e formava diligenti processi per venire in chiaro di quei misteri dell'antichità, che non servono ad altro che a perdere contenziosamente il tempo presente, tenendo una consulta di critici indispensabilmente ogni giorno alla sua presenza per discutere i problemi, e farne le decisioni. Voleva che il sangue della sua casa fosse un'essenza circolata per tutti i secoli dell'antichità, e che ogni uomo insigne vi entrasse dentro, senza escludervi meno il Gran Turco, col quale pretendeva di aver parentado, lasciandosi persuadere dall'adulazione delli Genealogisti, più colpevoli degli Astrologi nell'inganno, perchè erano questi offuscati dall'incerta caligine dell'avvenire, e deludono quelli sfacciatamente falsificando il passato. Nè si contentava di farsi ricco con le virtù acquisite e con le doti ereditarie, chè pretendeva di aver avuta tributaria la stessa natura nel formarlo il più bello et il più avvenente corpo dell'universo: ogni passo, ogni gesto, ogni guardatura erano misurati, lasciando solo in libertà la lingua, perchè gli pareva che anco

---

1) MS: fucata.

l'inondazioni di quel lago non potessero spargere altro che oro. E pure si vedrà nel progresso, che ne uscirono acque sì perniciose, che annegarono a lui la raccolta della gloria, e ridussero vicino al sommergersi la Navicella di Pietro. Sopra l'attillatura pose un applicatissimo studio, impiegando sino il famoso cavaliere Bernino per architettargli la forma di una scarpa, mediante la quale fosse divisa ne' fedeli bacianti la venerazione tra la Croce et il piede. Tutto il resto delli vestiti camminava con l'istessa esattezza: un pelo che vi cadesse sopra, un filo che discordasse, era più peccaminoso di qualsivoglia dissonanza nel verso. E chi scrive questi successi lo vide indisposto giacere in un letto con giubboncino bianco bottonato di gioje, catenuccia bizzarra al collo, e ventaglio da Dama, che andava artificiosamente agitando, perchè la bella mano facesse non affettate comparse. Se si potesse con buona coscienza perdere il tempo, si farebbe un ampio volume di questa sola materia; ma basta, perchè dalla mostra si acquisti cognizione del drappo.

Se la vanità diede sospetto, lo levò la chiamata delli parenti, perchè non furono più da mettere in dubbio le fallacie delle antecedenti promesse. Per andare uscendo dall'impegno, cominciò a porre la materia in consulta, bene sapendo che l'ingegnosa adulazione l'avrebbe fornito di sufficienti ragioni, anco, se fosse bisognato, contro i fondamenti stabili della Fede; nè può esservi indizio più franco di prossima prevaricazione quanto il ridursi a quel pericoloso confine del lecito e non lecito, perchè chi non vuol cadere, collo stare un passo indietro, senza l'appoggio del Teologo cammina sicuro. Qualche buona persona ardì di accennargli l'inconveniente. Altri stettero su gli equivoci, ma la comune francamente decise, che era necessario al Governo l'ajuto delli congiunti, che Dio stesso vestito di umanità volse compagni, che il proibirlo alli Papi sarebbe un divenir tiranno del Prencipe, legarlo troppo stretto alla grandezza della sua condizione, et inchiodarlo sul Trono; nè mancarono gli Ambasciatori e Ministri stranieri di dare in questa congiuntura il loro voto, ingegnandosi per tal via di spuntargli quella spada, che alla cote (1) della Santità troppo pregiudizialmente per loro aveva affilata, perchè li Pontefici sono invulnerabili sino che stanno al coperto della Divinità: bisogna mettergli intorno carne e sangue chi vuol configgerli. Così Alessandro, o ingannato o ingannando, fece venire il fratello D. Mario con la moglie, e Flavio figliuolo; Agostino e Sigismondo, nati d'Augusto, fratello premorto; li Bichi, nepoti per sorella; li Ciaia, parenti, e tanti altri di quel paese, che bastassero colla politezza della lingua senese a correggere i danni cagionati dall'inondazioni de' Barbari. Fra essi si divisero tutte le cariche di Palazzo e del Governo, e se gli diedero i salarii delle medesime dal primo giorno del Pontificato, come se l'avessero esercitate, facendo supplire al difetto della presenza la grazia della predestinazione. Si creò Flavio cardinale, perchè restasse nel Sacro Collegio l'onore del nome di Chigi, si diede parimente il cappello a Bichi, ancorchè non avesse testa, menandolo poi vescovo ad Osimo, perchè non deturpasse lo splendore del sangue. E si tenne riservato a simile dignità Nini, figlio di madre ignobile, ma qualificata una volta dall'inclinazione del Papa, stagionandolo intanto col farlo Maestro di Cammera, Segretario de' Memoriali, e poi Maggiordomo, acciocchè gli occhi della Corte si andassero avvezzando grado per grado all'aspetto del mostro. Chigi fu alloggiato in Palazzo, come primo Ministro, Sopraintendente allo Stato Ecclesiastico, e ne con-

---

1) Notre copie a ici le mot *corte*; heureusement que le correcteur a mis en marge le mot du manuscrit original, qu'il a cru devoir remplacer. Nous l'avons rétabli dans notre texte parce qu'il complète l'image que l'auteur a, selon nous, en vue.

seguì anco un angolo il Prior Bichi, sperando di farsi più largo col tempo. Gli altri tutti andarono ad abitare al Corso, dove fu costrutto un superbo palazzo, al quale si aggiunse poi anco quello di Gallicano, che tra l'uno e l'altro occupano più terreno, che non era quello di tutte le possessioni di Siena. Si maritò Agostino in Casa Borghese, e per disgrazia erano state accasate innanzi al Pontificato le sorelle (1), onde non si potè far altro che andar nobilitando con molt'oro quelle statue che furono lavorate prima che si trovasse la miniera del marmo fino. Seguitarono gli acquisti de' Feudi, e si ebbe gran vaghezza in quello di Farnese, perchè Don Agostino, fatto Generale di S. Chiesa, ne assumesse il titolo in vendetta delle ingiurie fatte da Paolo III a quell'Agostino Chigi, che aveva dato con la mercatura il primo nome alla Casa. Don Mario, divenuto pur Principe anch'esso, se gli erano allungate le mani, le metteva per tutto, e non le cavava mai nette, perchè il Principato avventizio non poteva tenere in briglia la cupidità naturale, e facendoli sempre paura la povertà, non vi era ricchezza al mondo, dietro la quale gli paresse di star sicuro. Ogni arte in Roma andava per conto suo. Quando venne la peste, quando vi fu la carestia, fece Ministri de' suoi guadagni li flagelli dell'ira di Dio, nè occorre estendersi in questo, perchè gl'Informati troverebbero sempre difettiva l'istoria, e crederiano gl'Ignari, che si fosse voluta canonizzare la favola delle Arpie. Il Prior Bichi, fatto Maestro di Pirateria nella Religione di Malta, l'esercitava in Palazzo, e, fuori dei pericoli della guerra, riportava dalla pace opulenti trionfi; ma appunto gli bisognava oprar da corsale, perchè gli Chigi non gli lasciavano alzar la bandiera, temendo che la sua sagacità potesse troppo col genio del Papa. Il Cardinale, e

---

1) MS: la sorella.

Don Agostino, se bene ornati con le cariche più cospicue, godevano gli emolumenti, e si davano bel tempo; e, per buona fortuna, era Sigismondo ancor fanciullo, potendosi dire di lui, attentamente mirandolo, come di Cesare, che avrebbe avuto molti Marii nel petto.

Di questi ajuti si provide Alessandro. Ad ogni modo, tra lo scandalo pubblico, l'aggravio intollerabile della Camera e dello Stato, l'insufficienza di tutti loro al minimo servizio del Governo, e le maledizioni comuni, era gustoso vedere, come il Papa si dava ad intendere di aver migliorato di fama, e che il mancamento di parola fosse stato per fare un gran bene alla Chiesa. Nè sarebbe stato meraviglioso se in sua discolpa avesse procurato di far credere così; era lo stupore che egli lo credeva in effetto: trovandosi molti, anzi infiniti, che dicono le bugie agli altri, ma niuno come lui, che le imprimesse a sè stesso. Detestava il Nepotismo, e lodava i suoi Nepoti. Voleva che le deformità altrui fossero bellezza nella sua casa. In luogo di vergognarsene, viveva fastoso, effetti dell'amor proprio, quando cade in mente leggiera, che non distingue la differenza che corre fra il vedere con l'occhio libero e'l mirare con occhiali artificiosi, che alterano le figure e i colori senza lasciar nell'oggetto comparir niente del suo. Volevano i più che fosse tutta finzione, e che avesse l'inganno per quinto elemento; ma chi lo ha bene esaminato dappresso, non può in coscienza imputargli se non una di quelle pazzie gioconde, che fanno il paziente tanto più allegro in sè stesso, quanto più infelice viene riputato dagli altri. Ad udirlo parlare, era egli il Padre di tutte le Arti, di tutte le Scienze, di tutte le Facoltà, e, per non escluderne una sola, si scordava del Pastorale, facendo sovente menzione della sua destrezza nel maneggiar della spada; nè terminava qui il suo peccato, perchè alle lodi proprie accoppiava lo sprezzo di ogni altro: chi era cattivo, chi ignorante, chi vizioso, chi brutto, chi ignobile, niuno era Alessandro; e, quando voleva trattare da buon cristiano, soggiungeva di avergliene compassione; senza dar mai salvocondotto nè a' grandi, nè a' piccoli, nè a' religiosi, nè a' secolari, menava tutti a filo di lingua, placandosi solo alle volte con quelli, che confessando di non potere, e di non sapere, se gli gettavano a' piedi per bere al fonte dell'Onnipotenza e della dottrina. Et è gran sventura di chi ha assunto il peso di farne la Relazione, preparandosegli biasmo inevitabile da tutte le parti, perchè li non informati l'accuseranno di esageratore, calunnioso, maligno; et all'incontro li pratici diranno di non aver letto mai cosa nè più fredda, nè più mancante.

Credeva dunque con il presidio delli parenti esser cresciuto quanto era calato. E mentre uscivano satire da tutte le lingue, e da tutte le penne, egli si andava tessendo panegirici nella mente.

E stimando fragili e caduchi quelli delle carte, cominciò a meditare di mettere in pratica ciò che fu rifiutato dal Gran Macedone per troppo fantastico, cioè che una città rappresentasse la sua grandezza. E si applicò alle riforme del materiale di Roma: ne teneva il modello mobile nella sua stanza, lo volgeva e rivolgeva ogni giorno, drizzando in esso le strade, ampliando le piazze, e con invenzione non pensata nè dai Caligoli, nè dai Neroni faceva gioco di tavoliere la Regina del mondo. Varie furono l'opere che giovavano all'ornamento, ma al comodo erano tutte pregiudiziali: chi perdeva un pezzo, chi tutta la casa; chi era costretto a vendere, chi a comprare. E si sforzava a spendere nelle superfluità (1) chi non aveva pan da mangiare, perchè il Papa non vi metteva altro che la disposizione, il commando e l'onore delle sue armi, delle quali è rimasta copia sì grande,

---

1) MS: superfluità. Chi non aveva etc.

che supera di gran lunga quella delle croci, come che fosse più importante la memoria del trionfo di Alessandro, che della passione del Redentore.

Intanto era stato assunto al Cardinalato il Padre Sforza Pallavicino, per i meriti che aveva col Papa, et anco per quelli della propria virtù, uomo acuto nelle speculationi, versato nelle istorie, erudito; e se il temperamento secco non lo avesse reso soverchiamente contenzioso, stravagante e pertinace, se gli sarebbe dovuto uno de' primi luoghi nella Republica letteraria. Parevagli però di non restar tanto onorato dalla Porpora, quanto lo diffama quella dedicatoria, della quale si è fatta menzione al principio, imprimendogli una nota di adulatore bugiardo, che forniva li parziali di Fra Paolo di un'arma mortale per screditar con l'autore tutta l'opera del Concilio, che tra tutti li suoi scritti gli era la prediletta. Onde procurò di andarne sopprimendo il numero maggiore che potè; ma essendo dopo la prevaricazione del Papa divenuta lettura troppo gustosa, non gli riuscì di conseguire l'intento per questa strada, e ripigliò l'immensa fatica di riformare tutta l'Istoria sotto colore di levar certi equivoci, e di dargli l'ultima perfezione nel linguaggio toscano, ingegnandosi di far credere, che la seconda e non la prima fosse la buona, acciocchè in essa si affissassero gli occhi delli curiosi, et abbandonassero l'altra. Tanto premeva al buon Pallavicino la propria riputazione! E se lo stesso sentimento avesse avuto Alessandro, nè lui, nè l'Istoria si sarebbero mutati. Ma, prendendo egli all'incontro dalla immaginativa corrotta quella fiducia che sogliono prendere (1) gli uomini savj dalla buona coscienza, concepiva di essere non solo per il Vicariato di Cristo, ma per sè stesso il più gran Prencipe della terra; nè si conten-

---

1) MS: vendere.

tava di goderne in pace la preminenza, chè la voleva estorquere dall'assenso commune a forza di contenziosa comparazione. E trovandosi in un secolo, nel quale la natura aveva scarsamente impartite le sue grazie ai monarchi, fissò gli occhi nel più potente e nel più fortunato, e si prefisse di voler gareggiare col Re di Francia. Non era per genio inclinato a quella nazione, e nel convento di Münster, o guadagnato dall'amicizia di Pegnoranda, o per altro rispetto, gli divenne tanto più avverso. Teneva a memoria tutti i detti di Cesare in detrazione delle Gallie, applicava li costumi antichi alli moderni, e voleva persuadere, che l'impeto e l'occasione, non la virtù, nè l'industria avessero prodotto le azioni maravigliose che per tanti secoli sono uscite da quel felicissimo Regno. Si arrabbiava contro la fortuna di Mazzarino, e non sovvenendogli più di Siena, nè della strana metamorfosi propria, tesseva al Cardinale satire eterne, che cominciavano dalla nascita, l'accompagnavano per tutta la vita, senza lasciargli nè meno godere l'immunità dopo che si refugiò all'asilo della morte; lasciandosi trasportare con tanta sensualità, quando in particolare narrava gli accidenti della sua gioventù, che egli non aveva fatto mai esame più stretto de'suoi peccati. Nè al Segretario di Stato Lionne usava maggior cortesia: si vantava d'averlo maltrattato in Roma, lo chiamava con vocabolo sconcio il mezzano di Mazzarino, il corruttore del Re, la feccia delli Ministri, attribuendogli solo per lode un poco d'astuzia. Con queste mormorazioni egli si dava un trattenimento perpetuo, le aveva poste per ordine, e l'ornava con belle parole, e non si sarà mai fermato alcuno un quarto di ora con lui, che non l'abbia udite la prima e la millesima volta; perchè, secondo le regole della sua rettorica, questo luogo commune doveva indispensabilmente entrare in qualunque ragionamento, o si facesse tra confidenti, o con estranei, o con l'istessi Francesi; e quando uno andava da Roma a Parigi, Lionne si offeriva d'indovinare ciò che gli aveva detto il Pontefice.

Stette un pezzo nel suo Pontificato senza Ambasciatore di Francia la Corte, o conoscendo il Re la sinistra inclinazione del Papa, o desiderando di compiacere al Cardinale Antonio Barberino, che in essa maneggiava gl'interessi della Corona, e ne bramava il carattere sperando di poterlo conseguire una volta; ma ne fu sempre renitente Alessandro, che non amava più Antonio di quello che amasse la Francia. E se bene con fine non buono, faceva un'azione santissima, tenendo lontani gli Ecclesiastici dalli negozj di Stato, ne'quali per necessità hanno da contravenire o al Ministerio, o alla professione, et ancorchè prima e dopo ne siano stati ammessi degli altri, mettendo i Prencipi a conto di avanzo il farsi servire con le rendite della Chiesa, e risparmiare i stipendj, ad ogni modo farà sempre male quel Papa, che non separarà con un grand'argine queste due acque di sapore tanto diverso, e che confuse insieme generano corruzione pestifera. E perchè Antonio come forastiere non poteva avere la piena confidenza del Gabinetto, nè era, per dire il vero, uomo da assicurarsi del suo giudizio, mandava di quando in quando il Re qualche Inviato a diriggere le occorrenze, lasciando al Cardinale l'onore di spendere profusamente li suoi denari per lo splendore della Corona. Venne ultimamente con questo grado il Sig. d'Aubeville (1) l'anno 1664 per assistere alla trattazione di una Lega contro il Turco in sollievo dell'Imperatore e della Repubblica di Venezia, che erano attaccati dall'Ottomano, quello in Ungheria, questa in Candia et in tutti li suoi Stati marittimi. Ebbe anco altri negozj col Papa, e forse di maggior premura che non era la Lega, che si maneggiava ad ostentazione di

---

1) MS: d'Abveville.

zelo, e si attraversava a convenienza di Stato. Ma in tutto d'Aubeville, quantunque soggetto abile e destro, fu severamente trattato, negative in ogni domanda, sprezzi in tutti gl'incontri, mormorazioni in tutte l'audienze. Onde fu costretto di scrivere al Re, che la sua permanenza non serviva ad altro, che a satollare l'appetito, che aveva il Papa, di schernire la Francia. Et essendo richiamato, disse a persona di sua confidenza, che bisognava far venire un Ambasciatore di tal naturale e con tali istruzioni, che facesse sudare la fronte al Papa, e gl'insegnasse la differenza che vi era tra li Borboni e li Chigi. Fu riferito ad Alessandro il detto, da quello stesso a cui era toccato di udirlo, ad oggetto di consigliare per carità e per la pubblica quiete di far partire con la bocca un poco più dolce d'Aubeville; ma lo trovò tanto lontano d'approfittarsene, che anzi sentendo lo sdegno del Re e la disposizione a farne risentimento, se ne rallegrò, quasi che se gli aprisse la strada alle vittorie, e se gli preparassero li trionfi. Tornato però il Ministro alla Corte, pieno di non ingiusta passione, et addottrinato da Alessandro nel dir male con acutezza e con eleganza, fece tali ponderazioni, e tali argomenti, che fu risoluta ben presto la spedizione del Duca di Crequì, soggetto di gran nascita e di grand'animo, in qualità di Ambasciatore straordinario. E per assicurarsi che la riuscita sua fosse conforme al disegno, si ordinò al Cardinal d'Este, dipendente dalla Corona, di venire ad assisterlo, sapendo sicuro, che per le antecedenti contese con Alessandro, per le differenze della sua Casa con la Cammera Apostolica, e molto più per il genio assai portato a far nascere occasione di esperimentar la fortuna, non avrebbe lasciato vivere in ozio nè l'Ambasciatore, nè la Corte, potendosi anco ragionevolmente supporre, che l'ordine del Re e l'istruzioni di Lionne tendessero a ricuperare in Roma il rispetto perduto alla Francia, et a ridurre un poco più alla moderazione ecclesiastica il fasto del Papa. Comparve però brevemente con gran pompa Crequì, fornito di famiglia numerosa, nobile e bassa, et accompagnato dalla moglie, dama di parti maravigliose, di pietà singolare, e di tratto sì grande, che, se bene dotata di somma bellezza, non si considerava questa se non come ornamento che rendeva più venerabile la virtù. Este giunse poco di poi con gran seguito anch'egli, alloggiando nel solito suo palazzo di Modena, e l'ambasciatore in Farnese, avendoselo il Re fatto prestare dal Duca di Parma, perchè fosse anco illustre la residenza, e facessero in certo modo corteggio al Ministro francese queste due Case dominanti in Italia. Furono fatte le prime funzioni con estraordinario splendore, e per mostrare l'intenzione di alzare il punto sopra il costume, introdusse nelle Audienze e visite principali le carrozze a sei, usate sino allora dal solo Ambasciatore di Spagna, ancorchè contro le regole del Cerimoniale, che escludono da tale prerogativa chiunque, per riservarla in ogni Corte unicamente al Regnante. E se in alcuna parte era necessario osservarla, dovevasi farlo in Roma, dove tra il Prencipe e gli Ambasciatori vi è l'ordine de'Cardinali, che sono membri e parti integranti del Prencipato medesimo (1); là dove hanno gli ambasciatori la sola rappresentanza, e cedendo (2) in tutto il resto la preminenza al Cardinalato, riesce tanto più sproporzionata l'introduzione. Ebbe però fondamento di farlo Crequì per non esser di meno che lo Spagnuolo; ma il riflesso cadeva sopra la congiuntura, perchè li predecessori suoi non l'avevano praticato già mai, e significava quell'alterazione nel resto, che si poteva anco comprendere dalli cenni che non oscuramente ne

---

1) MS: medesimo. Là dove etc.
2) MS: Eccedendo etc.

dava l'Ambasciatore, più chiaro Este in tutti i discorsi. E compariva dal licenzioso vivere delle loro famiglie, perchè sino a quel tempo li Ministri de' Prencipi erano stati privilegiati, ma non padroni. Godevano degli indulti, che gli venivano conceduti, non gli usurpavano. Erano contenti dell'onesto e dell'onorevole, senza trapassare nè al violente nè all'indiscreto, come è succeduto di poi; dando motivo a molti di dire, che il Duca di Crequì cominciasse a mutar l'ordine delle cose per li fini politici, e che dopo di lui sia stato continuato per gli economici. Ad ogni modo non si sbigottiva Alessandro: trattava severamente l'Ambasciatore, si lodava con tutti dell'infinite cose che gli andava negando. Nelle prime visite dell'ingresso fece stare sul rigore i parenti, si rese difficile ad ammettere la moglie al bacio del piede, e quando accadeva qualche incontro tra li Francesi e li sbirri, si rallegrava se questi ne andavano con la meglio; e se al contrario, ordinava che camminassero forti, non sfuggissero gl'incontri, anzi cercassero le occasioni di mortificare quella petulante nazione, che era l'epiteto con il quale sempre la distingueva. Era allora governatore di Roma il Cardinale Imperiale, Genovese, uomo di talento incomparabile, però risoluto altrettanto, e che non aveva in ciò sentimento diverso dal Papa, ma sapeva dissimularlo, volendo reprimere più tosto i Francesi con la forza, che con la lingua. E Don Mario, se bene uomo assai circospetto, inclinava parimente che si usasse vigore, o per riputazione del Prencipato o della Giustizia, o perchè la plebe, che egli voleva pacifica e sofferente, non si facesse contumace all'esempio de' forastieri.

Stando gli animi così disposti da tutte le bande, arrivarono nel 1662 li 20 di agosto, solennità di S. Bernardo, e giorno di Domenica, nel quale Dio volle manifestamente punire la jattanza odiosa di Alessandro, e porgere agli Ecclesiastici tutti un chiaro documento di fondar la grandezza nell'umiltà, riconoscere il regno dalle (1) chiavi di Pietro, non dalla spada di Paolo, e darli ad intendere che la loro potenza sarà formidabile in terra sino che sotto l'insegne della Croce starà collegata col Cielo.

In poca distanza del palazzo Farnese avevano quartiere li soldati Corsi, milizia brava et onorata, ma che per antica consuetudine suole ne' principati d'Italia spalleggiare nelle occorrenze l'esecuzioni della Giustizia. Per questo li Francesi, che non hanno tal costume appresso di loro, solevano proverbiarli sovente in passando, e antecedentemente erano per ciò seguite fra essi varie contese sempre con danno de' Corsi; onde inaspriti avevano concepito di vendicarsi alla prima opportunità. E fu detto ancora, che ne ricevessero qualche fomento da chi governava. Però il giorno predetto, alle 22 ore, furono assaliti e maltrattati tre Corsi, che andando e venendo dal Quartiere passarono per Farnese, nè si seppe mai bene se da quelli della famiglia di Crequì, o da altri della Nazione, ivi adunati per conversare. Onde tumultuando, tutta la Compagnia si pose in armi, gli scaricarono dietro delle moschettate, e, avanzatisi sulla piazza medesima, colpirono nelle finestre dello stesso palazzo dell'Ambasciatore, poco lungi da dove egli stava affacciato per aver notizia del rumore. E come sono sempre senza regola gl'impeti della moltitudine, si diedero a perseguitare per le strade quanti Francesi trovarono, sino che, arrivati alla contrada detta de' Catenari, incontrarono l'Ambasciatrice che tornava, conforme il suo costume, dalla visita delle chiese, e senza riguardo nè al sesso, nè alla condizione, nè alla maestà della persona, gli spararono contro delle archibugiate (2), feri-

---

1) MS: delle etc.
2) L'Enquête confirme le récit de l'abbé Salvetti qui dit que les Corses *n'ont pas vu l'ambassadrice.*

rono due o tre del suo seguito, ammazzando il paggio Bertò, che stava attaccato alla stessa portiera della carrozza, mettendo tutto in tal confusione, che la stessa Signora, senza saper nè cosa fosse, nè a qual partito appigliarsi, fu ricoverata da'servitori meno sbigottiti nella casa del Cardinale d'Este, dove stette un poco a ripigliare animo, e fu poi dall'istesso Cardinale, con buon accompagnamento, ricondotta al marito. O fosse per l'ora tarda, o per la negligenza delli Ministri, il Papa non seppe il fatto sino alla mattina seguente, ancorchè la notte il Cardinal d'Aragona, ambasciatore di Spagna, personalmente, e Pietro Basadonna, Ambasciatore di Venezia, con replicati messi premessero alla gagliarda il Cardinal Chigi a non lasciarne ignara sua Santità, e prender ordine di applicare i necessari rimedj, prevedendo essi e pronosticando al Cardinale, che l'accidente avrebbe data troppo bella occasione alli Francesi per tirare innanzi li premeditati disegni. Nè lasciarono tutti due insieme di essere da Crequi il prossimo giorno per adempire le parti di civiltà, et andare raddolcendo, quanto più fosse stato possibile, l'animo suo, perchè li Spagnoli, indeboliti dalla guerra recente, e li Veneziani, impegnati attualmente col Turco, non amavano di veder turbamenti nella Cristianità, e ponevano ogni studio per divertirli. Il Congresso fu longo, assistendovi il Cardinal d'Este, che non secondava li due Ministri Ambasciatori, ma infiammava Crequì, il quale di sua natura era assai maneggiabile dalli buoni e dalli cattivi consigli, se bene la gagliardia del temperamento, e l'ardore della Nazione lo facevano inclinare poi alli più forti. Raccontava loro l'Ambasciatore, et andava esplicando in lingua italiana Este dove gli pareva che fosse stato oscuro il Francese, o aggiungeva dove stimava fiacca la relazione. E come l'atrocità del fatto non si poteva veramente aggrandire, essendo massima per sè stessa, particolarmente nell'ultima parte toccante l'Ambasciatrice, così l'industria loro versava nel levarlo dal causale, e nel mostrare che i Corsi erano stati semplici esecutori, fortificando la proposizione con il genio avverso del Papa, con le sue parole mal misurate, e con la voce divulgata da molti giorni per tutta la Corte, che l'ordine fosse di reprimere li Francesi, imputandolo a Don Mario, et ad Imperiale, Governatore, o perchè così fosse la verità, o per mettere in campo persone, dalle quali potessero pretender ciò, che non era lecito volere dal Vicario di Cristo, ma obliquamente costringerlo a far tutto in preservazione di quelli che amava, e che erano per avventura innocenti. Quanto però fu loro apposto dalli due ambasciatori, o con la ragione o col verisimile, veniva confutato e mal ricevuto, et i lenitivi inasprivano maggiormente la piaga, risolvendo quegli argomenti che non avevano risposta, con l'ostentar l'assassinio commesso nella persona del Ministro del più gran Re della terra, e questo si replicava tanto più spesso, quanto più nell'udirlo si contorceva Aragona. La sera dello stesso giorno andarono questi due pacieri parimente uniti a riferire al Cardinal Chigi il seguito, ponderandogli l'importanza del passato e li pericoli dell'avvenire, acciò che s'ingegnasse d'imprimere nel Papa la necessità di pronto rimedio, perchè il male non si facesse di peggior condizione, conforme tutti li segni indicavano, e premerono sopratutto, che non si lasciasse di spedire immediatamente un Corriere al Nunzio in Parigi con l'informazione del fatto, con il vivo sentimento di sua Santità, con il castigo di quei colpevoli che si fossero potuti avere nelle mani, e con le altre soddisfazioni proporzionate, che dovevano darsi acciò che gli aggravii e le riparazioni giungessero unitamente al Re, e non prendessero tanto possesso nell'animo suo le relazioni aspre, che crudamente gli sarebbero state portate dall'altra parte. Attese perfettamente Chigi la sincera proprietà del consiglio, e, se fosse stato in sua mano, l'avrebbe eseguito; ma convenendo portarlo alla censura del Zio, nel capo del quale penetravano li fantasmi per li strani rivolgimenti della sua immaginazione, non poteva assicurarsi che avessero conservato la vera forma; nè punto se ne ingannò, perchè trovandolo impresso di non esser meno potente del Re di Francia, e molto superiore nel grado, pretese di non far dimostrazione veruna, o al più di lasciar che tutto procedesse per le vie criminali, come si sarebbe fatto nella querela di un semplice Gentiluomo romano, ordinando al Nunzio, che nel raccontare il successo più tosto portasse doglianze contro la licenza delli Francesi, che discolpe per l'operato da' Corsi. Così andarono senza contrapposto li dispacci di Crequì e del Cardinal d'Este, che per il loro verso furono formati con più avvertenze assai di quelli del Papa. Si pose (1) poi la causa in mano de'giudici, che andarono cercando i colpevoli già tre giorni fuggiti, fecero bandi, promisero taglie per rinvenirli, e dopo molte preghiere si lasciò disporre Alessandro a permettere che Chigi visitasse l'Ambasciatore e la Moglie, per insinuargli il dispiacere che l'occorso accidente gli aveva cagionato. L'Ambasciatrice, a causa o pretesto d'indisposizione, si scusò di riceverlo, et il Duca, alla seconda richiesta, l'ammise, ma in portamento grave e severo, senza risponder altro, se non che l'affronto era del Re, e che, soddisfatta sua Maestà, egli niente avrebbe preteso. Fatte queste diligenze, credeva il Papa di aver pagati i suoi debiti, nè ad altro applicava che a dir male de'Francesi in universale, e particolarmente di quanti ne conosceva. All'incontro stimava Crequì, che la freddezza del procedere gli aumentasse l'offesa, e soffiandogli continuamente all'orecchio il mantice delle altrui passioni, venne a risoluzione di armarsi in casa, e con forte accompagnamento comparire anco in pubblico, protestandosi

---

1) MS: prese.

di esserne costretto, perchè il Governo non gli manteneva la debita sicurezza, anzi con l'impunità degli offensori gliel'andava insidiando. Ammassò genti con il proprio denaro, si unirono li parteggiani d'Este assuefatti a servirlo in somiglianti occasioni, e vi contribuì ancora il Duca Cesarini che, portato dalla vanità, sperava con questo di vedersi registrato nelle istorie in qualità di Prencipe collegato alla Francia. Questo essendo un acerbissimo frutto dell'incauto Governo di Roma, che i sudditi della Chiesa alzando anco a capriccio l'armi de' Potentati stranieri, s'intendono esenti della soggezione del naturale Sovrano, vivono con gli alimenti del suo Stato, e gli divengono nemici tanto più fieri, quanto che sono costretti per accreditare la nuova fede a vilipendere più sfacciatamente il vassallaggio antico. Si è dato fomento al male delli nepoti de' Papi, che, per mettere a coperto i non legittimi acquisti, hanno cercato gli asili nel Regno di Napoli, e molti Cardinali, che pretendono pensioni dalle Corone, appoggiano parimente l'abuso di abbandonar la patria e la Sede Apostolica, per seguire li fini di chi sovente vorrebbe deprimerle. Chiediamo perdono per il trascorso della penna e del zelo, e ripigliamo il racconto.

Procuravano per tutte le vie di farsi forti i Francesi, considerando che sarebbe stato di somma importanza, se avesser potuto tirare nell'impegno gli altri Ambasciatori, perchè avrebbero non solo accresciuto il numero, ma accreditato il partito, e legittimata la loro ragione con il consenso. E mentre Aragona, Ambasciatore di Spagna, stimava le opinioni di quel di Venezia, verso di questo cominciarono a volgere tutti gli attacchi, sperando che, se fosse riuscito di superarlo, si sarebbe reso anche l'altro senza contradizione, e con loro immenso profitto, perchè il numero degli Spagnoli in Roma è grandissimo, e la vicinanza del Regno di Napoli poteva farlo potente quanto che avesse voluto. Ma il Veneziano, saldo nelle massime della sua prudente Republica, non si lasciò levar mai dall'indifferenza, nè declinare dalla qualità di Mediatore, nella quale consiste la gloria di quei Prencipati che non possono, o non vogliono così facilmente metter mano alla spada, perchè quando vengono à dichiarazione si espongono alli pericoli, e sono in necessità di dipendere dalli più grandi, e di esser condotti dove non vorrebbero andare (1). Però, essendogli dati gravissimi impulsi, particolarmente da Este, con inviti, con offerte, e quasi con minacce, senza lasciarsi alterare nè da timore, nè da speranza, stette costante, e dopo di aver protestata la osservanza della sua Repubblica, e l'ossequio proprio verso la Francia, esibì ogni opera pacifica per il dovuto risarcimento delle offese, e le contribuì in effetto validamente, ma si dichiarò con franchezza, che senza commissioni non averebbe nel resto fatto più a Roma di quello che fosse piaciuto al Re Cristianissimo che egli facesse a Parigi; detto che fu celebrato assai dagli uomini savi, e che gli accrebbe in sommo grado la benevolenza del Cardinal d'Aragona, che, nuovo nel Ministero, paventava l'impegni, e concepiva timore dall'ombra. Tuttavia, anco senza l'appoggio degli Ambasciatori, l'armamento di Crequi diede a pensare a Palazzo, perchè, se bene non poteva per sè stesso e con li seguaci scoperti unir forze capaci di fare alcuna impressione, ad ogni modo si temeva che all'esempio si commovessero li forastieri oziosi, li sudditi malcontenti, e gli amici di novità, abondando Roma in questi tre generi di persone, più di ogni altra città, per esser tale la forma del suo governo, che più infelice temperamento non sarebbe mai caduto in pensiero alla stravaganza, se avesse intrapreso d'instituire Repubbliche, aggiungendosi allora lo scredito del Regnante, che, per le ragioni accennate, dall'apice della

---

1) MS: andare, però etc.

stima all'abisso del dispregio era miseramente caduto. Però a fine di scaricarsi sopra le spalle altrui, fu ordinata una Congregazione composta delli Cardinali più gravi, destinandovi Azzolino per Segretario, poichè di Rospigliosi, che lo era di Stato, pareva ad Alessandro di non potersi a sufficienza fidare, vedendolo troppo immerso nelle speranze di esser Papa una volta, oltre che, per il difetto della vista, e tardità dell'operazione, non era comparabile con la maravigliosa attività di quell'altro. Il primo tentativo fu di far deporre le armi dolcemente a Crequì; e perchè aveva preso il pretesto dal non stimarsi sicuro, si mandò il Cardinal Sacchetti, di venerabil sembiante, et amato dalli Francesi, a promettergli ogni cauzione per la persona sua, per la casa e per la famiglia; ma riuscì vano l'officio, e si andavano anzi rinforzando le provisioni. Onde, perchè non levasse la sicurezza chi non voleva riceverla, furono piantati due quartieri di milizia, uno alle Carceri nuove, e l'altro alli Catenari, per tenere in freno la cittadella, che si andava formando in Farnese. E da questo offeso Crequì fece risoluzione di uscire da Roma la mattina del primo settembre con tutti li suoi, prendendo il cammino della Toscana. Il cardinal d'Este andò seco, e fu comune opinione, che di suo special consiglio seguisse la mossa, affine che, se le risposte di Parigi avessero portato inclinazione all'aggiustamento, vi fosse questo nuovo impegno, sopra del quale potesse egli fondare le macchine che aveva disegnate, mentre all'incontro l'Ambasciatore era disposto a sostenere il punto delle sue pretensioni, ma non perdere il posto, nè mettersi a rischio di ritornare a Parigi a verificare la predizione degli emoli, che gli pronosticavano riuscita infelice, quando passò dal maneggio delle armi al tanto differente delli negozj. La sera precedente della partenza andarono gli Ambasciatori di Spagna e di Venezia a parteciparla al Cardinal Chigi a Palazzo, che forse non l'ebbe punto discara, perchè lo sollevava dal pericolo presente, se bene non era segno di sanità ma costipazione dell'umore maligno, che l'avrebbe esalato poi con nocumento più grave. Nell'esteriore poi ne fu mostrato disgusto, e si diede ordine alli Governatori, per la giurisdizione de' quali si suppose che dovesse passare Crequì, acciocchè con alloggi, con regali, e con ogni atto di rispetto procurassero di servirlo. Il Papa fece chiamare in audienza gli Ambasciatori, gli ringraziò della sincera e prudente interposizione, raccomandandosi perchè volessero andarla continuando; e poi convocò il Concistoro, dove con ampla e studiosa orazione diede conto al sacro Collegio di tutto ciò che sin allora era accaduto. Ma nè anco l'ingombro dell'afflizione potè distorlo dall'uso di mormorare, perchè punse a molti passi li Francesi, e volendo accennare il Cardinal d'Este, disse: *Malignus homo*, e non bastandogli il testo, vi aggiunse il commento: *Hic est pater zizaniarum et calumniarum dæmon, qui more suo gaudet pro lubidine* (1) *in turbido piscari*. Al Concistoro suddetto fece sapere Crequì, che non dovessero andare i cardinali dipendenti dalla Corona e dilatò, se non l'ordine, almeno l'istanza al Cardinal d'Aragona, ambasciatore attuale di Spagna, a titolo di Ministro di Prencipe amico e parente del Re Cristianissimo, ed egli ebbe per bene di dare anco in questo soddisfazione, tanto era il timore di venire a nuove rotture, riguardo alla salute periclitante del Cattolico, l'infanzia del Prencipe successore, e lo stato della Monarchia resa debole all'estremo dalle guerre infelici poco fa terminate, e dal fiacco governo di tanti anni. Per questo essendo occorsa poco innanzi una strepitosa contesa in Londra a causa di precedenza tra le carrozze degli Ambasciatori delle due Corone, nella quale andò superiore l'industria e la bravura del Baron di Batte-

---

1) MS: *ludidine* etc.

ville, che lo era per Spagna, se ne accese tanto fuoco a Parigi, che per divertire una guerra si convenne mandare in Francia il Marchese della Fuente a dichiarare in pubblica audienza, dove si fecero intervenire, oltre li Grandi del Regno, tutti li Ministri de' Potentati stranieri, che in ogni Corte li Spagnoli avrebbero senza contradizione ceduto. Dopo sì grave e memorabil passo, non ebbe animo di recalcitrare Aragona, contentandosi in oltre di ricevere nella propria casa il Duca Cesarini processato, e contumace del Papa per gli armamenti passati, non ostante che essendo vassallo di Spagna per li feudi che possiede nel regno di Napoli, si fosse ascritto al partito francese. E, se bene poteva Crequi assicurarlo in mille altre maniere, scelse questa, perchè alla cauzione andasse unito il trionfo, al quale seguitò poco dopo quell'altro più insigne di far commettere a Don Pietro d'Aragona, fratello del Cardinale, di non entrare in Roma all'esercizio della sua ambasceria, sino che il Papa avesse dato soddisfazione alla Francia, che portò al buon Cavaliere una relegazione di venti mesi a Gaeta, et al mondo un esempio di quanto prevaglia alla riputazione il timore, quando gli animi si sono lasciati avvilire dalla mala fortuna.

Intanto la mattina delli 8 settembre, con il ritorno del Corriere si ebbero le risposte di Francia, che levarono di lusinghe chi sperava miti risoluzioni, perchè apparve pur troppo chiaro che il successo era stato non solo acerbamente, ma avidamente sentito, e che nè con poco, nè presto sarebbe seguito l'aggiustamento. Monsig. di Bourlemont, auditore di Rota, Francese, portò al Papa la lettera del Re, la quale con aspre parole e sentimenti profondi detestava l'assassinio; e nel punto delle soddisfazioni pretese, diceva solo di aspettare quali gli fossero state esibite! che è la più difficile e rigida forma di negoziare, perchè, quando gli animi sono guasti per altro, non s'incontra mai quello che piace; anzi, se si avesse la sorte d'indovinare ciò che viene internamente desiderato, e si facesse, quello stesso sarebbe rigettato come offensivo. E sopra di questo infallibile fondamento l'ambasciatore di Venezia considerando al Pontefice la pessima piega che prendeva l'affare, et il gran male che prevedeva, gli ricordò di scrivere al Re, che, come Ecclesiastico, anzi capo degli Ecclesiastici, era disobligato dall'intelligenza di simili punti secolareschi, ma che tenendosi nel posto di Padre, e di Padre amoroso, gli apriva le viscere della sua carità mandandogli foglio bianco, acciò che egli stesso decidesse qual era il risarcimento proporzionato, perchè, o averebbe ammollito l'animo reale, o si sarebbe giustificato al mondo in tal maniera, che, se bene per le cose antecedenti la volontà era mal disposta, con questo atto d'artificiosa umiltà gl'impediva lo sfogo. Ma entrando il Papa ad esaminare i casi, et il valore del foglio bianco, fece all'Ambasciatore una lezione di duello, che allora non era a proposito, et a forza di dottrine scelse poi il peggior partito, tenendosi in mezzo tra la viltà e la bravura, che è il vero modo di screditarle tutte due, levando all'una la stima e all'altra la compassione. Fece bandire dalli giudici criminali tutta la compagnia de' Corsi con il Capitano e gli offiziali, che erano lontani al tempo del delitto, e di più quaranta soldati che furono arrollati dopo in supplimento di quelli che stimandosi colpevoli avevano abbandonato l'Insegna: sentenza precipitosa et ingiusta che, per castigo, fu anche male interpretata, essendosi creduto o mostrato di credere in Francia, che si avesse avuto intenzione di far disperdere tutti coloro da' quali si poteva ricavare, che l'eccesso fosse stato premeditato e non pure comandato dal livore de' superiori, non causato dall' ira de' soldati. Poi scrisse il Papa di sua mano al Re replicando le scuse, e promettendo giuste riparazioni, che fu quanto bastava per non far niente, o, a dirla meglio, per incancherire il negozio.

Con il corriere di Francia ebbe sicurezza il Crequi di

venir sostenuto, e come si era supposto, il Segretario Lionne, al quale si appoggiavano tutti gli affari stranieri, non si dolse punto della fortuna che gli offeriva l'opportunità di sfogare la sua passione contro Alessandro, e forse anco contro tutta la Corte di Roma. Però intraprese con tanta applicazione il negozio, come se altro non ne avesse avuto per mano, lo fece apprendere al Re per tanto importante, che ne dipendesse la riputazione della Corona, che, dopo debellata l'emulazione de' Spagnoli, frenata la Germania, e posta in timore quasi tutta l'Europa, non mancasse altro per stabilire l'onnipotenza della Monarchia, se non mortificare l'orgoglio del Papa, indebolire la potenza ecclesiastica, e farsi per questa via anco padrone delle coscienze delli suoi vassalli. E fu tanto l'impegno che egli ne prese, che non parlava mai di altro, vi applicava tutti i pensieri, formava egli stesso l'infinite scritture che andavano intorno. E per farne discorrere il mondo a suo modo, prese sino la cura di comporre le gazzette, che di settimana in settimana dovevano imprimersi. È anco credibile, che con quel dispaccio avesse ordine l'Ambasciatore di uscire dallo Stato ecclesiastico, perchè immediatamente lasciò la stanza di Caprarola dove si era fermato, proseguendo il cammino verso S. Quirico, giurisdizione del Gran Duca, e da Parigi nello stesso tempo fu scacciato il Nunzio Apostolico Piccolomini, facendolo accompagnare con guardie così ristrette e tanto severe, che non potè saper mai nè dove lo conducessero, nè ciò che ne volessero fare, sino che, giunto per la strada di Lione al confine del Regno, lo posero in libertà, e si ricoverò in Avignone, facendo sparger fama il Lionne, che il rigore era stato affetto di carità, perchè, irritati li popoli dalle ingiurie di Roma, senza tali preservazioni avrebbero facilmente attentato contro la persona del Nunzio, là dove si diceva per l'altra parte essersi stimato necessario assicurare in quel modo la violenza, acciò che non cagionasse qualche strana commozione nella pietà delle genti.

Tutti questi principii indicavano, che il fine dovesse essere molto lontano, e maggiormente l'accertò, il primo di ottobre, Monsig. di Bourlemont dicendo alla regina di Svezia, et agli Ambasciatori di Spagna, Venezia e Toscana, che Crequi avrebbe trattato l'aggiustamento con speranza, che quanto egli stabilisse sarebbe confermato a Parigi, forma di parlare sospetta, et indicante l'artificio di penetrare li sentimenti del Papa senza impegnare sè stesso, e forse ancora di fare il negozio in un luogo per disfarlo nell'altro, accumulando al danno lo sprezzo, e trarne in due modi vendetta. Vedendo però che alla proposizione non si faceva risposta, e bramando di cominciare a raggirare il capo per questo verso, comparve a Bourlemont un gentiluomo dello stesso Crequi con ordine di far sapere a Palazzo, che aveva facoltà di esporre le intenzioni del Re ad intavolare trattato. Rispose il Cardinal Chigi di rallegrarsene, e di pregarlo ad esprimersi, perchè il Papa aveva intenzione di fare in soddisfazione della Maestà Sua tutto il giusto, e tutto il fattibile. A questo si replicò da S. Quirico, non esser praticabile maneggiar negozio sì grave in distanza, e che, mandandosi là qualche soggetto, avrebbero seco communicato (1). Parve strana la pretensione; tuttavia l'interesse fece abbandonare il puntiglio, e fu spedito l'abbate Giacomo Rospigliosi, coppiere del Cardinal Chigi con sue lettere all'Ambasciatore per intendere e riferire li desiderii del Re. Arrivato in diligenza l'abbate, non piacque che fosse inviato semplicemente da Chigi, e si pretese che persona più graduata andasse a dirittura con plenipotenza del Papa. Sconvolse ciò grandemente Alessandro, e lo ferì appunto dove stava il suo male, vedendosi costretto a smontare dal soglio, e riconoscere per uguale Crequi col spedirgli un Ambasciatore. Ad ogni modo,

---

1) MS: communicato, parve etc.

dopo molte consultazioni, fu risoluto di non mostrar renitenza, e si destinò Monsig. Cesare Rasponi, prelato degno per sè stesso e per l'impieghi che sosteneva, ma troppo timido per contendere con chi si faceva forte sul metter paura.

Giunto Rasponi a S. Quirico, fu ricevuto con accoglimento cortese, non tale però che potesse addolcire le amare proposizioni che furono fatte, e che fa necessario registrar qui per esteso, come anco le risposte e le repliche, perchè sopra di questo primo trattato si andò rivolgendo tutto il negozio sino alla fine. Cinque furono le condizioni, che per rimettere la pace si posero in campo: Che il Papa restituisse *immediate* tutto lo Stato di Castro al Duca di Parma, e le Valli di Comacchio a quello di Modena, perchè il Re avrebbe sacrificati li proprj interessi, scordandosi le cose passate per far rendere giustizia a due Prencipi che stavano sotto la sua protezione; che, affine d'assicurare agli Ambasciatori di Sua Maestà, et ad ogni altro Potentato dentro di Roma il godimento di tutti li privilegi et immunità che loro appartengono per il diritto delle genti, non possa esser presa nessuna risoluzione che riguardi le loro persone, domestici, e palazzi, senza il consentimento di tutto il Sagro Collegio, acciò che non restino esposti al capriccio del Governatore di Roma, ed altri Ministri subordinati; che tutti gli Editti, Processi civili e criminali toccanti a questi successi siano annullati con riparazione delli pregiudizj che per simil cagione avesse ricevuti il Duca Cesarini; che si concertino con il Duca di Crequi le soddisfazioni dovute al Re per il ritorno di S. Ecc. in Roma; e che si levino i quartieri di milizie formati in questa occasione. Fece Rasponi di proprio motivo qualche considerazione modesta e prudente sopra le domande (1), scusandosi di non potere positivamente parlare,

---

1) MS: la domanda etc.

perchè si dilatavano a materie lontane dal caso, e sopra delle quali egli non era premunito con le dovute istruzioni. Venute poi a Roma le pretensioni, fecero vedere chiaro ad ognuno, che il negozio aveva alte radici, e che l'animo era di erigervi sopra una gran fabbrica, come era stato preveduto da chi sapeva ben giudicare, e non voleva ingannarsi. Allora il Papa comprese, che non sarebbe stato cattivo il ripiego del foglio bianco suggerito dall'Ambasciatore di Venezia, e mandò l'abbate Salvetti, Segretario nella Cifra, a dirgli che andava pensando di porlo in esecuzione. Ma l'Ambasciatore gli rispose esser passata la congiuntura di applicare tal rimedio, perchè, come avanti la dichiarazione delle pretese, quando si stava nel solo risarcimento dell'insulto fatto da' Corsi, la confidenza paterna avrebbe posto freno all'esorbitanza, così allora non si sarebbe fatto altro che sottoscriverle, e forse anco far strada a cose peggiori, differente assai essendo il trattare con uno che non ha ancora abbandonato il rispetto e versa tuttavia fra i scrupoli del perderlo, da quello che riesce quando ha calata la visiera, et è uscito dalla giurisdizione delli rimorsi. Però, dopo un disutile pentimento, si rispose a Rasponi, esser giunte nuove le istanze della restituzione di Castro, di Rónciglione, e delle Valli di Comacchio, come affari non correspettivi all'emergente de' Corsi; considerarsi però, che il trattato di Castro fu volontario, e reciproco, e, dopo varii termini conceduti in favore del Duca, essere stato sottoposto lo stato alla Bolla di Pio V, corroborata dal giuramento di Sua Santità, e di tutto il Sacro Collegio, nè potersi far altro, che udire Sua Altezza, quando gli occorresse di portar qualche nuovo motivo non dedotto nella causa, et offerirgli per questa via ogni soddisfazione, ma fuori del corrente trattato; circa le Valli di Comacchio esservi una Congregazione particolare, deputata ad istanza del Duca di Modena, nella quale si agitava attualmente la materia, e che Sua Beatitudine darebbe tutti gli ordini opportuni per la celere e giusta spedizione, ma questo pure separato dal negozio del Duca di Crequì; che si darebbero in Roma agli Ambasciatori di Sua Maestà quelle sicurezze che sogliono avere da ogni altro Prencipe, e che ricevono all'incontro li Nunzj Apostolici; che per quello riguarda agli Editti e Processi, sarebbe pronta Sua Santità di benignamente annullarli; che il Cardinal Chigi prenderebbe sopra di sè il far godere un buon aggiustamento al Duca Cesarini; che dichiarasse il Duca di Crequì quali soddisfazioni egli avesse desiderate per il suo ritorno in Roma; e che si levarebbero i due Quartieri, cioè quello alle Carceri nuove, e l'altro a S. Andrea della Valle.

Communicati da Rasponi questi sentimenti del Papa a Crequì, egli soggiunse, che non volendosi far giustizia alli due Prencipi dipendenti dalla Corona, bisognava farla rigorosamente al Re per l'offesa ricevuta nella persona del suo ministro. Onde, chiedeva: Che Don Mario fosse rilegato a Siena per sei anni; che il Cardinal Chigi andasse Legato de Latere in Francia, facesse nella prima Audienza le scuse del Papa col Re per l'insulto ricevuto dall'Ambasciatore li 20 agosto; e nella seconda chiedesse perdono a Sua Maestà per lui, e per tutta la sua casa, concertando prima con Crequì le parole precise da esprimersi; che si farebbe il processo al Cardinale Imperiale, e se gli levarebbe il Cappello; che il barigello di Roma sarebbe bandito in vita dallo Stato ecclesiastico; che sarebbe alzata una piramide nell'antico Quartiere de' Corsi con iscrizione esprimente: Che il Papa, per lui e per li suoi successori, dichiarava la Nazione Corsa incapace di portar mai più l'armi in Roma per aver sacrilegamente e barbaramente attentato sopra la persona di un Ambasciatore di Francia, et investito il suo Palazzo, onde Sua Santità, in testimonio della sua indignazione, aveva fatto erigere quella memoria alla posterità; et oltre di tutto questo, fossero ancora accordati li quattro ultimi capi della prima proposizione. Con questa seconda forma di trattato si credeva di poter far volgere il Papa alla prima, supponendo forse, che meno gli fosse spiaciuto spogliare la Cammera di Castro e Comacchio, che sè stesso del fratello e del Cardinale Imperiale, e vi si vide dentro molto chiaro l'impegno del Cardinal d'Este, con la cui lingua parlava, e con la cui mente si governava Crequi, perchè dall'un partito all'altro non vi fu tempo che gli ordini potessero venir da Parigi. Ma bastava a quei di S. Quirico di aver saputa l'intenzione del Re, et essere sicuri dell'appoggio del Sig. di Lionne per non dubitar più dell'approvazione di qualsivoglia passo, quantunque smisurato che fosse. Rasponi però stringendosi nelle spalle e nel cuore, come uomo di naturale più dolce che forte, disse qualche parola intorno l'improprietà di voler castigati Don Mario et Imperiale, innocenti, accennando che per il secondo si sarebbe chiamato offeso tutto il Sacro Collegio, nè potè egli far altro che mandare a Roma le pretensioni, e rimettersi agli ordini, quali gli fossero stati impartiti, perchè la sua facoltà non si estendeva a dargli arbitrio in cose tanto lontane dal caso, e da ogni supposizione.

Il Papa altresì non stimò che si dovesse rispondere, ma si apprese ad un partito che avrebbe potuto giovare, se il male avesse avuto rimedio, se fosse stato applicato a tempo, e se anche non l'avesse corrotto con l'incorreggibile sua mordace verbosità. Dichiarò Legato *a latere* il Cardinal Chigi per andare a portare al Re gli uffici paterni della Santità Sua, gli ossequj proprj, e le informazioni reali delli successi, facendo a queste espressioni il commento con vani e lunghi discorsi: Che si vedrebbe bene una gran mutazione quando suo nepote avesse fatto toccare al Re con le mani la petulanza della famiglia del suo Ambasciatore, e l'abusar che faceva il Cardinal d'Este della protezione reale. Con questi concetti fece comporre il Breve per partecipare al Cristianissimo l'elezione, e prese espediente di mandarlo accompagnato con una lettera di Chigi a Crequì, pregandolo di farlo pervenire a Sua Maestà; ma egli ricusò di trasmetterlo, e non volle meno tenere la copia esibitagli da Rasponi, se bene la fece ricercare da poi, perchè Este lo riprese, desiderando di farvi sopra un'esposizione aggiustata al bisogno. Ricevuta la negativa, e volendo in ogni modo che penetrasse il Breve, fu mandato agli Ambasciatori di Venezia e di Savoia, che parimente procurarono in Parigi di divertire i sconcerti all'Italia. Ma fu loro risposto in scritto, che il Re non voleva commercio con Roma, se prima non erano accordate le soddisfazioni richieste, et altre che dipendevano da cose succedute da poi, non occorrere che si andasse ad informare, perchè Sua Maestà sapeva benissimo, che il suo Ambasciatore era stato assassinato, e che dopo se ne era fatto festa come di vendetta per l'aggiustamento avantaggioso che gli anni addietro si convenne accordare al Cardinal d'Este; protestare il Re di non aver colpa ne' mali che fossero succeduti; e che nel resto avrebbe portato rispetto alla Santa Sede, alla Persona del Papa, et accetterebbe il Legato, seguito che fosse l'accordo, essendo anzi questa una delle sue condizioni. Confermava questa carta quanto da Crequì era stato proposto a S. Quirico, et aggiungeva di più quello che fosse piaciuto di pretendere per le cose accadute dipoi, che non si sapeva indovinare quali si fossero. Onde si apriva l'aspetto di un pelago immenso, che non aveva nè ripa nè fondo. Al Papa pesava più il vilipendio presente del danno, che gliene potesse venire, perchè alla fine li Stati della Chiesa non si perdono mai, e li suoi parenti avrebbero sempre avuta la porta aperta alla grazia reale col mettersi sotto la sua protezione, e dipendere dal partito francese. Ma gli altri Prencipi andavano diversamente ponderando l'affare, e se per riputazione l'apprendeva il Papa, lo stimavano essi per interesse, figurandosi che il Re, favorito dalla fortuna e dal vigor dell'età, volendo dar sfogo in qualche parte al valore et alla moltitudine di quella inquieta nazione, meditasse di far calare gente in Italia, sotto pretesto di vendicarsi con Roma, per farne poi nascere degli altri, e volgerle contro di loro. Trovandosi allora totalmente sproveduti li Spagnoli, che pigri in guerra, e negligenti in pace, camminavano sempre con ugual passo alla perdizione, male all'ordine i Veneziani per la distrazione di quasi vent'anni in Levante (1), gli altri Prencipi deboli, e la maggior parte attaccati alla Francia. Onde, quando gli acquisti si dovessero misurare con la facilità e non con la ragione, la congiuntura era troppo propizia. Tuttavia, come sempre succede, dove concorre l'interesse di molti, niuno vuol farsi propria la causa commune, tutti si stanno (2) osservando, perdono il tempo in consulte, e la rovina gli trova con le mani incrociate. Però, nel caso presente non vi era chi non temesse, ma nè anco chi offerisse al Papa altro che abietti consigli per comprar con la sua riputazione quella quiete che non sapeva o non poteva difendere. Intanto godeva il Re di veder mezza l'Europa tremante al volger del suo ciglio, e doveva ricrearsi in sè stesso, che atterrisse anco quel male che egli non era per fare, mentre il disegno suo semplicemente versava in debellare con la paura e con gli oltraggi la vanità di Alessandro, senza prendere impegno in Italia, avendo nella mente l'imprese di Lorena e di Olanda, che prese in esecuzione dipoi.

Gli Avignonesi tra questo considerandosi nelle fauci del Regno di Francia, o temerono che l'ira del potente vicino cominciasse a sfogare sopra di loro, o desideravano prender l'opportunità di sottrarsi da un dominio oneroso e debole,

---

1) MS: Levante. Gli altri etc.
2) MS: stavano.

da cui non speravano nè difesa, nè premio, per passare dall'altra parte dove tutto abondantemente fioriva; però inclinando alla mutazione, persuasero il Vice-Legato a licenziare il presidio italiano, come quello che non bastava alla tutela della città, e poteva invitare a qualche invasione li Regii, introducendo in luogo di quello i banditi con altre genti facinorose, che insultavano li Ministri Pontificj, e mettevano il governo in disordine, credendosi che lo facessero di concerto con li Francesi, i quali non volendo apertamente invadere li Stati della Chiesa, eccitavano i sudditi a chiamarli per entrarvi in sembiante di liberatori più tosto che di nemici. E perciò fu grande l'errore del Vice-Legato, che doveva aspettare ogni estremo prima di disarmarsi, lasciarsi spogliare per forza e non per viltà, e far che la violenza rendesse gli usurpatori più contumaci. Ma i Papi sono ordinariamente serviti così, dopo che hanno perduto il rispetto e la buona forma del governo, perchè i loro Ministri cercano gli appoggi dove li possono avere, e fanno sovente negozio dell'infedele servizio. Perciò il Vescovo apertamente si pose nel partito contrario, e col pretesto di aver obligo di seguitare il suo gregge, non curò chi l'aveva fatto Pastore. Onde, vedendosi a Parigi, che senza sfoderare la spada tutto succedeva prosperamente al solo terrore del nome (1), fu ordinato al Parlamento d'Aix, come giudice della Provenza, alla quale prima de' legittimi acquisti era annesso Avignone, di far correre un'intimazione al Vice-Legato di produrre le pretese ragioni della Sede Apostolica sopra quel Stato, et alli popoli di non riconoscere più il governo di Roma, preponendo con nuova pratica legale l'esecuzione alla cognizione. Crequì in questo mentre non vedendo risposta alle seconde proposizioni, risolse di passare a Fiorenza, dove fu

---

(1) MS: nome. Fu etc.

ricevuto con ogni dimostrazione d'onore, poste da parte tutte le formalità del Cerimoniale, che avesse potuto dargli disgusto, e Rasponi, quantunque ozioso, per alto rispetto si trattenne a S. Quirico. Il Gran Duca, che per la vicinanza de' Stati desiderava tener lontani i cannoni e le gelosie, dubitando che il Re l'astringesse a ricever milizie e far atti di ostilità contro la Chiesa, che dovessero poi un giorno esser vendicati sopra di lui, andava con ogni possibile industria procurando di addolcire Crequì, et il Prencipe Mathias, suo fratello, che alle convenienze della Casa aggiungeva la particolar pretensione del Cappello Cardinalizio, vi si applicava parimente con sommo calore, battendo di continuo il Cardinal d'Este, che era il bastione più arduo; ma conobbero presto, che l'infermità non si poteva curare, perchè quanto alli Francesi non vi era soddisfazioni equivalenti a quella che volevano prendersi con un lungo strapazzo, nè per il Cardinal d'Este aggiustamento così avantaggioso, che più non fondasse nelle speranze del torbido. Però lasciarono di perdervi il tempo, studiando solo di conservare la confidenza di ambe le parti: con Crequì dandogli spassi, e trattandolo alla grande, e con Roma mostrando passione de' suoi travagli, e communicando quanto poteva conferire al servizio. E fu così diligente sopra gli altri Mathias a tenere informato di tutto il Cardinal Chigi, che gli scoperse le confidenze con li Francesi di molti Cardinali, e di alcuni creati dall'istesso Alessandro, che entravano anco nella Congregazione istituita sopra queste materie, i quali, posposto ogni umano rispetto di gratitudine, di onore e di fede, davano notizie e ricordi in pregiudizio della Chiesa e del Papa. E qui sarebbe il luogo di compassionare l'infelice costituzione del Principato ecclesiastico, di cui il Prencipe, li consiglieri, e li sudditi sono inimici scoperti, parlando così dell'universale, perchè in ogni cosa molti particolari hanno le loro eccezioni. Li Prencipi vengono per lo più forastieri, e con la vita finisce il Regno nella loro Casa; onde sono sciolti da quei legami, con li quali la natura costringe all'amore, e soccombono solo a quelli dell'interesse. Li Cardinali che sono li consiglieri, oltre il partecipare per la maggior parte della stessa tintura, hanno intorno la pestilenziale infermità della pretensione, che disumana gli uomini, e li rende peggiori di tutte le fiere. Li sudditi, se sono di altro paese, stanno a Roma per abbottinare, e, se neutrali, sotto tal governo e con tali esempj, o divengono simili anch'essi, o si avviliscono e vivono disperati. Onde figuriamo di vedere una nave in alto mare combattuta dalle tempeste, con dentro pilota, marinari, e passeggeri tutti attenti alle loro mercanzie, et a rapire quelle delli compagni, senza che niuno di loro pensi nè a timone, nè a vele, nè a carta, nè a bossolo; che giudizio faremo noi del suo viaggio? E chi sarà quel stolido confidente che si figuri possibile la sua salvezza? Ma Dio, che è il padrone del vascello, non lo vorrà naufragato, perderà malamente la ciurma cattiva, e condurrà in porto il legno, perchè sia trofeo eterno della sua onnipotenza.

Con gli altri avvisi che vennero di Toscana, vi erano le precise doglianze che facevano li Francesi del Cardinale Imperiale, Governatore di Roma, perchè, se bene la sua carica non gli dava incumbenza sopra de' Corsi, dicevano ad ogni modo, che egli avrebbe potuto accorrere al tumulto e sedarlo prima che questa gente infuriata prorompesse nell'eccesso contro l'Ambasciatore; che dopo il fatto doveva infervorarsi nel castigarlo, et imputavano a lui ancora, come agli altri di Palazzo, l'aver goduto che la Nazione fosse rimasta mortificata. La cagione però delle querele veniva dall'odio antico del Cardinal d'Este, senza che Imperiale avesse colpa nell'affare presente. E gli convenne cadere ammalato non per li suoi disordini, ma per l'aria cattiva che l'aveva colto già un tempo. Fra le lamentazioni, Crequì

sempre soleva inferire, che non avrebbe mai potuto tornare
a Roma e trovarvi Imperiale. Lo disse per innanzi a Rasponi,
e lo replicava a Fiorenza, dove forse gli animi non erano
molto propensi verso del Cardinale, essendosi sospettato che
l'abilità sua, et il credito che teneva con lo Squadrone volante non piacessero molto alli Medici nelle occasioni delli
Conclavi; però si andava studiando il modo di dar soddisfazione in questo punto senza offendere l'innocenza del Cardinale, che possedeva anco la buona grazia del Papa e di
tutta la Casa. Onde con male avveduto consiglio fu risoluto
di destinarlo Legato nella Marca, dove da molti anni era
solito mandarsi un Governatore Prelato, perchè non vacava
altro impiego fuori della Corte, nel quale si potesse collo-
carlo con dignità. Quindi crebbero oltre misura li lamenti,
imputando che l'intenzione non fosse stata di allontanare,
ma di premiare Imperiale; e tante e tante esclamazioni ne
vennero da Firenze e da Parigi, che gli fu levata la Legazione, ammessa la rinunzia che fece del Governo di Roma,
e permessogli di ritirarsi a Genova, da dove scrivesse al Re,
che ivi stava a disposizione della Maestà Sua per andare alla
Corte, quando gliel'avesse permesso, a render conto delle
sue azioni. E tutto questo fu fatto a caso e senza concerto
sopra le notizie che venivano da una parte e dall'altra, e
che sovente si facevano anco penetrare con arte, perchè il
Papa andasse incautamente sborsando senza averne mai ricevuta, e restasse sempre con il debito aperto. Perchè Imperiale potesse uscire dallo Stato Ecclesiastico, e che questa
soddisfazione andasse a conto del negozio principale, fu fatto
da Sua Santità un Breve con espressione di esservi condi-
scesa acciò che la Maestà Cristianissima avesse li rispetti e
le discolpe del Cardinale. Ma questo istesso fu cavillato dal
Crequì, et entrò in pretensione che si mettesse carcerato in
Castello, e che nel Breve si dovesse dir chiaro, che veniva
mandato in esilio. Alla prigionia non si diede orecchio, e

sopra il vocabolo esprimente *in esilio* si contrastò molti giorni, essendo materia adattata al genio grammaticale del Papa; però con tutta la sua perizia non trovò modo di compiacere a Crequì, e per salvarsi all'ombra del sacro Collegio, si convocò il Concistoro affine di consultare se si doveva dichiarar bandito Imperiale. Erano trenta li voti: ventiquattro furono negativi, tre titubando dissero che vi era il pericolo della guerra, ma che nè anco per questo potevano accomodarsi a fare ingiustizia, e gli altri tre, più paurosi, votarono che per riparare la violenza era lecito di sagrificare l'innocente; e, dopo tale impegno preso da'Cardinali, fu spedito Prospero Bottini, avvocato concistoriale, con lettere del Sacro Collegio a Crequì, e con altre da mandare al Re in preservazione dell'afflitto Imperiale. Ma le risposte vennero da tutte le parti piene di mordacità, e con le più fiere minaccie contro li Chigi, eccitando li Cardinali a scuotere il giogo del Governo Monarchico introdotto nella Chiesa, e di stringere il Papa a risarcire l'offese della Corona.

Intanto si lasciava correr voce dalli Francesi di mandar milizie in Italia per appoggiare le pretensioni di Parma e di Modena, già che si era dichiarato il Pontefice di non voler trattati sopra de'loro interessi. E paventato da questa nuova, Filippo IV, Re di Spagna, spedì un corriere a Parigi ad esibire la sua mediazione nelle controverse correnti, sperando di poter per questa strada levare il Cristianissimo dall'impegno, e divertire qualche pericolosa perturbazione in vicinanza delli suoi Stati ridotti ad estrema languidezza, e per ciò esposti ad ogni pericolo. L'avviso delle risoluzioni del Cattolico fu ricevuto da Alessandro con le mani levate al Cielo, perchè, avvezzo ad udir soli terrori e consigli vili da tutte le parti, gli pareva di respirare vedendo un monarca sì grande farsi, se non parziale, almen mediatore, e con somma prontezza offerì di metter tutto nelle sue mani, et acquetarsi a ciò che avesse deciso, sapendo bene che non vi era condizione peggiore di quella nella quale si trovava costituito, e che alli Spagnoli, come ad ogni altro Prencipe d'Italia, non conferiva il vilipendio del Papa, nè l'abbassamento della Sede Apostolica, che sino allora era stato il più valido presidio della Provincia, se bene poi gl'interessati medesimi con massime contrarie all'antiche, e con manifesto loro pregiudizio, hanno incautamente cooperato al suo avvilimento; e credendo di sollevarsi dalla soggezione romana, si hanno tanto più stretto il laccio della straniera. Ma in Francia, dove si facevano i conti ad un'altra maniera, si rispose: Non esservi luogo alla mediazione, perchè l'onore leso del Re doveva essere reintegrato dal Papa, e pretendere che li suoi amici si unissero seco per conseguirlo. E così restò deluso Alessandro, sprezzato Filippo, e tornato nella prima confusione il negozio.

Correva fama che fosse prossimo l'incaminamento di genti a Modena e Parma, anzi ne' Stati di quei due Prencipi si andavano disponendo gli alloggi e le provisioni, chiedendosi con ostentazione il passaggio a tutti li confinanti, come se avesse dovuto venire un esercito intiero, il fine essendo di metter Roma in paura, et in apprensione l'Italia, segno evidente che il disegno era di sparger terrori e di far guerra con le minaccie, perchè quando l'intenzione fosse stata di farla do vero, sarebbero state maggiori le forze e minore la pompa. Tuttavia temendone il Papa in effetto, et avendo voglia di metter fuora la sua bravura, persuaso ancora da chi meditava vantaggi privati nelli dispendj del Pubblico, prese risoluzione di armarsi, e la partecipò a tutti li Prencipi, come porto di necessità per assicurare li Stati e li sudditi della Chiesa, che non poteva lasciare in abbandono senza renderne conto a Dio, che alla sua tutela gli aveva commessi. Fece la stessa dichiarazione in Concistoro, avendo introdotto il costume moderno, che li Cardinali sieno convocati non per consigliare e decidere le materie secondo gli antichi Istituti, ma per intendere solamente alcuna di quelle che vogliono communicargli i Pontefici, e per lodarle tutte con l'adulazione servile, solita regnare in quei petti, che non stanno a botta di una miserabil pensione. È ben vero che, volendo i Papi stabilire le loro Case, hanno bisogno di esser protetti dalle potenze straniere, da che essendo derivata la servitù delle nomine, sono costretti a far Cardinali dipendenti da altri, et in conseguenza alieni dagli interessi della Sede Apostolica; onde non possono prenderli a parte di quel governo che viene da loro il più delle volte insidiato. Anzi si potrebbe dire con buon fondamento non esser tutti Cardinali quelli che compongono il Sacro Collegio, perchè non è capace di eleggerli la potestà secolare, nè vale ad imprimergli il carattere la sforzata dichiarazione del Papa. Tuttavia, lasciando con molte altre questa decisione alli canonisti, basti di avere accennato perchè non possono ne'tempi correnti trattarsi le materie gravi ne'Concistori, e siano scusati li Pontefici dell'effetto, ancorchè loro sieno colpevoli della causa. Nelle prime Audienze onorò pure Alessandro gli Ambasciatori con la notizia del suo armamento, e lodò la risoluzione quello di Spagna, perchè considerando impossibile che il suo Re conservasse lungamente la pace con il Francese, metteva a conto di capitale le milizie che il Papa ammassava, dovendo per necessità unirsi alla difesa con il nemico comune. Ma quello di Venezia parlando con più candore, gli disse di restar maravigliato, che la prudenza della Beatitudine Sua credesse di armarsi per quella strada, che effettivamente si disarmava, perchè gli arnesi di Saulle non si adattavano al capo di David, e quando il Papa ha da combattere con il Gigante, la sua fionda deve essere la Croce, stimando gravissimo lo screditare la venerazione Pontificia con le forze mondane, e farsi il gioco delli Francesi, attaccandoli nel luogo dell'invincibile loro fortezza. Riuscì aspro il discorso a quelle orecchie, che erano solite esser unte dalle lusinghe, e non potendo con la ragione, replicò all'Ambasciatore con la bravura, dicendo che il Re era un uomo, e lui parimente lo era, che teneva cinque dita per mano, et altrettante egli pure ne aveva, che faceva per allora dieci mila soldati, intendendo che tanti se ne volevano far calare in Italia, che se si fossero accresciuti a quindici e a venti, con ugual numero sarebbe andato corrispondendo. L'Ambasciatore lo supplicò a guardar bene di non ingannarsi ne' calcoli, et a ricordarsi delle sue profezie senza passar più oltre, vedendolo fuori di quei principii, sopra i quali l'uomo savio suol fondare le sue massime, e troppo preoccupato dagli errori, per potervi far entrare i savj consigli.

Applicato dunque in adunare milizie, incontrò subito quelle difficoltà, che lo sdegno e l'ambizione non gli avevano lasciato prevedere: trovossi prima senza denari, perchè la Camera Apostolica è un erario di condizione così infelice, che per necessità deve sempre esser vuoto, toccando a lui il pagare, et il riscuotere alla borsa del Papa. Convenne però applicare all'erezione di un Monte per un millione di scudi, che dall'occasione corrente denominò la *Difesa*; ma perchè li più antichi andavano difettivi di assegnamenti per li frutti, e si temeva che la guerra potesse produrre maggiori sconcerti, non si trovava chi volesse avventurare i suoi capitali, e bisognò svantaggiosamente negoziare con mercanti, cavando meno di ottanta di ciò che addossava il debito giusto di cento. Impose ancora alcune gabelle, ma con mano leggiera per non mettere in disperazione li popoli soverchiamente aggravati da Urbano VIII, che nelle capricciose discordie de' suoi Nepoti con il Duca di Parma, ne aveva istituite sopra quaranta, che continuavano tuttavia, e continuaranno anco per l'avvenire, se Dio non muta le coscienze, e con esse l'economia. Il secondo intoppo fu nel Generale, che doveva raccogliere e commandare l'esercito, perchè essendo soliti li Papi di dare ad uno de' loro Nepoti il Generalato di S. Chiesa per fargli godere la dignità e gli stipendii, come seguiva allora in Don Agostino, non si trovano soggetti militari qualificati che vogliano dipendere da un giovane ignaro del mestiere, e che gonfiato dalla fortuna presente esercita anco con indiscretezza il dominio. Si trovava allora nella Corte il Marchese Luigi Mattei, cavaliere romano, che in Germania passando con grido di valore per gli ordini della milizia, era attualmente Generale dell'artiglieria; e possedendo pari abilità nelli maneggi politici, con carattere di Plenipotenziario di Cesare trattava la Lega contro il Turco, che fu mentovata di sopra. A lui però volsero i loro tentativi i Chigi, et egli bilanciando il legame che teneva con l'Imperatore per il Ministerio, e la naturale obbligazione col Papa, stette un poco dubbioso quale dovesse preponderare. Finalmente, o per segreta permissione che glie ne venisse, o con speranza di stabilire la sua fortuna nel proprio paese, acconsentì di tenere la Luogotenenza generale delle armi, che per compatimento gli fu lasciata godere poi anco dopo il bisogno, perchè a soddisfazione della Francia convennero mostrarsene disgustati in Germania, e levargli li stipendj e le cariche.

Li primi giorni non fu malagevole ridurre alle insegne quella feccia di gente oziosa che vagava sfaccendata per la città, vivendo d'incerti, e formatane qualche compagnia più da vogare che da combattere, più per lusingare l'umore marziale del Papa, che per rallegrarsi l'occhio nel vederle schierate, usciva più volentieri di casa, e gli pareva d'avere non più cinque dita come il Re di Francia, ma sei nella mano. Però, sfornite le taverne e le strade di simil canaglia, andava lento il concorso, e si vide la necessità di ricorrere in paesi stranieri. L'Imperatore e li Svizzeri cattolici lasciarono fare delle estrazioni; gli altri tutti le negarono, nè meno permisero il passaggio alle accordate altrove, che convennero sfilare furtivamente con perdita di tempo e con danno; tanto era formidabile la potenza contraria, e così il timore rendeva nel proprio pericolo stupido ognuno. Finalmente si arrivò ad avere otto in nove mila nomi ne' ruolli, ancorchè da marciare non fossero sei, avendo molti arteggiani preso il servizio con intenzione di non prestarlo, per godere il soldo, sino che avessero potuto, senza fatica e senza pericolo. E per l'avarizia degli Offiziali, et inesperienza del Governo in tali materie, esorbitante era il numero delle piazze morte, delle quali si faceva larga parte a quei di Palazzo in premio di aver consigliato il Papa ad armarsi, et erano il velo che gli stava avanti gli occhi, perchè non vedesse il suo male.

La risoluzione d'impugnare la spada recò infinito contento alla Francia, dove cominciava a dar pensiero l'impegno, non sapendo da qual parte ferire il Pontefice, sino che stava al coperto dell'impenetrabile Vicariato di Cristo. Et il Segretario Lionne, che era stato l'architetto di tutta la macchina, e doveva in certo modo renderne conto, confessò ingenuamente esserli stato restituito il sonno dalle trombe e dalli tamburi del Papa, perchè gli giocava una carta, alla quale poteva con troppo gran vantaggio rispondere, e gli offeriva pretesto per ogni tentativo sotto l'onestà di vedersi volgere contro il cannone, quando si domandava riparo di un assassinio esecrabile. Ne fece però fioccar querele, esclamazioni e manifesti per tutte le parti del mondo, essendo gran maestro nello spendere una per mille le sue ragioni. E così il Papa, privandosi del compatimento che suol sempre assistere il debole quando tolera con prudenza, si concitò contro l'odio di tutti, detestandosi a piena bocca l'incauta arditezza e l'inopportuno appetito di distrarre la Cristianità, quando veniva da due parti invasa dal Turco.

Venne ordine a Crequi di partire d'Italia, ed andò ad

imbarcarsi a Lerice (1); a Monsig. di Bourlemont, Auditore di Rota, di passaggio in Toscana, et alli due cardinali dipendenti di uscire di Roma. Mancini si ritirò subito in un castello de' suoi parenti, et Orsino, che non sapeva essere nè buon suddito della Chiesa, nè ben venduto alla Francia, andò temporeggiando sotto varj pretesti in modo, che incorso nell'indegnazione reale, ebbe precetto di levar l'armi della Corona dalla porta del suo palazzo, e convenne poscia andarsi a discolpare alla Corte, dove, avendolo conosciuto, si avvidero essere di poca importanza che gli fosse amico o nemico, e non meritare la pensione per altro che in memoria di quegli illustri progenitori, che con la precognizione dell'avvenire non avrebbero voluto esser vissuti loro medesimi per non lasciare un erede tanto degenere.

Il Sig. d'Aubeville (2), che aveva tanta parte in questa materia, come quello che fu il primo istigatore delle vendette del Re contro Alessandro, ebbe commissione di passare alle Corti d'Italia per mantenere in fede li Prencipi dipendenti, in paura li neutrali, e dare a tutti apprensione, con ordine particolare di far positiva istanza alla Republica di Genova di non tenere ne' suoi Stati il Cardinale Impèriale; e se bene pareva assai grave il negare ad un cittadino innocente quel ricovero, nel quale era stato investito dalla natura, tuttavia perchè la giustizia non è così aggiustata nella politica come nella morale, fecero cedere la ragione civile a quella di Stato, e gl'intimarono la partenza con ogni rigore; nè potendo, dopo l'esempio della sua patria, sperare di essere accolto in parte veruna, fu costretto di far perdere Imperiale nello stesso Imperiale, e con nome et abito mentito vagava mascherato e ramingo, sino che dopo l'aggiusta-

---

1) MS: Lerice. A Monsig. etc.
2) MS: d'Eubeville.

mento di tutte le differenze gli fu conceduto di andare anche egli a prendere l'assoluzione a Parigi.

Con le insinuazioni, o più tosto per gli ordini portati da d'Aubeville, fu spinto il Duca di Parma a chiedere agli Spagnoli, che per l'obligazione assunta dalla Corona nell'ultimo Capitolato di pace alli Pirenei dovessero ajutarlo a ricuperar lo Stato di Castro, e perchè lo facessero con minor incomodo, suggeriva loro di occupar la città di Benevento, come quella che disarmata e sproveduta, stava nelle fauci del Regno di Napoli; onde fosse poi facile la permuta con le terre del Duca. Ma il Cattolico, che aveva sentimenti et interessi totalmente contrarj, rispose non esser tenuto nella materia di Castro che a passare favorevoli uffizj col Papa, nè volersene prendere altro impegno, dando con questo ad intendere, come ragionevolmente doveva operare anco la Francia, con la quale era il concordato comune. Fra tanto giunsero due mila soldati arrollati da Alemagna dal Nunzio Caraffa con alcuni offiziali atti ad intendere, et eseguire le militari funzioni, che diedero un poco di riputazione alle truppe del Papa. E qualche partita capitò parimente de'Svizzeri; ma tutte insieme formarono un corpo superfluo se non arrivava il bisogno, e disutile quando fosse arrivato; consumava la Cammera Apostolica, e faceva comparire il Pontefice in sembiante diverso del suo naturale. Intorno a che fu detto tanto ad Alessandro da qualche uomo da bene, che cominciò accorgersi dell'errore, e se avesse potuto cominciare da capo, avrebbe procurato di soddisfare con proprie soddisfazioni Crequì, si sarebbe lasciato persuadere alla remissione insinuata dall'Ambasciatore di Venezia, nè averiano avuto le vanità degli armamenti. Ma il frutto, che fu buono, oggi è corrotto, nè diversa dalla natura del frutto è l'occasione. Pentito però nell'animo suo, e sbizzarrito dalle disgrazie, pubblicò un Giubileo universale per implorare l'ajuto divino, che diede piacevole argomento di giocare alla penna satiricamente felice del Sig. di Lionne, essendo in così abbietta fortuna caduto Alessandro, che le buone e le cattive sue azioni venivano ugualmente sprezzate: castigo grande per lui, e documento non minore agli altri uomini di non erger fabriche sopra lubrici fondamenti, e di non stendere i piedi oltre la misura del letto: al danno va sempre congiunta (1) la derisione, che è l'abisso estremo della vita civile. Circondato da tante angustie, il Papa non sapeva più a qual parte volgersi senza timore di dar negli inciampi; e come succede a chi ha qualche grave dolore, non poteva astenersi di non andar cercando ricette, ed applicarvi ogni rimedio, per improprio e screditato che fosse, ancorchè venisse consigliato da soggetti non imperiti, di lasciar da parte le medicine, e vedere un poco ciò che potesse giovarli il riposo, mentre la natura ben spesso trova quell'esito agli umori cattivi, che l'arte non ha penetrato, e che divertisce sovente con le sue diligenze male opportune. Volevano dire costoro, che lasciasse di farsi maggiormente spregiare con tanti raggiri, e non cercasse di dare quella soddisfazione che non si voleva ricevere, ma aspettasse il benefizio del tempo, attendesse le proposizioni che gli fossero fatte, facesse commisurare la sua sofferenza, e almeno si astenesse di operare per non fare nuovi errori. Ad ogni modo, come si è detto, rendendolo inquieto la doglia, prese risoluzione di scrivere una lettera al Re, di sua mano. Giustificava in essa le proprie azioni, si querelava degli aggravj che gli venivano fatti, accennava che Sua Maestà era ingannata, mostrava l'improprietà del dissidio fra il Padre e il Figliolo, e offeriva tutte quelle soddisfazioni più ample che fossero proporzionate alla qualità delle offese, senza pretendere difalco per tante che a lui venivano fatte ogni giorno. Pregò gli Ambasciatori di

---

1) MS: cagionata.

Francia e di Venezia volerla mandare per corriero espresso
a Parigi, perchè dalli Ministri de'loro Prencipi, colà residenti, fosse portata in mano del Re, e con i loro uffici procurassero di far nascere un'onesta risoluzione. Condiscesero
gli Ambasciatori al gusto di Sua Santità, dopo avergli pronosticata l'infelicità dell'evento, perchè erano tutti due di
opinione, che non si dovesse irritare più quella piaga, nè
farvi intorno altre manifatture, persuasi dall'esperienza, che
tutte sarebbero riuscite o vane o pregiudiziali. Scrissero
però, quello di Spagna al Segretario Michele Turrietta, che
dopo la partenza del Marchese della Fuente era ivi rimasto
per i negozj della Corona, e quello di Venezia a Luigi Grimani, Ambasciatore della Republica, avvertendoli però a
procedere cautamente nel compiacere al Pontefice, e divertire i rancori (1) senza impegnare nè i Prencipi, nè loro
medesimi, conoscendo esser quella una materia da imbrattarsi più tosto le mani che da farsene onore. Ricevuto il
dispaccio, consigliarono i due Ministri come dovevano reggersi, e temendo che la lettera non fosse ricevuta, o lasciata
senza risposta, e porgesse motivo a Lionne di farvi sopra
qualche strano commento, presero espediente di valersi in
qualche parte delli concetti in essa contenuti, e presentar
come da loro una scrittura a Sua Maestà, supplicandola a
divertirsi dai rigori, e dar benigno orecchio ad una giusta
composizione da maneggiarsi nel luogo che fosse piaciuto di
destinare. La prima risposta fu piena di sdegno, di sprezzo,
e quasi di maraviglia, che due uomini savj intraprendessero
di sostenere li Chigi e d'avventurare la riputazione per chi
non aveva, nè si curava d'amici, nè di nemici ugualmente,
per esser elevati dalla fortuna ad uno stato tanto più sublime
del loro naturale, che l'eminenza gli faceva girar la testa,

---

1) MS: rumori.

levandoli il conoscimento di sè stessi e degli altri. Poi dopo lo sfogo delle parole, si diede luogo al negozio, e si procurò di tirar nella rete quei due Ministri, minacciando prima l'invasione dell'Italia con una potentissima armata, e preponendogli poi una scrittura da sottoscrivere, nella quale si esprimeva che in gratificazione de' loro Prencipi sospendeva la Maestà Sua la mossa delle armi, promettendo essi che il Papa avrebbe in un congresso ammesso trattati sopra Castro e Comacchio, e di venire ad un conveniente aggiustamento per pubblica quiete. È da credere per certo, che prima di mettere la penna sopra di quella carta importante perdessero molte ore di sonno. Finalmente, o portati dal zelo di divertire quel male che tanto dispiaceva ai loro Prencipi, o dal desiderio di essere autori di un bene che per avventura speravano riuscibile, si posero il gran peso sopra le spalle, e piegarono a segnare con i loro nomi l'impegno; azione che, se bene fu amaramente sentita in Spagna et a Venezia, non si ebbe però animo di contradirvi nè dall'una nè dall'altra parte, temendo pure che ogni picciolo movimento potesse far scoppiare quell'apostema che pareva già troppo matura; riprendendo però l'eccedente trasporto della buona volontà, mostrarono esteriormente di non saperne niente, lasciando correre come cosa puramente delli Ministri. A Roma parimente diedero parte del loro operato, e conoscendo di essersi molto allargati, si affaticarono di farne vedere il bisogno, e che senza tale riparo l'armi regie sarebbero immediatamente calate ad invadere li Stati ecclesiastici. Però temendo anche essi, che nel discutersi le materie nel futuro Congresso dovessero insorgere gravi difficoltà, e forse maggiori pericoli, onde apparisse più chiaro che non avessero (1) preso male le loro misure, fecero grande insi-

---

1) MS: che avessero.

stenza che il Papa si rimettesse nella Giustizia e nella coscienza del Re, promettendo maggior vantaggio incomparabilmente dalla pietà che dal negozio; ma questo ripiego, che forse sarebbe stato ottimo al tempo che lo ricordò l'Ambasciatore di Venezia, e meno cattivo quando disse di volerlo eseguire Alessandro, pessimi effetti avrebbe prodotti allora che lo proposero i due inviluppati Ministri, perchè essendo uscite le pretensioni di Castro e di Comacchio con tutte le altre, et intimate con una scrittura tanto solenne, non sarebbe stato altro il rimettersi che portare l'assenso e decider le cause in suo disfavore, tanto più che, trattandosi dell'interesse di due Prencipi amici, poteva la Francia, senza macchiarsi con nota di avidità, fare le sue vendette col Papa. Onde, fu risposto con dissimulazione, che si assentiva all'impegno preso da essi, e che quando fosse deputato il luogo del Congresso, Sua Santità vi avrebbe mandato il Plenipotenziario con facoltà di trattare anco sopra Castro e Comacchio, non avventurandosi di accennare dove si avrebbe voluta la reduzione, ancorchè si desiderasse di appuntarla o a Madrid o a Venezia, perchè sotto l'occhio di quei Prencipi procedesse con più rispetto, prevedendo chiaro che niente di quello che piaceva a Roma poteva piacere a Parigi, et esser minor male acconsentire senza strepito, che ricever la legge con più potente disonore ricalcitrando. Sopra tali avvisi dissero a Parigi, che la trattazione si sarebbe fatta a Lione, mandando per quella città il passaporto al Ministro del Papa; et essendosi saputo, che il Re aveva stabilito di servirsi di Crequì, perchè andasse a conto di penitenza il trattare con lui, anco il Pontefice stimò proprio di far continuar Rasponi già avvezzo alla sofferenza, e se gl'impose d'incaminarsi celermente verso il confine per attendervi gli ordini, e la facoltà di passare più innanzi. Ma perchè fu considerato a Parigi non venire applaudita dalla pietà de' popoli, e particolarmente dagli Ecclesiastici così dura e sprezzata insistenza contro il Vicario di Cristo, si prese espediente di dire essere inconveniente che entrasse nel Regno chi rappresentava un Prencipe nemico, e trasportando la conferenza al Ponte di Bonvicino, terra posseduta per metà dalla Francia e dalla Savoja, tennero lontano Rasponi dagli occhi compassionevoli delle genti. A quel tempo Luigi Grimani, Ambasciatore della Republica di Venezia, aveva terminato il suo Ministero, e dovendo incamminarsi verso la Patria, ebbero caro a Parigi che si fermasse al Congresso, e seco anco si trovasse il Segretario Turrietta, perchè avendo sottoscritta la promessa di doversi trattare la restituzione di Castro e Comacchio, fossero anco assistenti a farla eseguire; essendo ciò grato parimente a Rasponi, che bramava mediatori bene inclinati, per non star solo a fronte dell'irritato Crequì; e bisognò che tanto in Spagna, quanto a Venezia vi acconsentissero, perchè la renitenza non cagionasse sospetto. Adunati però li Plenipotenziarii e gli assistenti a Bonvicino nel mese di giugno 1663, la prima proposizione fu, che si scammerasse immediatamente lo Stato di Castro e il Contado di Ronciglione, rendendoli al Duca di Parma, e che parimente fossero cedute le Valli di Comacchio a quello di Modena, pretendendo che tanto importasse il contenuto della scrittura accordata a Parigi. A questa domanda fu fatta doppia risposta, prima dalli due mediatori dicendo di essersi impegnati, che sopra quelli due punti si sarebbe ammesso trattato per venire ad un conveniente aggiustamento, che erano le parole precise della scrittura, ma che volendosi la scammerazione e la cessione di fatto, e senza passare per le vie ragionevoli, si dichiaravano usciti da qualsivoglia obligazione e di voler partire dal Congresso, o di fermarvisi solo per quella interposizione amichevole, che in ordine alla reciproca buona corrispondenza avevano assunta li loro Prencipi. E Rasponi, a cui serviva la medesima ragione, aggiunse di più, che anco quando il Papa avesse voluto dare nell'impossibile annullando le Bolle, e sprezzando li giuramenti, per levar Castro e Ronciglione dai vincoli camerali, sarebbe stato necessario che il Duca pagasse i suoi debiti, e sollevasse la Sede Apostolica dai pesi che si aveva addossati per lui, non potendosi mai supporre, che il Re volesse essere tanto dissimile da sè stesso, che dasse mano a spogliare di ragioni sì chiare quella Chiesa che fu tanto protetta e tanto ampliata da' suoi pietosi Predecessori; e quanto alle Valli di Comacchio, esser pendente la lite tra la Cammera e il Duca di Modena in una Congregazione deputata sopra le precise istanze di Sua Altezza, la quale non era in stato da declinare da quel giudice che ella medesima per sommo favore aveva impetrato. Onde l'esibizione di acconsentire a trattati, versava sopra i modi di facilitare a quei Prencipi le soddisfazioni possibili e convenienti a splendore, e non a nota della gloria del Re, che era maggiore per titolo di giusto, che per quello di trionfante; ma non bastando nè le ragioni, nè le blandizie per acquietare Crequi, dopo di essersi affaticato Rasponi, e non meno di lui li due Mediatori, dichiarando sciolto il negozio si ritirò a Lione, da dove poi fu chiamato alla Corte. A Rasponi convenne partire anch'egli; il Grimani continuò il viaggio verso Venezia, e Turrietta andò a continuare il Ministerio a Parigi, dove esclamarono un pezzo di essere stati ingannati; ma era tanto evidente il contrario, che cessarono poscia le querele contro li Mediatori, e si attese solo a proseguire quella col Papa. Allettava l'occhio Avignone, e se bene il Re non ne cava meno profitto stando all'obedienza della Chiesa, che se ne fosse Signore, tuttavia cominciava a venire appetito di non vedere nelle provincie di Francia altre armi che quelle de' Gigli; ma non accordando col nome di Cristianissimo lo spogliare con violenza la Sede Apostolica di un patrimonio sì antico, per le offese ricevute da Alessandro, che ne era puro amministratore, si pensò di coprire la forza con la Ruota lunga della giustizia, facendo intimare dal Parlamento d'Aix al Vice-Legato, che dovesse partire, e citare il Papa a produrre le sue ragioni sopra quei Stati nel Parlamento medesimo, come giudice ordinario della Provenza, della quale si pretendeva che fosse membro Avignone, non legittimamente passato sotto altro dominio. Poi per scoprire come l'intendeva l'orecchio del mondo, si fece dagli Ambasciatori partecipare per tutte le Corti la risoluzione del Parlamento per sostenere le ragioni della Corona, sino allora neglette dall'incuria de'tribunali; ma che quando il Papa avesse date le debite soddisfazioni al Re, acconsentirebbe Sua Maestà a conceder giudice in Francia sopra Avignone. Il Papa all'incontro impose alli Nunzj di rappresentare per tutto la violenza, portando li fondamenti del suo possesso, et esclamando contro l'assurdo di chiamare il Vicario di Cristo in giudizio, e non contento della voce de'Nunzj, vi aggiunse efficacissimi Brevi con quei concetti che potè trovar più proporzionati all'importanza della materia.

Ma i Prencipi, intimoriti non meno del Papa, tenevano soppressi anco i segni di umanità, e gli sarebbe parso di contravenire alla ragione di Stato, se avessero detto di compatire; nè diedero altra risposta se non eccitando la prudenza di Sua Santità a trovar modo di sedare li torbidi, e conforme il debito impostogli da Dio, tenere il Cristianesimo in quiete. Altrimente però rispose la fama, dal cui tribunale non escono sentenze nè paurose, nè interessate, quando il tempo e la verità hanno bene informato. E se si fosse trattato di altri che di Alessandro, che con le azioni sue aveva sbandita la compassione, avrebbero fulminato tutte le lingue, e se ne sarebbe risentito anco il Cielo. Ma i difetti del Prencipe erano contaggiosi al Prencipato; e per i peccati di uno, patirono tutti e due, però infinitamente più l'innocente, perchè Alessandro, anco distrutto, si sarebbe trovato nello stato suo naturale, là dove la Sede Apostolica perdeva quella venerazione, che senza nuovi miracoli del Crocefisso non sarà ricuperata mai più.

Si credeva, che, sciolto il Congresso di Bonvicino, dovessero immediate calare le Milizie in Italia; quando all'improviso fece partecipare a' Prencipi il Re, che voleva sorasedere, perchè li Duchi di Parma e di Modena, in favore de' quali erano destinate, si dichiaravano di non averne bisogno. La novità insperata si attribuì da principio alle mormorazioni del mondo; ma si conobbe poi, che si era volto il pensiero alla Lorena, e sotto titolo di mortificare l'inquietezza del Duca Carlo, farsi strada all'acquisto di quel Ducato. Et in effetto, andatovi il Re in persona, acquistò la Piazza di Marsal in poche giornate, della quale si contentò per allora, e poi, senza imporre altro indugio, spedì nello Stato di Parma mille e due cento fanti, e sei cento cavalli, salvando la ricevuta dichiarazione di non mandarli con la scusa di aver inteso, che il Papa volesse richiamare a Roma il Cardinale Imperiale, che non era caduto in pensiero, nè bastava a dar motivo di cominciare una guerra.

Riuscì strana la novità ad Alessandro, che sopra la speranza di non veder armi in Italia, aveva per risparmio licenziata qualche partita della sua gente; e parve anche alli Prencipi di venire delusi, e di esser compresi anch'essi nel giuoco che si andava facendo del Papa; più d'ogni altro torcendosi quello di Parma e Modena, a benefizio de' quali si pubblicava d'intraprendere l'impegno, perchè dovevano soggiacere i loro Stati al peso degli alloggi, et era poi incerto se gli acquisti, che si fossero fatti, avessero ceduto a comodo loro, o se li fosse ritenuti la Francia, che cercava per tutte le vie di fermare il piede in Italia; e se bene in Modena il Cardinale alzava le mani al cielo, che fosse venuto quel giorno tanto bramato, nel quale potesse vedere il frutto delli suoi studj (1), ad ogni modo la Duchessa regnante, donna di sensi prudenti, che non aderiva alle strane massime del cognato, se ne lagnava, et avrebbe rinunziato a Castro e Ronciglione per sempre, purchè allora non gli fossero entrati in casa i Francesi.

In questa positura di cose pareva la quiete più lontana di quello che fosse stata già mai, perchè, impegnato il Re, impotente il Papa, disanimati li Mediatori, attonito tutto il mondo, non si sapeva vedere come fra tante nubi potesse tralucere il sole della Concordia. Ad ogni modo, era vicino quel punto, nel quale voleva Dio con la spada dell'onnipotenza troncare il nodo dell'impossibile, e confondere le speculazioni dell'umano discorso con gli arcani impenetrabili della sua Providenza. All'Ambasciatore veneto Luigi Grimani in Parigi era stato sostituito Luigi Sagredo, che con lo stesso zelo, e con molta virtù andava sedando li bollori negli animi del Re, e del Segretario Lionne, unendo le diligenze sue con lo Spagnolo Michele Turrietta, e gli riuscì finalmente di ricavare, che quando il Papa avesse sciolto Castro dai vincoli Camerali, al resto poi si sarebbe trovato ripiego, e restituito Avignone. Da ciò si potè scuoprire, che qualunque fosse la causa, si tendeva a terminar le discordie con Roma, mentre non si stava più sul rigore dell'assoluta restituzione, senza reintegrare li Montisti, nè disimpegnare la Cammera, ma solamente che fossero levati al Duca gli ostacoli che gli impedivano la ricupera con i debiti pagamenti. E per Avignone si motivava di renderlo, non più di farne la causa nel Parlamento di Aix, conforme alle citazioni che erano corse. Però tutti quelli a'quali conferiva la pace, e tremavano ad ogni minimo sospetto di guerra, si diedero a premere il Papa per la scammerazione di Castro, considerandogli il

---

1) MS: studj. Ad ogni etc.

pericolo pubblico, e la particolar rovina della sua Casa, se non prendeva risoluzione di comprar (1) la quiete con un capitale, che non era effettivamente della Sede Apostolica, nè si poteva intendere compreso nella Bolla di Pio V, che proibisce l'alienazione dei Feudi devoluti alla Chiesa, non di quelli che si acquistassero o con esborso di denaro, o con l'assumersi l'obligo di pagarli, come era succeduto di Castro. La ragione era sottile, perchè il Pontefice tentò (2) d'impedire qualunque uscita de' beni, che si fossero aggregati al dominio; e se anco non avesse ostato la Bolla di Pio, bastava quella che sopra Castro individualmente si era fatta di poi, roborata dal solenne giuramento di tutto il Sacro Collegio. Ma la forza e la volontà sono due tribunali, nelli quali si annullano ogni giorno le sentenze della ragione; e però, proposta la materia in Concistoro, fu risoluta la scammerazione concordemente nel mese di gennaro 1664. La nuova fu intesa a Parigi con singolar godimento, perchè offeriva al Re et al Sig. di Lionne una strada per uscire con onore dall'impegno grande, nel quale si erano lasciati a poco a poco trascorrere; e tutto il resto della Francia ne ebbe piacere, parendogli soverchio lo strapazzo, che del Capo della Cristianità si andava giornalmente facendo. Però col cedere al punto sino allora sostenuto acremente di voler che tutto il negozio passasse per le mani dell'offeso Crequi (3), si mandò plenipotenza a Monsig. di Bourlemont in Toscana di negoziare con chi avesse ivi spedito il Pontefice, ma con espressa condizione che il maneggio non dovesse prolungarsi oltre quindici giorni, dopo li quali si protestava terminata la facoltà del Ministro, e disciolto per sempre ogni trattato,

---

1) MS: di non comprar.
2) MS: Santo.
3) MS: Crequi. Si mandò etc.

per assicurarsi che a Roma, sotto la sferza della paura, avessero in tutti i periodi fatto il latino a lor modo. Queste notizie capitarono in mano del Cardinal Carlo de' Medici, Decano del Sagro Collegio, il quale con il Gran Duca et altri Prencipi della Casa, rappresentandole a Roma, si fecero mediatori per l'unione sollecita del Congresso, che fu accordata nella città di Pisa per il primo giorno di febraro, e vi andò con i poteri necessari il solito Monsig. Rasponi, che potè finalmente, con una conclusione buona o cattiva, risarcirsi da tanti viaggi infruttuosi, e indecenti, che per innanzi aveva fatti.

Respirò Rasponi quando si vide cambiato il rigido et adirato Crequi nel soave e placido Bourlemont. Et ancorchè le materie proposte fossero le medesime che si erano poste in campo sin da principio, gli pareva ad ogni modo, che prendessero grato sapore dalla bocca che gliele proferiva, ricevendo le ferite come dalla mano del chirurgo, e non dal nemico. L'apparato delle pretensioni non fu diverso da quello di S. Quirico, rinovato poi al Ponte di Bonvicino, ma differente assai l'intenzione, perchè allora non si voleva aggiustamento a partito veruno, e qui effettivamente si conveniva per terminare.

Il Gran Duca, o geloso che si potesse accordare qualche cosa pregiudiziale, o conscio che si voleva effettivamente concludere, si trovò personalmente in Pisa per divertire il male, e per avere onore del bene. Et in dodici giorni, dopo vari contrasti sopra ogni punto, con interposizione di Sua Altezza si stipulò:

Che Castro con tutti li Membri da quello dipendenti s'intendesse discammerato, e conceduti al Duca di Parma otto anni di tempo per ricuperarlo in una o in due volte con l'effettivo pagamento di un milione sei cento venti nove mila sette cento cinquanta scudi;

Che Sua Santità si addossarebbe il debito del Monte

Estense in somma di scudi tre cento mila in circa con li frutti corsi ascendenti intorno a cinquanta mila, ne darebbe al Duca di Modena altri quaranta mila, o un palazzo in Roma di equivalente valore, e gli concederebbe in perpetuo il Juspatronato dell'Abbadia della Pomposa, e della Pieve del Bondeno, con che s'intendessero terminate le pretensioni per le Valli di Comacchio e per tutte l'altre, tanto d'una parte quanto dall'altra;

Che il Cardinal Chigi andarebbe Legato in Francia, e nella prima Udienza attestarebbe al Re il sentimento del Papa per l'accidente de' Corsi, l'innocenza sua e di tutta la Casa, confessando che, se alcuno di loro ne avesse avuto colpa, sarebbo stato indegno di conseguire il perdono che ne addimandasse;

Che il Cardinale Imperiale andarebbe a portare le proprie giustificazioni in persona a Sua Maestà;

Che al Cardinal Maidalchino si darebbe un Breve per sanare la disubbidienza di essere uscito dallo Stato ecclesiastico, et andato in Francia senza licenza del Papa, promettendogli il ritorno a Roma al godimento della sua dignità, e delle sue entrate;

Che Don Mario farebbe una scrittura in fede di cavaliere di non aver avuto mano nel fatto de' Corsi, e che questa sarebbe accompagnata da un Breve del Papa, il quale ordinarebbe all'istesso Don Mario di star fuori di Roma sinchè il Cardinal Chigi avesse veduto il Re;

Che Don Agostino anderebbe ad incontrare il Duca di Crequi a S. Quirico venendo per la Toscana, o a Civitavecchia facendo il viaggio di mare, e se per la Romagna a Narni, e gli attesterebbe parimente il suo dispiacere sopra gl'inconvenienti accaduti;

Che la Principessa Farnese, sua moglie, riceverebbe a Ponte Molle la Sig. Ambasciatrice, quando risolvesse di ritornare in Roma;

Che Sua Santità ordinarebbe con modi particolari et efficaci alli suoi Ministri di portare il dovuto rispetto all'Ambasciatore di Sua Maestà;

Che si annullarebbero tutti li processi, decreti e atti seguiti contro il Duca Cesarini con il rifacimento de' danni che avesse ricevuti;

Che parimente l'istessa abolizione si estenderebbe a favore di tutti gli altri che avessero servita la Francia in questa occasione;

Che tutta la Nazione Corsa si dichiararebbe incapace di servir mai più nè in Roma, nè per lo Stato ecclesiastico, alzando una piramide nell'antico Quartiere con l'iscrizione che lo dichiari;

Che al Barigello si levarebbe la carica;

Che, dopo la prima udienza del Legato, il Re farebbe restituire Avignone, e distruggere tutti gli Atti del Parlamento di Aix sopra tale materia, a condizione però, che il Papa concedesse amplo perdono a tutti quelli dello Stato medesimo, che avessero assistito alla Francia nella congiuntura passata, e dasse assessori alli due Giudici, che amministrano la giustizia, l'uno dentro l'altro fuori della città a maggior consolazione di quelle genti.

E così fu segnato da tutti due li Plenipotenziarii il giorno de' 22 febraro 1664, e pubblicamente letto in presenza del Gran Duca e di tutta la Corte. Nè fu diverso da quello si è riferito in minimo punto il Capitolato di Pisa, ancorchè non siano mancati molti, che a forza di assottigliarsi l'ingegno abbiano voluto sospettare che altre cose segretamente si siano concertate.

Arrivò in Roma l'avviso della conclusione il giorno de' 15 con corriero espresso, che non meritava gran mancia, perchè pace più cara di questa non fu comprata già mai, essendovi andata tutta la riputazione, che è il tesoro più prezioso del Principato, anzi l'anima che lo vivifica, senza la quale rimane un puro cadavere incapace di operazione qualunque. Cosi restò quello di Roma per colpa di chi a pubblica sventura era toccato di reggerlo con pericolo che non respiri mai più, non essendo nell'ordine (1) di quelli che una battaglia felice possa rimetterlo nello stato primiero, perchè tutto il suo vigore consiste nel rispetto solo degli uomini, li quali, sciolti una volta dall'incommoda servitù, è difficile che pieghino a soggettarsi di nuovo; intendendo sempre di procedere con il discorso per le vie naturali, e di venerare quanto può fare l'onnipotenza sovrana, confessando che se la fede nascente ha debellato i Cesari quando stavano nell'apice della potenza, fatta già adulta meglio potrà rivocare all'ossequio il mondo tanto degenere da quello di allora.

Si trovò Alessandro guarito dal pericolo, ma più infermo che mai di vergogna per aver perso il decoro, et esser ridotto come chi fosse sanato dalla cancrena col farsi tagliare le gambe. Meditò dunque a comporsele di legno, et il giorno delli 18 di febraro estese di sua mano una protesta, nella quale dichiarò avanti Dio e li Prencipi degli Apostoli di essersi indotto alla scammerazione di Castro per violenza, invalidandola con tutte le clausole più efficaci inventate dagli avvocati, e che i Prencipi tengono confinate nel Foro, senza ammetterle che ad uso di cerimonia nelli loro contratti. Fu creduta perciò superflua la diligenza quanto all'effetto, ma pericolosa all'incontro se il Re per avventura avesse voluto stimarla. E si condannò ancora come pregiudiziale alla Fede, tentando con dichiarazione clandestina distruggere un Istrumento solenne, dove sta riposto il presidio maggiore che sin'ora abbia saputo trovare l'ingegno a cautione del civile commercio.

Per sgravarsi dalli stipendj, e colorire di generosità il

---

1) MS: negli ordini.

risparmio, spedì il Papa un corriere ad offerire le sue milizie all'Imperatore, come quello che unico fra tutti i Prencipi gli aveva permesso ne' bisogni di assoldare dentro a' suoi Stati. Però il Re di Francia volle soprafarlo anco in questo, mandando a Cesare sei mila bravi soldati a proprie spese, che furono il nervo con il quale si sconfissero al fiume Raab gli Ottomani; e se avessero saputo li comandanti imperiali proseguire la vittoria, avrebbero li Francesi reintegrata la Cristianità, contraponendo un gran benefizio al male che avevano inferito al suo Capo.

Il marzo seguente, in conformità degli accordati dichiarò Alessandro il Cardinal Chigi Legato *a latere* in Francia, spedendo in posta a portarne l'avviso l'abbate Rospigliosi, al quale mirabilmente servì l'opportunità per gettare i primi fondamenti della sua dipendenza dalla Francia, e levare l'ostacolo che aveva il zio d'arrivare al Pontificato per aver sostenuta dodici anni continui la Nunziatura di Spagna (1), essendo già l'abuso passato in usanza, e quasi divenuto stile legittimo degli ufficiali del Papa, volgere il ministerio a proprio vantaggio, vendere il Padrone, e comprarsi le convenienze. Diede parte Chigi a tutti li Prencipi dell'onore ricevuto da Sua Santità, e della vicina partenza, andandola poscia disponendo con accompagnamento, e con pompa regale, quasi che la Legazione tendesse a dividere con la Francia qualche gran Regno levato al Turco con l'armi comuni. E pure l'occasione portava, che senza strepito e senza gala facesse la dolorosa funzione, vestito di lutto, che sarebbe stato con sommo risparmio della povera Cammera Apostolica, e delle risa di tutto il mondo. Nell'andare si divertì da Avignone il Cardinale, ancorchè per essere sbarcato dalle Galere Pontificie a Marseglia, quella fosse la vera

---

1) MS: Spagna. Essendo etc.

strada; ma essendovi dentro li comandanti francesi, stimò indecente l'andarvi, facendolo poi nel ritorno, perchè il Re, conforme il patto, l'aveva restituito dopo la prima udienza, e vi si fermò venti giorni in continue allegrezze, ancorchè queste non toccassero il cuore de' cittadini, che con grave scontento si rimisero nell'aborrita soggezione di prima. Piacque a Parigi la pompa con la quale comparve il Legato, perchè rendeva più solenne il loro trionfo; e riuscì anco bene la bontà del Cardinale, che con le sue piane e dolci maniere si fece gran strada all'amore. Non mancarono però di contendergli li soliti trattamenti, perchè supponendolo munito di piena autorità dal Zio, volevano fargli pagare gli onori con la concessione di molte grazie, e particolarmente con l'indulto di nominare li vescovati delle tre chiese acquistate in Lorena, Tul, Metz e Verdun, che gl'importavano molto, come in stabilimento di dominio. Ma essendo egli privo di facoltà, non potè far altro che scrivere a Roma, come fece, caldamente, promettendo che con questo, oltre l'acquisto di molte preminenze, avrebbe anco spuntato assai in difalco delle ignominiose condizioni di Pisa. Però Alessandro, che male aveva cominciato, volle anco con lo stesso tenore finirla: e negando tutto, privò sè stesso del benefizio, e lasciò la concessione delle nomine a Clemente IX, suo successore, con le quali mercò l'inclinazione della Francia alla sua Casa. Il Re tuttavia si astenne di punire nel Cardinale l'ostinazione del Papa, e fece trattar seco con le consuete onorificenze, anticipando anco a scrivere per la remissione di Don Marco, prima che il Legato andasse all'udienza. Tutto il resto andò proseguendo felicemente tanto, che partì soddisfatto dall'accoglienze e dalli regali, che con larghezza gli furono dati dal Re; e venendo ad imbarcarsi a Tolone sopra l'istesse galere, si ricondusse a Roma, ritrovando il Papa che passava al suo solito al Castel Gandolfo il mese di ottobre. Indi furono ammesse le umiliazioni di Imperiale, ricevendolo alla Corte con onore, e con maggiore facendolo partire, dopo di aver conosciute le sue gran parti. Vi andò parimente Orsino per rappezzarsi con la Francia, e fu rimesso nella solita dipendenza per non mostrare di essersi ingannati la prima volta che lo comprarono. E per ultimo ebbe desiderio che Este pure vi andasse, forse ad oggetto di accrescere l'apparenza, facendo vedere che per un disgusto ricevuto dal Re, oltre le dimostrazioni eccessive del Papa, vi erano concorsi anco gli ossequj di una gran parte del Sagro Collegio. Ma caro assai costò il viaggio a quest'ultimo, perchè non ebbe gran lode delli consigli che aveva dati a Crequì, mediante li quali era corso l'impegno oltre i confini dell'intenzione del Re; et il naturale suo, inclinato a'raggiri, il discorso oscuro et indicante doppiezza d'intenzione non incontrò con la disinvoltura francese, in modo che diede, et ebbe in conseguenza scarsa soddisfazione, anzi li discontenti arrivarono a tal segno che partì senza licenziarsi dal Re, il quale per vendicarsene lo mandò a richiamare indiétro dopo qualche giornata di cammino. Onde, ritornato in Italia con il riflesso di aver perduto la stima, e con essa la speranza di saziare i suoi vasti appetiti con il braccio della Francia, fu sorpreso da sì profonda malinconia, che in poco tempo convenne lasciarvi la vita, liberando il mondo dall'apprensione che dava il suo ingegno, e la Casa di Modena da una miniera inesausta di pericolose inquietezze.

Venne poi Crequì alla sua Ambascieria, non per esercitarla alla lunga, perchè non poteva esser più Ministro di pace, nè mezzano di amorosa corrispondenza, ma acciò che si finissero di eseguire nella sua persona li Capitolati di Pisa, adempito essendo già tutto il restante fuor che la ricupera di Castro, perchè il Duca non ebbe i denari, nè tentò di averli in prestito dalla Francia, temendo di farsi un creditore troppo pericoloso, nè curando meno il Re, che dopo essersi aggiustato nel resto, lo Stato uscisse dalle mani del Papa, per tenergli quel freno in bocca, e poter minacciare di levarglielo sempre che l'occasione portasse.

Così restò terminata la controversia, che dalla prima origine sino all'ultima perfezione degli accordati, tenne oppresso il Pontificato, sospeso il mondo, intimorita l'Italia, per lo spazio di più di due anni; e dopo saldata la piaga, lasciò impressa nella Chiesa e nel Principato ecclesiastico così gran cicatrice, che li rende deformi, e senza miracoli patenti non possono più ricuperare il primiero decoro.

II.

PROCESSO DE' CORSI IN ROMA

(20 Agosto — 21 Novembre 1662)

Ce précieux document (1) *appartenait autrefois au cardinal Imperiale ; il fait maintenant partie de la riche bibliothèque* (2) *que feu Thomas Prelà, médecin du pape Pie VII, a léguée à Bastia, sa ville natale, en 1846.*

Le dernier des cinq feuillets blancs qui précèdent le manuscrit porte, au verso, l'indication suivante, de la main du légataire lui-même :

Questo libro di processo criminale è originale nella sua estensione, forma e sottoscrizioni, munito delle legali testimonianze e sigilli, e per ciò molto raro, ed interessante alla storia dei militari Corsi che servivano la Santa Sede, e per il fatto che portò gravose conseguenze al suddetto corpo, ed alla Nazione in Roma........

Ex bibliotheca Thomæ Prelà, de Bastia
in Corsica, medici Pii VII. (3)

On trouvera notées au bas des pages les fautes évidentes du copiste, et écrits dans le texte en caractères italiques les mots que nous avons cru devoir suppléer. Quant aux passages dont le collationneur lui-même a constaté l'omission, nous les avons, comme lui, restitués à la fin du volume en les indiquant par

---

(1) MS. de 168 feuillets, papier fil, gr. in-8°, couverture en parchemin, portant au dos : *Processo de' Corsi. N° 1.* Ecriture assez lisible, mais avec beaucoup d'abréviations.

(2) Environ 17.000 volumes, évalués une centaine de mille francs.

(3) Voir à l'*Appendice* la fin de cette note.

les majuscules A, B, C, D, E, F ; mais nous n'avons pas pu retrouver la place qui, dans le manuscrit, correspond à l'apostille E, d'ailleurs peu importante.

Afin de rendre la lecture du texte plus facile, nous avons traduit la plupart des nombreuses abréviations qu'il contient.

PROCESSO DE' CORSI IN ROMA

20 Agosto-21 Novembre 1662

Ill.mi R. Imperialis Card.

IN NOMINE DOMINI AMEN.

Hæc est copia, Sumptum sive Transumptum processus usque ad hanc diem vigesimam primam mensis Novembris 1662 fabricati in Tribunali Gubernii Urbis in Causa excessuum et delictorum militum Cirneorum commissorum sub die 20 mensis Augusti proximi præteriti 1662, tenoris sequentis, videlicet:

Die Dominico 20 Aug.sti 1662.

Comparuit circa horam 23 circiter in Officio mei Caporalis Egidius, Cap.lis birruariorum in platea Campi Floræ, qui ex debito sui officii retulit, videlicet:

Adesso che sono 23 hore incirca ho saputo che verso Ponte Sisto e di là da Trastevere li soldati Corsi, et alcuni Francesi servitori del S. Ambasciatore di Francia hanno toccato rumore assieme, et hora ho visto de' Soldati Corsi che si sono armati d'archibugi, et vanno verso la Piazza di

Ex Bibl. Jos. Ren. Card. Imperialis.

Farnese, che dubito non ne naschi qualche grand'eccesso, del che ne do relatione. Super quibus etc.

Die Lunæ, 21 Augusti 1662.

Comp.t coram me in officio Supradictus Cap.lis Egidius qui exposuit ut infra, vlt.:

Ho havuto notitia, che nel rumore seguito hieri sera qui in Roma tra li Soldati Corsi et li Francesi vi siano rimaste ferite più persone, e tra l'altre sia stato ferito un giovane vestito di negro, che morse subbito, et che questa notte sia stato spogliato nella piazza dove habita il S.r Ambre di Francia il medesimo giovane morto con essergli stati levati li calzoni, calzette, scarpe, et un anello che portava in deto, d'oro, e che sia morto tanto esso giovane quanto un paggio della S.ra Ambasciatrice ambedue d'archibugiate. Del che etc.

Die dicto (*21 Aug.*)

Comp.t in Officio: Jo. Baptista Moronus, sepelitor mortuorum Ecclesiæ Parochialis S.tae Catherinæ de Rota, et med.

Dixit: Adesso che sono 12 hore incirca, in conformità dell'ordine havuto, ho preso il cadavero di quel giovane vestito di negro trovato morto nella piazza dove habita il S.r Ambre di Francia cioè a Piazza Farnese, e l'habbiam condotto nel cataletto nella Chiesa parochiale di S. Caterina della Ruota; però potrà venire a far la recognitione.

Et successivè Ego Notarius una cum Exc.ti D. Carolo Antonio Nerosio substituto et D. Antonio Gallina, Chirurgo Charitatis et Carcerum Urbis, accessi ad Ecclesiam prædictam, et prope Januam d.ae Ecclesiæ,

Visum et repertum fuit per me, de mandato, assistente quo supra, cadaver cuiusdam hominis masculini generis, ætatis suæ ut ex aspectu dignosci potuit annorum 25 circiter, cum barba et baffis parvis castaneis et coma simili, staturæ iustæ, indutus simplicibus vestimentis, nempe: camiscia di tela bianca, giuppone alla fransese, sottocalzoni bianchi (1) di lino, senza scarpe e calzette, et senza legaccie, e senza feraiolo e cappello, e nelle dita delle mani non si è trovato havere anello alcuno, nè meno calzoni indosso, — vulneratum unico vulnere cum effusione sanguinis facto ex pila plumbea ex archibusio jaculata in pectore subtus guttur penetrata de latere ad latus, nempe subtus scapulam dextram in fine, et visum fuit aliud vulnus minimè habere, quod cadaver existebat in pheretro.

Quæ omnia ego Notarius vidi, et hoc pro veritate adnotavi, ad effectum etc., præsentibus D. Angelo, et Andrea fil. q. Josephi Guernaccini de Carpinea, testibus.

Et successivè in loco præfato D. Antonius Gallina Romanus Chirurgus Charitatis et med., ad opportunas instantias, dixit et respondit:

Io vedo questo cadavero di huomo morto, che giace disteso su la bara vestito con giuppone nero di saia, senza calzoni, con semplice mutande, d'età d'anni 25 incirca, con baffi castagni, statura giusta, al quale cadavero io ritrovo una ferita nella sommità del petto, e nella dimidia parte di quello penetrante nel torace, fatta da palla di piombo grossa ex ictu archibusiatæ, qual palla passa de latere ad latus, restando però quella sotto la cute nella parte di dentro, e sotto il palettone della spalla destra dove si toccà benissimo,

---

1) MS: *sottocalzette bianche*.

e si potrebbe cavare con incidere la cute tantùm, e si sente benissimo esser grossa come palla di moschetto, e corrisponde alla grossezza e qualità della ferita del petto come sopra.

Interrogatus ut dicat an secundum eius peritiam, ex qualitate vulneris prædicti, et penetrationis pilæ plumbeæ subtus spatulam, judicare possit quod archibusio sit explosa et quæ,

Respondit: Dall'ingresso della palla nel principio del petto, e terminatione di quello sotto la scapola destra si giudica per il diametro obliquo esser esplosa da loco alto, perchè l'ingresso si ritrova nella parte superiore del petto, e la terminatione di detta palla sotto il palettone della spalla destra; perchè se fosse venuta per linea retta, haverebbe fatto il transito retto, e non obliquo, non obliquo dico, essendo la ferita nella parte sup^{re}, e la terminatione assai distante nel luogo inferiore, e se la iaculatione di quella fosse venuta da loco inferiore, l'ingresso di quella sarebbe nell'inferiore, e la terminatione nella parte sup^{re}, e cosi referisco secondo la mia peritia.

Tunc, et successivè, in loco supradicto, examinatus fuit suprad^s Angelus Guernaccinus, cui delato Juramento veritatis dicendæ, p^t tactis (1) etc. Interr^{us} opportunè, respondit:

Vedo questo cadavero d'huomo maschio disteso nella bara, di età di anni 25 incirca, barba e capelli castagni, con giuppone nero, e sottocalzoni solamente, e nelle mani non vi si è trovato havere anello di sorte alcuna, et si vede che è ferito nel petto di una ferita rotonda, per quello si vede fatta da

---

1) MS: *ætatis*.

palla di piombo tirata da archibugiata, e per d.a ferita credo sia morto. Quel cadavero mentre visse si chiamava e faceva chiamare Andrea Guarnaccino, che faceva il libraro nella bottega del Casone, libraro a S. Tomasso in Perione, et è da Carpegna, e sò che si chiamava tale per essere mio paesano, et anco parente, che lo conosco benissimo per esser molti anni che ci conoscemo.

Tunc, et successive Ex.tus fuit per me, de mandato, ubi supra,

Andreas q. Josephi Guernaccinus de Carpinea, frater sup.ti Angeli, cui delato Juramento veritatis dicendæ, p.t tactis etc. Interrog.s fuit per me opp.nè.

Int.s R.t: Questo cadavero di huomo morto (1), che giace qui disteso nella bara in questa Chiesa, di età d'anni 25 incirca, di barba, baffi e zazzara castagna, io lo conosco, e sò che mentre visse era chiamato Andrea Guarnaccino da Carpegna, che faceva il libraro in Parione, et era mio paesano et anco parente, che sono molti anni che io lo conosco per esser noi paesani e parenti, e vedo che esso Andrea è ferito in petto, che gli passa da una parte all'altra, che d.a ferita si vede fatta da palla di piombo tirata con archibugiata, e vedo che è vestito di semplice camiscia, e giuppone di saia nero alla franzese, et un paro di sottocalzoni (2) di filo bianco, senza calzette e senza scarpe, e senza calzoni e cappello e feraiolo, e nelle dita delle mani ho visto che non ci haveva nè ha anello di sorte alcuna, e questa è la verità.

Tunc,

---

1) MS: *nato*.
2) MS: *calzette*.

Die dicto 21 Augusti 1662.

Accessit ad officium mei supradictus Jo. B^sta Moronus, sepelitor mortuorum qui supra, et retulit:

Adesso che sono 14 hore incirca ho preso con alcuni compagni un cadavero di un paggio, morto di archibugiata, che stava e si riteneva in una stanza detta la Infermaria del Sr Amb^re di Francia, ferito nel ventre, e l'ho condotto nella Chiesa sud^a parochiale. Ne do parte acciò si faccia le diligenze. Super quibus etc.

Et successivè Ego Notarius una cum d^o D. Substituto, de mandato, accessi ad Ecclesiam præd^am S^tæ Catherinæ, ubi Visum et repertum fuit aliud cadaver cuiusdam hominis, seu juvenis imberbis, ætatis suæ ut ex aspectu dignosci potuit annorum 20 circiter, jacens in pheretro distensum, denudatum, cum coma castanea, seu ut dicitur « biondaccia alla franzese », staturæ justæ, quod cadaver volutum et revolutum repertum fuit habere vulnus intus penetrans magnitudinis ad instar unius testoni (1), existentis in ventre a parte dextera, facta ut apparet ex pila magna plumbea ex archibusio jaculata, cum effusione sanguinis. Quæ omnia ego, de mandato, adnotavi ad effectum etc. Ex quo quidem vulnere credendum est ex hac vita d^m Juvenem migrasse.

Et successivè Exam^tus fuit in loco præfato, per me, de mandato,

---

1) Le *testone* était une monnaie d'argent romaine et toscane de la valeur de 3 *giulii* ou *paoli*, c. à d. de 1 fr. 65 c. environ.

Rev.dus D. Stephanus Lancetta, parochus d.æ Eccl.æ, cui delato juramento veritatis dicendæ, p.t tacto pectore juratus fuit; per me opp.nè Int.tus ,

R.dit: Io vedo questo cadavero di huomo giovane morto, di statura giusta, d'età di 20 anni incirca, sbarbato, con zazzera biondaccia alla franzese, nudo, disteso nella bara, e ferito nella panza dalla parte destra, che la ferita è tonda, che si vede per quanto posso giudicare esser fatta da palla grossa di piombo tirata da archibugiata, e questo giovane io lo conosco da si che è venuto il S.r Amb.re di Francia in Roma, che era paggio della S.ra Amb.ce, e ci ho parlato più volte, anzi l'altro giorno lo confessai, e si chiama e si faceva chiamare Monsù Bertò, e come tale lo riconosco benissimo, e così affermo per la verità.

Tunc, et successivè, Examinatus fuit ubi supra D. Angelus Mazzonus q. Cæsaris, Romanus, cui delato juramento veritatis dicendæ, p.t tactis etc., juravit. Ad opp.nas etc. interrog.s

R.dit: Questo cadavero di huomo giovane che giace qua in questa bara in chiesa disteso nudo, di età di 20 anni, sbarbato, statura giusta, con zazzera biondaccia, lo conosco per uno de' paggi che serviva il S.r Amb.re e S.ra Amb.ce di Francia, perchè l'ho visto più volte al servitio loro vestito della livrea loro solita, ma io non so dirle come si chiama, ma, come dico, so di certo che è paggio di d.i S.r Amb.re e Amb.ce, e per tale lo riconosco, ma non gli so il suo nome, et è ferito nella panza a mano destra di una sol ferita penetrante, per quello si vede, fatta d.a ferita da un'archibugiata con palla grossa di piombo, per la qual ferita giudico sia morto.

Tunc,

Die Lunæ 21 Augusti 1662.

Angelus Gravosus, Chirurgus ad S. Jacobum de Incurabilibus ex^{it} Antonium Duboys (1) vulneratum in abdomine (2) partis inferioris Inst^o perfrant^i suc. ab archibusiata, cum periculo (3). Sta da Monsù Paradan (4) mercante franzese a Piazza Navona.

Die dicto (*21 Aug.*)

Visitatus et examinatus fuit per me, de mandato, assistente exc^{ti} D. Carolo Antonio Snbst^{to},

D. Antonius Duboys, fil. q. Jo. de Arlis Protuliæ (sic), jacens in lecto vulneratus in ventre, quod vulnus ob medelam appositam videre non potui, degens in domo Monsù Paradani (5) Galli mercatoris in Platea Agona, cui delato juramento veritatis dicendæ, p^t tactis etc. juratus fuit per me.

Int^s a quo tempore reperitur vulneratus, a quo, quo genere..... (A), quibus præsentibus,

R^{dit} : Io mi ritrovo ferito da hieri in qua verso le 23 hore e mezza incirca, con occasione che tornando io di fuori con tre miei compagni, uno chiamato Monsù Guerran e due altri signori che non mi ricordo il nome, che sonano il violino, passando la strada che va al Pellegrino, che non so

---

1) MS : Antonium de Duboys.
2) MS : admine.
3) MS : aliquo.
4) MS : Peradam, puis l'erudam. Le *Racconto* de l'abbé Salvetti le nomme Paradan.
5) MS : Perudami. V. note précédente.

dire il nome di dᵃ strada, fui assaltato da venti o trenta soldati Corsi, e ci dissero : « Ferma là ! » Quelli soldati erano armati di spada e carabina, et io gli risposi che volevo andare dal Sʳᵉ Ambʳᵉ, e loro dissero : « Ammazza, ammazza là, che sono Francesi; » e subbito ci furono sparate delle archibugiate che non so dire quante, che io subbito restai offeso nella panza, e caddi in terra due passi in dietro, e l'altri compagni non furono offesi, e così passò il fatto.

Intˢ an cognoscat aliquem ex dictis Cirneis,

Rⁱᵗ : Io non conosco nessuno delli sudⁱ soldati Corsi, e so che erano Corsi perchè havevano la spada e pugnale e carabina, e non portavano terzaroli.

Intˢ an aliquis sit informatus de prædictis,

Rⁱᵗ : Ci era molta gente quando successe il sudᵒ rumore.

Dicens ex se : Se io non mi ritiravo in una stanza di una casa vicina lì, io ero ammazzato; ma non so di chi si sia dᵃ casa dove mi ritirai.

Tunc,

Die dicto 24 Augusti 1662.

Antonius Monescalus barbitonsor in via Julia retulit medicasse Michaelem Costam (1), Theutonicum, vulneratum in tibia sinistra cum periculo vitæ et struppi dᵉ ab archibusiata.

Forraro alla Lunetta.

Ex lib. Barbitonsoris.

Die Lunæ 24 Augusti 1662.

Visus et Examˢ fuit per me, de mandato, in Ven. Hospitali B. Mariæ Consolationis Urbis, Michael Trussill fil. Chri-

---

1) plus loin, dans la Constatation mortuaire du 8 septembre, *Consta*.

stiani de Clausel in Inspruch in lecto jacens vulneratus ut in relatione, qui, delato juramento veritatis dicendæ, p^t tactis etc. juravit. Quia italico sermone nescit loqui, fuit adhibitus pro interprete Paulus q. Matthiæ Zeffol, Theutonicus, furnarius ad Plateam Montanariam, cui interpreti delato juramento verit. dic. pt tactis etc. juravit. Fuit per me. Int^s quomodo, et a quo tempore citra reperiatur sic in lecto vulneratus, ubi, et a quo seu quibus fuerit vulneratus, quo genere armorum et pro qua causa,

R^it Interpres: Havendo io d'ordine di V. S. domandato a questo giovane che stà in letto in questo Hospedale della Consolatione, che dice chiamarsi Michele Tussil, figlio di Cristiano de Clausel sotto l'Arciducato d'Ispruch, se da quanto tempo in qua si trova ferito, dove, come, da chi, et per qual causa sia stato ferito, e con che armi, et havendolo ben interrogato in lingua Tedesca, non sapendo lui parlare italiano, mi ha risposto che lui si trova ferito da hier sera in qua alle 23 hore e mezza incirca, e che fu ferito con un'archibugiata vicino la Chiesa di Monserrato, ma che non sa da chi, e che il fatto passò in questa maniera: che essendo lui uscito in d^a hora dal forno di Giovanni in strada Giulia dove lavora da fornaro. et che havendo sentito che si faceva rumore verso Piazza Farnese, vi corse ancora lui, e che quando fu passato la Chiesa di Monserrato per andar verso Piazza Farnese, vi trovò grandissima quantità di gente, e che in quel mentre venne sparata un'archibugiata dalla parte di Piazza Farnese, che non sa da chi fosse sparata, e che quella lo cogliesse nella gamba dritta, e lo ferisse, ma che lui non vidde da chi fosse tirata, nè meno vidde nessuno che havesse archibugio, per rispetto delle gran genti che ci erano per quella strada, delle quali non conobbe nessuno, e che dopo lo sparo di d^a archibugiata che lo ferì, sentisse sparare altre archibugiate, ma che lui se ne tornò al forno di d^o Giovanni, che con lui ci era Francesco Conciatore di d^o forno, che andò più avanti e che vidde sparar l'archibugiate dalle finestre del Palazzo del Sr Amb^{re} di Francia, per quanto d° Francesco li disse.

Tunc,

Die Lunæ 21 Augusti 1662.

Examinata fuit per perill^m et exc^{mum} D. Stephanum Bracchium L^{ntem} meque..... (B).

D. Joanna, uxor Marci Vietti, cui delato juramento verit. dic. p^t tactis etc. juravit. Fuit per me

Inter^{ta} quomodo accessit ad præsens examen, et an sciat causam, vel saltim præsumere valeat.

R^{dit}: Io sono venuta qui all'Officio per essere stata chiamata da sbirri di Trastevere, e m'immagino che sia per la causa del rumore che seguì hieri sera su le 23 hore incirca nel mio vicinato, e non posso imaginarmi che sia per altra causa.

Interr^{ta} in quo loco inhabitat, et recenseat quidquid sciat circa rumorem præfatum,

R^{dit}: Io habito in Trastevere vicino la Chiesa di S. Dorotea in una casa delle Monache di S. Cosimato, e quello che io viddi e so circa il d° rumore lo raccontarò adesso a V. S.

Standomene io alla porta di casa mia, viddi tre soldati Corsi (che so che erano Corsi, che così erano nominati e tenuti dalle genti), li quali andavano verso Porta Settigniana. In quello viddi venire alla volta di d^i Corsi tre huomini Franzesi (che li giudico tali perchè vestivano alla franzese, e perchè li sentii parlare in quel linguaggio), quali venivano da Porta Settigniana, cioè da quella volta per andare verso Ponte Sisto, e sentii che dissero certe parole franzese contro d^i Corsi, tra le quali potei comprendere una solamente che dissero « sbirri », e sentii che d^i Corsi gli risposero: « Noi non siamo sbirri, siamo soldati del Papa; » — e trattanto li di Franzesi ingiuriavano li di Corsi con dirgli che erano sbirri, e replicando *questi* tuttavia che erano soldati. Ed i Franzesi gli dissero: « Vi bugliaremo (1) de archibugiate »; — e se ne andorno alla volta di Ponte Sisto, che li Corsi restorno li senza far altro motivo. Ma li di Franzesi io viddi che ritornorno indietro verso li di Corsi con la mano su la spada. Del che essendosi li di Corsi accorti, sentii che dissero: « Bisogna defendersi, costoro vengono per mettere le mani alle spade contro di noi; » — e viddi che tutto in un tempo tanto li Franzesi quanto li Corsi cacciorno mano alle spade, e si cominciorno a tirar tra di loro; che li Franzesi si cominciorno a rinculare verso Ponte Sisto; e seguitando il rumore avanti, corsero una mano di gente per spartire; che io poi non potei veder altro, chè il rumore, e le genti correvano et andavano verso Ponte Sisto.

Int.ta an sciat aliquem esse de prædictis informatum,

R.dit: Marco mio marito sentì ancor lui le cose che ho dette, e viddi. Non osservai poi se altre persone vedessero quello che sentii e viddi io, come ho detto di sopra.

Int.ta ut dicat an, *si* Ipsa Examinata videret dictos Milites Cirneos de quibus supra fuit interrogata, illos recognoscere valeat, nec ne,

R.dit: Se io rivedessi li di Corsi che fecero rumore con di Francesi, a me non dà l'animo di riconoscerne nessuno, perchè io non li osservai più che tanto.

Tunc,

Die dicto 21 Augusti 1662.

Examinatus fuit per Dominum de quo supra, meque, et ubi supra,

---

1) C.-à-d. *Nous vous baillerons des coups d'arquebuse.* V. ci-après la déposition du mari.

Marcus, fil. q. Francisci Vietti Novariensis, cui delato juram^to verit. dic., p^t tactis etc. juravit. Fuit per D.

Int^tus ut dicat quomodo reperitur in loco examinis, et an sciat vel præsumat causam sui præsentis examinis, et de eius exercitio, professione et habitatione.

R^dit: Io sono venuto qui ad essaminarmi avanti V. S. perchè li sbirri mi hanno fatto venire qui all'Officio, e mi ci hanno accompagnato; et il mio essercitio è di raccomodare le scarpe, et habito vicino a S. Dorotea in Trastevere nelle case delle Monache di S. Cosimato.

Int^s si sciat, vel dici audierit externa die in eius vicinio aliquid mali evenisse, et quæ recenseat,

R^dit: Sig^r sì, che hieri nel mio vicinato successe rumore tra tre Franzesi e tre Corsi nella strada vicino a casa mia; e per quello che io viddi, il fatto passò in questa maniera:

Hieri sera alle 23 hore incirca, mentre me ne stavo su la porta di casa mia, viddi tre Corsi, da me conosciuti per essere stato il quartiere lì a Ponte Sisto, li quali andavano verso Porta Settignana, et in faccia a loro viddi venire di là tre Franzesi con le spade armati; e quando furono vicino a d^i Corsi, sentii che dissero alcune parole in franzese alli d^i Corsi, tra le quali sentii benissimo che gli dicevano « sbirri, » al che sentii che fu risposto dalli d^i Corsi « che loro non erano sbirri, ma soldati del Papa; » e replicando le medesime cose, li Franzesi dissero: « Bugliaremo dell'archibugiate (1); » — e li Corsi replicorno di nuovo « che erano soldati honorati. » E così si spartirno, e li Franzesi viddi che tornorno pure verso Ponte Sisto. Di lì a poco viddi che ritornorno in dietro con le mani alle spade contro li d^i Corsi; et essendosi rivoltati li Corsi a dietro, s'accorsero delli (2) Franzesi, e li viddi stare su l'avviso. Quando si fu-

---

1) V. la note précédente.
2) MS: d^i.

rono accostati, viddi cacciar mano alle spade in un medesimo tempo, e si cominciorno a tirare tra di loro; che li Franzesi si ritirorno alla volta di Ponte Sisto, e poi corsero una mano di gente per spartire; et io che non voglio impicci, me ne ritornai in casa; sentii sì bene che il rumore seguitava, et io non osservai altro.

Int^s an sciat aliquam aliam personam esse de præmissis informatam, et quæ,

R^{dit}: Io non abadai se altre persone vedessero, sentissero, o osservassero quello che io viddi hieri sera.

Int^s an, si videret aliquem ex prædictis militibus Cirneis, recognosceret,

R^{dit}: Se io rivedessi li Corsi de' quali ho detto di sopra, non mi dà l'animo di riconoscerli.

Tunc,

Die dicto 21 Augusti. 1662

Int^s fuit ubi supra per D. de quo supra, meque, Aloysius Dragonius, fil. q. Joannis Francisci, Spoletanus, cui delato jur^{to} verit. dic:, p^t tactis etc. juravit. Fuit per D.

Int^{us} quomodo reperiatur in loco examinis, de eius habitatione, et an sciat causam super qua sit examinandus, ve saltem excogitare valeat.

R^{dit}: Sono venuto qui all'Officio chiamato dal Caporale di Campo di fiori (1), che mi ha detto che fossi venuto ad essaminarmi, et io habito a S. Carlo de' Catenari, e la causa per la quale io debba essere essa minato m'imagino che sia per alcune archibugiate che furono sparate hieri a sera nella piazza di S. Carlo de' Catenari sud^a.

---

1) Le MS. dit partout : Campo di fiore.

Int^{us} ut dicat pro veritate quomodo sit informatus de explosione prædictarum archibusiatarum, et quid evenerit, et recenseat quidquid scit,

R^{dit} : Hieri a sera verso la mezza hora di notte, mentre me ne stavo alla porta della bottega di setarolo dove io sto nella detta Piazza, e stavo assieme con Giuseppe Maccione (1) mio padrone, vedessimo fermare lì nella piazza due carrozze di dame franzese, che seppi poi essere l'Amb^{trice} di Francia, e viddi che un lacchè che andava appresso alla d^a carrozza venne alla bottega dove stava il mio padrone et io, e domandò al d° mio padrone se che rumore ci era, dal quale gli fu risposto che non sapeva che rumore ci fosse, ma che haveva inteso dire che ci era un poco di rottura tra li Corsi e la gente del Sr Amb^{re}; e viddi che furono mandati avanti due lacchè che andavano con de carrozze ; e mentre stavano ferme, sentii sparare un'archibugiata, e poi dire : « Chi va là ? a dietro là ! » et in quello la carrozza, che dissero (2) poi essere della S^{ra} Amb^{ce}, viddi che voltava per andare verso il rivolto di S. Carlo che va verso S. Andrea della Valle, e nel voltare che fece d^a carrozza, sentii sparare un'altra archibugiata, dalla quale, per quanto mi disse il mio padrone, fu colpito un paggio che andava appresso d^a carrozza, che restò scoperto nel voltare che faceva; che io viddi la fiamma e sentii il colpo di d^a archibugiata, ma per la paura non osservai quando colpì d° paggio; che il padrone allora volse ritirarsi, e serrassimo subito la bottega; ma sì bene quando andassimo via, vedessimo uno lì nella piazza steso in terra, che haveva la livrea del Sr Amb^{re} di Francia, che non osservai se fosse lacchè o servitore, ma credo che fusse un paggio di d^a S^{ra} Amb^{ice}, perchè andava appresso la carrozza di d^e donne e il mio padrone mi disse che era tale.

---

1) MS: Mavione, plus loin Maccione.
2) MS: diceva.

Int^s an aliqui sint de præmissis informati (1), et quæ,

R^dit: Delle cose sud^e ne è informato il mio padrone, e ne possono essere informati anco li vicini.

Int^s an sciat, vel saltem dici audiverit causam dictæ explosionis archibusiatarum prædict^rum.

R^dit: Io non so, nè meno ho inteso dire per che causa siano state sparate le d^e archibugiate, perchè io non prattico.

Tunc,

Die dicto 21 Augusti 1662.

Examinatus fuit per D. quem supra, meque, Hieronymus Baldescus q. Silverii de Interamna, cui delato jur^to verit. dic., p^t tactis etc. juravit. Fuit per D.

Int^tus quomodo reperiatur in loco examinis, et an sciat vel saltim præsumere valeat pro qua causa; de eius exercitio, professione et habitatione.

R^dit: Io sono venuto al presente essame perchè sono stato chiamato d'ordine di V. S.; habito vicino a S. Carlo de' Catenari, dove ho due botteghe, una di cappellaro, e l'altra di merciaria; e la causa per la quale sono stato chiamato m'imagino che sia per causa di certe archibugiate che furono sparate hieri a sera nel mio vicinato verso una mezz'hora di notte incirca, perchè io stava su la porta della mia bottega mentre furono sparate.

Int^s ut recenseat quidquid sciat super præmissis,

R^dit: Hieri a sera me ne stavo in casa su la detta hora su la porta della mia bottega, come ho detto; che havevo già inteso dire pubblicamente per Roma che li soldati Corsi si erano attaccati con le genti del Sr Amb^re di Francia; e mentre stavo aspettando che venisse a casa mio fratello, viddi ve-

---

2) MS: informatus.

nire in giù due lacchè, che riconobbi perchè portavano la livrea del Sr Amb^{re} di Francia, che erano tutti due giovanotti; et in quello viddi venire in giù appresso li d^{ti} lacchè dalla strada de' Giupponari tre soldati Corsi con l'archibugi alle mani, indrizzati contro d^i lacchè (che si vedeva bene, perchè ancora non era oscurito); e quando furono vicino alla casa del mercante Del (1) Gallo, che fa isola per andare su la Piazza di S. Carlo de' Catenari, viddi che uno di di Corsi sparò un' archibugiata verso dd. lacchè, che questa non colse nessuno; e poi un altro di detti tre Corsi si avanzò più avanti per andare verso d^a Piazza, e viddi che sparò un' altra archibugiata; che io viddi benissimo la fiamma e foco dell' una e l'altra archibugiata, e sentii le botte; ed io, subbito tirata la seconda archibugiata, serrai la bottega, e me ne andai disopra, e sentii li per il vicinato che di d^a seconda archibugiata era stato ammazzato un paggio, che andava vicino la Carrozza della S^{ra} Amb^{trice} di Francia che stava in d^a Piazza di S. Carlo, nel voltare che voleva fare per andare verso il vicolo di d^a Chiesa, che l'intesi dir pubblicamente anco la mattina seguente.

Int^{tus} an sciat ob quam causam fuerint explosæ archibusiatæ præd^æ a dictis militibus Cirneis, qui essent, et an illos describere valeat,

R^{dit}: Li detti tre che io viddi con l'archibugio alla mano, come ho detto, li conobbi per soldati Corsi, ma chi fossero io non lo so, nè mi basta l'animo di descriverli, perchè in questi rumori non si guarda a tanto et ognuno cerca di salvarsi, nè so per che causa sparassero le d^e archibugiate.

Int^s an sciat in quo loco reperiretur currus de quo supra deposuit,

R^{dit}: La carrozza dell'Amb^{ice} dal luogo dove fu tirata

---

1) MS: del.

l'archibugiata prima non si poteva vedere, ma dove fu tirata la seconda io credo di sì, perchè si fece più avanti.
Tunc,

Die dicto 24 Augusti 1662.

Exam.^tus fuit per perill^m et exc^m D. Aug^m Paris subst^m, meque, Christophorus de Visa fil. q. Benedi, Januensis, cui delato juram^to verit. dic., p^t tactis etc. juravit. Fuit per D.
Int^s quomodo accessit ad præsentem locum examinis, et an sciat, vel saltim præsumere valeat causam.
^dit : Io sono venuto qui avanti V. S. perchè il Caporale di Campo di fiori mi ha ordinato fossi venuto qua, che mi devo essaminare, et io non so nè mi posso immaginare la causa perchè mi voglia (1) essaminare, se non me la dice.
Int^s de eius exercitio, professione et habitatione,
R^dit : L'essercitio mio è di sartore, ed habito nel vicolo de' Balestrari assieme con mia moglie in una casa della Concettione di S. Lorenzo.
Int^s an sciat vel saltim sit informatus (2) externa die in d^a via vel prope aliquem rumorem evenisse, et quæ,
R^dit : Domenica a sera passata, verso le 23 hore incirca, poco più o meno, standomene a sedere avanti la porta di casa mia, viddi all'improvviso per la strada sud^a dove io habito correre e fuggire quantità di gente che veniva dalla Piazza di Spada verso Campo di fiori; che io non sapendo che cosa fusse questa novità, mi levai da sedere e mi ritirai su la porta di casa mia; et all'improvviso viddi entrare dalla parte di Campo di fiori, pure dalla d^a mia strada, da tre o quattro soldati Corsi, che con l'archibugi alle mani (che li tenevano

---

1) MS: vogli.
2) MS: informatus an...

in atto come se li volessero sparare), se ne andarono verso la Piazza dove stava la buona memoria del S.r Cardinale Spada; onde io dubitando di qualche male, serrai la porta di casa mia; e intesi sparare una quantità di archibugiate, e continuai a sentire per la d.a mia strada correre delle genti, quale rumore durò da una mezz'hora incirca, poco più o poco meno; et essendo cessato, io aprii la mia porta e mi misi a sedere avanti di essa, e sentii li per quelle strade che si diceva: « Ferma là! dove vai? » — e quelli erano li sbirri, per quanto io potei giudicare; ed intesi ricontare per la strada da più e diverse genti e persone che li Corsi l'havevano pigliata con li Franzesi del S.r Ambre di Francia, e che erano andati con li loro archibugi per quelle strade, e che sparassero diverse archibugiate, dalle quali ne restorno delli feriti e delli morti, e che poi furono fatti ritornare a quartiero, cessato che fu il rumore; e questo è quello che successe di male domenica a sera passata, li per la mia strada e per le strade vicine.

Int.s an cognovit seu cognoscat tres illos vel quatuor milites Cirneos, quos cum archibusiis præ manibus pertranseuntes vidit per viam in qua inhabitat Ipse Exam.s, ut deposuit,

R.dit: Sig.r nò, che io non conosco nè conobbi nessuno di quelli tre o quattro Corsi che io viddi passare con l'archibugi alle mani per la strada dove io habito; et in tanto io venni in cognitione che erano soldati Corsi, in quanto che io li sentii parlare con lingua corsa, et anco perchè le genti della mia strada dicevano che erano Corsi, et anco dall'armi che li viddi portare, che sono arme che l'ho viste portare sempre alli soldati Corsi.

Int.us an sciat, seu saltim sit informatus vel dici audierit cur et qua de causa dicti milites Cirnei accesserint ad loca superius expressa, exploserint archibusiatas, ut supra deposuit,

R.dit : Io intesi dire da alcuni che raccontavano li per la mia strada, che non saprei dire chi si fossero, che era nata non so che briga tra certi soldati Corsi e certi Franzesi a S. Giovanni della Malva in Trastevere, e che poi li medesimi Franzesi ferissero un soldato Corso in bottega di un erbarolo li a Ponte Sisto, e per quello infuriati di soldati Corsi prendessero li loro archibugi et uscissero ne' luoghi sud.i e sparassero de archibugiate. Del resto non so altro.

Tunc,

Die dicta (*21 Aug.*)

Exam.tus fuit per ex.m D. Stephanum Bracchium L.ntem meque, in Officio,

Joseph Maccionus fil. q. Ercolis, Vabevetanus, cui delato Juram.to verit. dic., p.t tactis etc. juravit. Fuit per D.

Int.s quomodo rep.r in loco examinis, et an sciat vel saltim præsumere valeat super quo sit examinandus,

R.dit : Io sono venuto qui ad essaminarmi avanti V. S. perchè mi è stato ordinato che fossi venuto qui a quest'officio ad essaminarmi, nè mi posso immaginare che sia per altro, solo che per l'archibugiate che furono sparate hieri sera vicino a S. Carlo de' Catenari dove io habito.

Int.s ut dicat quidquid sciat super præmissis,

R.dit : Mentre io me ne stavo su la porta di mia bottega di setarolo vicino S. Carlo de' Catenari assieme con Luigi mio giovane di bottega, verso la mezz'hora di notte incirca, viddi fermare su la Piazza di S. Carlo de' Catenari due carrozze di dame franzese che venivano dalla strada de' Catenari per andare verso li Giupponari (1); et essendo venuto li alla mia bottega un lacchè a domandare se che rumore ci era,

---

1) C.-à-d. la via de' Giubbonari.

io gli dissi che non sapevo più che tanto, ma havevo inteso dire che fusse passata un poco di rottura tra li soldati Corsi e li Franzesi, ma che io di lì attorno non havevo inteso niente; e così quelle dame mandorno avanti non so che suo lacchè, stando ferma (1) una di d^e carrozze; e nel medesimo tempo sentii sparare un'archibugiata, e dire: « Torna a dietro là! Chi va là? » — e simili, e sentii immediatamente sparare (2) un'altra archibugiata, e questa ultima colse un paggio che andava vicino alla d^a carrozza, e viddi la fiamma dell'archibugiata e sentii il colpo; ed il paggio andò a cader nel montone della mondezza che sta in d^a Piazza; che l'archibugiata lo colpì mentre voltava la d^a carrozza, così ordinatoli dopo che sentirno la prima archibugiata; che il paggio restò scoperto nel voltare che fece la detta carrozza, che andò et voltò verso il vicolo di S. Carlo che va verso S. Andrea della Valle,..... (C).

Int^s an sciat, vel dici audierit a quo seu quibus, et qua de causa fuerunt explosæ archibusiatæ præd^æ,

R^{dit}: Io intesi dire lì per il vicinato publicamente che quelli che tirorno le d^e archibugiate erano stati Corsi; e non osservai quanti fossero, perchè quando si tirano l'archibugiate, ogni uno pensa a casi suoi. Viddi lo sparo dell'archibugiate, e subbito feci serrare la mia bottega, e me ne andai a casa a cenare; e non so, nè ho inteso per che causa li dⁱ Corsi sparassero le d^e archibugiate. Del resto poi chi fossero li dⁱ Corsi io non l'osservai; ma sentii solamente due archibugiate, come ho detto.

Tunc,

---

1) MS: ferme (Ici le texte semble altéré ou incomplet).
2) MS: spararne.

Die dª (*21 Aug.*)

Exam.ᵗᵘˢ fuit in loco præfato per D. de quo supra, meque, Andreas Ferrettus q. joannis Rugierii, cui delato juram.ᵗᵒ verit. dic., pᵗ tactis etc. Juravit. Fuit per D.

Intˢ quomodo se *huc* contulit, et an sciat causam præsentis sui examinis.

Rᵈⁱᵗ: Io sono venuto qui avanti V. S. perchè li sbirri di Campo di fiori me l'hanno ordinato, *dicendo* che lei mi vuole essaminare, e credo dovere essere essaminato sopra il rumore che successe domenica a sera passata tra li soldati Corsi e li Francesi del Sˢ Amb.ʳᵉ di Francia in Piazza Farnese, e di lì attorno; nè mi posso imaginare che sia per altra causa che per la sudetta.

Intˢ in quo loco loci Ipse Exam.ᵗᵘˢ inhabitet de præsenti, et dicat etiam an aliquod habeat exercitium, et quæ,

Rᵈⁱᵗ: Io habito nel vicolo de' Balestrari, proprio in una di quelle cantonate e capocroce, dove tengo bottega d'artebianca, incontro proprio a quello che vende la neve e vende l'oglio.

Intˢ ut dicat quinam (1) rumor evenit sero dominico prox.ᵒ p.ᵗᵒ inter milites Cirneos et Gallos præd.ᵒˢ.

Rᵈⁱᵗ: Domenica sera verso le 23 hore incirca, standomene io nella mia bottega, viddi venir correndo un homo, che non so chi fosse, che veniva dalla Piazza di Spada. Quando fu avanti la mia bottega, mi disse che si era attaccato rumore tra li soldati Corsi e li Francesi sud.ⁱ; onde io subbito serrai il sportello (2) della mia bottega, e quasi subbito viddi com-

---

1) MS: quanam.
2) MS: il mio sportello.

parire lì alla cantonata della mia bottega quattro o sei soldati Corsi con l'archibugi alle mani con li cani calati, che li tenevano in atto come se li volessero sparare, e si piantorno tutti a quel capocroce. Onde io temendo di qualche male, serrai la porta della mia bottega e me ne uscii fuori, e me ne andai verso la Piazza di Campo di fiori; e quando fui a capo del vicolo dove habito, sentii da quattro o sei archibugiate, che furono sparate dalli sud[i] Corsi, che si misero sopra il sud[o] capocroce; e così io affrettai il camino e me ne venni giù per li Giupponari *e* per li Chiavari, e me ne entrai in S. Andrea della Valle, dove mi trattenni sino all'Ave Maria, e fin tanto che il frate volse serrare la porta della Chiesa. Parendomi che fosse cessato il rumore, me ne ritornai verso la mia bottega, dove arrivato, di lì a poco vennero da quattro homini con l'archibugi, e si misero proprio sul capocroce dove stavano prima li d[i] Corsi; li quali facevano ritornare in dietro, che non volevano far passare nessuno; ed io serrai subbito le fenestre e me ne andai in letto, e stetti così sul letto sino che sentii rumore delle sud[e] gente che facevano dare in dietro quelli che passavano, e durò da un'hora o un'hora e mezza incirca; ma cessato, me ne calai a basso, et aprii la porta della mia bottega, e me ne stetti lì sino alle due hore incirca, e non sentii altro, perchè il rumore grande durò per quel tempo che io mi trattenni dentro a S. Andrea, nel qual tempo io ho sentito raccontare da più e diverse persone che li soldati Corsi, chi di qua, e chi di là, per quelle strade che rispondono (1) in Piazza Farnese, sparassero quantità d'archibugiate, dalle quali restassero morti da tre o quattro, ed anco delli feriti; e questo è quanto io so del rumore sud[o].

Int[s] an sciat, seu alias sit informatus, vel dici audierit,

---

1) MS: rispondevano.

cur et qua de causa exortus fuerit d^us rumor inter milites Cirneos et Gallos prædo^s,

R^dit : Io ho inteso raccontare da più e diverse persone li per la mia strada, che non so chi siano, che discorrevano con gli altri del sud^o rumore, che d^o rumore fusse principiato in Trastevere dentro o fuori di un' osteria, dove havendo alcuni Franzesi incontrato alcuni soldati Corsi, li Franzesi li dicessero « che erano sbirri, » e li Corsi gli rispondessero « che non erano sbirri, ma soldati, » e che sopra di queste parole cominciassero ad attaccarsi assieme, e che continuassero li Corsi a seguitare li Franzesi sino alle stalle del Sr Ambre, e che essendo così principiato il rumore sud^o, andassero a pigliare l'archibugi in quartiero, e se ne venissero per quelle strade, e facessero quello che disopra ho raccontato.

Int^s an cognoscit et cognoscat milites Cirneos suprad^os qui sese cum eorum archibusiis posuerunt in trivio prædo seu aliquem ex eis,

R^dit : Li sud^i Corsi che, come ho detto, si messero con l'archibugi alle mani sul mio capocroce, io conobbili al parlare et all'arme che portavano che erano soldati Corsi, et ognuno diceva che erano Corsi; ma chi si fossero io non lo so, nè lo posso dire, perchè non ne conosco nessuno a nome, nè meno nessuno di quelli io conosco a vista, et io non hebbi tempo di osservarli e subbito me ne andai via; viddi solamente che andavano vestiti di colore, chi di un colore, e chi di un altro.

Tunc,

Die d^a 21 Augusti 1662.

Exam^us fuit per D. de quo supra, meque
Bartholomæus fil. q. alterius Bartholomæi Dannusii (1)

---

1) MS: Peu lisible.

de Valle Tellina, cui delato juram^{to} verit. dic., p^t tactis etc. juravit. Fuit per D.

Int^s quomodo se huc contulerit, et an sciat causam sui præsentis examinis,

R^{dit} : Io sono venuto avanti V. S. perchè li sbirri mi hanno ordinato che fossi venuto qua, che mi voleva essaminare, et io m'imagino dovere essere essaminato sopra il rumore et attacco che successe domenica a sera pross^a p^a tra li soldati Corsi e li Franzesi del Sr Ambr^e di Francia.

Et sibi dicto per D. ut dicat totum id quod evenit sero Dominico prox^o p^{to} inter milites Cirneos et Gallos præd^{os},

R^{dit} : Io dirò a V. S. tutto quello che io so del d^o rumore et attacco, et è che standomene io dentro una mia bettola che essercito nel vicolo de' Balestrari, verso le 23 hore e mezza incirca, viddi fuggire avanti la mia bottega quantità di gente. Chi pigliava una strada e chi un'altra; che non sapendo che novità fosse quella, mi affacciai su la porta della mia bottega, e viddi venire dalla parte di Campo di fiori per la mia strada da sette o otto soldati Corsi con li loro archibugi nelle mani in atto di sparare, e tutte le genti dicevano che erano Corsi, et all'armi che portavano si riconosceva benissimo ch'erano Corsi, li quali se ne entrorno nella strada della Cerqua che poi risponde in strada Farnese; onde io subbito serrai la porta della mia bottega, che non ci rimase se non uno che sta al Pellegrino (1) che era rimasto a bere una mezza foglietta; e mentre stavo così serrato, sentii lo sparo di più archibugiate, e sentii che si faceva un correre et un calpestare di gente; et io stetti così serrato sinchè intesi durare il rumore dell'archibugiate, che sentii che l'archibugiate si tiravano lì per la strada della Cerqua che risponde in Piazza Farnese; et essendo cessato il

---

1) C.-à-d. via del Pellegrino.

rumore e fattosi notte, non volsi più aprire la mia bottega, ma aprivo e serravo la porticella per poter dare da bevere a quelli che venivano (1); et intesi raccontare e dire dalle genti che si erano attaccati et azzuffati li soldati Corsi con la gente franzese del Sr Amb^re di Francia, e che si erano tirate dell'archibugiate diverse, e che remanessero delli morti; che uno morto ne viddi io medesimo, steso giù in terra alla cantonata di Farnese che va verso la Morte (2); e questo è quanto io so e posso dire per verità circa il rumore sud°, quale però io non sono informato come et in che modo principiasse tra li sud^i Franzesi e soldati Corsi.

Int^s an cognovit et cognoscat milites illos Cirneos, seu aliquem ex eis quos transeuntes vidit cum archibusiis præ manibus, ut supra deposuit,

R^dit : Signor nò, che io non conosco nessuno di quei soldati Corsi che io viddi a passare con l'archibugio alle mani, come ho detto disopra; perchè io delli Corsi non ne conosco nessuno, e quello fu un passaggio all'improviso, che io non li osservai; viddi sì bene che erano tutti senza feraioli, et uno vestiva di un colore et uno (3) di un altro.

Tunc,

Die d^a 21 Augusti 1662.

Exam^s fuit per perill^m et Ex^m D. Aug^m Paris subst^m, meque, ubi supra,

Evangelista Speranza, fil. q. Joannis Caroli, Aquilanus, cui delato juram^to verit. dic., p^t tactis etc. juravit. Fuit per D.

---

1) MS: vennero.
2) C.-à-d. la Chiesa di S. Maria della morte (propriété d'une confrérie d'enterrement).
3) MS: hora.

Intⁿˢ quomodo *hic* repʳ, et an sciat causam sui pⁿᵗⁱˢ Examⁱˢ.

Rᵈⁱᵗ : Io sono venuto qui avanti V. S. perchè li sbirri mi hanno detto che venissi qui ad essaminarmi, e m'imagino che mi voglia (1) essaminare sopra il rumore che seguì domenica a sera tra li soldati Corsi e li Franzesi del Sʳ Ambrᵉ di Francia, il quale passò nella maniera che gli racconterò, e gli dirò tutto quello che ne so per verità.

Domenica a sera p. p. verso le 23 hore e mezza incirca, standomene dentro l'Osteria della Coroncina alli Balestrari, che sono uno delli garzoni di dᵃ Osteria, vedessimo all'improviso fuggire diversa quantità di gente chi in qua, e chi in là impaurita et intimorita; onde essendomi affacciato su la porta di dᵃ osteria, viddi quattro soldati Corsi con l'archibugi alle mani in atto di sparare, li quali presero posto lì al capocroce de' Balestrari; onde serrassimo subbito la dᵃ osteria; quale serrata, cominciassimo a sentir sparare diverse archibugiate da più luoghi e più parti, e si sentiva correr gente per le strade, e durò detto rumore di sparo di archibugiate da un quarto di hora incirca; quale essendo finito, non volessimo più aprire la dᵃ osteria, perchè se bene non si sentiva più l'archibugiate, si sentiva la gente che dicevano: « Ferma là! passa là! » — e così non volessimo aprire sino alla mattina, et sentii raccontare, da più e diverse persone che vennero e sono venute alla dᵃ Osteria, il principio di dᵒ attacco e rumore che seguì tra dⁱ Corsi e Franzesi; chi lo raccontava in una maniera, e chi in un'altra; ma li più dicevano che il medᵒ giorno, cioè hieri, li medⁱ Franzesi havevano havuto parole con dⁱ Corsi su 'l Ponte Sisto, e che in bottega di un erbarolo ferissero malamente uno di detti soldati Corsi con più stoccate, che se ne

---

1) MS: vogli.

stava alla Consolazione moribondo; con che li Corsi per vendicarsi pigliassero l'armi e venissero a Piazza Farnese, e sparassero più archibugiate, dalle quali ho inteso che ne remasero alcuni morti et alcuni feriti; e questo è quanto io so e posso dire circa il sud° rumore.

Int^s an cognovit et cognoscat milites præd^os Cirneos transeuntes ut supra armatos, seu aliquem ex eis, et quat^s,

R^dit : Io non conobbi nè conosco nessuno di quelli Corsi che viddi passare, et si impostassero, come ho detto di sopra; perchè io delli Corsi non ne conosco nessuno, e quelli nè meno hebbi tempo di osservarli, perchè mi passorno avanti d^a osteria all'improviso e non li viddi più; ma chi vestiva di un colore, e chi di un altro, e senza feraiolo.

Tunc,

Die d^a 21 Augusti 1662.

Ex libro barbitonsoris Bartholomæus Simoncellus sub^s Chirurgus Consolationis retulit

Joannem Baptistam q. Donati *Petrucci* de Valle Tellina vulneratum in pede sinistro instr° suc^ti, nempe archibusiata, cum periculo (1). Letto n° 24.

Die 21 Augusti 1662.

Visitatus et Examinatus f^t per me de mandato, in Hospitale B. Mariæ de Consolatione,

Joannes Baptista, fil. q. Donati Petrucci de Valle Tellina, lecto jacens vulneratus in pede sinistro, quod vulnus videri non valui propter opposita medicamenta, qui, delato sibi juram^to verit. dic.p^t tactis etc. juravit. Fuit per me

---

1) MS: aliquo.

Int^s quomodo et a quanto tempore reperiatur sic vulneratus, in quo loco loci, a quo, vel quibus, quo armorum genere, et qua occasione,

R^dit : Essendo io, hieri sera verso le 23 hore, uscito dal magazzino del Moro in Campo di fiori, dove ero stato a cena, arrivato io in mezzo alla Piazza, cominciai a sentire l'archibugiate; et io per rendermi sicuro, volevo entrare nel Palazzo dell'Em° Pio; et arrivato lì, dal vico de' Balestrari, dove stavano li Corsi che sparavano, mi venne un'archibugiata che mi colse in questo piede sinistro, e mi ferì; ma chi si fusse il Corso che mi sparò detta archibugiata io non lo so; et havendomi visto ferito Lorenzo Bemera mio compagno, mi accompagnò in questo hospedale, et in questa maniera io mi ritrovo così ferito.

Die d^a 21 Augusti 1662.

Bartholomæus Simoncellus Sub^s Chirurgus Consolationis rett

Philippum Rubeum de Messina vulneratum in vertice ab Instrum° incid^ti cum periculo vitæ.

Letto n° 19.

Die d^a Lunæ 21 Augusti 1662.

Visit. et Exam^s f^t per me, de mandato, in Hospitale S. Mariæ Consolationis Urbis,

Philippus de Rossis q^m Hieronymi de Messina vulneratus ut in relatione, qui delato sibi juram^to veritatis dicendæ p^t tactis etc. juravit. Fuit per me

Int^s quomodo, et a quanto tempore citra reperiatur sic in lecto vulneratus, ubi, et a quo seu quibus fuerit vulneratus, quo genere armorum, et pro qua causa.

R^{dit} : Io mi trovo cosi ferito da hieri a sera in qua, che fui ferito vicino alla fontana di Ponte Sisto, che venivo dalla Chiesa della Morte dove erano le quarant'hore; et io ero stato li ad accattare, che erano venti tre hore sonate; e perchè li si faceva un rumore (che non so per che causa fosse d° rumore), et essendo io cieco et senza guida, me ne andavo verso la Sirena (1) per andare a casa, et li alla fontana fui ferito in testa, che non so da chi nè con che armi, perchè sono cieco; sentivo bene delle genti che dicevano: « Bugaro cucchin! » (2) che credo fossero Fransesi.

Tunc,

Die 21 Augusti 1662.

Bartholomæus Simoncellus Substitutus Chirurgus Consolationis retulit

Joannem Baptistam q. Raymundi de Aiaccio (3) Cirneum militem, vulneratum in hypochondrio, et crure, *et illa vulnera* fuisse facta Instr°... (4) cum periculo.

Die Lunæ 21 Augusti 1662.

Visitatus et exam^s f^t per me, de m^{to}, in Venerabili Hospitali B. M. Consolationis Urbis.

Jo. Bapt^a q. Raymundi de Aiazzo, vulneratus ut in relatione, quæ vulnera ob medelas appositas videre nequivi, sed hic adnotavi ad effectum etc. et delato sibi juram^{to} veritatis dicendæ p^t tactis etc. juravit. Fuit per me

---

1) MS: Serena. (Nom d'une taverne).
2) C.-à-d. Bougre de coquin.
3) MS: Taccio. V. ci-après.
4) Lacune dans le MS.

Int^s quomodo, et a quanto tempore citra reperiatur sic in lecto vulneratus, ubi, et a quo seu quibus fuerit vulneratus, quo genere armorum, et pro qua causa.

R^{dit} : Io mi trovo così ferito in questo letto da hier sera in qua, che fui ferito nella maniera che io li racconterò.

Io hieri verso le 22 hore incirca, partii dal quartiere de' soldati Corsi che sta alla Trinità di Ponte Sisto sotto il commando del Capitano Alfonso Franchi, del quale io sono uno de' suoi soldati; che sto qui in Roma adesso sotto il suo commando, ma il mio capitano però è il Capit^o Savelli, e della sua Compagnia io sono; che venni in Roma ultimamente con li cinquanta altri soldati, che venissimo da Ascoli assieme con Domenico, che non so de' quali, ma per sopra nome se li dice il Fiorentino, pure soldato Corso della Compagnia del Capit^o Franchi, e se n'andassimo a spasso verso Ripetta armati con le nostre solite spade all'usanza de' soldati; e da Ripetta andassimo verso l'Orso (1) caminando bel bello a spasso, e dall'Orso tirassimo verso il Ponte S. Angelo, e di lì ce ne venissimo per strada Giulia, et verso il Mascarone di Farnese, con animo di ritornarcene a quartiere; e quando fossimo lì nella strada, passato l'hospedale delli Zoppi di San Sisto, trovassimo et vedessimo una quantità di gente francese, che molti di essi portavano la livrea del Sr Ambr^e di Francia, e molti altri nò, tutti armati chi con spade nude, chi d'archibugi e schioppi lunghi, e chi di pistole, e chi di forcine da stalla; onde io e d^o Domenico mio compagno, quando vedessimo d^a gente armata (2) delle sudette armi tutt'infuriata, ci avviassimo per svicolare lì al vicolo della Sirena per ritornare a quartiere, non sapendo

---

1) C.-à-d. verso la via dell'Orso.
2) MS: d^e genti armate.

quello che rumore si fosse, e dubitando che li nostri offitiali non havessero bisogno di noi; et quando fossimo lì dove sta un ferravecchio, in faccia al quale ci sta un erbarolo, non potendo passare per la quantità delle genti armate, dico meglio, essendo io passato vicino al muro, mi sentii di dietro incalzare e venirmi addosso alcune di quelle genti armate, che non posso dir quante si fossero, cioè se fossero sei, o otto, o diece; onde io essendomi voltato dubitando non mi succedesse qualche male, e vedendomi abbandonato dal mio compagno sud° che non so dove si andasse, mi retirai dentro la casa dell'erbarolo che sta in faccia al ferravecchio; e mentre ero lì dentro, vennero tre o quattro delle sud^e genti, uno de' quali mi tirò due stoccate, et una di esse mi diede nella pansa e l'altra nella coscia manca; et havendomi così ferito, sen'andorno via, perchè le genti della strada intesi che gridavano et dicevano: « Non è quello! non è quello! » — che bisogna (1) che l'havessero havuta con qualchedun'altro; e così mi lasciorno andare, che altrimente mi haveriano finito d'ammazzare. Onde io così ferito me ne andai lì dentro la Trinità di Ponte Sisto, dove stetti sino sonata l'Avemaria; poi me n'andai lì all'hosteria del quartiere, dove da certi Signori Romani fui per carità condotto a questo hospedale; et io non so per che causa le sud^e genti francesi mi ferissero, ma dalle parole che dicevano le genti: « Non è quello! non è quello! » — m'immagino che l'havessero havuta prima con qualche altro e che mi pigliassero in cambio, perchè io con le dd. genti non ci hebbi che spartire cosa alcuna, nè gli dissi niente, nè meno io misi (2) mano alla spada che portavo, nè feci cosa che loro mi havessero da ferire nella maniera sud^a, conforme possono deporre l'orto-

---

1) MS: bisognava.
2) MS: *mesi*, forme qui revient souvent dans le MS., et que nous remplacerons par *misi*.

lano e sua moglie, nella bottega del quale restò il mio cappello; e non posso dire se fosse uno solo quello che mi ferì, o le ferite che ho una me ne facesse uno, et una un altro, perchè, come di sopra ho detto, dove mi retirai ci vennero più persone con le spade nude alle mani, e non osservai se uno (1) solo mi tirasse le due stoccate.

Int^s an cognoverit aliquem seu aliquos è supradictis hominibus armatis, et ex illis præcipuè qui Ips^m Exam^{tum} aggressi fuere in domo d^i olitoris, ipsumque vulnerarunt,

R^{dit}: Io non conobbi nessuno di quelle genti che di principio viddi armate come ho detto di sopra, nè meno nessuno di quelli che vennero ad assaltarmi mentre stavo alla casa dell'ortolano e mi ferirono come ho detto di sopra; viddi sì bene che erano tutti Francesi e parlavano francese; e mi ferirono come ho detto di sopra.

Tunc,

Die Lunæ 21 Augusti 1662.

Exam^s f^t per perill^m et admodum Exc^m D. Augustinum Paris L^{ntem} subst^m, meque, in quarterio Alphonsi Franchi capitanei militum Cirneorum,

Joannes q. Joannis Vincentii de Calenzana (2), qui delato sibi juram^{to} veritatis dicendæ, prout tactis etc. juravit. Fuit per D.

Int^s quomodo accesserit ad p^{ntem} locum exam^{is}, et an sciat vel excogitare valeat causam illius,

R^{dit}: Io sono venuto qui in questa stanza avanti V. S. perchè mi ha fatto chiamare il Sr Alfonso Franchi mio Capitano, e credo V. S. mi voglia essaminare, e credo dover

---

1) MS: non.
2) MS: Casertano, ailleurs Catanzaro, Calanzaro, Calenzano.

essere essaminato sopra quello che successe hieri tra noi altri soldati Corsi e li Francesi, servitori del Sr Ambre di Francia.

Et sibi dicto per D. ut dicat et narret totum id quod evenit inter milites Cirneos, et Gallos exc^i D. Oratoris Galliæ,

R^{dit}: Io dirò a V. S. quello che accadde hieri tra li soldati Corsi, e li Francesi del Sr Ambre di Francia, cioè tutto quello che io so.

Hieri mutata che fu la guardia, che si mutò alle 22 hore incirca (1), dopo che io hebbi mangiato un poco con una mia (2) camerata chiamato Matteo, io me ne uscii fuori di quartiero, dove esso restò perchè era di guardia, e me ne andai con la mia solita spada verso il fontanone di Ponte Sisto a spasso conforme al mio solito; che andai solo, et arrivato al fontanone per pigliar il fresco et veder la cascata dell'acqua, mentre me ne stavo lì così fermo, viddi venir dalla parte di Trastevere per Ponte Sisto da cinque o sei Francesi con le spade nude alle mani; che uno solo di detti Francesi viddi che portava la livrea del Sr Ambre di Francia, e l'altri vestivano di biancaccio con fettucce assai in dosso; li quali quando furono di rincontro a me, mi cominciorno a dire: « Bugaro Corso, spia del Papa, tira mano alla spada! » — et io li risposi che ero « servitore e soldato del Papa, ma non spia; » et in questo mi vennero alla vita con le loro spade; onde io fui necessitato per mia difesa tirar mano alla mia spada, e con quella (3) incominciai a difendermi dalli colpi che mi tiravano d^i Francesi, in aiuto de' quali sopr'arrivò un'altro pure con la spada nuda alle mani, et ancor lui mi cominciò a tirare; e mentre io mi reparai una stoccata che mi stese uno di d^i Francesi, un altro di essi

---

1) MS: sona.
2) Le MS. emploie presque toujours le mot *camerata* au féminin.
3) MS: quelli.

me ne stese un' altra e mi ferì qui in questo braccio dritto che porto infasciato et attaccato al collo, conforme V. S. potrebbe vedere se io non ci havessi la chiara e non fosse infasciato; (p^t D. et ego vidimus brachium dexterum Ips. Ex^{ti} alligatum et involutum ut dicitur « avvolto dentro uno sciuvatoro (1) alligato al collo insanguinato, » et in d° brachio medelas appositas prope cubitum, quæ omnia hic pro veritate adnotavi ad omnem bonum finem et effectum, et prosequendo dixit): onde io sentendomi così ferito, non potendo maneggiare più la mia spada, per mia bona fortuna vennero in mio agiuto due giovinotti soldati Corsi, uno chiamato Giovan Tomasso di Muro (2), e l'altro Jacomo Toxis; e li Francesi quando viddero detti due soldati, si misero in fuga per strada Giulia sù verso il loro Palazzo, et io con detti doi soldati, per la strada dell'hosteria della Sirena, me ne venni qui in quartiero, dove arrivato, essendosi saputo che io ero stato ferito, anzi essendosi sparsa voce che io ero morto, molti soldati che erano di guardia mi domandorno se io ero ferito, perchè mi viddero il sangue nel braccio, et io li dissi che era poca cosa la ferita che havevo havuta; ma perchè il dolore mi cresceva, me ne andai in cammera et mi misi nel mio letto; et perchè io pigliai subbito il sonno, non sentii cosa nessuna allora. Doppo poi, cioè questa mattina ho saputo che molti soldati della nostra Compagnia sortissero fuori con li archibugi e si attaccassero di novo con li Francesi; ma che cosa poi precisamente succedesse tra essi io non ve lo posso dire, perchè, come ho detto, me ne stavo a letto ferito.

Int^s an sciat, seu saltim sit informatus, cur et qua de causa prædicti Galli aggressi fuerint I. E. eumque offendere procuraverint et vulneraverint, et quatenus,

---

1) C.-à-d. sciugatoio.
2) MS: Moro.

R^dit: Io non so dire a V. S. d'onde si movessero li sud^i Francesi ad assalirmi con le loro spade, e per che causa procurassero di offendermi con le loro spade e di ferirmi come fecero, perchè essi non havevano causa nessuna di fare ciò, perchè io me ne stavo per li fatti miei al fresco, et là quando furono da me, mi cominciorno ad ingiuriare, e menarmi le mani per dosso, come ho detto di sopra.

Int^s an cognovit et cognoscat aliquem ex d^is Gallis qui I^m E^tum aggressi fuerunt et vulnerarunt,

R^dit: Signor nò, che io non conosco nessuno di quelli Francesi che mi assalirno e mi ferirno; che hieri a sera fu la prima volta che io li viddi; e se' li rivedessi, nè meno mi basta l'animo di riconoscerli, perchè io non hebbi commodità d'osservarli, et hebbi carestia a defendermi, e poi subbito mi voltorno la schena e se ne fuggirno verso il lor Palazzo.

Tunc,

Die dicta (*21 Aug.*)

Exam^s ft per quem, et ubi supra, meque,
Joannes Thomas, fil. q. Antonii Dominici de Muro Balagnæ in Cirnea, qui, delato sibi juram^to verit. dic^dæ, prout tactis etc. juravit. Fuit per D.

Int^s quomodo accesserit ad p^ntem locum examinis, et an sciat vel excogitare valeat causam illius,

R^dit: Sono venuto qui in questa stanza avanti di V. S. perchè mi ha fatto chiamare dal nostro Sig^re alfier Cardone, il quale mi ha detto che V. S. mi voleva essaminare, et io credo che V. S. mi voglia essaminar sopra quello che successe hieri tra certi Francesi del Sr Amb^re di Francia, e li soldati Corsi.

Et sibi dicto per D. ut narret id quod evenit externo die

inter milites Cirneos, et Gallos prædos a principio usque ad finem,

R^{dit} : Hieri verso le 22 hore, dopo che io hebbi mangiato qui nell'hosteria del quartiere con Stefano mio cammerata, ci partissimo da d^a hosteria per andare un poco a spasso verso Ponte Sisto; et passando avanti la Chiesa della Trinità, trovassimo Giovanni da Calenzana che andava solo et si fermò avanti il fornaro di Ponte Sisto; e perchè scontrassimo ancora, vicino al d^o fornaro, Stefano soldato della nostra Compagnia de' Corsi, io dico meglio, perchè detto Stefano mio cammerata che veniva con me, quando fussimo li al fontanone di Ponte Sisto, incontrò certi Francesi suoi amici et esso si mise a discorrere con essi, per non darli io soggettione, mi scansai (1), et me ne andai su li murelli del Ponte Sisto, e mi appoggiai ad esso mettendomi a veder il fiume e le genti che ivi si lavavano; et all'improviso voltandomi, viddi passare infuriati li per d^o Ponte da cinque o sei Francesi, tutti vestiti con panni bisci et fini et con fettuccie e pennacchiere, con le spade nude alle mani, li quali andorno addosso et alla vita con dd^e spade nude a d^o Giovanni, e viddi che li tirorno una mano di colpi, che esso se li parò; e perchè finalmente d^o Giovanni restò ferito, dubitando non l'ammazzassero, misi mano alla mia spada che portavo, et in quell'instante mi viddi li vicino a me Jacomo Toxis (2) soldato nostro, il quale mise anch'esso mano alla spada che portava, ed ambi doi andassimo in aiuto di d^o Giovanni; et all'hora li Francesi, che ci viddero andare in aiuto di esso Giovanni, l'abbandonorno et si misero a fuggire per strada Giulia sù; et noi, vedendo che d^o Giovanni era ferito nel braccio dritto, ce lo mettessimo in mezzo, e lo conducessimo

---

1) MS : slanai.
2) C.-à-d. Giacomo da Tox, ou Tocchisi, comme on dit en Corse.

a quartiero per la strada dell'hosteria della Sirena, dove arrivati, perchè si era saputo che li Francesi havevano havuto da dire con noi altri, trovassimo che molti soldati nostri erano usciti fuori con l'arme, et così li nostri Officiali ci serrorno dentro e non ci volsero *più* lasciare uscir fuori; e di lì a non molto viddi tornar in quartiero una quantità di soldati con li loro archibusi, perchè il Sig.r Capitano haveva fatto batter la cassa a ritirata, e tutti se ne rientrorno in quartiero, e non poterno più uscir fuori; che io per me non so dove fussero andati nè che cosa si havessero fatto con l'armi alle mani; e questo è quanto io so e posso dire circa al rumore che successe hieri tra li soldati Corsi et li Francesi, et non posso dire altro, perchè io fui riserrato in quartiero e non potei uscire più fuori.

Int.s an sciat, seu saltem sit inform.s cur et qua de causa præd.i Galli strictis ensibus aggressi fuerint dictum Joannem, illumque vulneraverint,

R.dit : Io non so per che causa li d.i Francesi colle spade nude andassero addosso al d.o Giovanni e lo ferissero; ma questi Francesi a noi altri ci hanno la sete addosso, et procurano di maltrattarci, e pensano che noi habbiamo paura di loro, ma però non ne havemo paura.

Int.s an cognoverit vel cognoscat aliquem ex dictis Gallis qui aggressi fuerunt et vulnerarunt dictum Joannem,

R.dit : Io non conobbi nè conosco nessuno di quelli Francesi che assaltorno e ferirno il detto Giovanni, che non so chi siano, nè mai più li ho veduti.

Tunc,

Die dicta (*21 Aug.*)

Exam.s f.t per quem, et ubi supra, meque

Jacobus, filius Antonii Gessi de Toxis in Cirnea, qui delato sibi juram.to verit. dic., p.t tactis etc. juravit. Fuit per D.

Int^s quomodo huc se contulerit, et an sciat vel præsumat causam præsentis examinis.

R^{dit}: Io sono venuto qui avanti di V. S. in questa stanza perchè il mio Sig^{re} Alfiero mi ha fatto venir qui con dirmi che lei (1) mi voleva essaminare, e credo dover io essere essaminato per quello che successe hieri tra li soldati Corsi, e li Franzesi del Sig^r Ambasciatore di Francia.

Et sibi dicto per D. ut dicat, explanet totum id quod evenit externa die inter dictos Gallos et milites Cirneos,

R^{dit}: Hieri essendo io di guardia, domandai licenza al mio Caporale verso le 22 hore di voler andare a cena all'hosteria di mio padre, che fa a S. Giovanni della Malva in Trastevere; et havendomela data, andai a quella volta, dove arrivato, essendomi a pena messo a mangiare in un'altra stanza separata dall'hosteria (perchè io poco me l'intendo con mio padre, e mi portò da mangiare mia madre), intesi un rumore lì nella piazza di S. Giovanni della Malva, e domandando io se che cosa era ad un paesano che passò lì per la strada, quello mi disse che si era attaccato lite tra li soldati Corsi e li Franzesi; e perchè sapevo che questi Franzesi del Sig^r Amb^{re} era un pezzo che volevano attaccarla con noi altri soldati Corsi, essendo io soldato di guardia, mi partii subbito per venire alla volta del quartiere; e quando fui su'l Ponte Sisto, incontrai un soldato nostro che è un giovinetto vestito di verde, che credo si chiami Gio: Tomasso, il quale viddi che mise mano alla (2) spada per andar in aiuto d'un altro nostro soldato chiamato Giovanni addosso al quale stavano da cinque o sei Franzesi colle spade nude alle mani vestiti di biscio con le fettuccie, e penne alli cappelli, e ce ne erano alcuni con la livrea del Sr Amb^{re}, e li

---

1) MS: lui.
2) MS: per la.

tiravano delle stoccate; et alla vista nostra li detti Franzesi che stavano addosso a d° Giovanui si misero a fuggir giù per strada Giulia; et allora dicessimo a d° Giovanni : « Andiamcene a quartiero ! » — e nel venircene verso il quartiero vedessimo venire una mano di Franzesi giù dal Mascarone armati con diverse armi, che io non potei osservare che armi si fossero, viddi ben sì delle spade nude; e noi ce ne venissimo per la strada dell'Hosteria della Sirena, e poi in quartiero; dove arrivati, trovassimo che quasi tutti li soldati se ne erano usciti con l'armi alle mani fuori del quartiero, e noi non potessimo riuscire fuori, perchè il nostro Capitano e Caporale non volsero (1); e li nostri soldati stettero mezz'hora incirca fuori; e mentre stettero fuori, intesi sparare una quantità di botte d'archibusi, et anco di moschetti; e tornati che furono, il Capitano non li fece più uscire fuori; che io per me non so che cosa si facessero mentre furono fuori del quartiero; e questo è il rumore che hieri successe tra li soldati Corsi e li Franzesi, e questo è tutto quello che io so, e posso dire circa questo particolare, e posso dire per verità.

Int^s an scit seu saltim sit informatus quinam rumor evenerit inter milites Cirneos et Gallos in Platea S. Joannis de Malva, et si sic, dicat inter quos, et qua de causa,

R^{dit} : Io per me non so che rumore succedesse nella piazza di S. Giovanni della Malva tra li soldati Corsi e li Franzesi, perchè solamente mi fu detto da un contadino, che passava di lì, che ci era successo rumore, ma non mi disse che sorte di rumore ci era successo, nè per che causa, nè meno l'ho inteso dire, e non lo posso dire a V. S. perchè non lo so.

Int^s an saltim sciat, vel sit inform^s qua de causa supradi Galli aggressi fuerint suprad^m Joannem militem Cirneum,

---

1) Forme encore employée en Corse pour *vollero*.

R.^dit : Io nè meno so, nè ho informatione alcuna per che causa li detti Franzesi assaltassero il d.° Giovanni soldato Corso, quale viddi che da essi fu ferito nel braccio dritto, e li viddi uscire il sangue; quali Franzesi io non so chi siano e non li conosco; solo ho inteso, e viddi dalla livrea, che erano Franzesi del Sig.r Ambasciatore di Francia, e se li vedessi nè meno li conoscerei.

Subdens ex se: Verso l'Avemaria io viddi hieri sera venire qui all'hosteria del nostro quartiero un altro nostro soldato chiamato Gio: B.sta ferito malamente nella panza e nella coscia, il quale intesi che nel passar che fece dopo di noi avanti San Sisto fusse ferito dalli Franzesi dentro la bottega d'un erbarolo.

Tunc,

Die dicta (*21 Aug.*)

Exam.s ft per quem et ubi supra, meque,

Dominicus fil. q. Jacobi de Rogliano (1) in Cirnea, qui delato sibi juram.to veritatis dicendæ, prout tactis etc. juravit. Fuit per D.

Int.s quomodo huc se contulerit, et an sciat causam sui p.ntis examinis.

R.dit : Io sono venuto qui avanti V. S. in questa stanza, perchè mi ci ha fatto venire il Sig.re Alfiere, e credo V. S. mi voglia essaminare sopra il rumore che successe hieri tra li soldati Corsi e li Franzesi.

Et sibi dicto per D. ut dicat totum id quod evenit inter Gallos et milites Cirneos,

R.dit : Dirò a V. S. tutto quello che io so circa il rumor che successe hieri tra li soldati Corsi e li Franzesi, et è che

---

1) MS: *Roglica*, plus loin *Ragliani*.

essendo io partito hieri da questo quartiero assieme con Gio: Battista, soldato Corso, conforme sono io in questo quartiero, verso le 22 hore per andare a spasso, ce ne andassimo verso Ripetta, e da Ripetta tirassimo verso l'Orso, e poi verso Ponte S. Angelo, e di lì entrassimo in strada Giulia, e ce ne venissimo verso il Ponte Sisto per tornarcene a quartiero; e quando fussimo lì all'hospedale delli Zoppi di S. Sisto, vedessimo una quantità di Franzesi armati d'archibusi e pistole, forcine da stalla e bordoni; e perchè il d° Gio: Battista andava un poco più innanzi di me e passò avanti d^{ti} Franzesi, d^{ti} Franzesi andorno alla vita di d° Gio: Battista. Doi gentilhuomini, che erano *lì*, mi presero, e di peso mi portorno dentro l'hospedale di San Sisto dicendomi: « Li Franzesi l'hanno con li Corsi, vi ammazzeranno, » — e mi fecero serrare dentro detto hospedale; che io non viddi dove si andasse nè dove si ritirasse d° Gio : B^{sta} che veniva con me; e stetti più di un'hora riserrato in d° hospedale, e poteva esser mezz'hora di notte quando ritornai a quartiero; dove arrivato, trovai il rastello serrato; mi aprirno, e non potei più sortire fuori; e trovai tutti li soldati con l'armi alle mani et con li loro archibusi alle mani; che io vedendo questa novità, domandai se che cosa ci era di novo, e mi fu detto che li Franzesi del Sr Ambr^e di Francia ci volevano venire ad assaltare in quartiero; e questo è quello che io so e posso dire circa il rumore che successe hieri tra li soldati Corsi e li Franzesi.

Tunc,

Die Lunæ 21 Augusti 1662.

Exam^s f^t per perill^m et Exc^m D. Stephanum Bracchium L^{ntem} etc. in officio, meque,

Joannes Deodatus q. Nicolai, Lotharingus, cui delato juram[to] verit. dic. p[t] tactis etc. juravit. Fuit per D.

Int[s] quomodo ad officium accesserit, de eius exercitio, professione et habitatione, et an sciat pro qua causa sit examinandus, vel præsumere valeat.

R[dit]: Io sono venuto qui all'offitio, perchè mi ci hanno condotto li sbirri. L'essercitio mio è di Archibugiero. Habito sotto Ponte Sisto accanto la Chiesa di S. Salvatore in Unda, dove risiede il Procuratore generale de'SS. Apostoli, ed io non so nè meno posso immaginarmi per che causa, se non fusse per un rumore che successe hieri vicino Ponte Sisto, verso le 23 hore e mezzo incirca.

Int[s] ut dicat pro veritate, et recenseat quidquid scit circa rumorem prædictum.

R[dit]: Io hieri a sera, all'hora che ho detto, me ne stavo sedendo su la porta della mia bottega, che stavo leggendo il libro delle favole d'Esopo. Sentii un rumor grande che veniva da Ponte Sisto, e viddi venire correndo alcuni soldati Corsi, che volsero andare verso strada Giulia, che andavano seguitando alcuni con le spade ignude; e di li a poco, perchè io non mi mossi da bottega, viddi ritornare in dietro d[i] soldati Corsi, che non so precisamente quanti fossero, che rivenivano da strada Giulia, e passorno avanti di me, e voltorno il vicolo della Sirena; che io li viddi, e conobbi benissimo che erano Corsi tanto quando venivano da Ponte Sisto et andorno per strada Giulia, quanto quando ritornorno, che passorno avanti di me; et io vedendo questo rumore, riserrai la porta della bottega e me ne andai disopra alla fenestra; et affacciatomi viddi venire da strada Giulia una quantità di Francesi della famiglia del Sr Ambr[e] armati chi con spade, chi con terzaroli, chi con bastoni, che era una quantità grande, che non potei osservare nè distinguere bene quante persone fussero, che potevano essere una ventina di persone per quanto parve a me; e viddi che infuriati corsero lì verso il Portone di S. Sisto, che si fermarono a guardare verso la strada che va alla Trinità per vedere secondo me alcuni di d^i Corsi che erano passati; e così essendo stati un poco, venne a passare sgratiatamente un altro soldato Corso, che io lo viddi allora che era solo, e gli si avventarono addosso una mano di d^i Francesi, et esso si ritirò dentro la bottega dell'ortolano; e lì viddi che alcuni di d^{ti} Franzesi gli si strinsero, e gli tirorno alcuni colpi con le spade, e poi se ne andorno via. Da lì a poco viddi uscire (1) d^o soldato, e che teneva la mano sopra lo stommaco, dicendo che era ferito; ma io non potei osservare in che parte fosse ferito, e questo è quanto osservai circa questo rumore.

Int^s an sciat, vel dici audiverit in quo loco principium habuerit rumor prædictus, et pro qua causa, et quatenus,

R^{dit}: Io sentii dire publicamente lì per il vicinato che il rumore tra li soldati Corsi e li Franzesi cominciasse in Trastevere vicino S. Dorotea, e che poi essendo entrati per Ponte Sisto, sopragiungessero quell'altri Franzesi che io viddi nella quantità che ho detto, armati come sopra. Del resto io non ho cercato più altro, perchè mi ritirai in casa, e volsi star lontano dal rumore.

Int^s an cognoverit vel cognoscat aliquem ex dd. Gallis, seu de militibus Cirneis,

R^{dit}: Tanto li soldati Corsi quanto li Franzesi sud^i li conosco di vista, perchè li Corsi li ho visti nelli quartieri dove loro stanno, e non so come si chiamino, e li Franzesi li conosco di vista perchè erano una parte garzoni di stalla et altri che non osservai precisamente.

---

1) MS: insieme.

Int^s an sciat aliquam aliam personam esse de præmissis informatam,

R^{dit}: Delle ferite date al d° soldato Corso ne potrà esser informato il garzone dell'ortolano dove si ritirò, e di tutto quello che io ho visto non osservai chi lo potesse vedere di d° vicinato.

Tunc,

Die d^a 21 Augusti 1662.

Ex^{tus} ft per quem supra, meque

Dominicus fil. q. Baldi Thomæ da Monte Carotto, cui delato juram^{to} verit. dic. p^t tactis etc. juravit. Fuit per D.

Int^s de loco, tempore et causa suæ capturæ, quatenus sciat.

R^{dit}: Io mi trovo qui avanti V. S. perchè ci sono stato condotto dalli sbirri, perchè mi hanno preso nella bottega dell'ortolano dove io sto per garzone di M° Giovanni, che non so de' quali, sotto il Palazzo, o Collegio di S. Sisto. La causa io non la so, se però non fusse per causa del rumore che seguì hieri, che un povero soldato Corso restò ferito in d^a mia bottega.

Int^s de quo tempore secutus fuerit rumor præd^s, inter quas personas et pro qua causa, quatenus sciat,

R^{dit}: Dico a V. S. *che* hieri sera verso le 23 hore e mezza incirca sentii un rumore grande di gente che veniva da Ponte Sisto, e viddi che erano alcuni soldati Corsi, che li conosco per tali per haverli visti in quartiere, che seguitavano alcuni Franzesi, e li rabboccorno (1) verso strada Giulia; e di lì a poco viddi ritornare lì da strada Giulia di soldati Corsi; che non osservai quanti fossero da una

---

1) MS: rabocorno.

parte e dall'altra; e viddi, come ho detto, ritornare per strada Giulia li di soldati Corsi con le spade sfoderate sì come le portavano quando entrorno in strada Giulia, e li viddi andare alla volta della Trinità verso il loro quartiero; di lì a poco tempo viddi venire una quantità di Franzesi in truppa infuriati con spade sfoderate; chi portava bastoni, e chi forcine, et uno ne viddi che portava due terzaroli; et essendosi affrontato a passare un soldato Corso solo, quale ho inteso che non haveva che fare niente con quell'altri di prima, gli si diedero addosso, et il pover'huomo si ritirò dentro la bottega dove sto io; et alcuni di loro Franzesi (che no so chi si fossero, ma parlavano franzese) gli tirorno di punta con la spada che portavano (1) sfoderata, et il pover'huomo restò ferito per quanto sentii dire; perchè io restai impaurito talmente, perchè le gente fuggivano, e (2) la mia padrona gridava, che haveva un figliolino in braccio; e doppo li di Franzesi se ne andorno via, che non so dove si andassero, perchè io serrai subbito la bottega.

Int^s an sciat aliquem alium esse de præmissis inform^m, et quatenus,

R^{dit}: Tutto il vicinato potrà essere informato di quello che è successo, cioè quelli che ci erano.

Tunc,

Die d^a 21 Augusti 1662.

Exam^s f^t per D. de quo supra, meque, in officio,

Dominicus fil. Andreæ Vincii (3) Romanus, cui delato juram^{to} verit. dic. p^t tactis etc. juravit. Fuit per D.

---

1) MS: portava.
2) MS: che.
3) MS: Vincius.

Int^s an sciat, vel saltim præsumere valeat causam sui examinis, et de eius exercitio et professione.

R^{dit}: Io non so per che causa io sia stato menato qui avanti V. S., ma m'imagino che sia per il rumore che segui hieri verso Ponte Sisto dove io habito, e fo bottega di ferravecchio (1).

Int^s ut dicat quomodo sit informatus de rumore præd^o et recenseat quidquid scit,

R^{dit}: Dirò a V. S. *che* ritornai a casa alla 23 hore e mezza incirca hieri a sera; et entrato in casa, trovai mia moglie, che stava molto sbalordita; e sentito il rumore, mi affacciai alla fenestra, e viddi venire gran quantità di Franzesi armati, chi di spade sfoderate, chi di forcine, chi bastoni, e chi portava terzaroli, che venivano infuriati verso l'hospedale di S. Sisto; e tutto in un tempo io viddi alcuni di essi entrare in bottega di un ortolano, che sta sotto l'hospedale di S. Sisto incontro a me, pure un poco più giù, perchè io sto su la cantonata; e viddi tra l'altri che uno di quelli Francesi (*che vestiva* di colore come griscio, delli colori che usano adesso, con certe fettucce incarnate e bianche, et al cappello portava una penna), assieme con altri, tirò (2) alcuni colpi di spada dentro d^a bottega, ma non viddi a chi, perchè non potevo veder bene il principio; e così doppo haver tirato, li d^{ti} Franzesi se ne andorno via; e perchè mia moglie in quel tempo si trasmortì, abadai a lei, e non osservai più altro; havendomi *essa* raccontato per prima, che avanti che io fossi entrato in casa, haveva visto alcune gente con spade sfoderate che venivano da Ponte Sisto; e non osservai altro per la causa che ho detto.

---

1) MS: *ferracocchio*, plus loin *ferravecchio* (marchand de ferraille).
2) MS: tirorno.

Int^s an valeat describere alios Gallos de quibus supra deposuit,

R^dit : Li d^ti Francesi erano di diverse livree, et erano tutti gente del Sig^r Ambr^e di Francia, che li conosco di vista.

Int^s an sciat aliquem esse de præmissis informatum, et quatenus,

R^dit : Vi concorsero a d° rumore quantità di gente, ma io non li conosco. e non abadai più che tanto.

Tunc,

Die d^a 21 Augusti 1662.

Exam^s f^t per D. ubi supra etc.

Angelus Miliaccius fil. q. Joannis Antonii, Spoletanæ dioc., cui delato juram^to verit. dic. p^t tactis etc. juravit. Fuit per D.

Int^s de loco, tempore et causa suæ capturæ.

R^dit : Sono stato fatto prigione in bottega mia di chiavaro, rincontro la chiavica di Ponte Sisto, sotto l'hospedale di S. Sisto, e la causa credo che sia per il rumore che seguì hieri tra Franzesi e Corsi verso le 23 hore e mezza incirca.

Int^s ut dicat quid sciat circa præmissa,

R^dit : Dirò et racconterò adesso a V. S. quel che so circa il detto rumore.

Hieri sera alla d^a hora ero andato lì a Ponte Sisto per comprare un melone. Mentre stavo comprandolo dal fruttarolo che sta lì all'imboccata del Ponte, viddi alcuni Corsi con le spade sfoderate, che seguitavano alcuni Franzesi, che non saprei dire quanti fossero, che ancora loro havevano le spade sfoderate, che si andavano ritirando; e li viddi entrare in strada Giulia, tirandosi de'colpi; che poi li Corsi tornorno in su soli, che se ne andorno verso la Trinità di Ponte Sisto; e di lì a poco viddi tornare una quantità di Franzesi armati chi con spada, chi con terzaroli, chi con bastoni e torcine, che venivano infuriati verso la Chiesa di S. Sisto. Si misero a guardare per quelli luoghi, per vedere se ci erano li Corsi; che li sentii tutti parlare franzese e li conoscei, che erano della servitù del Sr Amb^{re} di Francia; et in quel mentre si affrontò a passare un soldato Corso solo, con il quale si avventorno d^i Franzesi con le spade, e lui si ritirò per salvarsi dentro la bottega dell'ortolano che sta sotto il d^o hospedale; e viddi che d^i Franzesi cominciorno a tirare con la spada dentro d^a bottega dove si era ritirato quel Corso; che poi se ne andorno via; che doppo partiti li Franzesi, viddi uscire d^o Corso da d^a bottega con una mano verso il ventre, e se ne andò via correndo, et intesi dire che era stato ferito da d^i Franzesi. Io poi me ne andai alla Chiesa della Morte alle 40 hore, sino alle due hore di notte.

Int^s an sciat, vel dici audierit in quo loco principium habuerit, et pro qua causa rumor præd^s secutus fuerit,

R^{dit}: Io non so dire veramente per che causa fosse fatto detto rumore, ma intesi dire che fu fatto e principiasse in Trastevere.

Int^s an valeat describere Gallos et Cirneos præd^{os},

R^{dit}: A me non basta l'animo di descrivere li d^i Franzesi e di Corsi, perchè in quel rumore non si può vedere tante cose.

Tunc,

Die d^a 21 Augusti 1662.

Exam^s f^t per D. quem supra, meque,

Angelus fil. q. Hieronymi Balestræ de Esio (1), cui delato juram^{to} verit. dic. prout tactis etc. juravit. Fuit per D.

---

1) C.-à-d. Iesi (Lat. Æsis).

Int̳ˢ quomodo reperiatur in loco examinis, et an sciat, vel excogitare valeat illius causam,

R̳ᵈⁱᵗ: Io sono venuto qui perchè sono stato condotto dalli sbirri, e la causa per la quale V. S. mi vuole essaminare m'imagino che sia per il romore che successe hieri alla strada di S. Dorotea in Trastevere dove habito vicino di casa.

Et ei dicto ut recenseat totam facti seriem super eo quod scit a principio usque ad finem cum omnibus suis qualitatibus et circumstantiis,

R̳ᵈⁱᵗ: Dirò a V. S. *che* standomene io hieri in casa mia in una stanza a pianoterra assieme con mia moglie, che poteva essere ventitre hore e mezza incirca, sentii certo rumore et una voce che disse: « Noi non semo sbirri, » — che io in quel tempo stavo a cena con la mia moglie (1), et allora mi alzai su, mi affacciai alla porta e viddi alcuni Corsi, che mi parvero tre o quattro salvo il vero, con le spade sfoderate, e viddi due servitori dell'Ambᵣᵉ di Francia che havevano la livrea, parimente con le spade, che non potei osservare se erano più di due; e si tiravano assieme; et allora io serrai la porta, e rientrai dentro la mia stanza, seguitai a cenare con mia moglie, e non andai cercando che cosa si havessero tra di loro, perchè io attendo a far li fatti miei, e non ho saputo altro.

Tunc,

Die Mercurii 23 Augusti 1662.

Examˢ fᵗ per perillᵐ et adm. Excᵗᵉᵐ D. Augᵘᵐ Paris Lⁿᵗᵉᵐ substᵐ Emᵐⁱ Progubernatoris Urbis, et substᵐ Audʳᵉᵐ Excᵐⁱ D. Principis Marii Chisii S. Rom. Eccl. generalis, meque, in

---

1) MS: *padrona*, peu après *moglie*.

Carceribus novis, assistente Perill[i] et exc[te] Franc[co] Pr... (1) eius subst[o] fiscali generali,

Mattheus fil. Hilarii (2) de Petralba in Cirnea, qui, delato sibi juram[to] verit. dic. p[t] tactis etc. juravit. Fuit per D.

Int[s] quamdiù seu quomodo reperiatur in his carceribus, in quo loco captus, et an sciat vel excogitet causam suæ capturæ, et p[ntis] exam[is].

R[dit] : Io mi trovo in questo carcere da lunedì a sera prossimo passato in qua, che fui preso dentro il quartiere de' soldati Corsi della Compagnia del Sr Capit[o] Alfonso Franchi, che stiamo di quartiero alla Trinità di Ponte Sisto, se bene io sono soldato Corso non della Compagnia di d[o] Capit[o] Franchi, ma della compagnia del Capit[o] Antonio Savelli che sta in Ascoli, et io sono uno di quelli soldati che vennero (3) da Perugia; che venni solo, perchè mi venne la marchia et ordine che dovessi venire in Roma aggregato nella Compagnia del d[o] Capit[o] Franchi, sotto il commando del quale ci siamo aggregati con questa compagnia di soldati della compagnia del Savelli; e fui preso nel quartiero sud[o] verso le due ore di notte et consegnato alli sbirri, che mi condussero a queste carceri; et io m'imagino di esser stato preso per il rumore che successe, domenica a sera p. p., tra li soldati Corsi e li Francesi.

Int[s] ut dicat an solus vel associatus alicui captus et apprehensus fuerit et ad hos carceres ductus; et si sic, dicat in societatem quorum ;

R[dit] : Perchè quando fui preso fu di notte, non posso dire a V. S. quanti in mia compagnia fossero presi; dico che il

---

1) Nom illisible.
2) MS : Jacobi. Dans ses 8 autres interrogatoires, il est désigné sous le nom de Mattheus fil. Hilarii de Petralba (C'est le principal accusé).
3) MS: venni.

nostro capitano fece calare in una stanza dell'altri soldati Corsi e tutti li consegnò alli sbirri; che credo in tutti fussimo nove, che uno fui io, l'altro Giordano, l'altro Gio: Andrea, l'altro Terramorso (1), un altro Pietro, un altro Valerio, un altro chiamato Gio: B^{sta}, un altro Jacomo, e dell'altri io non mi ricordo li nomi, che parte (2) sono soldati del capitano Franchi, e parte del Capit° Savelli.

Int^s ut dicat qua de causa supradi milites Cirnei in societatem I. E. ducti fuerint ad eos carceres,

R^{dit}: Io non posso imaginarmi che li sud^i soldati Corsi fussero in mia Compagnia condotti a queste carceri per altra causa che per il rumore sud°, successo domenica a sera tra li soldati Corsi e li Francesi.

Int^s ut dicat quamdiù seu quomodo (3) I, E. reperiatur in Urbe et sub cohorte d^i Capitanei Alphonsi Franchi.

R^{dit}: Saranno circa a tre mesi e mezzo in quattro che mi trovo qui in Roma e nella Compagnia del Capit° Franchi sud°, che venni da Perugia conforme ho detto disopra.

Int^s ut dicat an in d^a Cohorte d^i Capitanei Franchi habuit et habeat aliquod officium; et si sic, dicat quod;

R^{dit}: Io nella compagnia del Capit° Franchi non ho carica nessuna, ma sono semplice soldato, conforme ero nella compagnia del Savelli mio capitano.

Int^s ut dicat an in quarterio militum Cirneorum soleant fieri excubiæ et quatenus,

R^{dit}: Signor sì, che nel quartiero de' soldati Corsi si fa sempre la guardia, poichè ogni sera alle 22 hore entra un caporale di guardia con tutta la sua squadra, la quale è

---

1) MS: *Terramozzo*, ailleurs *Terramorso,* que nous trouvons encore aujourd'hui dans le nom de famille *Terramorsi*.
2) MS: pure.
3) MS: quo.

composta di 45, 50, e 60 soldati incirca (perchè ci sono delli caporali che hanno le squadre più grosse dell'altri), e sta di guardia con tutta la sua squadra persino alle 22 hore del giorno seguente; et il caporale di guardia non puole partire mai in d° tempo se non quando pransa o cena, et allora lascia un sottocaporale in luogo suo; come non meno ponno partire li suoi soldati senza la di lui licenza, perchè il quartiero deve sempre star guardato da un caporale et una squadra intera per li bisogni che possono venire, e per guardia della Bandiera del Prencipe, et per essere pronti ad ogni cenno del d° Sr Prencipe.

Int^s ut dicat quinam sit Caporalis I. E.,

R^{dit}: Il mio caporale è il Caporal Pietro da Oletta (1), e la sua squadra è composta di (2) quarantacinque in cinquanta soldati.

Int^s ut dicat quinam esset caporalis ut dicitur « di guardia » die dom^{co} proximè præterito, hora 22 vel 23 dicti diei,

R^{dit}: Domenica passata entrò di guardia alle 22 hore di d° giorno il sud° Caporal Pietro mio caporale, che entrai ancora io e tutti l'altri soldati della sua squadra, che stassimo di guardia del quartiero persino alle 22 hore del lunedì susseguente; ma però non mi sovviene il nome del caporale che uscì di guardia e diede la consegna al mio caporal Pietro, quando esso la domenica a sera entrò di guardia con la sua squadra.

Int^s ut dicat quæ arma soliti fuerint et sint deferre caporales, quæ eorum (3) milites, qui sunt ut dicitur « di guardia del quartiero, »

---

1) MS: Letta, plus loin *Oletta* et surtout *Aletta*, ce qui porte à croire que *Oletta* était *Auletta* à l'origine.
2) MS: in.
3) MS: quam eius.

R^{dit}: Il caporale che è di guardia del quartiero è stato et è sempre solito portar nelle mani la forcina, e li soldati della sua squadra portar le loro spade. È ben vero che li soldati di quel caporale che è di guardia tengono li loro archibusi, o carabine che vogliamo dire, attaccati et appesi alli cartelli che stanno di qua e di là alle mani nell'entrare della porta del corpo di guardia, che li tengono lì pronti per potervi dar subbito mano per ogni occasione che venisse per bisogno del Prencipe, et un soldato passeggia sempre con la labarda alla mano, che si chiama il soldato di sentinella, il quale ha cura non solo delle nostre armi che stanno alli rastelli, ma anco dell'altri archibusi e carabine che stanno pure nel rastello in una stanza che sta lì a mano dritta nell'entrar nel corpo di guardia, la porta della quale stanza si tiene sempre aperta ad effetto che venendo per servitio del Prencipe occasione che tutti li soldati abbian da pigliar l'armi, possa ognuno entrare in d^a stanza e pigliar le sue armi; et il caporale, quando viene occasione d'armare, lascia la forcina e piglia l'alabarda in mano.

Int^s ut dicat ubi maneant et se conservent milites Cirnei qui non sunt ut dicitur « di guardia, »

R^{dit}: Li soldati Corsi che non sono di guardia possono andare e vanno dove vogliono, et alcuni se ne vanno a spasso per Roma, chi di là, e chi di qua, e dove li pare; et altri si trattengono per la Piazza, secondo che li piace; perchè quando non sono di guardia, ponno andare dove li pare; sono ben obligati, sentendo batter la cassa, ritirarsi in quartiero et in corpo di guardia.

Int^s ut dicat et narret quinam rumor evenit die dom^{co} proximè præterito inter milites Cirneos et Gallos, de quo superius mentionem fecit et suspicat carceribus fuisse emancipatum, prout superius deposuit,

R^{dit}: Domenica a sera p. p., dopo che io entrai di guardia, me n'andai a cena con il mio camerata, che è un tal

Giovanni di Calenzana (1); e dopo che io hebbi cenato in quartiero, uscii fuori del quartiero che poteva essere 23 hore incirca, et mi misi lì nella Piazzetta avanti il corpo di guardia a leggere un libro intitolato: Li cinque libri del conte Matteo Maria Boiardo. Ho veduto venir all'improviso quantità di soldati Corsi, parte de' quali venivano dalla parte della Trinità di Ponte Sisto, e parte ne venivano dalla Regola, e per quelle strade che venivano verso il quartiero, camminando di buon passo: parte de' quali arrivati al quartiero, intesi che dissero con voce alta: « Rumore! rumore! » — e parte, essendo stato domandato se con chi era il rumore, dissero: « Li Francesi l'hanno attaccata con li Corsi; » — et entrorno tutti dentro il quartiero e dentro la stanza dove stavano l'archibusi, et ogn'uno prese il suo archibugio e si armò, e con l'archibugio alle mani parte di detti soldati sortirno del quartiero e se ne andorno verso la Trinità di Ponte Sisto per armare tutte le cantonate del quartiero, per difendere il stendardo del Principe che sta in corpo di guardia; che chi andò di dietro al quartiero, e chi di là, e chi di qua, che non so dire a V. S. precisamente dove si andassero, perchè io che ero soldato di guardia pigliai il mio archibugio dal rastello e mi misi con d° archibugio alle mani per guardia del corpo di guardia e della bandiera; che mi misi vicino la porta del rastello per la parte di dentro; che stetti lì così coll'armi alla mano da un quarto d'hora incirca; et all'improviso viddi comparire là nella Piazzetta nostra il capitano Franchi con la spada nuda alle mani, che era accompagnato da alcuni suoi officiali, che io non abadai chi fossero l'officiali che erano con lui, il quale gridava e diceva alli soldati che stavano fuori del rastello: « Dentro, figliuoli! dentro, figliuoli! » — e li fece ritornar

---

1) MS: Calanzaro.

dentro il corpo di guardia; quali entrati, lasciò alcuni di di soldati per rinforzo dell'altri che stavano (1) al corpo di guardia, et altri ne mandò alle fenestre del quartiero, dicendo che fussimo stati saldi e non si fussimo mossi, e che havessimo ben custodita la fenestra che ci assegnò; che me per uno mi mandò ad una fenestra del quartiero che guarda quella strada dietro al Monte (2), dove stassimo poco, perchè intanto sopravenne la notte et il Capit⁰ ci ridusse tutti nelli nostri quartieri; ma però ogni soldato tenne saldo la sua arme et archibugio, e nessuno mai la notte li lasciò, nè meno dormì; che stassimo così anco il lunedì, che fussimo serrati e non potevamo (3) uscire di quartiero; che quando io venni prigione, lo lasciai anco serrato; et adesso che mi ricordo, quando arrivò ivi il Capitano dopo che ebbe fatto rientrare in quartiero li soldati, intesi batter la cassa a raccolta, che non so se la facesse battere il Capitano o altri ad effetto che, se qualcheduno fosse stato fuori delli soldati, fusse tornato; che io non so se col batter della cassa ritornassero soldati a quartiero, perchè se tornorno, rientrorno per la porta della Piazzetta, et io non li potei vedere perchè me ne stavo a guardar la fenestra sud^a che sta dietro al quartiero; e questo è il rumore che io so essere succeduto domenica a sera p. p., tra li soldati Corsi e li Francesi; che non viddi, nè posso dir altro, perchè stetti sempre in quartiero.

Tunc, D. aliàs impeditus examen dimisit, et I. E. ad locum suum reponi mandavit, animo omni etc.

---

1) MS: stanno.
2) C.-à-d. il Monte di Pietà.
3) MS: procuravamo.

Die dicta (*23 Aug.*)

Exam^s ft per quem et ubi supra, meque, assistente quo supra, Pierus fil. q. Petri Francisci de Giussano in Cirnea, qui delato sibi juram^{to} verit. dic. p^t tactis etc. juravit. Fuit per D.

Int^s quamdiù sit quod reperiatur in his carceribus, in quo loco captus, et an sciat vel præsumat causam suæ capturæ, et p^{ntis} examinis,

R^{dit}: Io mi ritrovo in queste carceri da lunedì a sera p. p. in qua, che fui preso, cioè consegnato dal mio Capit^o Franchi de' soldati Corsi che stanno di quartiero vicino la Trinità di Ponte Sisto, uno de' quali soldati della sua compagnia sono io; che assieme con me ne consegnò il medesimo capitano alli sbirri da dieci o dodeci altri, pur soldati Corsi della sua compagnia; e tutti assieme fussimo da' sbirri condotti a queste carceri; et io non so nè posso immaginarmi la causa per la quale io fussi consegnato con l'altri soldati; che ci condussero prigione, perchè la consegna seguì alle tre hore e mezza di notte incirca, in tempo che io me ne stavo in letto, dove venne il sargente, e mi chiamò dicendomi: « Ti vuole il Capitano, cala a basso; » — e così io calai giù a basso nel corpo di guardia, dove fui messo in una stanza nella quale vennero poi l'altri che sono venuti prigione con me. Cosi nè meno so per che causa quelli altri che vennero prigione ci fussero condotti.

Int^s quamdiù sit quod I. E. militet sub cohorte dicti capitanei Franchi, et an habuerit aut habeat aliquod officium in dicta cohorte, et si sic, dicat quod,

R^{dit}: Saranno da 14 anni che io servo per soldato corso la Sede Apostolica, che sono stato sotto il commando di diversi capitani, che sono stato prima nella compagnia del

Capit⁰ Cenci, poi andai in quella di Savelli, poi sotto a Morazzano (1); et da che fu fatto Capitano il Capit⁰ Franchi, sono stato sempre sotto la compagnia sua, che sarà da due anni che è capitano; et io sono soldato semplice in d^a Compagnia, e non ho mai havuto carica nessuna.

Int^s ut dicat ubi fuerit et manserit I. E. die dom^{co} proximè præterito ab hora prandii dicti diei usque ad horam Salutationis Angelicæ eiusdem diei,

R^{dit}: Domenica p. p. io pransai in una casetta che sta vicino alla Piazza di S. Salvatore, sotto proprio la casa del Sig^r Carlo Coppetti procuratore, dove habita Girolama mia moglie; che pransorno con me in d^a mia casa alcune mie cammerate soldati Corsi, uno chiamato Sargente Luca Andrea Linguizzetta, Raffaele da Rostino, e Pietro da Jussano, io e mia moglie: e dopo che avessimo magnato, ce ne ritornassimo tutti assieme nella Piazzetta che sta in faccia al Corpo di guardia; e perchè dopo io dovevo entrar la sera di guardia, me ne andai (2) dentro al quartiere, e mi misi a dormire, e dormii d'una mezz'hora; che li detti miei cammerati se ne salirno ad alto a dormire; e dopo svegliatomi, mi misi a passeggiare per la Piazzetta sud^a per insino che sonorno le 22 hore, nel qual tempo essendosi battuta la cassa perchè si mutò la guardia, entrò di guardia il Caporal Pietro d'Oletta mio caporale, e tutti della sua squadra entrassimo di guardia, et esso prese la consegna, perchè ogni giorno alle 22 hore si muta la guardia, et ci si sta 24 hore;

---

1) MS: *Marazzaro*. Le nom de ce capitaine Corse se présente dans notre MS. sous les 5 formes suivantes: Marazzaro, Morazzaro, Marozza, Manzaro, Marezzano. Nous croyons qu'il s'agit du nom de famille *Morazzano* ou *Morazzani* encore existant, que les soldats ont pu altérer en Marozzano et abréger familièrement en Marozza. Quant à Manzaro, c'est une faute du copiste, pour Marezaro.

2) MS: *annai* (forme du dialecte romanesque).

e subbito che il mio caporale prese la consegna, domandai licenza al mio caporale, e me ne andai a cena a casa di mia moglie, che ci vennero con me le sud⁰ mie cammerate; e mentre stavo cenando, che ancora non havevo fornito di cenare, intesi battere la cassa, che chiamava (1) li soldati che venissero a quartiero; et intesi una donna del vicinato, che disse che vi era rumore a quartiero; e subbito io con le mie cammerate sud⁰ ci partissimo dalla mia casa e ce ne venissimo a quartiero per vedere se che rumore era; dove arrivato, trovai quantità de' soldati della nostra compagnia li alli rastelli, che chi entrava, e chi usciva, con l'archibugi alle mani, et andavano verso la Trinità di Ponte Sisto; e così io presi il mio archibugio e mi misi li al rastello, per esser soldato di guardia; e mentre me ne stavo li al rastello, viddi il mio capitano sud⁰ con la spada nuda alle mani, che veniva dalla casa sua verso la Piazza della Trinità e gridava alli soldati Corsi che andavano alla volta sua: « A dietro! a dietro! » — e fece ritornare indietro quelli soldati che erano usciti con l'armi, che erano assai e non pochi, ma non posso dire a V. S. il numero preciso di essi, e li fece rientrare in quartiero; e dopo il capitano con l'alfiero et il sargente si fermorno li nella Piazzetta, acciò nessuno di quelli che erano entrati fusse possuto uscire, e noi rinforzassimo la guardia al rastello per l'effetto sud⁰, e stessimo così al rastello persino alle 24 hore; e poi il capitano con li suoi offitiali fecero che quelli soldati che havevano preso l'armi le deponessero in quella stanza dove è solito a tenerle, e fece serrar la porta di essa stanza, e ci mise una sentinella li alla porta, acciò nessuno vi potesse trasire dentro a pigliare l'armi; e doppo io con l'altri soldati della squadra del nostro caporale restassimo a guardare il corpo

---

1) MS: chiamano.

di guardia, e l'altri soldati se ne andorno alle loro stanze; che io me ne stetti sino alle 22 hore del lunedì susseguente, e doppo uscito di guardia me ne stetti in quartiero e non uscii fuori, perchè non si poteva uscire et erano serrati li rastelli.

Int^s an sciat seu saltim sit inform^s cur et qua de causa milites ingressi fuerint quarterium dicto die Dominico de tempore superius deposito, et ex eo arma et archibusios susceperint et cum eis ex eo egressi fuerint,

R^{dit}: Quando io in d^a sera di Domenica arrivai in quartiero da casa mia come ho detto, vedendo molti soldati Corsi che chi usciva e chi entrava con l'armi alle mani, domandai se che rumore vi era, et intesi che alcuni, che non so chi si fossero, dissero che li Franzesi havevano ammazzato doi Corsi; e così io giudicai che li detti soldati Corsi fussero venuti a pigliar l'armi in quartiero per causa di detti 2 soldati occisi; che non so poi che animo si havessero di fare con li schioppi che pigliorno.

Tunc,

Die dicta 23 Augusti 1662.

Exam^s f^t per quem et ubi supra, meque, assistente quo supra,

Michael fil. q. Francisci de Occhiatana (1) in Cirnea, qui delato sibi juram^{to} veritatis dicendæ p^t tactis etc. juravit. Fuit per D.

Int^s quamdiù sit quod reperiatur in his carceribus, in quo loco captus, et an sciat vel præsumat causam suæ capturæ et præsentis examinis.

R^{dit}: Io mi ritrovo in questo carcere da lunedì a sera

---

1) MS: Occhiusano, mais plus loin Occhiatano.

prossimo passato in qua, che fui consegnato dal Capit⁰ Alfonso Franchi, capitano della Soldatesca Corsa che sta nel quartiero a Ponte Sisto, di notte, che non so che hora si fusse, alli sbirri che mi condussero in questo carcere assieme con l'altri soldati Corsi che furono anco essi con me condotti a questo carcere, che io non so il nome se non d'un tal Matteo da Pietralba, che di questo gli so il nome perchè è della compagnia del capit⁰ Savelli come sono io, che venissimo tutti doi assieme con l'altri soldati, se bene esso venne da Perugia; e l'altri soldati che vennero prigioni io non gli so il nome, perchè non sono della mia compagnia; cognosco si bene a nome Pietro da Jussano se bene è di questa compagnia del capit⁰ Franchi; e la causa per la quale io e l'altri siamo stati mandati prigione tengo che sia per il rumore che segui domenica a sera p. p. tra li soldati Corsi sud^i e li Francesi del Sig^r Amb^{re} di Francia.

Et sibi dicto per D. ut dicat et narret rumorem et contentionem sequut. dicto sero Dominico inter milites Cirneos et Gallos præd⁰ˢ a principio usque ad finem cum omnibus suis circumstantiis et qualitatibus,

R^{dit}: Dirò a V. S. tutto quello che io so e che posso dire per verità circa il rumore e contrasto che segui domenica a sera p. p. tra li soldati Corsi e li Francesi del Sig^r Ambasciatore. Io sono uno delli soldati della squadra del caporal Giovan Maria della Corbara, il quale perchè sabbato a sera p. p. alle 22 hore entrò di guardia con tutta la sua squadra della quale sono io, d^{to} Caporale con noi altri suoi soldati domenica p. p. uscissimo di guardia alle 22 hore; nel qual tempo conforme al solito essendosi battuta la cassa, che è solito battersi quando si muta la guardia, uscissimo noi altri con il nostro caporale, e prese la consegna et entrò di guardia il caporal Pietro d'Oletta con la sua squadra; et il mio caporal sud⁰ uscito che fu di guardia, io non lo viddi più, nè so dove si andasse; e li soldati della sua squadra chi pigliò per una via, e chi per un' altra, et io mi trattenni a passeggiare per la Piazzetta fuori delli rastelli del corpo di guardia, qual piazzetta era piena di molti soldati Corsi che passeggiavano e chiacchiaravano per essa; e mentre stavamo in detta Piazzetta, arrivò un soldato della compagnia del Capit° Franco (che lo conosco a vista, e non so sicuro che si chiami Marco, che è un giovinotto di giusta statura che dà più presto nel piccolo che nel grande, e veste di panno vecchio usato di color' oscuro, con pochi baffi che adesso gli spuntano, et è giocatore che continuamente gioca alle carte et a'dadi (1), e sempre contrasta nel gioco, che per questo è stato sequestrato due o tre volte); il quale arrivato lì nella detta Piazzetta, mostrò la sua spada publicamente a tutti li soldati che vi erano, dicendo che era o torta o rotta, che io non ci feci molta reflessione, e disse che esso con altri soldati Corsi, o su il Ponte Sisto o di là dal Ponte, che non mi ricordo precisamente dicesse su il Ponte o di là dal Ponte, haveva havuto parole con li Francesi dell'Ambasciatore sud°, e che havevano messo mano alle spade; et in questo che il d° soldato discorreva in questa forma, soprarrivò un altro soldato Corso della medesima compagnia del Capit° Franchi (che sono pochi giorni che è venuto di quartiero qui in Roma, perchè stava per prima di posto nella città d'Anagni per quanto ho inteso discorrere da altri soldati, che credo che venisse in Roma la settimana passata, ma non so come si chiami, ma è un huomo di giusta statura, faccia piena, sbarbato o con pochissima barba, con una capigliara grande, cioè folta e lunga, e veste con un vestito di panno usato, che non mi ricordo di che colore sia; e venne d'Anagni in compagnia d'un altro soldato Corso); il quale Marco lì nella Piazzetto tutto infuriato disse

---

1) MS: dati.

ad alta voce a tutti li soldati che stavano li nella Piazzetta suda: « All'armi! all'armi! » chè li Corsi si ammazzavano dalli Franzesi del Sigr Ambre; — alle quali parole dette dal soldato sudo, subbito tutti li soldati che erano li in da Piazzetta et in corpo di guardia corsero a prendere li schioppi, che stanno in corpo di guardia in una stanza che sta incontro per dove passeggia la sentinella, perchè li soldati che sono di guardia tengono li loro schioppi alli rastelli che stanno alla porta, e quelli che non sono di guardia li tengono nella stanza suda; e tutti quanti li soldati della compagnia presero li schioppi et uscirono fuori con essi del quartiero; che ancor io presi uno schioppo che credevo fosse il mio; e la prima truppa delli soldati che uscì del quartiero pigliò la strada di sotto del Monte della Pietà. Correvano quanto potevano, et entrorno nella strada delli Giupponari; che ancor io presi quella medesima strada, e non li potevo arrivare perchè caminavano troppo in furia; e quando fui li alla fontana che sta nella Piazza del Monte della Pietà, mi accorsi che la rota del mio archibugio non teneva, e mi accorsi che l'archibugio non era mio; e così io tornai in dietro per ripigliare il mio schioppo, e preso che l'hebbi in corpo di guardia, di nuovo uscii fuori di esso, e trovai li fuori alli rastelli il Sargente della compagnia assieme col Capito Alfonso che non haveva se non la spada sua cinta, ma il sargente haveva la sua spada nuda nelle mani; che vi erano li attorno a loro una quantità di soldati tutti con li schioppi alle mani; che io mi fermai li con loro; e perchè si sentivano quantità di botte di schioppi, che non si poteva sapere se erano botte tirate dalli Franzesi o dalli nostri soldati da quella parte verso Piazza Farnese e di li intorno, et all'hora il Sigr Capito Alfonso ordinò a tutti noi che havessimo preso posto; e (1) tutti noi altri soldati al no di 50,

---

1) MS: che.

o 60, e forse più (perchè tutti presero l'armi, e qualcheduno e molto (1) pochi ne restorno in quartiero), andassimo (2) a pigliar li posti lì alla cantonata del quartiero verso la Trinità e per altri luoghi, perchè tutti li soldati armavano; e perchè le botte sonavano e raddoppiavano, il nostro sargente con la spada nuda alle mani avanzò, e noi altri seguitassimo, chi innanzi e chi appresso, perchè se lui non fosse marciato, nè meno noi saressimo marciati; et arrivassimo persino alla bottega di quel casciaro che sta lì a Capo di ferro incontro a quella strada dove sta il capitano, che non mi ricordo se arrivassimo un poco più insù o ci fermassimo un poco più in giù; e lì ci fermassimo un tantino, e fu inteso sonar la cassa a raccolta per quanto mi parve, et allora il sargente con tutti noi altri soldati caracollassimo e ce ne ritornassimo a quartiero; dove arrivati, lì nella Piazza trovassimo il Capitano, il quale ci ordinò che fussimo rientrati tutti in quartiero; che quando ci arrivassimo e rientrassimo, trovassimo che il quartiero era sbandato (3) e non vi era nessuno soldato dentro perchè tutti uscirno, come ho detto, con l'armi; e ci disse che tutti ci fossimo ritirati dove ci pareva in quartiero con li nostri schioppi, conforme noi obedissimo, et entrassimo in quartiero che era notte tra lume e scuro, e non so se fusse sonata l'Avemaria; e si sentirno, mentre noi eravamo in quartiero, diverse altre botte di schioppo verso Piazza Farnese o di là attorno, e poi non si intese più altro, e ritornorno tutti li soldati a quartiero, et ognuno la notte stiede nella sua stanza con li suoi schioppi, e non uscì più nessuno di quartiero nè meno il giorno seguente di lunedì; che io quando venni prigione

---

1) MS: molti.
2) MS: et noi andassimo.
3) MS: *sbannato* (forme du dialecte romanesque).

lasciai che il quartiero era ancora serrato; e questo è il rumore che successe domenica a sera tra li soldati Corsi e li Francesi del Sr Amb^re, il quale si soscitò per la nova che li soldati Corsi hebbero che li Francesi si erano attaccati colli Corsi nella maniera e forma che dissero detti doi soldati, li quali se non portavano quella nova, non si sarebbero mossi.

Int^s an sciat, seu saltim sit inform^s, aut alias dici audiverit an in dicto rumore aliquis seu aliqui vulnerati seu extincti remanserint, et quatenus,

R^dit: Nel sud^o rumore io credo che ci restassero delli feriti con botte d'archibugiate, et anco delli morti, perchè la sera discorrendo li in quartiere alla presenza di tutti li soldati che stavano nella stanza dove sto io, Francesco di Rostino, che intendo sia della Compagnia del Capit^o Antonio Savelli, che peranco non ha preso paga che io sappia, discorrendo di questo fatto disse che bisognava che delli Francesi o Romani ce ne fossero dimolti feriti e morti, perchè esso disse che era stato con li primi soldati che uscirno dal quartiero e che havevano tirato dimolte archibusciate, e che bisognava che per necessità l'havessero colpiti, feriti et ammazzati, che non mi ricordo se dissero che tirassero nella Piazza Farnese, o di li attorno; so bene che esso lo disse li alla presenza di molti soldati, e tra li altri ci fu uno suo cammerata di d^o Francesco, chiamato Simon Giovanni della Corbara, e ci fu anco un altro soldato chiamato Pietro, che lui dice esser Paesano del Sargente, che non so se sia di Zicavo o d'altro paese, et altri soldati che non mi sovvengono li loro nomi.

Int^s an per I. E. vel alios milites qui in societatem sargentis præd^i armati accesserunt ad locum superius designatum, in stando, vel eundo, et redeundo aliqua fuerit explosa archibusiata,

R^dit: Nè io, nè li sud^i soldati che andassimo con il sargente al luogo sudetto, nè nell'andare, nè nello stare, nè nello ritornare sparorno archibugiata alcuna, perchè noi non passassimo più avanti, nè arrivassimo a Piazza Farnese, dove si sentivano le botte dell'archibugiate, e ce ne ritornassimo tutti in quartiero subbito che sentissimo battere la cassa a ritirata, conforme ho detto di sopra.

Int^s ut dicat quinam fuerint illi milites Cirnei qui primo egressi fuerunt è quarterio cum archibusiis, iter ceperunt versus Sacrum Montem Pietatis, et subinde ingressi fuerunt in vico Giupponariorum,

R^{dit}: Quelli soldati Corsi che da principio presero (1) li schioppi in quartiero, e che sortirno da esso, e presero la strada verso il Monte della Pietà, et entrorno poi nella strada de' Giupponari, fu una gran moltitudine di soldati, che io non posso sapere quanti si fossero, nè meno hebbi tempo di osservare chi fossero, perchè corsero subbito tutti via a quella volta in furia. Viddi sì bene che tra essi vi andò un tal Domenico da Bastelica, ma l'altri non posso sapere chi si fossero, perchè fu un gran numero di soldati, quali havevano preso tutte quelle cantonate e vicoli che rispondono in Piazza Farnese, che stanno lì vicino alla (2) casa del capitano; che noi ce li vedessimo quando andassimo là con il sargente, e li trovassimo d^o Dom^{co} da Bastelica, con altri soldati (3) più a basso di lui, impostato con l'archibugio a quella cantonata che risponde in Piazza Farnese per quella strada dritta passato il Palazzo Spada; e d'altri io non posso dire li loro nomi chi si fossero, perchè non hebbi tempo di osservarli, e poi nè meno cognosco quelli soldati per non esser io di questa compagnia.

---

1) MS: preso.
2) MS: a.
3) MS: che.

Tunc D. tarditate horæ preventus examen dimisit, ac I. E. ad locum suum reponi mandavit, et ità omni animo etc.

Die dicta (23 Aug.)

Exam^s ft per quem et ubi supra, meque, assistente quo supra,

Antonius Julius (1), fil. q. alterius Antonii de Venaco (2) in Cirnea, qui delato sibi iuram^{to} verit. dic. p^t tactis etc. juravit. Fuit per D.

Int^s quamdiù sit quod reperiatur in his carceribus, ubi captus, et an sciat et excogitet causam suæ capturæ, et pr^{utis} examinis.

R^{dit}: Io mi trovo in questo carcere da lunedì a sera p. p. in qua, che fui consegnato alli sbirri dal mio Capit^o Alfonso Franchi Capitano della Compagnia de' Corsi che sta di quartiero alla Trinità di Ponte Sisto verso le 3 hore di notte li in quartiero, che assieme con me furno consegnati da 12 altri soldati Corsi, e fussimo tutti condotti qui a questo carcere; che io non so nè posso immaginarmi la causa per la quale sia stato messo prigione, se a sorte non fusse per il rumore che successe domenica a sera tra li soldati Corsi, e li Francesi del Sr Ambr^e di Francia; ma se è per questo, io non ci ho da far niente.

Int^s ut dicat ubi fuerit et manserit, et quid egerit I. E. die dominico proximè præterito ab hora vigesima dicti diei usque ad horam salutationis Angelicæ ejusdem diei,

---

1) MS: Biulus, par lequel on a sans doute voulu rendre la prononciation Corse de Anton Giulio (Anton Ghiuliu). On trouvera plus loin Francesco Viuli pour Giulj (en Corse, Julj).

2) MS: Venero.

R^{dit}: Io domenica p. p., perchè ero di guardia nel quartiero con l'altri soldati della squadra del caporale Gio: Maria della Corbara, il quale entrò di guardia sabbato p. p. alle 22 hore, e stassimo di guardia persino alle 22 hore di domenica p. p., e così tutto il giorno di d^a domenica me ne stetti in quartiero perchè ero di guardia, et uscito che fui di guardia, che entrò il caporal Pietro da Oletta con la sua squadra, io andai subbito solo all'Albergo della Luna, che sta all'incontro l'hosteria del Paradiso, a visitare e vedere un certo capitan Carlo Montecatino, che è Corso ma non fa il soldato, che saranno 25 giorni che sta ammalato in d° albergo, che è mio amico, che li fa da magnare e lo serve una donna, e si chiama Chiara, che è pur Corsa et habita in detto albergo, che è una poveretta che va altre volte accattando; et arrivato da d° Montecatino, mi trattenni lì con esso a discorrere della sua malattia lì nella sua stanza, che non ci era altro che esso, persino quasi al sono dell'Ave Maria; nel qual tempo arrivò lì in camera di d° Montecatino un huomo che non so chi si fosse, perchè io non lo conosco, ma lo conosce bensì detto Montecatino; il quale entrato in d^a camera, sentendo la mia parlata che ero Corso, e portavo la spada, mi disse: « Sig^r soldato, tra li Corsi e li Francesi si hanno messo le mani, » — et al sentire le dette parole io mi partii subbito dalla d^a camera che sta in cima al d° albergo, e me ne andai verso il quartiero; che me ne andai per li Chiavari (1), et uscii in Piazza di Sta Croce, e di lì me ne andai al quartiero; dove arrivato, trovai il corpo di guardia armato fuori del solito di tutti li soldati della compagnia, che havevano li schioppi tutti alle mani; et il Capitano subbito mi ordinò che io fussi andato al mio quartiero che sta in faccia al corpo di guardia, e subbito obedii

---

1) C.-à-d. per la Via delli Chiavari.

e me ne entrai nella mia stanza, e non uscii più fuori, se non quando fui consegnato e condotto qui a questo carcere; e nel quartiero intesi dire da alcuni soldati che *vi* era stata una rissa tra li Francesi et alcuni soldati Corsi a Ponte Sisto, e non mi raccontorno altro; che io poi non so che altro seguisse, perchè io non mi sono trovato a nessuno rumore, nè a nessuna rissa.

Tunc, D. tarditate horæ preventus examen dimisit, et I. E. pro nunc ad locum suum reponi mandavit, animo omni etc.

Die Jovis 24 Augusti 1662.

Exams ft per quem et ubi supra meque, et assistente quo supra,

Terramorsus fil. q. Joannis Mariæ de Vallerustica in Cirnea, qui delato sibi juramto verit. dic, pt tactis etc. juravit. Fuit per D.

Ints quomodo et a quanto tempore citra reperiatur carceratus, ubi captus, et an sciat vel excogitare valeat causam suæ carcerationis.

Rdit: Io mi trovo in questo carcere da lunedi a sera p. p. in qua, che fui consegnato alli sbirri assieme con otto o dieci altri soldati Corsi, come sono io, del Sigr Alfonso Franchi, capitano della soldatesca Corsa che sta di quartiere alla Trinità di Ponte Sisto, che fussimo consegnati tutti di notte, che non so che hora precisa si fosse; e tutti fossimo condotti qui a questo carcere, dove io mi immagino esser stato condotto per la rissa soccessa domenica p. p. tra li soldati Corsi e li Franzesi del Sigr Ambre di Francia.

Et sibi dicto per D. ut narret et dicat quænam rixa sequuta fuerit dicto die Domco proximè præterito inter milites Cirneos et Gallos prctos, unde ortum habuerit, recenseat omnes circumstantias et qualitates,

R^{dit}: Io raccontarò a V. S. quello che posso dire per verità circa la sud^a rissa, et è che essendo io uno delli soldati del caporal Pietro d'Oletta, la quale squadra è composta di 40 huomini incirca, detto mio caporale entrò di guardia domenica p. p. alle 22 hore con tutta la sua squadra; e dopo che fu presa la consegna, domandai licenza al mio caporale di andare a cena; et havendomela data, me ne andai a cena su la stanza del quartiero; che cenai con una mia cammerata chiamato Angelo Piero, che non è soldato della squadra del mio caporale; e mentre io me ne stavo cenando, che poteva essere 23 hore incirca, ho inteso un rumore giù a basso nel corpo di guardia nella Piazzetta, e cosi sono subbito calato a basso, ho preso il mio schioppo che stava li alli rastelli del Corpo di guardia, et ho veduto tutti li soldati Corsi ammutinati assieme, et entrare in corpo di guardia a pigliare li schioppi; et il mio caporale sud° ha detto a me et all'altri soldati di guardia, che havessimo lasciati uscir fuori di quartiero con l'armi tutti quelli soldati che non erano di guardia, e che noi altri che eravamo di guardia ci fussimo fermati et havessimo armato il corpo di guardia; et intesi che li soldati mentre pigliavano li schioppi dicevano che li Francesi sud^i l'havevano attaccata con li soldati Corsi, e che ne erano morti due; onde subbito all'improviso tutti infuriati si misero a correre fuor del quartiero con li loro schioppi, che pigliorno diverse strade, e che chi andò di qua, e chi di là; et essendo già sortiti fuori, arrivò lì al quartiero il Capit° Alfonso Franchi sud°, il quale chiamò subito il sud° Caporal Piero, e li domandò se che soldati erano sortiti fuori con l'armi, e lui gli disse che tutti li soldati della Compagnia erano sortiti fuori, eccetto però quelli che erano di guardia (se bene puole essere che anco di quelli che erano di guardia ne sortisse fuori qualcheduno, perchè io credo che li al corpo di guardia ne remanessero da una trentina incirca); et allora il Capitano sud° disse al d° Caporale se perchè haveva lasciato sortire la sua soldatesca con le armi, e lui gli rispose che non li haveva potuti parare, che l'havevano sforzato; et allora il Capitano soggiunse: « Sì? me la pagarai! » — e gli diede ordine che non havesse fatto più sortire nessuno dal corpo di guardia di quelli che vi erano; e d° Capitano se ne andò via accompagnato dall'alfiero Cardone e dal sargente Luca Andrea, e dall'alfier Vittorio riformato; et io con il mio caporale e l'altri soldati ce ne stassimo lì alli rastelli con li nostri schioppi alle mani persino alle 24 hore; nel qual tempo havemo veduto ritornare a quartiero tutti li soldati che erano sortiti fuori con li schioppi, che li fece ritornare il capitano dicendoli: « A quartiero! » — che fu battuta un poco la cassa a ritirata, ma fu battuta poco, che la fece battere l'alfiero della compagnia, il quale ordinò al tamburino che havesse battuta un poco la cassa a ritirata; e poco, dopo battuta la cassa, stettero a ritornare li soldati a quartiero, che stettero fuori di quartiero da un hora incirca con l'armi alla mano; et mentre stettero fuori, si intese lo sparo di più e diverse archibusciate, che si sentivano che si sparava di là verso Piazza Farnese o di là attorno; che sicuramente sortirono fuori di quartiero da cento venti o cento trenta soldati, è tutti eccetto quelli che erano di guardia, de' quali (1) puole anco essere che ne sortisse qualcheduno; et essendo ritornati tutti a quartiero, il capitano sud° li fece rientrare tutti in corpo di guardia, e poi diede ordine che andasse un caporale con quattro soldati a guardare il posto della Trinità, et altri e tanti a guardare quello di San Paolino, e due o tre verso il Monte della Pietà per sicurezza del quartiero ad effetto non potesse ricevere nocumento alcuno; e si serrorno li rastelli, e non si lasciò mai

---

1) MS: e tutti quelli che non erano di guardia, de' quali ecc.

più uscir nessuno soldato; che stetti così serrato per sintanto che io fui consegnato alli sbirri; e questo è il rumore che successe dom^ca pass^a tra li soldati Corsi e li Franzesi, quale intesi raccontare lì tra soldati che si principiò il rumore tra tre soldati Corsi in Trastevere e (1) tre Franzesi, e che poi li Franzesi se ne vennero su il Ponte Sisto, dove havendo incontrato un soldato Corso, gli si misero attorno et a tirarli delle stoccate, e che lo ferissero nel braccio dritto, e che essendo poi passato a caso Gio: B^sta da Aiazzo con un altro soldato, ferissero dentro una bottega con due stoccate d° Gio: B^sta; le quali cose riportate alli soldati Corsi per più di quello che erano, perchè dicevano che n'erano morti doi, infuriati e per difesa della natione presero l'arme, e sortirno fuori nella forma che io ho detto di sopra; e questo è quanto io posso dire per verità circa al rumore sud°.

Int^s an sciat, seu saltem sit inform^s an de tempore quo fuerunt explosæ archibusiatæ quas I. E. audivit in locis prædi^s, prout superius deposuit, aliquis seu aliqui vulnerati seu extincti remanserint; et si sic, dicat quis vel qui;

R^dit: Io intesi raccontare alli soldati che ritornorno con l'armi in quartiero, che loro havevano pigliato posto in diversi luoghi verso Piazza Farnese; e raccontavano alcuni che non ce n'era restato nessuno morto, et altri dicevano che ce n'erano rimasti due morti delli Franzesi. Del resto io non ho inteso dire altro nè so che altri ve ne restassero morti.

Int^s ut dicat ubi et in quo loco retinerentur sclopi quos milites prædicti arripuere de tempore quo e quarterio egressi sunt, prout supra deposuit,

R^dit: Li schioppi che presero li soldati Corsi quando sortirno dal quartiero, stavano in corpo di guardia dentro una

---

1) MS: e tra.

stanza che sta sempre aperta, nella quale si tengono li schioppi delli soldati che non sono di guardia, che li guarda sempre la sentinella, perchè li schioppi delli soldati che sono di guardia stanno vicino alla porta del Corpo di guardia.

Ints ut dicat an pns Pierius, caporalis ut dicitur « di guardia » dicto sero Domco proximè præterito, cum eius militibus potuisset inhibere et prohibere militibus Cirneis ne susciperent arma pcta et e quarterio (1) egrederentur, et quatenùs,

Rdit: Io non so se il caporal di guardia con li soldati della sua squadra havesse potuto prohibire li soldati Corsi ad entrar nel quartiero e pigliare l'armi et uscir fuori con esse, perchè è difficile poter trattenere una soldatesca infuriata et ammutinata, e tutto quello che havesse potuto fare sarà stato di serrar la porta della stanza dell'armi; ma tanto li soldati haverebbero rotta la porta di essa, e Dio sa se anco fosse riuscita ad un offitiale maggiore di poterli trattenere; ma il do caporale non solo non fece diligenza nessuna, ma d'avantaggio ordinò che si fussero lasciati uscir fuori del quartiero con l'armi tutti quelli che non erano di guardia (2).

Ints ut dicat quinam fuerunt milites illi qui in sermone habito super præmissis dixerunt extinctos remansisse binos homines Gallos,

Rdit: Io non posso dire a V. S. chi si fussero quelli soldati che dissero che nel detto rumore erano restati morti due Franzesi, perchè questo fu un discorso fatto in confuso tra tutti li soldati della compagnia, et io non abadai chi fussero quelli che dissero essere morti doi delli Franzesi.

---

1) MS: e quarterio non.
2) Dans son 2e interrogatoire, le témoin rectifie cette partie de sa déposition relative au caporal Pietro d'Oletta.

Tunc D. acceptatis etc. examen dimisit, et I. E. pro nunc ad locum suum reponi mandavit, et ità, animo omni etc.

Die dicta, 24 Augusti 1662.

Exam^s f^t per quem et ubi s^a meque, assistente quo s^a,

Valerius fil. q. Vincentelli de Zevaco Corsus qui delato sibi juram^to verit. dic. p^t tactis etc. juravit. Fuit per D.

Int^s quomodo, et a quanto tempore citra reperiatur carceratus, ubi captus, et an sciat vel excogitare valeat causam suæ carcerationis.

R^dit : Io mi ritrovo in questo carcere da lunedì a sera p. p. in qua, che venni prigione con dieci altri soldati Corsi come sono io, et fussimo tutti consegnati dal quartiero alli sbirri, et io non so la causa per la quale sia stato consegnato alli sbirri e condotto a questo carcere, e nè meno me lo posso immaginare.

Int^s quamdiù sit quod I. E. sit stationarius miles Cirneus hic in Urbe,

R^dit : Sono otto anni che io sono soldato Corso qui nella città di Roma, che sono sempre stato soldato privato, et adesso sono della squadra del caporal Pietro d'Oletta.

Int^s ut dicat ubi fuerit et manserit I. E. sub die Dominico proximè præterito ab hora 20 d^i diei usque ad Salutationem Angelicam dicti diei,

R^dit : Domenica p. p. verso le 20 hore, io mi trovavo in quartiero, che stavo dormendo; che mi svegliai alle 21 hore; e dopo che io mi svegliai, me ne uscii fuori avanti li rastelli, e stetti a spasso con l'altri soldati passeggiando persino che si mutò la guardia del (1) Caporal Gio: Maria della

---

1) MS: il.

Corbara con la sua squadra et entrò di guardia il Caporal Piero d'Oletta, mio caporale, con tutta la sua squadra; et entrati che fussimo di guardia, io feci la mia fattione, perchè fui il primo che entrai in sentinella, che la feci dalle 22 hore persino alle 23, et alle 23 diedi la muta e l'alabarda ad un tale Marchione della Cristinaccia; e dopo che diedi la consegna, domandai licenza al mio Caporale, e me ne andai a cena nella stanza del quartiero; che cenai con un mio nepote chiamato Giordano; e mentre io me ne stavo a cena, intesi rumore tra li soldati giù da basso in corpo di guardia, e così io me ne calai, assieme con mio nepote sud°, che eravamo tutti due di guardia, nel corpo di guardia; et arrivato in corpo di guardia, ne domandai alli soldati che trovai lì in corpo di guardia se che rumore ci era; e là mi dissero che si erano attaccati li soldati Corsi con li Francesi del Sr Ambre di Francia; et il caporale di guardia ordinò che si serrassero li rastelli e che delli (1) soldati di guardia non uscisse nessuno; che fu subbito serrato il rastello, e non fu lasciato uscir nessuno; e presi il mio schioppo e mi misi lì al cancello, e lì di fuori dalli rastelli vi erano il nostro capitano assieme con l'Alfiero et il sergente, li quali andavano rattenendo li soldati che non si partissero; e mentre io stavo con lo schioppo lì alli rastelli, intesi sonare la cassa a raccolta e ritirata; e viddi di lì a poco ritornare quantità di soldati Corsi a quartiero con le loro armi e schioppi, li quali tornati che furono, il capitano li fece fermare in quartiero, et non si partirno più: et io me ne stetti tutta la notte lì in corpo di guardia e non uscii mai più, conforme non uscirno nè meno l'altri soldati, persino che non fui consegnato alli sbirri.

Ints ubi et ex quo loco, dicto sero Dominico, milites Cirnei

---

1) MS: li.

cum eorum armis et sclopis reversi fuerint ad quarterium prædictum,

R^{dit}: Io non so di dove tornassero li soldati Corsi che viddi ritornare domenica a sera p. p. con le loro armi e schioppi al quartiero del tempo sud°, e non so dove fussero stati con le sue armi, nè che cosa havessero fatto, perchè io non lo domandai nè nessuno soldato me lo disse, et io non ne so niente di questo.

Int^s an saltem sciat, seu saltem sit informatus quando et unde habuerint arma prædicta quæ (1) præ manibus habebant de tempore quo milites prædicti reversi fuerunt ad quarterium,

R^{dit}: Li soldati io tengo che pigliassero li loro schioppi et armi, che li viddi riportare quando ritornorno al quartiere come ho detto, dal corpo di guardia dove si tengono; ma io non gliele viddi pigliare, perchè quando essi le presero, stavo sù ad alto a cena con mio nipote.

Tunc D. acceptatis etc., aliàs impeditus, examen dimisit, animo etc., et I. E. ad locum suum reponi mandavit, et ità omni etc.

Die dicta 24 Augusti 1662.

Exam^s f^t per quem et ubi supra, meque, assistente quo supra,

Joannes Baptista fil. q. Cosimi de Focicchia (2) in Cirnea, qui delato sibi juram^{to} verit. dic. p^t tactis etc. juravit. Fuit per D.

Int^s a quanto tempore citra reperiatur in his carceribus,

---

1) MS: quos.
2) MS: Focicchio, mais plus loin Fucicchia.

in quo loco captus, et an sciat vel præsumat causam suæ capturæ, et præsentis examinis.

R.dit : Io mi ritrovo prigione in questo carcere da lunedì a sera prossimo passato in qua, che fui consegnato di notte alli sbirri dal Sig.r Alfonso Franchi capitano della soldatesca Corsa che sta di quartiero alla Trinità di Ponte Sisto, che io sono soldato della sua compagnia; che assieme con me furono consegnati alli sbirri da dieci o dodeci altri soldati, e tutti assieme fussimo condotti a questo carcere; et io non so nè posso immaginarmi la causa per la quale sia stato messo prigione, nè meno perchè V. S. voglia hora essaminarmi.

Int.s ut dicat quamdiù sit quod militet sub cohorte di Capitanei Alphonsi Franchi, et quisnam sit eius decurio,

R.dit : Da che il capitano Franchi è stato fatto Capitano delli soldati Corsi, io sono sempre stato soldato della sua compagnia, e prima ero sotto il commando del Capitano Morazzano (1), et avanti di esso del Colonnello Gentile; che sono dieci anni che servo la Santa Sede Apostolica, et io al presente sono soldato della squadra del Caporal Piero d'Oletta.

Int.s ut dicat ubi fuerit I. E. de Dominico proximè præterito ab hora vigesima dicti diei usque ad horam Salutationis Angelicæ, et quid egerit toto dicto tempore, recenseat omnia per ipsum gesta,

R.dit : Domenica p. p., dalle 20 hore per sino alle 22 hore, io non sono uscito mai dalla piazza avanti il Corpo di guardia, perchè sapevo che io havevo da entrare di guardia alle 22 hore; e così essendo battuta la cassa alle 22 hore, uscì di guardia Gio: Maria della Corbara caporale con la (2) sua

---

1) MS: Morazzaro.
2) MS: della.

squadra, et entrò di guardia il Caporale Piero con la sua squadra, della quale sono io; e subbito che fu presa la consegna, io domandai licenza al detto Caporal Piero, dicendoli che volevo andare a cena; et essendomi stato concesso, andai a cena a quell'hosteriola che sta in strada Giulia, e fa cantone, che risponde al Palazzo delli Signori Spada; quale hosteria l'essercita un tal Francesco, che è Corso, assieme con Monaca sua moglie; che con me ci vennero a cena in detta hosteria l'Alfier riformato Tomassino, l'alfier riformato Gio: Dario, et il Caporale riformato Gio: Lorenzo (che Tomassino e Gio: Lorenzo sono della compagnia di Savelli, e l'altro è della compagnia del Franchi); e ci venne anco Annibale d'Altiano, pure soldato della Compagnia del Franchi (che li sudetti sono d'altra squadra, et io sono solo della squadra del Caporal Piero sudetto); e mangiassimo e cenassimo tutti quanti assieme lì in detta hosteria (che mangiassimo doi pezzi di carne tra tutti, un'insalata, e del pane e del vino); e dopo che havessimo cenato, uscissimo tutti assieme dalla d^a hosteria, entrassimo nel vicolo delle Stalle sud^{te}, passassimo per mezzo ad un Palazzo che vi è una fontanella, e di lì ce ne passassimo avanti l'hosteria della Sirena, e di lì per il vicolo di S. Paolino, e poi ce ne venissimo tutti assieme a quartiero; dove arrivato, trovai il corpo di guardia serrato, che era aperto solo un cancelletto, per il quale il caporale sud° faceva rientrar li soldati che tornavano a quartiere, e lui era quello che apriva e serrava detto cancelletto; e così entrai ancor io in corpo di guardia, e quell'altri che havevano cenato con me li lasciai, che non so dove si andassero; che li lasciai alla Piazzetta avanti il corpo di guardia, perchè io caminavo avanti di essi in fretta, perchè nel venire che facessimo verso il quartiero..... (D), alto con poca barba, che non abadai come si vestisse, e portava un archibugio in mano, che non abadai se fusse a rota o a fucile, il quale ci disse:

« Voi altri state qua, e gli altri soldati Corsi fanno ad archibugiate con li Francesi! » — dicendo che andava a far motto alla Corte a Tor-di-nona; e così entrato che fui in corpo di guardia, trovai tutti li soldati della mia squadra, che non so se fussero tutti o nò, li quali si erano tutti impostati con l'archibusio alla mano alli rastelli; e così presi anco io il mio schioppo, e mi misi a guardare il rastello assieme con gli altri. Io subito mi imaginai che si fosse armato per custodire la bandiera acciò non fusse pigliata, perchè havevo già inteso che li soldati Corsi scaramucciavano con li Francesi; che quando io arrivai al corpo di guardia et entrai per il cancelletto delli rastelli, trovai il Capitan Franco, e viddi che esso faceva ritornare verso il corpo di guardia, cioè veniva verso il corpo di guardia con una quantità di soldati che havevano li schioppi nelle mani, che arrivorno con esso nella piazza avanti li rastelli, e diceva che fossero entrati in corpo di guardia; ma in quel mentre arrivò l'Ecc.mo S.r Prencipe Don Mario Chigi per quanto io intesi dire, il quale volse sapere il fatto come era andato della scaramuccia, e poi se n'andò via; e partito il Sig.r Prencipe, il Capitano dispose alcune guardie e sentinelle per li posti della Trinità e del Monte, e di lì attorno, per difesa del quartiere, e poi doppo tutti li soldati se ne tornorno alli loro quartieri, et io poi fui mandato di guardia a quella cantonata che risponde al Palazzo dell'Em.mo Antonio e ci stetti due hore incirca, e poi venne il Caporale e mi condusse al quartiere, dove arrivato, me n'andai a dormire, e dormii per insino a giorno; e poi il giorno di lunedì me ne stetti sempre in corpo di guardia per insin tanto che fui consegnato alli sbirri.

Int.s ut dicat de quo præciso tempore I. E. d° die dom.co prox.e pr.to in societatem militum superius commemoratorum accesserit ad sumendam cœnam in d.a caupona, e per quantum spatium temporis manserit in d.a caupona pro effectu p.to.

R^{dit} : Subito mutata la guardia di dom^{ca} p. p., io partii dal quartiero in compagnia delli soldati sudetti, et andai a cena alla sudetta hostaria; che credo potesse essere, quando partissimo dal quartiero, 22 hore et un quarto incirca; e ci potessimo trattenere in d^a hostaria persino alle 23 hore e mezzo incirca, che non so se fusse più o meno, perchè io non havevo il rologio in saccoccia.

Int^s ut dicat an de tempore quo Ipse Exam^{tus} d^o sero Dom^{co} pervenit ad Corpus Custodiæ, aliquid sibi dictum fuerit per eius decurionem vel illos milites; et si sic, dicat quid;

R^{dit} : Domenica a sera p. p., quando io arrivai al quartiero come ho detto, a me non fu detto cosa alcuna, nè dal mio caporale, nè da altri soldati della sua squadra.

Int^s an Ipse Exam^{tus} aliquo modo procuraverit scire et se informare de contentione quam audivit sequutam fuisse inter milites Cirneos et Gallos, p^t superius deposuit,

R^{dit} : Signor nò, che quando io fui al corpo di guardia non procurai di saper nè informarmi che contesa e rumore fusse seguito tra li nostri soldati e li Francesi. Intesi si bene che tutti li soldati publicamente dicevano che li nostri soldati erano stati attaccati dalli Francesi, e non sentii dire altro nè cercai altro, e nè meno adesso io so per che causa si attaccassero assieme.

Tunc D^{nus} acceptatis etc. aliàs impeditus, examen dimisit, et I. E. ad locum suum reponi mandavit, et ità omni etc.

Die dicto 24 Augusti 1662.

Examinatus fuit per quem et ubi supra, meque, assistente quo s^a,

Annibal filius q. Orsaccioli de Altiano in Cirnea, qui delato sibi juram^to verit. dic. prout tactis etc. juravit. Fuit per D.

Int^s de tempore, loco et causa suæ capturæ.

R^dit : Io mi trovo in queste carceri da lunedì a sera p. p. in qua, che fui consegnato alli sbirri verso le 3 in 4 hore di notte, et assieme con me ci furono consegnati altri soldati Corsi conforme sono io, che non so chi siano, che stiamo tutti di quartiero alla Trinità di Ponte Sisto sotto il comando del Capitano Franchi; et io non so nè posso imaginarmi la causa per la quale sia stato mandato prigione, nè meno perchè V. S. mi voglia hora essaminare.

Int^s quamdiù sit quod I. E. militet sub cohorte Capitanei Alphonsi Franchi, et an habuerit aut habeat aliquod officium in d^a cohorte, et si sic, dicat qnod,

R^dit : Io sono soldato Corso, che servo il Papa da undici anni in qua, ma qui nella Città di quartiero io non ci sono se non dalli 15 di luglio prossimo passato in qua, che venni di Viterbo dove stavo di posto, et io non ho nessuno offitio, ma sono soldato semplice.

Int^s ut dicat quis modò sit decurio I. E^ti,

R^dit : Io sono soldato della squadra del caporal Gio: Maria della Corbara, che è composta di quarantacinque o quarantasei soldati.

Int^s ut dicat ubi fuerit et manserit die dominico prox^e pr^to ab hora vespertina dicti dici usque ad primam noctis horam, et per totam noctem eiusdem diei, recensendo tota per ipsum gesta toto d^o tempore,

R^dit : Domenica p. p. dalla mattina persino alle 22 hore, io stetti sempre in quartiero, perchè io ero di guardia; e stette (1) sino al d^o tempo di guardia il Caporal Gio: Maria della Corbara mio caporale con tutta la sua squadra, il

---

1) MS: stetti.

quale uscì di guardia alle 22 hore di d° giorno, et entrò di guardia il caporal Piero con tutta la sua squadra; et uscito che io fui di guardia, me ne andai a cena ad un'hosteriola, che essercita Francesco da Campoloro (1), che è Corso, e sua moglia chiamata Monaca, che sta proprio lì in quella cantonata vicino al portone di ferro di Spada; e vennero a cena con me l'alfiere riformato Tomassino da Moriano, l'alfiere riformato Gio: Dario da Alesiano, il caporal riformato Gio: Lorenzo da Muro, e Gio: Battista della Fucicchia, et il ragazzo dell'alfiere Tomassino chiamato Giovanni, e cenassimo tutti quattro assieme in dª hosteria e mangiassimo doi pezzi di carne, un'insalata, e del pane e del vino; e mangiato che havessimo, ce ne andassimo a spasso partendoci (2) da dª hostaria, e ce ne venissimo giù verso strada Giulia, e penetrassimo lì vicino il Palazzo di Farnese, e venissimo in una piazzola dove vi è una chiesa, e poi entrassimo in strada Giulia, e tirassimo verso il Ponte S. Angelo, e di lì ce ne venissimo per Tor-di-Nona, e ce ne venissimo tutti assieme in una tabaccaria lì all'Orso (3), e ci mettessimo a pigliar il tabacco in fumo, che pigliassimo doi pippe di tabacco fra tutti; e preso che havessimo il tabacco, arrivò lì nella tabaccaria medesima un soldato Corso chiamato Valerio (4) Novelli soldato Corso che sta pure nel nostro quartiero, che ha amicitia di una donna che sta in faccia al Palazzo dove sta il Sʳ Cardˡ Gabriele in faccia alla stalla, che è il Palazzo dell'Ancellotto, qual donna io non so come si chiami; e d° soldato in dª tabaccaria ci raccontò e disse che un

---

1) MS: Camporolo.
2) MS: partendomi.
3) Deux noms de rues. La via dell'*Orso* débouche dans celle de *Tordinona*, qui aboutit au Pont *St-Ange*.
4) MS: *Salerio*.

sbirro gli haveva detto che li Francesi si erano attaccati con li soldati Corsi; e così tutti assieme, anco con il detto Valerio, ci incaminassimo verso il nostro quartiere; che passassimo per l'Apollinare, e di là ce ne venissimo in Piazza Madama, e di Piazza Madama a S. Andrea della Valle, e di S. Andrea della Valle al Monte della Pietà, e dal Monte della Pietà arrivassimo a quartiero sonate le 24 hore, che era oscuro, che incontravamo li soldati e non li conoscevamo; et arrivati a quartiero, trovassimo serrato il rastello del corpo di guardia, che ci fu aperto dal caporal Pietro che era di guardia; et entrassimo dentro tutti assieme; et entrati dentro, pigliassimo li nostri schioppi alla mano, perchè nel quartiero si diceva che li Francesi ci volevano venire a dar fuoco al quartiero, e ce ne andassimo nelle nostre stanze con li nostri schioppi; et non uscii più di quartiero per sin tanto che non fui consegnato alli sbirri.

Int^s ut dicat quantum temporis spatium I. E. cum eius sociis superius mentionatis moram traxerit in d^a caupona in qua cœnam sumpsit ut superius asseruit,

R^{dit}: Io con li miei compagni sud^i stassimo nella d^a hosteria dove cenassimo assieme da una mezz'hora incirca.

Int^s an sit informatus cur et qua de causa orta fuerit contentio et rixa inter milites Cirneos et Gallos de qua fuit (1) certioratus ut supra deposuit,

R^{dit}: Io non so, nè meno ho inteso dire, nè ho informatione alcuna per che causa li Francesi si attaccassero con li soldati Corsi.

Int^s an saltim sciat quinam fuerint milites illi qui rixam habuerunt cum Gallis,

R^{dit}: Io nè meno so, nè ho inteso dire chi si fussero

---

1) MS: fit.

quelli soldati Corsi che hebbero rissa e contesa con li Francesi sud¹.

Tunc D. tarditate horæ præventus aliisque impeditus, examen dimisit et I. E. pro nunc ad locum suum reponi mandavit, et ità omni etc.

Die dᵃ 24 Augusti 1662.

Examˢ fᵗ per quem et ubi supra, meque, assistente quo sᵃ, Jacobus filius q. Paduani de Tossia (1) in Cirnea, qui delato sibi juramᵗᵒ verit. die. prout tactis etc. juravit. Fuit per D.

Intˢ quomodo et a quo tempore citra reperiatur carceratus, ubi captus, et an sciat vel excogitare valeat causam suæ carcerationis.

Rᵈⁱᵗ: Io mi trovo in queste carceri da lunedi a sera p. p. in qua, che fui consegnato alli sbirri verso le 2 hore di notte incirca nel quartiero delli soldati Corsi che stanno alla Trinità di Ponte Sisto sotto il comando del Sigʳ Alfonso Franchi, della qual compagnia io sono anco soldato; che fui consegnato con nove o diece altri soldati Corsi, e tutti fussimo condotti qui a queste carceri; et io credo di esser stato fatto prigione per causa del rumore che successe domenica a sera p. p. fra li Francesi del Sigʳ Ambasciatore di Francia e li soldati Corsi; ma in dᵒ rumore io non ci ho da far niente, nè io mi ci trovai, perchè io in dᵒ giorno di domenica essendo uno de'soldati del caporal Pietro d'Oletta, *et* essendo entrato il dᵒ caporale con tutta la sua squadra di guardia alle 22 hore di dᵒ giorno di domenica, poco doppo che entrassimo di guardia domandai licenza al mio

---

1) C.-à-d. Tox.

caporale sud° di voler andar a cena; e perchè io mi ricordai
che non ero stato alle quarant'hore ordinarie che si sogliono
mettere per le chiese di Roma, alle quali soglio andare per
mia devotione ogni giorno (come ne possono far fede li soldati, e le genti di Roma), pensai fra me stesso che se io
andavo a cena, non havevo tempo di potere andare al San-
tissimo che sapevo che stava esposto nella Chiesa di San Marcello al Corso; e così lasciai di andare a cena, e me ne
andai solo alla d^a chiesa di San Marcello, dove feci le mie
devotioni; et alle 23 hore incirca io partii di detta chiesa;
e passando per lo Giesù, trovai lì in strada un tal Marco
d'Orezza Corso, che è un prete che credo stia in Trastevere,
e mi accompagnai con lui, e venissimo assieme per la Madonna del Piano persino alla Piazza di San Vincenzo et
Anastasio, che sta lì al fiume alla Regola; dove stando discorrendo con detto prete intesi batter la cassa, che potevano essere ventitre hore e mezza incirca; e così io stimando
che li soldati dovessero pigliare le armi, lasciai d° prete e
me ne venni per la strada di San Paolino verso il quartiere;
et a capo la strada di San Paolino, trovai l'alfier Cardone
con alcuni soldati, li quali stimando che io fossi Francese,
mi volevano (1) tirare; ma il medesimo alfiere mi riconobbe
e disse: « È Jacomo, è Jacomo, lasciatelo venire; » — e
così mi lasciorno passare; et arrivato alli rastelli del Corpo
di guardia, trovai che era stato levato un trave delli rastelli,
et era serrato il rastello; che entrai per quel buscio dove
era stato levato il trave; e perchè il Capitano nostro era lì
in piazza e diceva a tutti li soldati che stavano lì in piazza
(che erano tre o quattro che havevano li schioppi alle mani)
che fossero entrati tutti in quartiero, — entrato (1) che fui,

---

1) MS: voleva.
2) MS: et entrato.

presi il mio schioppo che stava lì al rastello del Corpo di guardia, e mi misi ad armare per defender la bandiera, perchè sentivo da tutti li soldati che li Francesi dovevano venire per assaltare il quartiero, ma io però non ne viddi nessuno de' Francesi; e di lì a poco intesi un ordine, che mi pare che lo dasse il caporale sud°, il quale disse: « Andate sù alle finestre, et abbadate che non vengano li Francesi a dosso i quartieri; » — e così io andai ad una fenestra che risponde verso San Salvatore in Campo, e stetti li con l'arme alle mani per insino che si oscurì, e non viddi mai nessuno; e poi me ne recalai a basso, e stetti tutta la notte di guardia sotto la bandiera; et io non mi son trovato a nessuna scaramuccia, nè meno quando li soldati presero l'armi e sortirno fuori del quartiero, nè meno quando tornorno, perchè io stavo su la detta fenestra. Domandai si bene la medesima sera di Domenica a diversi soldati (che io nè meno li conosco nè mi ricordo chi si fossero, perchè la compagnia è rinovata di molti soldati nuovi) sì come era venuta la rissa tra li Corsi e li Francesi. Mi dissero che alcuni Francesi si erano attaccati con alcuni soldati Corsi, che ci era stato ferito a morte Gio: Battista da Aiaccio nostro soldato, et anco Giovanni da Calenzana era rimasto ferito in un braccio, et non mi raccontorno altro; e così io in questo rumore e rissa non ci ho da far niente, e sono stato mandato prigione a torto.

Int[s] ut dicat quinam essent milites illi qui in capite viæ S[ti] Paulini erant cum signifero Cardono, et illi qui erant (1) in Platea cum capitaneo Alphonso de tempore sui accessus ad quarterium,

R[dit]: Di quelli soldati che erano lì in capo la strada di

---

1) MS: illi qui cum eo in Platea etc.

San Paolino con l'alfiero Cardone io non ne cognobbi se non detto alfiero et il Caporal Carlo d'Ampugnano (1), ed un tale Barnabè, che non so di che loco sia; e di quelli soldati che stavano lì in piazza col Capitano io non gli so dire chi si fussero, perchè io non ci abbadai, non li osservai, e me ne entrai in furia in corpo di guardia.

Tunc D. tarditate horæ præventus examen dimisit, et I. E. pro nunc ad locum suum reponi mandavit, animo omni etc.

Die Veneris 25 Augusti 1662.

Exam^s f^t per quem et ubi supra, meque, assistente quo supra,

Jo: Andreas fil. q. Joseph de Montemaiore (2), qui delato sibi juram^{to} verit. dic. prout tactis etc. juravit. Fuit per D.

Interrog^s de tempore, loco et causa suæ carcerationis.

R^{dit}: Io mi trovo in queste carceri da lunedì a sera p. p. in qua, che fui consegnato alli sbirri dal Sr Capitano Franco mio capitano, essendo io uno de' soldati della sua compagnia; che fui consegnato nel quartiere della Trinità di Ponte Sisto, et in compagnia mia furono consegnati anco alli sbirri diece o undeci soldati Corsi; et io non so la causa per la quale li miei offitiali mi consegnassero alli sbirri, che condussero me e gli altri in questo carcere, e nè meno me la posso imaginare.

Int^s quamdiù sit quod I. E. militet sub cohorte d^i capitanei Franchi, et quisnam sit (3) decurio ipsius,

R^{dit}: Dachè il capitan Franchi ha havuta la Compagnia

---

1) MS: Carlo Lampugniano, ailleurs Ampugnano et d'Ampugnano.
2) MS: Montemarino.
3) MS: sui.

della soldatesca Corsa, io son soldato della sua compagnia, et io sono della squadra del caporal Piero di Oletta, che stimo la sua squadra sia composta di 44 soldati incirca.

Int[s] ut I. E. dicat ubi fuerit et manserit die dominico proximè præterito a sero dicti diei (1) usque ad mane diei Lunæ subsequentis; recenseat omnia per ipsum gesta toto dicto tempore;

R[dit]: Domenica p. p. a mattina, levato che mi fui da letto, io me ne andai a sentir messa nella chiesa della Sant[ma] Trinità, e doppo me ne andai in quartiero, e me ne andai alla mia stanza, dove mi misi a legere l'Instituta, che io ho preso qui in Roma dal Dottor Marescotti; doppo, essendo venuta l'hora del pranzo, mi sono messo a magnare con le mie camerate, che uno è Gio: Battista del q. Pietro da Zilia (2), et Anton Giovanni del q. Geronimo da Calenzana (3); e doppo che havessimo pranzato li in quartiero, ho dormito un tantino; e doppo verso le 22 hore me ne calai giù a basso in Corpo di guardia, dovendo io in detto tempo entrare di guardia, che entrava il d[o] Caporale Pietro con tutta la sua squadra, conforme entrò alle 22 hore; et entrato che fui di guardia, mi trattenni un poco, e poi domandai licenza al mio caporale sud[o] per andare a cena, e me ne andai su il quartiero a cenare con le sud[e] mie camerate; e doppo che hebbi cenato, scesi a basso con Anton Giovanni mia camerata, perchè l'altra camerata restò in quartiero, che si sentiva male; et uscii li nella piazzetta avanti il Corpo di guardia, dove mi posi a sedere et a giocare a tre sette con l'alfiero riformato Nicolò da Giussano; et mentre stava giocando, che la piazza era piena di soldati

---

1) MS: sera dicto die etc.
2) MS: Azzilia.
3) MS: Coronzano.

che passeggiavano, intesi più soldati dire: « Arme! arme! li Francesi vogliono venire ad assaltarci qui al quartiero; » — et ho veduto una moltitudine di soldati che sono entrati subito in Corpo di guardia et hanno presi li loro schioppi e sono sortiti fuori del quartiero; li quali non so dove si andassero, perchè nell'entrar che io feci subito in corpo di guardia viddi uscire fuori una moltitudine di soldati con li schioppi alle mani; et io subito andai e presi il mio schioppo, che stava li alli rastelli vicino alla porta, e mi sono fermato li alli rastelli del Corpo di guardia di ordine dell'alfiero, sargente, e caporal di guardia, il quale fece serrare subito la porta del rastello; e di lì a poco, doppo sortito fuori una moltitudine di soldati con armi, arrivò li in piazza il Sr Capitano Franchi con la spada nuda in mano e fece subito ritornare in quartiero una quantità di soldati di quelli che erano usciti, che menava botte con la spada, e li necessitò ad entrar dentro; e poi fu battuta la cassa a ritirata per far ritornare in quartiero li soldati che erano fuori, come in effetto doppo battuta la cascia (1) ritornorno tutti; e tutti di ordine del nostro capitano furono riserrati nel quartiere, e non fu più lasciato uscir nessuno soldato; e stassimo serrati lì in quartiero persino a lunedì a sera, che io fui consegnato alli sbirri; che la notte della domenica io me ne stetti in corpo di guardia persino al giorno di lunedì che io uscii di guardia; e questo è tutto quello che io feci, e dove stetti dalla domenica p. p. tanto che io venni in questo carcere.

Ints ut dicat de quo præciso tempore milites Cirnei protulerint verba superiùs expressa, nempe: « All'arme, all'arme, li Francesi vogliono venire ad assaltarci in quar-

---

1) Forme corse de *cassa*.

tiero, » — dicatque quinam fuerint illi milites qui protulerunt illa verba,

R[dit]: Erano 23 hore sonate quando io intesi alcuni soldati Corsi che dissero: « All'arme! all'arme! che li Francesi ci vogliono venire ad assaltare in quartiero, » — et io non posso dire a V. S. chi si fussero quelli soldati che dissero dette parole, perchè furno dette all'improviso et io attendevo al gioco, e così non potei nè osservare nè vedere chi fussero quelli che le dissero.

Int[s] ut dicat per quantum spatium temporis moram traxerint extra quarterium milites illi qui cum sclopis arreptis ex eodem quarterio exierunt,

R[dit]: Quella moltitudine di soldati che entrò in quartiero e prese li schioppi e sortì fuori, a mio giuditio, potè stare fuori del quartiero da un quarto d'hora incirca.

Int[s] ut dicat quinam fuerint illi milites qui cum sclopis inde arreptis ex quarterio egressi sunt,

R[dit]: Io non potei nè osservare nè vedere chi fussero quella moltitudine di soldati che viddi scappare fuori del quartiero con li schioppi mentre io stavo per rientrar dentro, perchè fu una cosa all'improviso, et io mi ero allora levato stordito dal gioco, e me ne entrai subito in corpo di guardia senza osservare nessuno, che non potei farlo in quella furia.

Interr[s] an sciat seu saltim sit informatus quo se contulerint d[i] milites qui cum sclopis arreptis ex quarterio prosiluerint,

R[dit]: Io non so nè ho informatione alcuna dove andasse quella moltitudine di soldati Corsi che sortirno dal quartiero con li loro schioppi, come ho detto di sopra.

Int[s] ut dicat an aliquid factum vel dictum fuerit per decurionem Pierum de tempore quo d[i] milites cum sclopis prosilierint ex d[o] quarterio,

R[dit]: Il caporal Piero sud[o], che era di guardia quando li sud[i] soldati Corsi uscirno fuori con li loro schioppi, io non viddi che facesse operatione alcuna, eccetto che fece serrare la porta di d° rastello e fece armare il posto da noi altri soldati che eravamo di guardia.

Int[s] an sciat vel saltim sit informatus cur et qua de causa homines Galli aggredi vellent de d° tempore quarterium militum Cirneorum,

R[dit]: Io intesi dire che li Francesi del Sr Ambr[e] di Francia volessero venire ad assalire il quartiero nostro, perchè havevano havuto che dire con alcuni nostri soldati, de' quali ne ferissero doi, cioè un tal Giovanni et un Gio: Battista da Aiaccio.

Tunc,

Die dicta (25 Aug.)

Exam[s] f[t] per quem et ubi supra, meque, assistente quo supra,

Jordanus filius Nicolai de Corrano (1) in Cirnea, qui delato sibi juram[to] verit. dic. prout tactis etc. juravit. Fuit per D.

Interrogatus quomodo et a quo tempore citra reperiatur carceratus, ubi captus, et an sciat vel excogitare valeat causam suæ carcerationis.

R[dit]: Mi ritrovo in questo carcere da lunedì a sera p. p. in qua, che fui consegnato alle tre hore di notte alli sbirri nel quartiero de' soldati Corsi alla Trinità di Ponte Sisto dal nostro Sig. Capitano Alfonso Franchi, del quale però io sono soldato; et assieme con me furno consegnati da 10 o 12 altri soldati; ma per che causa ci consegnorno io non lo so, nè meno me lo posso imaginare.

---

1) MS: Corra, pour Corrà abr. de Corrano.

Int^s in quo loco steterit die dominico p. p. de mane usque ad noctem,

R^dit: Domenica p. p. doppo esser stato a messa nella Chiesa della Sant^ma Trinità, me ne tornai a quartiero e me ne stetti lì tutto il giorno, che non partii mai; che pransai in compagnia di doi soldati, uno chiamato Paolo Antonio d'Osè, e l'altro Valerio di Zevaco, che sono tutti doi soldati della squadra del Caporal Pietro d'Oletta della quale sono anco io; e doppo pranzo me ne stetti su la piazza accanto il rastello spassandomi col leggere persino alle 22 hore, nel qual tempo entrò di guardia il Caporal Piero sud° con tutta la sua squadra; che non mi ricordo chi uscisse di guardia; e doppo che fussimo entrati di guardia, io me ne andai di sopra al quartiero a cena, e cenai con il sargente riformato Valerio da Zevaco, mio zio; e doppo che havessimo cenato, calassimo tutti a basso e ci mettessimo avanti il corpo di guardia dove ci era delli soldati che passeggiavano e parlavano assieme; che quando io calai a basso in detta piazza, erano 23 hore sonate, et all'improviso intesi dire: « All'arme! all'arme! » — e subito viddi entrare in corpo di guardia quantità di soldati, li quali viddi che presero li loro schioppi e sortirno fuori del quartiero; e così io anco entrai dentro e presi la mia carabina che stava lì nelli rastelli dove stanno l'armi di quelli che sono di guardia; e non volsi uscir fuori, perchè ero di guardia; che tutti li soldati presero l'armi e sortirno fuori, eccettochè noi altri *che* eravamo di guardia; che rimanessimo solo in quartiero noi altri soldati della squadra del caporal Pietro, che eravamo di guardia, che potevamo esser da 40; e stettimo tutti con l'armi alla mano a guardare la bandiera persino alla tornata delli soldati che erano sortiti fuori; e doppo che furno ritornati, fu serrato il rastello, il quale digià era stato serrato per prima quando sortirno li soldati fuori con li schioppi; ma con tutto che si serrasse, non si potè contener la furia delli soldati, che volsero uscire; e non fu più lassato uscir nessuno del quartiero persino a lunedì a sera che io venni prigione, perchè furno sempre tenuti serrati li quartieri; che la notte della d[a] domenica, io stetti sempre in corpo di guardia.

Int[s] ut dicat a quo seu quibus prolata fuerint illa verba: « All'arme! all'arme! » — et qua de causa,

R[dit]: Io non so da chi fussero dette queste parole: « All'arme! all'arme! » — nè per che causa fossero dette, perchè di quel tempo che furono dette, io stavo discorrendo col mio caporal Pietro, e non potei osservare nè vedere da chi fussero dette.

Int[s] an sciat seu saltim sit informatus qua de causa milites Cirnei repente, auditis prædictis verbis: « all'arme, all'arme! » — ingressi fuerint in quarterium, et ex eodem cum sclopis arreptis egressi fuerint,

R[dit]: Li soldati Corsi, subito che intesero quelle parole: all'arme! all'arme! » — intesi dire che entrassero subito in quartiero, pigliassero l'armi et uscissero fuori, e che l'havessero con li Francesi; ma non intesi però dire per che causa ve l'havessero.

Int[s] ut nominet aliquem seu aliquos ex illis militibus qui cum sclopis arreptis extra quarterium prosilierunt,

R[dit]: Io non posso nominare nessuno delli soldati che sortirno fuori del quartiero con li schioppi, perchè è poco che io sono venuto di fuori, che stavo di posto a Ponte Corvo; e poi nè meno io in quella furia non ci abadai; dico bene a V. S. che sortirno fuori delli rastelli tutti li soldati della compagnia, eccettochè noi altri soldati che eravamo di guardia.

Int[s] ut dicat per quantum spatium temporis milites Cirnei cum sclopis ut supra arreptis extra quarterium commorati fuerint,

R[dit]: Li soldati Corsi che sortirno fuori del quartiero con li schioppi stettero fuori del quartiero da mezza hora incirca, perchè ci furno quelli che tornorno prima in quartiere, e quelli che tornorno doppo.

Int[s] an sit informatus quò se contulerint et ubi fuerint præd[i] milites cum eorum sclopis per spatium temporis per cum depositum,

R[dit]: Io non so nè sono informato dove si andassero li detti soldati Corsi con li loro schioppi in quel spatio di tempo che stettero fuori del quartiero, nè meno l'ho inteso dire. Intesi sì bene, mentre loro stettero fuori, doi botte di schioppo, che mi pare fossero tirate di là dal Monte della Pietà.

Int[s] an sit informatus quomodo (1) milites præd[i] cum eorum sclopis ut supra arreptis sese reduxerint ad quarterium,

R[dit]: Io non so come si andassero in quartiero li soldati che erano sortiti con li loro schioppi; viddi sì bene il capitano Franchi (2) con la spada alla mano, che diceva e gridava: « In quartiero! in quartiero! » — tanto che esso con li suoi officiali facesse ritornare li soldati in quartiero.

Tunc Dominus, tarditate horæ præventus, examen dimisit et ipsum Examinatum pro nunc ad locum suum reponi mandavit, et ità omni etc.

Die Veneris 25 Augusti 1662.

Exam[s] f[t] per perill[m] et adm[m] exc[tem] D. Augustinum Paris de quo supra, meque, in Mansionibus Exc[mi] D. Stephani Braccii L[atis],

---

1) MS: quando.
2) MS: foschi.

D. Capitaneus Alphonsus Francus q. Lutii de Leccia (1) in Cirnea, qui delato sibi juramento veritatis dicendæ p^t tactis etc. juravit. Fuit per D.

Int^s quomodo (2) accessit ad pr^{ntem} locum examinis, et an sciat seu saltim excogitare valeat (3) causam illius.

R^{dit} : Io sono venuto qui avanti di V. S. perchè sono stato fatto chiamare di ordine dell'Em^{mo} Sig^r Card^{le} Imperiale Progovernatore, che mi ha mandato a chiamare al mio quartiero de' soldati Corsi che stanno alla Trinità di Ponte Sisto, de' quali io sono capitano da doi anni in qua incirca; il quale mi ha comandato che fussi venuto avanti di lei ad essaminarmi sopra il successo di domenica a sera p. p. tra li miei soldati Corsi e li Francesi del Sig^r Ambre di Francia, e che dicessi per verità il fatto giusto com'era passato. Io per obedire sono pronto a dire la verità integramente come passa.

Et sibi dicto per Dominum ut ergo dicat et pro veritate narret totum id quod sero dominico pr^e pr^{to} evenit inter milites pr^{tos} et homines Gallos prædictos a principio usque ad finem cum omnibus suis qualitatibus et circumstantiis,

R^{dit} : Per poter dire a V. S. l'integra verità di quello che passò domenica a sera p. p. tra li soldati Corsi e li Francesi sudetti, è necessario che io dica e deponga (4) di alcuni principii di disgusti che sono di molte settimane in qua passati, e riferisca alcune occasioni che hanno dato li Francesi del Sig^r Ambre sud^o alli miei soldati; perchè un mese fa incirca, quattro o cinque delli miei soldati stavano li nella Piazza della Trinità di Ponte Sisto vicino al quartiero, e mentre

---

1) Lecci, dans le canton de Portovecchio.
2) MS : quando.
3) MS : evcogitaret.
4) MS : deponghi.

stavano così discorrendo, sono passati per di lì da sei o sette Francesi di d° Sr Ambre, e quando sono stati appresso a detti soldati, si sono messe le mani su li fianchi e sono voluti passare in mezzo a detti soldati con darli li urtoni con le braccia, conforme consta (1) dall'esame delli soldati che stavano in circolo, che furno essaminati in questo Tribunale; e quattro o cinque sere doppo incirca, ritrovandosi doi o tre miei soldati su il Ponte Sisto, sono passati per di lì una mano di Francesi del Sigr Ambre armati di spade, e quando sono stati vicino alli detti tre Corsi, gli cominciorno a dire: « Bugari Italiani! damoli delle stoccate nella pansa; » — onde volendo li tre soldati metter mano alle spade, si affrontò a passare il mio alfiero Cardone (2), il quale si frappose di mezzo et oprò che non seguisse male alcuno; che di questo non se ne fece processo, e si puole essaminare l'alfiere, il quale si trovò presente, e dirà chi furno li detti soldati che furno nella dᵃ forma ingiuriati; ma io però ne diedi parte tanto all'Emmo Sigr Cardl Imperiale quanto all'Eccmo Sr Prencipe D. Mario et altri miei Padroni, che sempre dalli miei superiori sudi ho havuto ordine di procurare la quiete e di contenere le mie soldatesche in modo che non succedesse male alcuno. Domenica a sera poi p. p., io partii dal Palazzo dell'Eccmo Sr Principe D. Mario alle 22 hore, e me ne venni verso il quartiero, dove mi trattenni un pochetto; e mentre stavo lì, mi fu recapitata una lettera di fuori, e così me ne andai alla mia casa dove habito nel vicolo della Grotta per rispondere alla dᵃ lettera, che credo potessero essere da 23 hore incirca quando io andai a casa; e mentre stavo rispondendo alla dᵃ lettera, intesi un carbuglio e rumore per il vicinato, e le genti gridavano: « Que-

---

1) MS: costa.
2) MS: Candone.

stione! questione! » — onde io sentendo questo rumore, mi affacciai ad una delle mie fenestre di casa, e viddi gran gente correre verso la Piazza di Spada, che erano genti della Città; e così io subito presi la mia spada e senza ferraiolo venni a basso, uscii in strada, e quando fui lì alla cantonata della casa del S.r Salamonio dove è il macello, incontrai e viddi parte della mia soldatesca, cioè da 100 huomini incirca, più o meno, che io non posso asseverantemente dirlo, che venivano con li schioppi alla mano verso la strada che va verso il Palazzo di Spada, che l'incontrai proprio alla cantonata del macello sud.o; onde io vedendo la d.a mia soldatesca, non sapendo che novità fosse questa, tirai mano alla mia spada e cominciai a gridare a d.i miei soldati, menandoli delle piattonate e delli colpi con tutto che havessero li cani calati su li foconi delli schioppi, e gridandoli: « A dietro! a quartiero! » — e tanto feci et operai che li feci dare indietro: e perchè ci trovai durezza a farli dare indietro, mi ridussi a dirli che havessero preso posto alle cantonate vicino al quartiero; che mi obedirno e presero posto lì a dette cantonate; et havendo preso posto, quasi subito con buone parole li ridussi in quartiero, con dirli che quello non era luogo per noi e che bisognava andare in quartiero et armare bene il nostro corpo di guardia, perchè ancora io non sapevo la causa della lor mossa; e prima che entrassi in quartiero, intesi lo sparo di alcune archibugiate da lontano, che non sapevo nè a (1) chi fossero sparate nè chi le sparasse; e dubitando di non haver delli miei soldati ancor fuori, hebbi per bene di far toccare la cascia a raccolta, conforme fassi (2) fare dal tamburino della compagnia che è soldato; ma perchè di quel tempo non ci era il tam-

---

1) MS: da.
2) MS: feci.

burino della compagnia, la feci toccare da un soldato che sa sonare e battere la cascia, che non so come si chiami, ad effetto di radunare li altri soldati, se fossero stati fuori, in quartiero; e battuta la cascia, feci entrare in quartiero quelli soldati che havevo respinti indietro, li quali li feci andare a guardare le finestre del quartiero; et intanto ritornorno a quartiero con il segno della cascia da 25 o 30 soldati con li loro schioppi nelle mani, e li ridussi con buone parole tutti in quartiero, dicendoli: « Dentro, figliuoli! dentro, figliuoli! » — e subito feci serrare il rastello, e misi sentinelle acciò nessuno fosse scappato; et io stetti sempre lì alli rastelli con la spada alle mani, acciò non scappasse nessuno fuori; et intanto sopr'arrivò lì al quartiero l'Ecc^{mo} Sig^r Principe D. Mario *mio* Padrone, e mi domandò se che rumore era quello che era seguito; et io, perchè ancora non haveva hauto tempo ad informarmi, dissi che non sapevo niente e che solo havevo inteso che li Francesi del Sr Ambasciatore di Francia havevano ferito a morte doi miei soldati a Ponte Sisto, e che havevo saputo che alcuni miei soldati erano corsi appresso alli Francesi sino a Piazza Farnese, e che il Caporale di guardia mi haveva detto che una squadra de' miei soldati haveva forzati li cancelli e che era uscita fuori con li schioppi alle mani, e che erano andati per andare appresso alli Francesi, e che havevano prese diverse cantonate attorno a Piazza Farnese e sparato delle archibugiate, per quanto però intesi non dalli soldati, ma dalle genti della città; et allora il medesimo Sig^r Prencipe fece diligenza come era passato il fatto, e chiamò molti e diversi soldati ad uno ad uno, et non potè saper cosa veruna dalle loro bocche, perchè tutti dicevano non saperne niente; che vedendo d^o Sig^r Prencipe non poter cavar la verità del fatto, se ne andò via ordinandomi che tenessi li soldati serrati e non l'havessi fatti uscir fuori senza suo ordine; e non ho potuto sin hora saper d'avantaggio di quello che io ho detto a V. S., ancorchè io habbia fatta diligenza essattissima di saper la verità come era passata; e questo è quello che io posso dire per verità circa quello che successe domenica a sera p. p. tra li miei soldati e li Francesi sud[i].

Int[s] ut dicat quinam fuerint illi viginti quinque seu triginta milites qui ultimo loco dicto sero dominico post pulsationem ut dicitur « della cassa » reversi fuerunt ad quarterium,

R[dit]: Io non saprei dire a V. S. chi si fossero quelli 25 o 30 soldati che domenica a sera, doppo che io hebbi fatto batter la cassa a raccolta, ritornorno con li loro schioppi a quartiero, perchè io stavo infuriato e fuori di me, e non abadai chi fussero; ma io stimo che fussero quelli trenta o trenta quattro soldati che mi trovo mancare dalla compagnia, che mi si sono fugiti, che mi si ne fugirno il martedì a mattina p. p. che hebbi ordine d'aprire il quartiero.

Int[s] ut dicat ubi, de tempore quo I. E. reduxit suos milites ad quarterium, reperirentur signifer et sargenteus suæ cohortis,

R[dit]: Quando io respinsi indietro li miei soldati come ho detto disopra, trovai il mio sargente con la spada nuda alla mano nella Piazza della Trinità che procurava di far tornare indietro a quartiero li soldati, ma non poteva; e così si accompagnò con me, e tutti doi assieme facessimo ritornare indietro li soldati; et il mio alfiere lo trovai nella piazzetta avanti il corpo di guardia che anche lui teneva la spada alla mano, che mi aiutò a far ritornare in quartiero li soldati; e perchè io viddi che alcuni soldati erano penetrati vicino al Palazzo di Spada, mandai il mio sargente con doi o tre soldati a fargli ricondurre a quartiero, conforme ce li ricondusse.

Int[s] ut dicat de quo præciso tempore I. E. audiverit rumorem superius depositum, descendit ex eius domo et suos milites reduxit ad quarterium,

R^{dit} : Quando io stavo in casa scrivendo la risposta della lettera e che intesi il rumore e che uscii di casa e feci ritornare li soldati a quartiero, era vicino a notte e poteva essere da ventitre hore e tre quarti incirca.

Int^s ut dicat et nominet milites qui e cohorte I. E. defecerunt et fugam arripuerunt,

R^{dit} : Io non posso nominare a V. S. e dire chi sono li soldati che sono mancati dalla mia compagnia e mi sono fugiti. So bene che sono da trenta quattro incirca, che ne ha fatta la nota il mio sargente, per il quale io gli là mandarò.

Int^s an de gestis præmissorum occasione aliquis seu aliqui sint informati,

R^{dit} : Tutte le genti della Trinità, e quelli vicino al quartiero viddero le mie operationi, che feci per fare ritornare li miei soldati in quartiero; e mi ricordo anco che ci si affrontò di quel tempo un prelato giovane, che non so come si chiami, il quale so che l'ha riferito alli Padroni.

Int^s ut dicat an ante adventum Ecc^{mi} D. Principis D. Marii Chisii I. E. aliquem ordinem receperit concernentem suos milites; et si sic, dicat quem et a quo;

R^{dit} : La detta sera, non havendo finito di condurre li miei soldati in quartiero, spedii subito il mio alfiero a dar parte delle cose sud^e all'Em^{mo} Sig^r Card^{le} Imperiale Progovernatore, temendo di qualche garbuglio maggiore; il quale alfiero essendo tornato avanti l'arrivo dell'Ecc^{mo} Sr Prencipe D. Mario, mi disse che S. E. mi comandava che havessi veduto in ogni maniera di ridurre tutti li miei soldati al quartiero, e li havessi fatti in tutti li modi levar delli posti dove stavano, e che havessi usata prudenza, e non havessi fatto uscire nessuno del quartiero, conforme fu da me subbito essequito et obedito a S. E.; e puole anco esser che similmente per prima mandasse simili ordini a qualche un altro, e che fussero dati alli miei officiali, che questo io non lo so; è ben vero che prima di d° mio alfiero venne da me il Barigello di Roma e mi disse di ordine di S. E. sud^a che io havessi veduto in tutti modi di retirare e far tornare li miei soldati in quartiero, e di farli partire da tutti posti e strade dove stavano, e non li havessi fatti uscire dal quartiero, che questo sommamente premeva a S. E. e gli l'ordinava precisamente, dicendomi anco che teneva ordine della medema Eminenza di darmi aiuto, se ne occorreva, e di assistermi in questo, se mai (1) bisognava; che me lo replicò più volte; e perchè non mi fece di bisogno del suo aiuto, io non me ne valsi.

Tunc etc.

Die d^a 25 Augusti 1662.

Exam^s f^t per quem et ubi supra, meque,

Carolus Antonius Cardonus (2) filius Paduani de Calenzana (3) in Cirnea, qui delato sibi juramento veritatis dicendæ, prout tactis etc. juravit. Fuit per D.

Int^s quomodo (4) accesserit ad pr^{ntem} locum examinis, et an sciat seu saltim excogitet causam illius,

R^{dit}: Io sono venuto qui avanti V. S. perchè il Capit° Franchi, capitano della soldatesca Corsa che risiede di quartiero alla Trinità di Ponte Sisto, del quale io sono alfiero, mi ha detto che io fossi venuto qui da lei, che voleva essaminarmi; et io credo di dovere esser essaminato sopra la rissa e rumor che successe domenica a sera p. p. tra li nostri soldati Corsi e li Francesi del Sig^r Ambasciatore di Francia.

---

1) MS: non.
2) MS: Cordonus, ailleurs Cardone.
3) MS: Calersano.
4) MS: quando.

Et sibi dicto per D. ut dicat et narret quinam rumor et rixa inter milites Cirneos et homines Gallos prædictos acciderit dº die dominico, dicatque quando et unde ortum habuerit, recenseat omnes eius qualitates et circumstantias,

R^{dit}: Raccontarò a V. S. tutto quello che io so e posso dire per verità circa la rissa e rumore che successe domenica a sera p. p. tra li nostri soldati Corsi e li Francesi del Sig^r Ambre di Francia. Deve sapere che è un pezzo che si sono ingrossati l'umori tra li soldati Corsi e detti Francesi per diverse insolenze et impertinenze fatte da essi alli nostri soldati; poichè doi mesi fa incirca, su le 24 hora un giorno che non mi ricordo del preciso, stando molti nostri soldati nella piazza che sta avanti il Corpo di guardia, passorno per mezzo alli nostri soldati diversi Francesi, li quali alla francese dissero nel passare diverse parole di villania alli nostri; e perchè ci si affrontassimo io et il sergente, cognoscendo che li soldati si erano cominciati ad alterare, procurassimo con li cenni di quietarli e non farli movere. Un'altra volta, sendo poi passati non so che altri giorni, ritrovandosi nella Piazza della Trinità quantità di soldati che facevano circolo e discorrevano, che tra gli altri mi ricordo che ci era il tenente Giulio Monticchia, passorno da sei o più Francesi incirca, li quali impertinentemente mettendosi la mano alli fianchi ruppero il circolo delli soldati sud^i, dando delli urtoni con le braccia alli soldati; che allora ancora hebbe da nascere del rumore, se li soldati non erano reparati da me e dal tenente Monticchia; e 10 o 15 giorni sono, un giorno che non mi ricordo bene se fosse di mercordì o di sabbato, havendo scritto per la posta, perchè mi doleva la testa, andai a pigliar un poco d'aria a Ponte Sisto; e standomene in dº ponte a vedere sguazzare quelli che si lavavano nel fiume, trovandosi anco ivi alcuni nostri soldati, uno de' quali si chiama Melchiorre da Cristinaccia e delli altri non me ne ricordo, passorno lì per il ponte certi Francesi, li quali dissero alli detti nostri soldati: « Bugari Italiani, spie del Papa; » — che uno delli nostri, che sentiva un poco la lingua francese, gli rispose che « erano tanto honorati quanto che loro; » alle quali parole io mi voltai e dissi se che cosa ci era, e li nostri soldati risposero che quelli Francesi l'ingiuriavano; e perchè li soldati volevano mettere mano alle spade, io li dissi: « Fermatevi, » — e poi mi voltai a quelli Francesi, e li dissi che andassero per la loro strada; e così li Francesi passorno verso Trastevere, et io me ne ritornai a quartiero con tutti li soldati. Domenica poi p. p., essendosi mutata la guardia alle 22 hore conforme al solito nel nostro corpo di guardia, entrò di guardia il nostro caporal Pietro con tutta la sua squadra, che uscì di guardia Gio: Maria della Corbara, altro caporale. Io mi trattenni lì in piazza del nostro corpo di guardia persino alle 22 hore sonate, e poi me ne salii su in quartiero nelle mie stanze, che cenai con il mio cammerata chiamato (1) Toma Marchetti; et havendo finito di cenare, intesi non so che bisbiglio e rumore giù a basso in piazza, che erano 23 hore e mezza incirca; che io non mi mossi, perchè sempre so che li soldati fanno qualche poco di rumore; e perchè intesi crescere il rumore, essendomi affacciato alla fenestra, viddi che molti de' nostri soldati havevano presi li schioppi in corpo di guardia, e che molti sfilavano con li schioppi verso S. Paolino, e molti verso la Trinità; e così io subito scesi a basso con la mia spada, e trovai quantità di soldati che havevano preso tutti li schioppi, e molti ne erano anco usciti fuori; e subito ordinai, e feci serrare la porta del rastello, acciò non facessero uscire quelli che stavano dentro; ma erano però tanti quelli che havevano preso l'armi che stavano in corpo di guardia, che, ancorchè io facessi serrare la porta del

---

1) MS: le mie cammerate chiamate...

rastello, fecero violenza e forza e sconficcorno anco da doi o tre travi del rastello e volsero uscir fuori, che non li potemmo tenere, ancorchè il sargente che era di fuori facesse le parti sue per non farli uscire; che uscirno fuori con li schioppi più di cento soldati; che io, non sapendo che novità si fosse et a che si movessero li nostri soldati a sortire dal quartiero con tanta furia, domandandone li nostri soldati, mi dissero che li Francesi havevano ammazzato un nostro soldato e feritone un altro a Ponte Sisto; et essendosi tutti quelli soldati avviati verso il macello che sta su la cantonata della Trinità di Ponte Sisto, il nostro Capitan Franchi, che si trovava in quel tempo in casa sua nel vicolo della Grotta, intese il rumore, scappò di casa senza farraiolo con la spada nuda in mano, e menando piattonate e botte alli soldati e col gridare: « A quartiero! a quartiero! » — oprò e fece tanto che li respinse indietro e li fece ritornare verso il quartiero; che veramente si portò da capitano, et hebbe l'obedienza, se bene con fatica; che io lo posso dire, perchè ancor io accorsi e viddi tutte l'operationi del capitano, il quale anco si valse dell'inventioni per far ritornare in quartiero li soldati, e li diede ad intendere che bisognava guardare il quartiero e mettersi a guardar le fenestre di esso; e ridotti li soldati nella piazza del corpo di guardia, chiamò subito Gieronimo che, se bene è soldato, sona uno delli tre tamburri della compagnia, et l'ordinò che havesse sonato la cassa a raccolta ad effetto di far tornare gli altri soldati che erano sortiti fuori con li schioppi; et intanto ridusse in quartiero tutti quelli soldati che erano li nella piazza, et li mandò a guardare le fenestre; et in questo arrivò li il Barigello di Roma, e disse al Sig[r] Capitano che il Sig[r] Card[le] Imperiale gli comandava che havesse veduto in tutti li modi et in tutte le maniere di far ritornare li soldati in quartiero e di farli levar de' posti dove stavano, e con ogni studio procurasse di tenerli in quartiero e di *non* farli uscire, dicendo anco che teneva (1) ordine di S. E. di assisterlo (2) e darli aiuto per (3) far ritornare in quartiero detti soldati; et il Sr Capitano all'hora mi ordinò *che fossi andato da S. E.*, e che l'havessi dato parte dell'uscita de' soldati Corsi, et che molti di essi si trovavano in Piazza Farnese, e che si sentivano sparare li schioppi, et che tutti all'hora non erano ritornati a quartiero, et che quelli che si erano potuti far ritornare si erano messi dentro; et (4) havendomi S. E. comandato che dicessi al Capitano che in tutte le maniere con ogni sollecitudine e prestezza havesse fatto ritornare li suoi soldati a quartiero e che non ci havesse perso tempo, e così io volgendomene, andai dal capitano mio e li dissi quanto mi haveva ordinato S. E. In questo mentre venne lì al quartiero l'Eccmo Sr Principe D. Mario, et parlò con il Sr Capitano, che non intesi quello che li dicesse, e viddi che voleva sentire diversi soldati ad uno ad uno, dando ordine che non havesse fatto uscir nessuno soldato dal quartiero senza suo ordine e che in ciò si fosse governato con la prudenza, e se ne andò via; e tutti li soldati entrorno in quartiero, stettero con le sue armi nelle stanze loro et anco il giorno seguente; et fu tenuto serrato il quartiero sino a martedì a mattino p. p., nel qual tempo venne ordine che si dasse libertà alli soldati; e questo è quanto io so e posso dire per verità circa il rumore e rissa sudetta.

Interrogatus an sciat vel saltim sit informatus an omnes milites Cirnei qui do sero dominico cum eorum sclopis ex quarterio prosilierunt, ad eumdem quarterium do sero reversi fuerint, et quatenus,

---

1) MS: tenesse.
2) MS: assisterli.
3) MS: di.
4) MS: e così.

R^{dit}: Io non posso sapere se tutti li soldati Corsi che domenica a sera sortirno fuori del quartiero ritornassero la medesima sera con li loro schioppi nel quartiero; e questo io non lo posso dire, perchè questo non è mio offitio, ma tocca al sargente; io stimo però che non ci tornassero tutti, ma di questo io non me ne posso assicurare. So bene che al presente nella nostra Compagnia ci mancano da 32 o 33 soldati, che si dicono esser fugiti via, salvo il vero; che se ne potrà haver nota dal sargente, al quale spetta tener conto del numero de' soldati.

Int^s an sit informatus quinam sint milites illi Cirnei qui fugam arripuerunt,

R^{dit}: Io non so chi siano nè come si chiamino quelli soldati Corsi che sono fugiti; ma dal sargente V. S. ne potrà haver notitia.

Int^s ut saltim dicat quinam sint milites illi reducti ad quarterium per capitaneum Francum,

R^{dit}: Io non posso dire chi si fussero quelli soldati che fece ritornare indietro il Capitano assieme col sargente, perchè quello non era tempo di stare ad osservare le genti, et io havevo carestia di guardare me stesso et abadare che non mi fosse tirata qualche archibugiata.

Tunc,

Die Sabbati 26 Augusti 1662.

Exam^s ft per perill^m et exc^{mum} D. Stephanum Braccium L^{ntem} meque, in off^o,

Philippus filius Ambrosii Catalucci Romanus, cui delato juram^{to} verit. dic., prout tactis etc. juravit. Fuit per D.

Int^s quomodo reperiatur in loco examinis, et an sciat vel saltem præsumere valeat illius causam,

R^{dit}: Io sono venuto qui nell'Offitio, perchè sono stato avvisato da Francesco Griselati orefice al Pellegrino che fossi venuto qua, perchè dovevo esser essaminato; ma non so la causa se non me la dice.

Int^s ut dicat in quo loco fuerit die dominico de sero prox. præt°,

R^{dit}: Domenica sera p. p., essendo io stato al rosario nella chiesa della Minerva, partito di là verso le 23 hore e tre quarti incirca, sentii un gran rumore per Roma; e perchè io habito alla Chiesa nova, me ne venni verso Campo di fiori, dove trovai quantità di gente, e sentii che si faceva ad archibugiate tra li Corsi e quelli dell'Amb^{re} di Francia; e perchè volevo avvisare una persona mia amica che si guardasse, perchè stava vicino S. Girolamo della Carità, acciò si ritirasse in casa, me ne venni per il Pellegrino e *li* Cappellari, e tirai a Monserrato (1) svicolando; e quando fui a Monserrato, vi trovai quantità di gente che stavano spaurite. Io li passai avanti per andare dove dovevo; e quando fui su la Piazza di S. Girolamo della Carità, per curiosità mi affacciai a veder che cosa ci era (che poteva all'hora esser l'Avemaria delle 24 hore); e viddi che lì alla cantonata del Palazzo Farnese, nel capo della strada che va giù alla chiesa della Morte (2), *vi erano* tre persone che stavano ivi ferme, che io non conobbi. Nel medesimo tempo sentii un'archibugiata e viddi che uno di d^i tre, che stava più in fuori verso la Piazza di Farnese (che l'altri doi stavano più in dentro la strada della Morte), viddi, dico, che quello che stava più in fuori diede una girata, poi cascò in terra, dal che io raccolsi che fosse stato colto dalla d^a archibugiata; et essendo io subbito partito per timore et andato ad avvisare chi volevo, e non havendolo trovato in casa, me ne tornai verso la

---

1) Trois noms de rues.
2) V. p. 100, note 2.

dª chiesa di S. Girolamo; e perchè era chiaro e si vedeva lume benissimo, mi misi ad osservare alla cantonata di dª chiesa, rendendomi coperto più che potevo, se vi era più colui che havevo visto cadere in terra, e viddi che ci era, e che non ci erano altri senonchè uno che stava colco in terra dove stava lui, perchè quell'altri doi che stavano in dº loco li viddi fugire subito che colui fu caduto; et osservando chi era quello che stava lì in terra a canto a colui che era caduto, osservai che faceva moto con le mani et haveva un cappello di paglia; e perchè nel dº tempo ci era sopravenuto, anzi dico ci trovai uno che stava lì osservando, gli (1) domandai chi erano coloro, per sentire quello diceva; et esso mi rispondè che era un frate che confessava uno che era stato ferito con una archibugiata e che stava in terra, sì come io havendovi fatta particolare osservatione viddi che era tale e vestiva dell'habito di S. Francesco; e viddi che fece la croce al dº huomo che stava disteso in terra, si alzò sù, e di nuovo gli fece il segno della croce, e se ne venne alla volta del luogo dove stavo io; e passandomi a canto, li (2) domandai se era morto quell'huomo, e dº frate mi rispose che era ito in Paradiso, facendo con le mani un altro segno di croce; et io all'hora pensando alli casi miei, me n'andai a' fatti miei; e viddi che il frate prese la strada verso S. Catarina della Rota, e rivoltandomi non viddi più dº frate, che mi si sparì d'avanti, perchè subito mi revoltai e non lo viddi più; et io all'hora me ne andai subito a casa per la volta di Monserrato, et in questi luoghi io fui domenica sera p. p.

Intˢ an sciat, vel excogitare valeat, vel aliquo modo sit informatus unde fuerit explosa archibusiata prᶜᵗᵃ et a quo

---

1) MS: e gli.
2) MS: mi.

seu quibus, et an sciat vel dici audiverit quis sit ille homo interfectus ut supra deposuit, et quatenùs,

R^{dit}: Io non potei vedere donde venisse precisamente la d^a archibusiata che ammazzò uno di d^i tre; ma da quello che io posso giudicare, non potè venire da altrove che dalle finestre del Palazzo di Farnese, perchè intesi la botta a mezz'aria, e la piazza stava spicciata, che non vi era persona alcuna; e chi la sparasse non lo posso sapere, e colui che morì in quella sera io non seppi chi si fusse; ma la mattina seguente, seppi et intesi dire che era stato visto che era un giovane di un libraro; et in d^a Piazza, quando fu sparata la d^a archibugiata, non ci viddi persona alcuna; che se ci fosse stata, l'haverei veduta; e se fosse venuta da qualch'uno che fosse stato nelli lati di d^a Piazza, per la lunghezza di questa non poteva fare un colpo di quella sorte, tanto più che, come ho detto, non vi viddi persona alcuna.

Tunc,

Die Dominico 27 Augusti 1662.

Exam^s f^t per perill^m et admodùm Exc^{tem} D. Augustinum Paris I^{ntem} substitutum et Judicem deputatum, meque, in officio mei,

Joannes Petrus filius Laurentis Bernardini Romanus, qui delato sibi juram^{to} veritatis dicendæ prout tactis etc. juravit. Fuit per D.

Int^s quomodo accesserit ad præsentem locum examinis, et an sciat vel excogitet causam illius.

R^{dit}: Io sono venuto qua avanti di V. S. perchè sono venuti li sbirri e mi hanno ordinato che fossi venuto qua, perchè lei (1) mi voleva essaminare, et io non so nè posso imaginarmi la causa, se non me lo dice.

---

1) MS: lui.

Int⁵ de eius exercitio habitationeque,

R^dit: Io sono macellaro, che essercito e tengo il macello nella Piazza della chiesa della S^ma Trinità, che sta (1) nel cantone proprio della casa del Sr Salamonio, dove anco io habito di casa.

Int⁵ ut dicat ubi fuerit et manserit die dom^co trigesimo cadentis mensis Augusti ab hora vigesima d^i diei usque ad horam Salutationis Angelicæ,

R^dit: Domenica p. p., 20 del corrente mes^e di Agosto, dalle 20 hore sino all'Avemaria, io me ne stetti nel mio macello sud° e non me ne partii mai, perchè era giornata che non poteva lasciar il macello, e non partii mai dal macello.

Int⁵ ut dicat an d° die Dominico in d^a Platea S^mæ Trinitatis seu ibi prope circumcirca aliquid male evenerit; et si sic, dicat quid;

R^dit: Io dirò e raccontarò a V. S. il rumore che io so che successe domenica p. p. nella Piazza della S^ma Trinità, e di lì intorno, e tutto quello che posso dire per verità. In d° giorno di domenica, standomene io nel macello sud°, verso le 23 hore incirca intesi non so che rumore all'improviso; et essendomi affacciato fuori del macello, viddi verso il fontanone di Ponte Sisto una quantità di gente, e viddi alcuni fugire e certi correre con le spade nude nelle mani; e da molte genti che correvano verso il mio macello a quella volta intesi dire, mentre fugivano per la d^a strada, che quelli erano Francesi del Sr Amb^re di Francia; e perchè io viddi che per d^a strada che viene dal fontanone verso il mio macello tutti quanti serravano, mi misi anco io a rimetter la carne, perchè viddi che li soldati Corsi anco in d° tempo lì nella lor piazzetta avanti il corpo di guardia pareva che si

---

1) MS: sù.

volessero sollevare in pigliar l'armi; e così rimesso che io
hebbi la carne, serrai il mio macello e me ne andai di sopra
nelle mie stanze, perchè sentivo crescere il rumore. Mi misi
con la mia famiglia a dire le litanie, et havendole finite,
affacciatomi alla finestra, viddi lì nella piazza vicino al mio
macello una quantità grande di soldati Corsi con li loro
schioppi nelle mani, che a mio giuditio potevano essere un
centenaro di soldati incirca che stavano quasi per entrare
nel vicolo dove sta il ciambellaro di Capo di ferro; et al-
l'improviso viddi spuntare lì alla cantonata del mio macello
nella piazza sud^a il capitano de'Corsi, che ho inteso chia-
marlo il capitano Alfonso, con la sua spada nuda nelle
mani, il quale viddi che con la spada alle mani cominciò a
tirar delle piattonate alli soldati sud^i menandoli delle botte
e dicendo:: « a dietro là, figlioli! a quartiero! » — e ma-
neggiò tanto la spada e la lingua che, con l'aiuto anco del
suo sargente, viddi che fece dar indietro verso il quartiero
li detti suoi soldati; et in questo che io stavo alla fenestra,
mia moglie e le mie ragazze cominciorno a piangere, dicendo che io mi fossi levato dalla fenestra, e così io mi levai
da essa in tempo che già li soldati erano arrivati vicino al
quartiero; et mi trattenni li con la mia famiglia, la quale
stava dicendo che l'havessi menati via di lì, che havevano
paura; et in quel mentre si sentiva lo sparo di diverse archibugiate, ma non però di lì vicino a me, ma lontano da
me, che non so poi dove precisamente si sparasse; e poco
doppo che io mi fui retirato dalla fenestra e che il capitano
sud^o haveva respinto a quartiero li suoi soldati, intesi battere un poco la cassa; et all'hora, perchè le mie genti non
potevano star più in casa per la paura, stante che mia moglie sia gravida di cinque mesi, presi essa con le mie figliole
e le menai in casa di mia socera che habita nel vicolo di
Pastini, dove mi trattenni persino a doi hore di notte incirca, e me ne tornai a casa con doi miei garzoni che erano

venuti con me, credendomi che fosse cessato ogni rumore; e quando fui nella Piazza del Monte, sentii dire: « A dietro là! ferma là! » — e non mi voleva far passare; finalmente tanto mi raccomandai e dissi che io ero macellaro che stavo lì alla cantonata della piazza, che ci lasciorno passare ad uno ad uno, e ce ne entrassimo in casa, dove ci mettessimo a dormire; e questo è il rumore che io so che successe domenica a sera p. p. li alla Piazza della Trinità, e di lì intorno.

Int^s an sciat seu saltim sit informatus, aut aliàs dici audiverit cur et qua de causa supradicti milites Cirnei cum eorum sclopis præ manibus pervenerint ad d^{am} Plateam SS^{mæ} Trinitatis, et fuerint coacti ad quarterium sup^{tum} redire,

R^{dit}: Io ho inteso dire il giorno di lunedì susseguente a d^a domenica da più e diverse persone, che hora non mi sovvengono, che li Francesi del Sr Amb^{re} di Francia ferissero li al fontanone di Ponte Sisto in casa di un herbarolo un soldato Corso; che risaputosi questo al quartiero di Corsi, infuriati li soldati Corsi sortissero fuori del quartiero con animo di vendicarsi; e tengo che il capitano loro li facesse ritornare a quartiero acciò non havesse da succedere male alcuno e per evitare li disordini. Ho bene inteso dire che in Piazza Farnese si sparassero dell'archibugiate, e che ne restasse morto uno che ho inteso dire che fosse un libraro; e questo è quello che io so e posso dire per verità.

Tunc, etc.

(Die d^a (*26 Aug.*)

Exam^s f^t per quem et ubi supra, meque,

Bernardinus filius q. Georgii Appii Anconitanus, qui delato sibi jur^{to} verit. dic. p^t tactis etc. juravit. Fuit per D.

Int⁸ quomodo huc se contulerit et an sciat causam sui pr^{ntis} examinis,

R^{dit}: Io sono venuto qua, perchè li sbirri mi hanno ordinato che io venissi qui all'officio, che lei mi voleva essaminare; et io non so la causa sopra la quale debbia essere essaminato, se non me lo dice.

Int⁸ de eius exercitio, professione et habitatione,

R^{dit}: L'essercitio e professione mia è di pizzicarolo, che l'essercito nella piazza della chiesa della S^{ma} Trinità in quella cantonata che sta per fianco, di rimpetto al macellaro, et habito anco di casa dove fo la detta bottega.

Int⁸ ut dicat ubi fuerit et manserit die dominico 20 cadentis mensi Augusti ab hora 20 d^i dicti usque ad primam noctis horam,

R^{dit}: Domenica 20 del cadente mese di Agosto, io dalle 20 hore per tutta la notte e persino alla mattina di lunedì non partii mai dalla bottega della mia pizzicaria, perchè io di quel tempo era solo in bottega e non ci havevo altro che mia moglie, et il garzone mi si era ammalato, che stava nell'Hospedale della Madonna dell'horto.

Int⁸ ut dicat au d° die dom^{co} in d^a Platea S^{mae} Trinitatis, seu prope et circumcirca, aliquid male evenerit; et si sic, dicat quid;

R^{dit}: Domenica 20 del corrente verso le 23 hore e mezza incirca, all'improvviso intesi un gran rumore che veniva dal fontanone di Ponte Sisto; et affacciatomi in strada, guardando a quella volta, viddi una gran moltitudine di genti vicino a d° fontanone; e viddi fugire verso la Piazza della Trinità e per quelli vicoli lì attorno, che chi si retirava di qua, e chi di là, e molti che fugendo passorno (1) avanti la mia bottega intesi (2) che andavano dicendo: « Sono li Fran-

---

1) MS: passando.
2) MS: et intesi.

cosi del Sr Ambre di Francia, adesso vengono in sù; » — e viddi che li soldati Corsi che stavano lì per quella strada vicino al corpo di guardia si sollevorno all'improviso, nascendo rumore e bisbiglio tra essi; onde, perchè viddi che tutti serravano le loro botteghe, serrai anco io la mia e mi retirai di sopra nelle stanze, che mia moglie per paura fuggì in cantina; e standomene nella mia camera, di lì a poco affacciatomi alla finestra che risponde nella piazza sud^a della Trinità, viddi venire verso detta piazza una quantità grande di soldati Corsi, che potevano essere da cento incirca, con li loro schioppi nelle mani, che infuriati se ne venivano per entrare nella strada del ciambellaro di Capo di ferro, dove fo cantonata io, et il ciambellaro; e viddi il sargente de' Corsi (che non so come si chiami, ma lo cognosco benissimo, che tutto il dì lo vedo passeggiare per la piazza e l'ho *inteso* chiamare sargente), il quale con la spada nuda nelle mani gridava (1): « A dietro là, a dietro là! a quartiero, a quartiero! » — e fece ogni sforzo per far ritornare indietro d^i soldati, ma non poteva, perchè erano una quantità grande. Intanto all'improviso viddi sboccare dal d^o vicolo del ciambellaro su la Piazza della Trinità il capitano delli soldati Corsi (che l'ho inteso più volte chiamare dalli suoi soldati Corsi Alfonso Franchi) con la spada nuda nelle mani, e viddi che cominciò a menare delle piattonate e delle botte alli d^i soldati con la spada, gridando et esclamando: « A quartiero, figlioli! a quartiero, figlioli! » — et oprò et affatigò tanto con la lingua e con la spada, che con l'aiuto anco del suo sargente respinse indietro e viddi che fece tornare (2) a quartiero quella moltitudine di soldati; li quali quando furono arrivati a quartiero, intesi batter la cassa o

---

1) MS: gridavano.
2) MS: furo tornate.

tamburro; che le genti dicevano che si toccava il tamburro a retirata (perchè io non me ne intendo del suono del tamburro) ad effetto di far ritornare in quartiero li soldati che si trovavano fuori; che quando sonò, era notte, et era tra chiaro et oscuro; et in quel mentre che il capitano sud⁰ fece ritornare li di soldati a quartiero, intesi lo sparo di alcune archibusiate che pareva (1) che venissero di lì da Piazza Farnese; che io all'hora non seppi chi se le sparasse; intesi bene il giorno seguente raccontare che quelle archibugiate erano state sparate dalli Francesi del Sr Ambre di Francia e da alcuni soldati Corsi, e che dallo sparo di de archibusiate ne restassero feriti alcuni, et alcuni morti; e ridotti li soldati a quartiero, io non intesi più rumore, ma stette (2) bensì alle cantonate del quartiero de' soldati Corsi tutta la notte la guardia con li schioppi alle mani.

Int^s an sciat seu saltim sit informatus cur et qua de causa milites Cirnei e quarterio egressi fuerint cum eorum sclopis, et per homines Gallos et milites pr^{tos} explosæ fuerint archibusiatæ de quibus superius mentionem fecit,

R^{dit}: Prima che li soldati Corsi venissero con li loro schioppi lì nella Piazza della Trinità, mi raccontò un chierico della medesima chiesa che lì dentro era arrivato un soldato Corso malamente ferito (quel chierico non so come si chiama, ma veste di roscio), quale l'havevano voluto trattenere li dentro, *ma* volse andare a quartiero; qual Corso intesi poi il giorno seguente che (3) fosse ferito dentro la bottega di un herbarolo vicino al fontanone di Ponte Sisto, dove anco fosse stato ferito dalli medesimi Francesi un altro Corso, e che havendo ciò saputo li soldati Corsi, tutti infu-

---

1) MS: parevano.
2) MS: stettero.
3) MS: intesi poi il giorno seguente che intesi dire che...

riati et arrabiati pigliassero li schioppi per vendicarsi contro di Francesi; li quali soldati Corsi se non erano respinti dal suo capitano a quartiero, succedeva del male grande; e che essendo penetrati alcuni Corsi in Piazza Farnese, facessero ad archibugiate con li detti Francesi; e questo è quanto io so e posso dire in questo proposito per verità.

Tunc,

Die dicta (26 Aug.)

Exams ft per quem et ubi supra, meque, in officio,

Bartholomeus filius q. Simeonis Guidotti Venetus, qui delato sibi juramto verit. dic. prout tactis etc. juravit. Fuit per D.

Ints quomodo hic accesserit ad se examini subjiciendum (1), ubi inhabitet et cuius sit exercitii.

Rdit : Sono venuto a comparire in questo Officio del governo di Roma, perchè sono stato dalli sbirri chiamato di suo ordine. L'essercitio mio è di fare il vermicellaro, si come lo fo nella Piazza della Trinità di Ponte Sisto, dove habito, havendo doi stanzie (2) sopra da mia bottega.

Ints an sciat seu saltim sit informatus an die domco 20 cadentis mensis Augusti in da Platea Ecclesiæ SSmæ Trinitatis vel ibi prope et circumcirca rumor aliquis seu aliquid male evenerit et quats,

Rdit : Domenica p. p., che credo fossimo alli 20 del cadente mese di Agosto, ritrovandomi io nella mia bottega di vermicellaro, che potevano essere 23 hore incirca, viddi correre diverse genti, che passavano avanti la mia bottega correndo, e venivano dal vicolo della Trinità che va verso

---

1) MS: subjicere.
2) MS: stantii. Les Corses disent encore, parfois, *stanzia* pour *stanza*.

Ponte Sisto; che io non sapendo che si fosse, dubitai che non fosse qualche vaccina scappata; e perchè viddi che tutti si retiravano e serravano le loro botteghe, serrai anco io la mia bottega, e me ne salii di sopra nelle mie stanze; e di lì a poco intesi rumore lì nella Piazza; et affacciatomi alla fenestra, viddi una moltitudine grande dei soldati Corsi con li loro schioppi alle mani, e viddi che il sargente procurava di farli retirare a quartiero; e perchè non poteva farlo, di lì a poco capitò ivi il capitano de' Corsi (che non so come si chiama, ma lo conosco benissimo, perchè tutto il giorno passeggia lì per la piazza), e con la spada nuda in mano viddi che li fece ritornare indietro, dicendoli: « A quartiero! a quartiero! » — e doppo arrivati a quartiero, intesi batter il lor tamburro (che non so a che si battesse, perchè io non m'intendo di tamburro); et io havendo paura, mi retirai dentro le mie stanze e non uscii più, nè meno mi affacciai alla fenestra per quella sera; e tutta la notte intesi lì alle cantonate del quartiero de' Corsi esserci le guardie, e non lasciavano passare nessuno per di lì; e questo è quanto io so di rumore esser successo in d^a piazza. Ho ben inteso raccontare doppo che la medesima sera in Piazza Farnese, tra li Francesi del Sr Ambre di Francia et alcuni altri, soldati Corsi, ci succedesse lo sparo di molte archibugiate, e che ci restassero ferite e morte delle genti; ma non ho però inteso dire chi si fossero li Francesi et li soldati Corsi, che sparorno dette archibusiate.

Int^s an sciat seu saltim sit informatus cur et qua de causa pr^{eti} milites Cirnei cum eorum sclopis accesserint ad d^{am} Plateam, et cur et qua de causa sequuta fuerit explosio archibusiatarum inter Gallos et milites pr^{tos},

R^{dit}: Io ho inteso raccontare publicamente da più e diverse persone, che non mi sovvengono, che la med^{ma} sera di domenica sud^a fossero dalli Francesi feriti doi soldati Corsi; e che essendosi ciò risaputo dalli Corsi, infuriati pigliassero li schioppi et uscissero fuori per vendicarsi delle d^e ferite date alli sudⁱ Corsi, e che alcuni di essi penetrati in Piazza Farnese facessero all'archibugiate con dⁱ Francesi. Tunc,

Die 27 Augusti 1662.

Exam^s f^t per perill^m et admodùm exc^{tem} D. Augustinum Paris L^{ntem} substitutum mecque, in offitio mei,

Joannes Baptista Suardus filius q. Joannis Antonii Bergomensis, qui delato sibi juram^{to} verit. dic. prout tactis etc. juravit. Fuit per D.

Int^s quomodo huc accesserit ad se examini subjiciendum, cuius sit exercitii, et ubi inhabitet.

R^{dit}: Io sono venuto a comparire qui avanti a V. S. perchè sono stato chiamato dalli sbirri di Campo di fiori, che ci dovessi venire. L'essercitio mio è di archibugiero, si come lo fo nella Piazza di Campo di fiori, vicino all'arrotatore per andare al vicolo delli Balestrari.

Int^s an sciat vel excogitare valeat causam sui pr^{ntis} examinis,

R^{dit}: Io non so nè mi posso imaginare la causa per la quale V. S. mi voglia essaminare.

Int^s an de mense Augusti aliqua persona in d^a Platea Campi Fioræ vel ibi prope vulnerata fuerit, et quatenùs,

R^{dit}: Io non so che nella Piazza di Campo di fiori, del mese di Agosto p. p., vi fosse ferita alcuna persona, eccettochè un tal Aubin (1) francese, paggio del secretario del Sr Ambre di Francia, il quale fu ferito la sera delli 20 di Agosto p. p., la sera quando successe il rumore de' Corsi; quale Aubin fu ferito con archibugiata nella schiena e nel

---

1) MS: Obaim, Abaim et Obeim.

petto, che fu ferito dalli Corsi che fecero rumore in Piazza Farnese e per quelli vicoli lì intorno a Campo di fiori; e questo io lo so, perchè stando io di d° tempo nella mia bottega, si vennero a salvar nella detta mia bottega da cinque o sei gentilhuomini, tra li quali ci venne il d° Aubin, il quale entrato dentro si mise a sedere sopra una cassa e si lasciò andare; e viddi tanto io quanto gli altri che era stato ferito con archibugiata dalli Corsi mentre esso se ne veniva dal palazzo dell'Eminentissimo Pio per tornarsene al palazzo di detto Signor Ambasciatore, dove era stato dalle 20 hore per insino alle 23 hore per servitio del Sig.r Secretario del Sig.r Amb.re, suo padrone; et altro che da' Corsi io non credo che potesse esser ferito, perchè in quella sera furno sparate dalli Corsi archibugiate in Piazza Farnese e per quelli vicoli intorno, ma io già (1) non viddi quando lui ricevè l'archibugiata e fu ferito; et intanto io so che si chiamava Aubin quanto che, essendo stato chiamato il confessore per confessarlo, il quale essendo venuto lì nella mia bottega, intesi che così disse chiamarsi e che era paggio del secretario del Sig.r Ambasciatore; e si trattenne lì nella mia bottega così ferito persino alle tre o quattro hore di notte, e poi vennero quattro servitori del Sig.r Amb.re con le torcie, e lo presero, e se lo portorno in Palazzo; e questo è quello che io so, che fu ferito in detta sera; se bene, adesso che mi ricordo, intesi dire che dall'archibugiate sparate in quella sera da' Corsi ne restassero dell'altri feriti e morti.

Int.s an sciat seu saltim sit informatus aut aliàs dici audiverit a quo ex militibus Cirneis vulneratus fuerit pr.ius Aubin, et quatenùs,

R.dit: Io non so per qual causa e da che Corso specialmente fosse ferito il detto Aubin, e nè meno l'ho inteso

---

1) MS: qui.

dire; ma io credo che restasse ferito per causa del rumore che venne e successe tra li Corsi e li Francesi.

Tunc, etc.

Die Lunæ 28 Augusti 1662.

Devenit per secretum denuntiatorem ad notitiam Curiæ:

Qualmente nella Chiesa di Santa Caterina della Rota questa mattina a buon hora vi è stato portato il cadavero di un tale Aubin Copet, e che sia uno di quelli che fu ferito la sera 20 Agosto corrente nel cimento tra li Corsi e Francesi. Sono però venuto a darne notitia, acciò la Giustitia faccia quello che è necessario et espediente.

Die Lunæ 28 Augusti 1662.

Visum et repertum fuit per me, de mandato D^{ni} in Ecclesia divæ Catherinæ de Rota.

Cadaver cuiusdam hominis masculini generis, ætatis suæ annorum 18 circiter prout ex aspectu dignosci poterat, imberbis, cum cesaria castanea, jacens super quodam cataletto denudatum, justæ staturæ, vulneratum in schena partis dexteræ cum fractura 4^æ et 5^æ costæ, alio vulnere in pectore, partis dexteræ, inter 2^{am} et 4^{am} costam, nec non ambobus penetrantibus in thorace, quod optimè videbatur cum d^m cadaver esset apertum, et alio vulnere in brachio dextero, factis ex pileis plumbeis, prout apparebant, ex archibusio jaculatis, ex quibus vulneribus obiisse videbatur; et dum erat in humanis, prout infrascripti testes mihi asseruerunt, appellabatur Aubin Copet, Parisiensis. Quæ omnia vidi, et hoc pro veritate adnotavi, ibidem pr^{bus} D. Antonio Gallina, Chirurgo charitatis et carcerum, Jo: Bapt^a q. Caroli Moroni

Romano, et Carolo Bozichino (1) pariter Romano, perito et testibus respectivè ad pr^{eta} omnia habitis, adhibitis, receptis atque rogatis.

Successivè Exa^{ms} f^{t} per me, de mandato D^{ni}, ubi supra,
D. Antonius Gallina Romanus, Chirurgus Charitatis et Carcerum, qui delato sibi juram^{to} verit. dic. prout tactis etc. juravit. Ad opportunas mei interrogationes,

R^{dit}: Havendo havuto ordine dal Sig^{r} Stefano Braccio L^{nte} Crim^{le} dell'Em^{mo} Cardinale Progovernatore di venire in questa Chiesa di S. Caterina della Rota assieme con V. S. per veder un cadavero di uomo ammazzato, che è huomo che giace nudo sopra questo cataletto, quel cadavero è di giusta statura, di età di 18 anni incirca, sbarbato, con capigliara castagna, et è ferito nella schiena della parte destra con rottura della 4^{a} e 5^{a} costa, come di un'altra ferita nel petto, parte destra, tra la seconda e 3^{a} costa, che tutte due queste sono penetranti nel torace, e si vedono benissimo perchè il d^{o} cadavero è stato aperto, e di un'altra ferita nel muscolo deltoide; delle quali ferite si vede esser morto, e sono state fatte da palle di piombo, cioè di archibugiate; e questa è la verità.

Tunc,

Successivè examinatus fuit per me, de mandato, ubi s^{a},
Jo: Baptista filius q. Caroli Moroni Romanus, qui delato sibi juram^{to} veritatis dicendæ, prout tactis etc. juravit. Ad opportunas mei interrogationes,

R^{dit}: Io ho visto e vedo benissimo questo cadavero, che giace sopra a questo cataletto in questa Chiesa di Sta Catarina della Rota, che è nudo, che è di giusta statura, di età

---

1) MS: Plus loin Bazzichino.

di 18 in 19 anni incirca, sbarbato, con zazzera castagna, ferito nella schiena per la parte destra con rottura di 2 coste, con un'altra ferita nel petto parimente dalla parte destra, che tutte due queste ferite si vedono assai penetranti perchè il d° cadavero è stato aperto, e di un'altra ferita nel braccio; quale ferite si vedono essere state fatte da palla di piombo e di archibugiata; e mentre viveva, si chiamava Aubin Copet Parigino, et era servitore del Sig^r Amb^{re} di Francia; e questa è la verità.

Successivè Exam^s f^t per me, de mandato, ubi supra,
Carolus Bazzichinus Romanus, qui delato sibi juram^{to} verit. dic. p^t tactis etc. juravit. Ad opportunas mei interrogationes,

R^{dit}: Io ho visto e vedo benissimo questo cadavero di uomo che giace sopra a questo cataletto nudo in questa chiesa di S. Catarina della Rota, di giusta statura, di età per quello si può giudicare di 18 o 19 anni, sbarbato, con zazzara castagna, *ferito* nella schiena per la parte destra con rottura di due coste, di un'altra ferita nel petto parimente dalla parte destra, quale ferite sono tutte doi penetranti, che si vedono benissimo per essere stato il d° cadavero aperto, e di un'altra ferita nel braccio destro, fatte tutte da palle di piombo cioè di archibugiata, e per dette ferite *si vede* esser morto; e mentre viveva, si chiamava Aubin Copet da Parigi, et era servitore del S^{re} Amb^{re} di Francia; e questa è la verità.

Tunc,

Die Martis 29 Augusti 1662.

Exam^s f^t ubi et per quem supra Exc^{mum} D. L^{atem} meque Carolus filius q. Andreæ Bentivoglio Romanus, cui delato juram^{to} verit. dic., p^t tactis etc. juravit. Fuit per D.

Int^s de causa sui accessus ad offitium, et an sciat supra quo sit examinandus.

R^{dit}: Son venuto qua all'offitio perchè son stato chiamato, et io non so la causa sopra la quale habbia da essere essaminato; ma mi imagino che sia per il rumore che seguì domenica passata, che domenica passata fecero otto giorni; e mi imagino questo, perchè dalle bande mie non è successo altro rumore.

Interrogatus de eius exercitio, professione et habitatione,

R^{dit}: Il mestiero mio è di sellaro, et habito nel cantone di Piazza Farnese in Strada Nova.

Int^s ut dicat et pro veritate recenseat quicquid sit circa rumorem p^{um},

R^{dit}: Domenica sera sud^a verso le 23 hore sonate et anco un quarto incirca, mentre me ne stavo a sedere al fresco su la porta della mia bottega, essendo tornato di fuori il Sig^r Amb^{re} di Francia (che lo viddi entrare nel Palazzo di Farnese con le carrozze), di lì a poco tempo sentii sparare su il capocroce del Vicolo de' Balestrari da cinque o sei archibugiate. Io, sentito questo, mi retirai dentro la bottega e serrai la porta, e me ne andai di sopra; et essendomi messo vicino la mia fenestra di dentro ad osservare (che non mi affacciai, perchè non mi venisse qualche male), viddi comparire alla cantonata del Torriglia un soldato Corso e tre o quattro altri spartiti per il vicolo, che si vede bene dalla mia fenestra; e quello che si avanzò inanzi, come ho detto, sentii che diceva e gridava: « Fuora, fuora, canagliaccia! » — ma questo non viddi che tirasse archibugiata alcuna; e da poi sentii tirare alcune archibugiate, che furono da sette o otto botte, dalla strada che va verso il Palazzo dove stava il Sig^r Card^{le} Spada morto; ma però non viddi sboccare persona alcuna nella piazza, e fra tanto io diedi l'occhio verso la cantonata del Palazzo di Farnese verso S. Girolamo della Carità, che ci è la strada che va alla Morte, che già era spicciata tutta la piazza; viddi cadere uno in terra, che stava lì al capocroce proprio in mezzo la strada; che io giudicai fosse stato colto da qualche archibugiata, che non potei vedere di dove gli fosse stata tirata, ma mi imaginai che fusse da quel vicolo di dove si sparavano quelle archibugiate, come ho detto di sopra; che essendosi fatto notte, serrai le mie fenestre; e tra tanto sentivo rumore verso Campo di fiori, dove sentivo che si facevano tornar a dietro le genti, che non poteva passar nessuno; e questo è quanto io posso dire circa il d° rumore, e non ho visto nè inteso altro di quello ho raccontato.

Int^s an valeat describere aliquem ex militibus Cirneis quos vidit, ut supra deposuit, et q^{nùs},

R^{dit}: Io non osservai altri di d^i Corsi se non quello che ho detto di sopra, che viddi che si fece avanti e diceva: « Fuori, canaglia! » — quale viddi che era un huomo alto con un cappello bianco, con baffi che non potei osservare di che pelame fossero, vestito di griscio come alla francese, che non potei osservare di che robba si fosse; e teneva l'archibugio alla mano e portava anco la spada, conforme sogliono portare li Corsi.

Int^s an sciat aliquem alium esse de p^{tis} informatus,

R^{dit}: Io non so che altri possano essere informati delle cose predette, perchè in quel cimento ogni uno procura di salvarsi.

Tunc, injuncto ut se subscribat, prout lecto de mandato,

Io Carlo Bentivoglio ho deposto per verità quanto di sopra, manu propria.

Die d^a 29 Agosto 1662.

Exam^s f^t ubi et per quem supra Exc^m D. L^{ntem} meque Bernardinus Bonus fil. Jo: Baptistæ de Rosciano, Tiburtinæ diocesis, cui delato juram^to verit. dic. prout tactis etc. juravit. Fuit per D.

Int^s quomodo reperiatur in loco examinis, et an sciat vel excogitare valeat illius causam, e de eius exercitio et habitatione,

R^dit: Io son venuto qui in questo Offitio per essaminarmi, per esser stato avvisato che dovessi venire in questo offitio a questo effetto; et il mio essercitio è di barbiere, che fo la bottega nella Piazza di Farnese dove stava prima l'hostaria della Croce bianca, nell'entrare dal vicolo de' Macelli; e per che causa io debba esser essaminato, io non lo so nè me l'imagino.

Int^s in quo loco fuerit Ipse Examinatus die dominico 20 currentis mensis Augusti,

R^dit: Domenica che fu, alli 20 del presente mese di Agosto, alle 23 hore, mi ritrovavo nel vicolo de' Cappellari, dove havevo giocato a boccia; et havendo già lasciato di giocare, mentre io volevo andare a comprare l'insalata in Campo di fiori, sentii sparare alcune archibugiate, e vedevo che le botteghe si serravano et ogn'uno fugiva; e tra tanto incontrai Francesco Mansueti che tiene la stufa secca sopra la mia bottega, e mi disse che non fussi andato inverso la bottega mia, perchè si tiravano dell'archibugiate; ma io perchè ho moglie e tre figlioli piccoli, che il più grande ha sette anni, e per provedere a casa mia, ci volsi andare, e me ne andai correndo alla mia bottega; et entrato, subito serrai la porta e me ne andai di sopra senza osservar altro per all'hora, havendo serrata la porta della bottega; e trovai la mia moglie tutta impaurita, perchè essendosi affacciata alla fenestra, era arrivata lì un'archibusciata e che non ci era mancato niente non l'havesse colta, tanto più che al presente lei è gravida e che haveva visto la vampa dell'archibugiata come un razzo di fuoco; e perchè viddi che non haveva fatto male alcuno, mi fermai in casa senza uscir più.

Int̀s an aliquid aliud vidit postquam domi se recepit in d⁰ die dominico, et quæ hora esset quando ibidem pervenit,

R̀dit: Quando mi retirai in casa la dᵃ domᶜᵃ sera come ho detto di sopra, potevano essere 23 hore e mezzo incirca, e non viddi nè intesi altro, senonchè sentii tirare dell'altre archibugiate. Essendomi affacciato alla fenestra così di fianco, viddi il Sʳ Ambasciator di Francia su la ringhiera del Palazzo di Farnese dove lui habitava, che sbatteva li piedi, e poi si ritirò dentro; e mi retirai ancor io e serrai le fenestre, o non mi affacciai più. Intesi bensì che uno per strada, che non so chi sia, andava dicendo che era stato ammazzato uno a capo la strada che va verso la Morte (1) et a S. Girolamo della Carità.

Int̀s an sciat vel dici audiverit a quo seu quibus fuerint explosæ archibugiatæ pᵐ et pro qua causa,

R̀dit: Io non so nè meno ho inteso dire da chi fossero state tirate l'archibugiate sudette nè per che causa, perchè io non le viddi tirare, ma intesi solamente le botte nè andai cercando altro; viddi sì bene poi la mattina seguente un giovane morto lì in strada, che era spogliato e non haveva altro che il giuppone e li sottocalzoni (2), et haveva una ferita nel petto sotto la gola.

Tunc,

Die Martis 29 Augusti 1662.

Examˢ fᵗ per perillᵉᵐ et admᵐ Excᵗᵉᵐ D. Augustinum Paris Intᵉᵐ substitutum et Judicem deputatum, meque, in offitio mei,

Franciscus Humiltà q. Gregorii Romanus, qui delato sibi juramᵗᵒ verit. dic. prout tactis etc. juravit. Fuit per D.

---

1) V. p. 100, note 2.
2) MS: le sottocalzette.

Ints quomodo accessit ad pr^tem locum examinis, et an sciat vel saltem excogitare valeat causam illius.

R^dit : Io son venuto qui avanti V. S. perchè son stato fatto chiamare con un bollettino, dove mi si diceva che fossi venuto all'Offitio, perchè dovevo esser essaminato; ma io non so nè posso immaginarmi la causa per la quale debbia esser essaminato, se non mi si dice.

Int^s de eius exercitio habitationeque,

R^dit : L'esercitio mio è di fare il falegname, et habito incontro proprio alla Chiesa di S. Girolamo della Carità, cioè incontro la porta maggiore di d^a chiesa per la strada dritta che va a Piazza Farnese, dove anco tengo bottega.

Int^s ut dicat ubi fuerit et manserit die dom^co 20 currentis mensis Augusti ab hora 20 di dieci usque ad primam noctis horam,

R^dit : Domenica 20 del cadente mese di Agosto la mattina, doppo che io fui a messa, me ne ritornai a casa, pransai, poi dormii un sonno, che mi svegliai verso le 21 hore. Volsi uscire, e poi mi pentii, perchè faceva caldo, e me ne stetti in casa; e non uscii di casa persino alla mattina del lunedì susseguente, rispetto delli rumori che successero in Piazza Farnese e di lì attorno.

Int^s ut dicat et narret rumores qui evenerunt d^o die dominico in d^a Platea Farnesia a principio usque ad finem cum omnibus suis qualitatibus et circumstantiis,

R^dit : Dirò a V. S. tutto quello che io so e posso dire per verità circa li rumori che successero domenica 20 del cadente in Piazza Farnese verso le 23 hore. Essendomi io affacciato ad una delle fenestre di casa mia, intesi per la Piazza Farnese non so che bisbiglio e rumore, e così viddi molta gente, che stavano lì accanto il palazzo del Sr Ambre di Francia, all'improvviso partir tutti; che alcuni fugivano dentro il Palazzo, e chi di lì, e chi di qui; che viddi restar polita la piazza, cioè quella parte di piazza che posso scoprir di casa mia; e subito viddi ritornare, et empirsi la piazza di genti, che io non so che genti si fussero; e viddi vota e riempita la piazza da tre volte, che le genti fugivano e ritornavano; e non sapendo io che novità fosse questa e da che procedesse, mi fermai alla fenestra senza movermi; e verso le 23 hore e mezzo sonate, viddi tornar il Sig^r Ambre di Francia in carrozza, il quale, arrivato credo io nelle sue stanze, lo viddi comparir su la ringhiera che sta nel suo palazzo, e che con tutte due le mani chiamava a sè le sue genti, perchè il moto delle sue mani non indicava altro a mio giuditio; e vedevo, a tre e quattro la volta, de' paggi, lacchè, parafrenieri, e suoi gentilhuomini rientrare dentro il palazzo; et a pena erano finiti di entrare, viddi, cioè intesi lo sparo di due archibugiate, che si sparorno lì a capo il vicolo della Cerqua, che è quel vicolo che a dirittura va al Palazzo di Spada; e viddi l'archibugi quando presero fuoco, cioè le fiamme; e li viddi che ci era delle genti, e doppo il sparo di due archibugiate, intesi sparar l'altra; e doppo il sparo di de tre archibugiate, che io non so chi fussero quelli che le sparorno, viddi uscir dal palazzo del Sr Ambre su la piazza diverse persone vestite *chi* di negro, e chi di colore; che chi entrava, e chi usciva; che non so dire a V. S. che genti si fossero, nè meno abbadai nè viddi se portassero arme o nò; et verso le 24 hore, essendosi fermato in mezzo a quel capocroce che è tra la cantonata del Palazzo di Farnese nella strada della Morte et il barbiero che sta nella cantonata della piazza, un giovane vestito di nero (che non so chi si fosse, ma seppi poi la mattina seguente che era garzone d'un libraro in Parione) era (1) in compagnia di molti altri, che non so veramente chi si fossero, *e* facevano **cumunella** lì assieme; et tutte le genti che passavano intesi

---

1) MS: che era.

che li dicevano: « Levatevi di lì, » — e nessuno si volse mai movere. Intesi lo sparo d'altra archibugiata (che non so di dove si venisse, chè non lo viddi), che colpì il d° giovane, il quale viddi che diede una pivolata intorno, e poi cascò in terra; e viddi un frate di S. Francesco, che si incontrò a passare, inginocchiarsi in terra, e che credo gli raccomandasse l'anima; e poi cessò il rumore, e non intesi altro; e questo è quanto io so, e posso dire per verità circa il rumore successo in d° giorno in d° piazza.

Int^s an sciat, seu saltim sit informatus, aut dici audiverit unde et ex quo loco verè et realiter fuerit explosa archibusiata illa, ex qua extinctus remansit d^s juvenis librarius.

R^dit: Non so dove nè da che luogo fosse sparata d^a archibugiata che ammazzò quel giovane libraro che disopra ho detto, perchè io realmente non viddi di dove fosse sparata, e non intesi se non la botta e non viddi se non la fiamma delle tre prime archibusiate, che furno sparate dal vicolo della Cerqua sud°; mi ha bene raccontato messer Aurelio collararo, che sta dirimpetto a Corte Savella, che lì alla colonna del palazzo dove esso habita ci sono delli colpi delle palle dell'archibugiate, e che lì in terra ci furno trovate delle palle di piombo, e che da esso e dall'altri fu giudicato che dette palle fossero potute essere venute di una loggia che sta sopra a quel palazzo che fa cantone nel principio della strada della Morte, dove sta la famiglia del Sig^r Ambr^e sud°; e tra gli altri so che vi stavano il chirurgo et il barbiero del Sr Ambr^e con altri gentilhuomini; che se questo è vero, quelle palle (1) non poterno mai venire dal vicolo della Cerqua; perchè chi spara di d° vicolo, le palle per necessità vengono a ferir nel cantone della mia bottega, la quale ha un angolo che sporge in fuori e ricopre

---

1) MS: quelle.

d° vicolo della Cerqua ; e non è mai possibile che le palle tirate dal vicolo della Cerqua possano andar a ferire nelle colonne del (1) palazzetto di Mess. Aurelio ; e potrebbe anco d^a archibugiata che ammazzò d° libraro esser venuta da qualche fenestra o ferrata di d° palazzetto, o altro luogo ; ma io non la viddi, e non intesi se non la botta.

Int^s an sit informatus vel dici audiverit a quo explosæ fuerint illæ trinæ archibusiatæ ut supra explosæ, et qua de causa,

R^{dit} : Io, con occasione che ho inteso discorrere del sud° rumore da più e diverse persone, ho inteso raccontare che quelli che sparorno le d^e tre archibugiate che disopra ho detto, fussero soldati Corsi, li quali si moverno a ciò fare perchè li Francesi del Sr Ambr^e sud° gli avessero ferito due soldati vicino a Ponte Sisto; che così ho inteso raccontare da più e diverse persone.

Tunc,

Die dicta (*29 Aug.*)

Exam^s f^t per quem et ubi supra, meque,

Aurelius filius q. Leonis Laurentii de Civitate Castellana, qui delato sibi juram^{to} verit. dic. prout tactis etc. juravit. Fuit per D.

Int^s quomodo huc se contulerit, et an sciat causam sui pr^{ntis} examinis.

R^{dit} : Io sono venuto qui avanti V. S. perchè sono stato fatto chiamare da un sbirro, il quale mi ha detto che V. S. mi voleva essaminare; et io non so sopra di che debba essaminarmi, se a sorte non fosse sopra il rumore che suc-

---

1) MS: nel.

cesse dom.ca 20 del corrente mese di Agosto tra li soldati Corsi, e li Francesi del S.r Ambr.e di Francia.

Int.s ut dicat quinam rumor evenerit d.o die dom.co inter milites Cirneos et homines Gallos p.tos, de quo tempore, in quo loco, et ex qua causa,

R.dit: Domenica 20 del corrente mese di Agosto, stando io verso le 23 hore e mezza in circa nella strada di Corte Savella avanti la mia casa dove habito, che è quel palazzetto che ha due colonne su la porta, che è del Sig.r Marco Antonio de' Grossi, dove anco di sotto ci tengo la bottega di collararo, giocando alle boccie assieme con Stefano Montacuto (regattiero quasi incontro a S. Gerolamo della Carità, dirimpetto proprio a quel palazzetto che fa cantone a capo la strada della Morte), e con quattro altri che non mi sovviene chi fossero, proprio avanti casa mia, sentissimo all'improviso da Piazza Farnese il sparo di più archibugiate, e vedessimo correre quantità di gente che fugirno verso noi, senza sapere che cosa si fosse; dubitando di qualche male, lasciassimo il gioco e ci retirassimo su la porta del medesimo palazzetto dove stanno le colonne; et il regattiero, doppo essere stato un poco li sulla (1) d.a porta, si partì et andò verso casa sua, conforme fecero gli altri che giocavano con me; e partiti essi, anco io serrai il portone e mi ritirai in casa, e me ne andai alla mia fenestra dove vi è un tamburro, e mi misi dal sportello di esso a guardare verso Piazza Farnese; e viddi li nel capocroce di essa, fra il palazzetto sud.o et il barbiere che fa cantone, un giovane vestito di nero che stava li in piedi, che ci stavano alcuni altri appresso di esso; et all'improviso intesi il sparo di un archibugiata, e viddi subito fare una girata a quel giovane, e cascò in terra; et io dissi subito: « Quello è morto! » —

---

1) MS: nella.

conforme fu la verità, perchè fu trovato lì la mattina morto; e viddi che un frate dell'Araceli gli si buttò lì in terra a raccomandarli l'anima; il qual poi se ne venne verso casa mia, et io calai a basso e li dissi se quel giovane era morto, e lui mi disse di sì; e me ne ritornai subito al tamburro; e mentre me ne stava al tamburro, intesi il sparo di due archibugiate et il fischio delle palle, e venne a colpir li nella prima colonna del palazzetto dove io habito sud°, che che ci ha lasciati li segni, che furno di sicuro fatti dalle palle che batterno (1) lì, perchè io intesi battercele et il fischio. Ci è anco una raschiatura nella facciata sotto al mio tamburro che si potrà vedere, e si vedono benissimo; quali segni e raschiature per prima non ci erano, perchè io continuamente netto tanto le colonne quanto le muraglie per li teli ragni, e detti segni non ce l'ho visti mai se non da d^a sera in qua; e di lì a poco viddi che raccolsero lì in terra non so che cosa, che mi imagino fossero palle che havessero dato nella d^a colonna. La mattina poi seguente di lunedì essendo uscito fuori in strada, viddi li detti tre segni nella colonna et anco *la* raschiatura nel muro, che io subito giudicai fossero stati fatti dalle palle dell'archibugiate sud^e, conforme anco le viddero più e diverse persone che si fermorno anco a vederle; e tanto io come li altri giudicassimo che l'archibugiate e le palle fossero venute da una loggia che è sopra il palazzetto sud° che sta incontro al barbiero in Piazza Farnese, dove sta la fameglia del Sr Ambre, e che di altra parte non potevano esser venute, perchè essendosi raccontato e detto che li soldati Corsi furno quelli che sparorno le prime archibugiate che furno intese dal vicolo della Cerqua, che risponde al palazzo delli Sig^{ri} Spada, le palle delle d^e archibugiate non potevano venire mai lì, sì per la

---

1) MS: battono.

lontananza che ci è come anco perchè il cantone della bottega di Mastro Francesco falegname copre tutto il vicolo della Cerqua sud°, e dalla strada di casa mia non si vede niente il vicolo della Cerqua; e così fu concluso da tutti, le d° doi archibugiate che colpirno nella d^a colonna venissero dalla sud^a loggia del palazzetto dove sta la fameglia del Sr Amb^{re} sud°. Ma io però non le viddi sparare, che io non andai mai a d^a loggia e non ci pensai mai, come nè meno viddi da che luogo fosse sparata d^a archibugiata che ammazzò quel giovane, che ho inteso fosse il garzone di un libraro qui in Parione, in compagnia del quale mi pare haver inteso che vi fosse tra l'altri un tal Michel Angelo Bianchino barbiero qui avanti questo palazzo; e doppo le d^e archibugiate colpite in d^a colonna, io non intesi più rumore; et ho inteso raccontare da più e diverse persone che hora non mi sovvengono, con occasione che si è discorso del d° rumore, che li soldati Corsi venissero lì al vicolo della Cerqua a tirare l'archibugiate alli Francesi del Sr Amb^{re}, perchè essi per prima gli havevano ferito non so che soldato Corso vicino a Ponte Sisto; e questo è tutto quello che io so e posso dire per verità circa a questo fatto.

Tunc, et antequam a loco examinis discederet, ex se dixit:

Adesso che io mi ricordo, che mi è sovvenuto, mentre noi giocavamo alle boccie, fu anco inteso non so che rumore lì nella colonna sudetta; e perchè io non volevo lasciare il gioco, chè vincevo, il rigattiero sud° mi ricordo che disse subito: « Queste sono archibugiate; » — ma io non ci feci troppo riflessione, perchè stavo tutto attento al gioco; così raccogliessimo le boccie e ci retirassimo nella maniera che ho detto disopra; e così persino dal tempo che noi giocassimo credo che arrivassero alla sud^a colonna delle archibugiate, oltre a quelle due che io intesi mentre stavo al tamburro; che questo potrà vedersi dalli segni che stanno in detta colonna, li quali, adesso che mi sovviene, mi pare che siano più di tre.

Tunc,

Die dicta (*29 Aug.*)

Exam^s f^t per quam et ubi supra, meque,

Stephanus Montacutus f. q. Alexandri de Mudigliano Faventinæ diocesis, qui delato sibi juram^{to} verit. dic. prout tactis etc. juravit. Fuit per D.

Int^s quomodo accesserit ad p^{ntem} locum examinis, et an sciat seu saltem excogitet causam illius.

R^{dit}: Io sono venuto qui avanti di V. S. perchè sono stato fatto chiamare di suo ordine; ma non so nè posso imaginarmi sopra di che mi voglia essaminare.

Int^s de eius exercitio, professione et habitatione,

R^{dit}: L'essercitio e professione mia è di regattiero, che tengo bottega e casa passato S. Girolamo della Carità, in contro proprio a quel palazzetto che fa cantone a capo la strada della Morte per entrare a Piazza Farnese, et avanti di me ci sta poi il barbiero che fa cantone in d^a piazza, et spanno anco la robba in strada, se bene da che sono venuti li Francesi ce la spanno rare volte.

Int^s an sciat seu saltim sit informatus an die dom^{co} 20 cadentis mensis Augusti in Platea Farnesia, vel ibi prope et circumcirca, aliquid male evenerit; et si sic, dicat quid;

R^{dit}: Domenica 20 del cadente mese di Agosto verso le 23 hore e mezza incirca, ritrovandomi a giocare alle boccie in strada inanzi a Corte Savella, dirimpetto proprio a dove habita Maestro Aurelio collararo, che è un palazzetto che ha avanti il portone due colonne, una di là e l'altra di qua, che con me alle boccie ci giocavano il med^{mo} Aurelio, e 4 altri (che io non mi ricordo chi si siano, nè dove habitano, ma mi pare che vi fosse il servitore del S^r medico

Giustiniano che habita attaccato a d° Aurelio, et un altro, se non erro, mi pare fosse un gobbo che dubito stia in casa di Mons.ʳ Rocci); e mentre stavamo così giocando, sentissimo il sparo di certe archibugiate in Piazza Farnese; e seguitando noi a giocare, intesi certe altre botte che colpirno nella colonna del palazzetto dove habita Maestro Aurelio, cioè in quella colonna che sta verso Piazza Farnese; e perchè li altri che giocavano, come immersi nel gioco, non ci fecero reflessione, io li dissi: « Lasciamo un poco di giocare, perchè queste sono archibugiate che vengono qui da noi; » — e così tutti quanti raccogliessimo le nostre boccie e ci retirassimo sul portone del palazzo del sud° Aurelio; dove essendomi io trattenuto un tantino, perchè in casa ci havevo due mie figliole e la mia moglie gravida, me ne volsi ritornare a casa mia; et a pena hebbi serrato la mia porta a catenaccio per la parte di dentro, intesi lo sparo di sei o sette archibugiate tutte in un tempo, che le palle venivano a ferire nel muro della mia bottega vicino alla porta; che un tantino che stavo più ad entrare dentro, mi colpivano me; che la mattina seguente io mi accorsi delle palle che havevano dato nel d° muro, con occasione che ci viddi più e diverse raschiature et anco un buscio, che si vedeva benissimo essere state fatte da palle di archibugiate; che io non viddi di dove si venissero, ma a mio giuditio mi imagino che ne venissero da li in faccia, o di li intorno, perchè se fossero venute dalla Piazza Farnese, haverebbero raschiato, e non ammaccato e fatto buscio; ma io, come ho detto, non posso dire precisamente di dove si venissero; dico bene, che in quel palazzetto incontro a me vi habitano la fameglia del d° Sig.ʳ Ambre; e doppo il d° sparo dell'archibugiate, arrivato disopra et affacciatomi alla finestra, viddi un giovane lì in terra vestito di negro, che li stava intorno un frate di S. Francesco e li raccomandava l'anima; che io mi retirai subito dentro, serrai la finestra a catenaccio e non volsi stare a vedere altro; che l'acciaccature et il buscio sono da sei o sette, e questa è cosa che si puol vedere; che mi pare di havere inteso che il giovane del barbiero mio vicino, che non poteva rientrare in casa, ci havesse da restar morto di d.e archibugiate; che me ne stetti con la mia famiglia così serrato, e non sentii più rumore alcuno. La mattina poi del lunedì susseguente, essendomi levato et havendo aperto la mia bottega, viddi quel giovane che restò morto. Era stato portato e messo su il muricciolo della cantonata del Palazzo di Farnese, e non teneva collaro nè calzette nè scarpe, e teneva solo il giuppone, camiscia e sottocalzoni (1); et intesi che molti dicevano che quello era un giovane di un libraro in Parione; et intesi raccontare che in detta sera di domenica havendo li Francesi ferito non so che soldati Corsi vicino a Ponte Sisto, li soldati Corsi venissero lì nel vicolo della Cerqua a tirare le archibugiate alli Francesi per vendicarsi; et essendo io passato nel giorno di lunedì sud° avanti la bottega di m.stro Aurelio sud°, esso fece vedere a me et a molti altri diversi segni di palle di archibugiate, e che potevano essere venute dalla loggia del palazzetto sud° dove habita la famiglia del S.r Ambre di Francia, e che alla colonna ci arrivassero altre botte di archibugiate oltre quelle che io ci sentii cogliere quando giocavamo alle boccie, perchè esso mi ha raccontato che mentre esso stava al tamburro, sentì il fischio delle palle dell'archibugiate che colpirno in d.a colonna; e fu tra di noi discorso, e concluso che le palle che colpirno in d.a colonna non potessero essere venute da altra parte che da d.a loggia, o lì intorno; perchè havendo noi inteso dire che li Corsi che vennero a sparare l'archibugiate si fermassero nel vicolo della Cerqua, che risponde al Palazzo de' SS.ri Spada, le

---

1) MS: sottocalzette.

palle delli loro archibugi non potevano mai arrivare a colpire in d.a colonna, sì per la lontananza che ci è, come anco perchè dalla strada di Corte Savella non si puole scoprire la strada della Cerqua sud.a, la quale strada viene coperta da quell'angolo della bottega di M.stro Francesco Humiltà falegname; e questo è quanto io so, e posso dire per verità circa a questo rumore da me raccontato di sopra.

Tunc,

Die dicta 29 Augusti 1662.

Exam.s f.t per quem supra, meque, in mansionibus Capit.ei Alphonsi Franchi,

Fabius filius q. Thomæ de Aiaccio in Cirnea, qui delato sibi juram.to verit. dic. p.t tactis etc. juravit. Fuit per D.

Int.s quomodo accessit ad p.ntem locum examinis, et an sciat seu excogitare valeat causam illius.

R.dit: Io son venuto qui da V. S. in questa casa dove habita il S.r Capitan Alfonso Franchi, capitano della soldatesca Corsa che sta di quartiere qui alla Trinità, del quale io sono soldato, perchè mi ha comandato il med.mo S.r Capit.o che io ci fussi venuto perchè lei mi voleva essaminare; et io ho fatto l'obedienza e sono venuto; e credo che lei mi voglia essaminare sopra il rumore che successe domenica 20 del cadente mese di Agosto tra li soldati Corsi e li Francesi del S.r Ambr.e di Francia.

Et sibi dicto per D.um ut dicat et narret quinam rumor evenerit d.o die dom.co inter milites Cirneos et homines Gallos p.tos a principio usque ad finem cum omnibus suis qualitatibus et circumstantiis,

R.dit: Io poco li posso raccontare il rumore che domenica 20 del corrente successe tra li soldati Corsi e li Francesi del S.r Ambr.e di Francia, perchè io di quel tempo stavo ammalato in quartiere, conforme sto anco adesso, che mi trovavo e mi trovo doi tinconi che mi hanno dato la febre e non mi hanno permesso che nè meno potessi caminare; et in d° giorno di domenica io stavo malamente e non uscii mai dalla mia stanza di quartiero, et tutto quel giorno io me ne stetti quasi colco in letto, che adesso a pena comincio a caminare. È ben vero che verso le 23 hore incirca in d° giorno di domenica, intesi un bisbiglio et un rumore lì avanti il corpo di guardia; et essendomi bel bello avvicinato alla fenestra, viddi una quantità di soldati Corsi che erano sortiti fuori del quartiero con li schioppi nelle mani, et il sargente che procurava farli ritornare indietro et in corpo di guardia, ma non poteva perchè era troppo la moltitudine delli soldati, che presero la strada verso la Trinità. Finalmente io viddi ritornarli a quartiero, che ce li respinse il nostro capitano Franchi con la spada nuda in mano; e mentre li soldati sud^i sortiti dal quartiero se ne ritornavano, dicevano che li Francesi havevano ammazzati doi soldati Corsi; e fece gran fatica et hebbe gran difficultà a farli ritornare in quartiero; et avanti che ritornassero li soldati in quartiero, io intesi che il capitano sud° fece batter la cassa a retirata, conforme fu battuta un poco; e poi intesi che ordinò che si serrasse il quartiero (1) e non si facesse uscire nessun soldato di esso; che contuttochè io stessi così ammalato e non mi potessi movere, l'alfiero vedendomi alla fenestra mi chiamò e mi fece venire a basso e mi mise di posto al rastello, di dove era stato levato e buttato via un trave, che credo fosse levato dalla furia de' soldati, che vollero sortir fuori; e sotto pena della vita mi ordinò che io non mi partissi di lì e non havessi fatto uscir nessuno; che ci stiedi per spatio di un' hora incirca; e poi, perchè non potevo star più in piedi, ci fu messo un altro; e la sera

---

1) MS: che si serrassero li quartieri.

intesi raccontare da diversi soldati che li Francesi del S.r Amb.re di Francia a Ponte Sisto havevano ferito Gio: Battista d'Aiaccio e che era morto in una cantina, e che era anco stato ferito Giovanni da Calenzana pur nostro soldato, e che li soldati pigliassero l'armi per questo rispetto contro li d.i Francesi; e raccontorno che erano andati verso Piazza Farnese e che ivi sparassero delle archibugiate; e questo è quello che io so, e posso dire per verità circa il rumore sud.º.

Int.s an sciat seu saltim sit informatus an ex d.a explosione archibusiatarum in d.º loco facta aliquis seu aliqui necarentur seu extincti remanserint; et si sic, dicat quis vel qui;

R.dit: Io ho inteso dire, doppo che seguì detto rumore de' soldati, ma da diversi qui della città che hora non mi sovvengono, li quali discorrendo del d.º rumore dicevano che dallo sparo dell' archibugiate fatte dalli nostri soldati ne restassero feriti delli Francesi, et anco morti.

Int.s an sciat seu saltim sit informatus an omnes milites Cirnei d.º sero diei dominici ad quarterium reversi fuerint, et qual.s,

R.dit: Io non posso sapere, nè dire a V. S. se quella sera di domenica che successe il d.º rumore, tutti li soldati della nostra Compagnia ritornassero a quartiero, perchè havessimo ordine tutti di ritirarne nelle nostre stanze; e questo non lo puole sapere altro che il sargente.

Int.s an sciat seu saltim sit informatus an ex cohorte d.i Capitanei Franchi aliquis seu aliqui ex eius militibus deficiant; et si sic, dicat quis seu qui;

R.dit: Io ho inteso dire che dalla Compagnia del S.r Capit.n Franchi da quella sera in qua mancano al p.nte da 30 o 32 soldati, che non so poi se siano tutti della Compagnia di d.º Capitano, o pure ce ne sia qualche uno della Compagnia del S.r Capitan Savelli; che io non posso dire li nomi delli soldati che mancano, perchè non tengo il rollo; e se chi ne vole li nomi, bisogna domandarli al sargente; solo li posso dire che manca dalla Compagnia, per essere fugito, un Andrea del q. Battista d'Aiaccio, soldato della Compagnia del Capitan Savelli della quale sono ancora io, che si messe qui in Roma; ma io però venni da Ascoli con quelli 50 che vennero da quella città; che di questo gli ne posso dar notitia, perchè era mia camerata e siamo tutti doi di un luogo.

Int^s an sciat seu saltim sit informatus cur et qua de causa d^s Andreas q. Baptistæ de Aiaccio in Cirnea aufugit ex d^a Cohorte, et de quo tempore,

R^{dit}: Andrea del q. Battista d'Aiaccio, mio paesano e camerata, mancò e se ne fugì via dalla nostra Compagnia il martedi a mattino p. p., pare a me, chè la notte antecedente condussero prigione alcuni nostri soldati; e se ne fugì, perchè esso ammazzò, in d^a sera di domenica che successe rumore, un servitore o paggio che fusse del Sr Ambr^e di Francia li a S. Carlo de' Catinari.

Int^s quomodo I. E. de præmissis sit informatus,

R^{dit}: Io sono informato e so che d^o Andrea del q. Battista da Aiaccio commise il d^o homicidio, perchè esso me lo raccontò e disse quella sera che andorno prigione quelli nostri soldati, con occasione che eramo paesani confidenti e camerate, dicendo che esso non voleva andar prigione e che se ne voleva fugir via, perchè la d^a sera di domenica, successo il d^o rumore, esso haveva ammazzato con un'archibugiata un servitore o paggio di d^o Sig^r Ambr^e di Francia; che me lo disse a letto la notte mentre tutti doi stavamo a letto assieme, e che l'haveva ammazzato nella strada vicino alla strada de' Catenari. Così quando intesi questo, gli domandai se ci era stato in compagnia sua nessuno altro delli nostri soldati, e lui non mi volse dire altro; e così la mattina del martedi, che havessimo la libertà di uscire, esso se ne andò via, e non si è più visto nel quartiero, e se ne è fugito.

Int^s ut dicat an I. E^{to} d^s Andreas notaverit quando et in quo præciso loco et qua de causa interfecerit famulum seu puerum aulicum Oratoris Galliæ,

R^{dit}: A me d° Andrea non mi raccontò nè disse in altro luogo preciso li a S. Carlo, nè per che causa lui ammazzasse il servitore o paggio del Sr Ambr^e di Francia; che non mi volse raccontare nè dire se non quanto io disopra ho deposto, ancorchè io li domandassi se ci haveva havuti compagni, che nè meno questo mi volse dire.

Int^s an aliquis seu aliqui fuerint præsentes et intellexerint sibi narrata a d° Andrea de Aiaccio,

R^{dit}: Signor nò, che nessuno fu presente, nè intese quello che confidentemente mi disse d° Andrea da Aiaccio mio paesano e cammerata, perchè me lo disse confidentemente e piano mentre tutti doi stavamo nel med^{mo} letto.

Int^s an de præmissis sibi ut supra narratis a p^{to} Andrea discursum aliquem habuerit cum aliqua persona; et si sic, dicat cum qua;

R^{dit}: Il Sig^r alfiero della Compagnia del Capitan Franchi, partito che fu d° Andrea, con occasione che mi domandò si perchè se ne era andato via d° Andrea, io gli raccontai che si era partito per il sud° homicidio, e gli raccontai quanto mi haveva confidato d° Andrea, e gli lo dissi tra me et esso solo qui nella piazza avanti il corpo di guardia.

Tunc,

Die dicta (29 Aug.)

Exam^s f^t per quem supra, in domo inhabitata per D. Capitaneum Alphonsum Francum in Platea SS^{mæ} Trinitatis Pontis Sixti, meque

Paulus Maria fil. q. Pauli Hieronimi Putei Burgensis de Aiaccio, qui delato sibi juram^{to} verit. dic. prout tactis etc. juravit. Fuit per D.

Int^s quomodo accesserit ad p^{ntem} locum examinis, et an sciat vel excogitare valeat causam illius.

R^{dit}: Io sono venuto qui avanti V. S. in questa casa dove habita il Sr Capitano Franchi, capitano della Compagnia Corsa, della cui compagnia io sono soldato; et il sud^o Sr Capitano mi ha comandato che io fossi venuto qui, perchè lei mi voleva essaminare; et io non posso giudicare la causa per la quale mi voglia essaminare, se non me lo dice.

Int^s quamdiù sit Romanus miles Cirneus ex Cohorte dicti Cap^{nei} Franchi,

R^{dit}: Saranno da quattro mesi che io sono soldato Corso, qui nella città di Roma, della Compagnia di d^o Cap^{no} Franchi.

Int^s an a tempore quo I. E. militaret sub d^a cohorte habuerit et habeat aliquos conviventes (1) milites; et si sic, dicat quos aut quem, illosque nominet;

R^{dit}: Da che io sono soldato nella compagnia sud^a ho fatto sempre camerata, cioè mangiato, e dormito in un medesimo letto con Francesco Carriga d'Aiaccio, mio paesano, pur soldato.

Int^s ut dicat an in d^a cohorte di capitanei Franchi militaverint seu militent aliqui alii Cirnei conterranei I. E^{ti}; et si sic, dicat quis seu qui;

R^{dit}: Sotto il comando del Sr Capitan Franchi sud^o ci sono diversi miei paesani d'Aiaccio. Ma però ci sono molti *che si dicono* da Aiaccio, ma non è vero, perchè (2) ci sono venuti *soltanto* ad habitare; ma miei paesani veri non so che ci siano se non Fabbio del q. Tomasso et Francesco Carriga (se bene Fabbio è della Compagnia del Savelli, ma sta sotto il comando del Franchi), et Andrea del q. Battista

---

1) MS: commilitones.
2) MS: che.

Crovero, che è pur soldato della Compagnia del Savelli, ma però sta sotto il comando del medesimo Capit⁰ Franchi.

Int^s ut dicat in quo loco reperiatur et *quid* sit ad præsens de d⁰ Andrea q. Baptistæ Crovero, milite Cirneo conterraneo I. E^{ti},

R^{dit}: Andrea del q. Battista Crovero, soldato Corso mio paesano, al presente manca dalla Compagnia del Franchi sud⁰; che se ne fugì via il martedì a mattino che fussimo li 22 del cadente, che havessimo la libertà di poter uscire dal quartiero.

Int^s an sciat seu saltim sit informatus cur et qua de causa d^s Andreas q. Baptistæ defecerit et deficiat ex d^a cohorte et fugæ se dederit,

R^{dit}: Andrea del q. Battista Crovero mio paesano mancò dalla compagnia e se ne è fugito, per haver con un'archibugiata ammazzato, domenica sera 20 del corrente mese di Agosto, un servitore o paggio del Sr Ambr^e di Francia a S. Carlo de' Catenari; che fu in quella sera che successe il rumore tra li soldati Corsi, e li Francesi del Sr Ambr^e di Francia.

Int^s ut dicat quomodo I. E. sit informatus quod d^s Andreas q^m Baptistæ Crovero d^a de causa defecerit et deficiat ex d^a cohorte et fugæ se dederit,

R^{dit}: Io so che d⁰ Andrea del q. Battista Crovero mio paesano se ne è fugito e manca dalla d^a Compagnia per il sud⁰ homicidio, perchè esso la medesima mattina di martedì sud⁰, da una mezz'hora avanti che esso se ne partisse, con occasione che la sera antecedente per causa del sud⁰ rumore erano stati mandati prigioni una mano di Corsi, dubitando di non andar anco esso prigione, mi si accostò li vicino la porta della Trinità, e mi disse che esso se ne *voleva fugire*; et havendoli io domandato si per che causa se ne voleva fugire, mi raccontò e disse che lì a S. Carlo de' Catenari nella d^a sera di domenica haveva sparato un'archibugiata ad un paggio o servitore del Sr Ambasciator sud^o e che l'era cascato morto lì vicino; e questo me lo raccontò e disse tra me et esso solo, e me lo disse confidentemente perchè era mio paesano et amico, e mi toccò la mano raccomandandomi alcune sue robbe che erano in quartiero, e non mi volse dire altro; et io non gli domandai altro, e se ne andò subito via, e si accompagnò con quattro o cinque soldati; così che lo aspettavano lì dentro dove si dà da mangiare alli Pellegrini, tra'quali io viddi il caporal Carlo da Ampugnano e Gio: Battista *da* Sarola, ch'è vicino ad Aiaccio, et Antonio da Sari, nepote del sargente Lorenzo Macchiano, e l'altri non abadai chi si fussero.

Int^s an de præmissis discursum et sermonem habuerit cum aliqua persona; et si sic, dicat cum qua;

R^dit: Hier a sera il Sr Capitan Franchi mi domandò avanti il nostro corpo di guardia se che cosa era di Andrea del q. Battista Crovero mio paesano, che non si vedeva nella Compagnia; et io li dissi che se ne era fugito et andato via; e perchè esso mi domandò il perchè, io gli confidai e dissi che esso era fugito per causa del d^o homicidio, e li raccontai quel tanto che esso confidentemente haveva confidato con me; e questo discorso fu tra me e d^o Capitano soli, e non ne ho discorso con nessun altro.

Tunc,

Die Mercurii 30 Augusti 1662.

Exam^s f^t per quem supra, meque, in Offitio,

Franciscus Bernasconus q. Herculis Romanus, qui delato sibi juram^to verit. dic. prout tactis etc. juravit. Fuit per D.

Int^s quomodo accessit ad locum examinis, cuius sit exercitii et ubi inhabitet.

R^dit: Io sono venuto qui avanti V. S. perchè son stato chiamato con un bollettino che dovessi venir qui per essaminarmi, ma io però non so sopra di che devo essere essaminato; e l'essercitio e professione è di sarto, et habito di casa nel vicolo dietro al palazzo di Santa-Croce vicino a S. Carlo de' Catenari.

Int[s] ubi et in quo loco I. E. reperiretur die dominico 20 currentis sub horis 22, 23 et 24 dicti diei,

R[dit]: Domenica 20 del cadente mese di Agosto alle 21 hora, io mi partii da casa mia o me ne andai nel cortile dell'Oratorio della SS[ma] Trinità di Ponte Sisto, dove il giorno si gioca a boccietta tra li fratelli della Compagnia, e mi misi ivi a veder giocare (1), e stetti lì sino alle 23 hore e mezzo incirca; poi, perchè sentii dire da un servente dell'Hospedale della Trinità di Ponte Sisto che era successo tra li soldati Corsi e li Francesi del Sr Ambre di Francia rumore, e così io me ne volevo ritornare a casa mia; et andai su la porta del refettorio dell'Hospedale sud[o], e la feci serrare; e mentre stetti su la porta, sentii gran rumore nel quartiero de' Corsi; ma doppo che l'hebbi fatta serrare, mi misi ad una delle ferrate di d[o] Hospedale che rispondeva proprio nella piazza di d[o] Hospedale della Trinità, dove viddi che una moltitudine di soldati Corsi con le loro spade et archibusci alla mano volevano andare via, e si avvicinavano verso il macello; et in questo viddi venir lì dal vicolo del ciambellaro il Capitano Alfonso Franchi, da me molto ben cognosciuto, con la spada nuda nelle mani, il quale viddi subito che con d[a] spada cominciò a gridare alli soldati: « A quartiero! a quartiero! » — e con detta spada li tenne a dietro, che non passassero più avanti, e li respinse verso il quartiero; che io per me lo viddi in grandissimo pericolo, dubitai sempre non li havessero fatta qualche burla; e fece tante fatiche che veramente si portò da capitano coraggioso;

---

1) MS: di giocare.

e così serrai, e me ne uscii per una porta che sta verso fiume di d° Hospedale, e me ne andai verso casa, che vi arrivai a mezzo quarto d'hora incirca di notte; e subito stangai la mia porta e serrai le mie fenestre, e non uscii più; quali soldati Corsi ho poi inteso dire che volessero andare verso Piazza Farnese per vendicarsi di certe ferite che erano state date da Francesi ad un lor soldato Corso, che poco prima era arrivato in d° Hospedale della Trinità e volse uscir di lì et andarsene a quartiero così ferito, dicendo che voleva andare a morire nel suo letto; qual soldato io viddi che era ferito nel ventre e ci teneva un fazzoletto, e lo viddi ancora andar via da d° Hospedale così ferito.

Tunc,

Die ultima Augusti 1662.

Exam^s f^t per Perill^m et exc^m D. Stephanum Braccium L^{ntem} Criminalem, meque, in quarterio D. Capitanei Alphonsi Franchi,

Pierus q. Baptistæ de Oletta in Cirnea, qui delato sibi juram^{to} verit. dic. prout tactis etc. juravit. Fuit per D.

Int^s quomodo hic reperiatur in loco examinis et an sciat vel saltim excogitare valeat causam sui p^{ntis} examinis,

R^{dit}: Sono qui in questo quartiero che di novo ha preso il mio Capitano Alfonso Franchi qui a Capo le Case, che è capitano de' Corsi che stavano alla Trinità di Ponte Sisto, del quale io son soldato e caporale in piede; e non so, nè posso imaginarmi per qual causa V. S. mi voglia essaminare, ma mi imagino che sia per causa del rumore che seguì domenica a sera 20 del cadente mese di Agosto.

Interrog^s ubi fuerit et manserit I. E. d° die dominico 20 cadentis et quid fecerit ab hora 20 usque ad primam noctis horam,

R^{dit}: Domenica, che fussimo li 20 del cadente mese di

Agosto, alle 20 hore, io mi ritrovavo al nostro quartiero alla Trinità di Ponte Sisto, che mi trattenni lì alla piazza et anco dentro il quartiero persino alle 22 hore, persino che entrai di guardia con li miei huomini al n° di 40 incirca; e seguitai sempre a trattenermi in d° quartiero sino ad un'hora di notte, et anco per tutta la notte.

Int^s an de tempore quo fuit in d° quarterio sit informatus aliquid male accidisse, et quat^s,

R^{dit} : Io non so che in d^a domenica 20 del corrente mese di Agosto succedesse altro di male nel nostro quartiero di Corsi alla Trinità di Ponte Sisto eccettochè, stando una moltitudine di soldati nostri lì nella piazza avanti il corpo di guardia, verso le 23 hore e mezzo incirca, arrivò un tale Giulio Cesare Luccione d'Orezza, soldato del capitano Franchi, il quale sparse voce et portò nova che erano stati ammazzati 2 nostri soldati dalli Francesi del Sig^r Ambr^e di Francia; alla qual nova presero l'armi, perchè fu gridato: « all'arme! all'arme! » — et entrorno infuriati in corpo di guardia, e nella stanza incontro al corpo di guardia dove si tengono li schioppi; e tutti presero li schioppi e sortirno fuori di corpo di guardia per forza; che io non potei impedirli, ancorchè serrassi il cancello delli rastelli; et essi aprirno il cancelletto di guardia di sotto quale, ancor che da me (1) fosse gridato che si fermassero e guardassero il nostro posto, essi per uscire sconficcorno doi travi delli rastelli, et uscirno fuori; che parte di detti soldati che uscirno fuori sortirno verso S. Salvatore in Campo e verso il Monte della Pietà, e parte presero la strada verso la Chiesa della Trinità; che quelli che presero la strada verso la Trinità furno una quantità grande; che rimasi io in corpo

---

1) MS: de ne.

di guardia con poco delli soldati della mia squadra a guardar la bandiera, che ci poterno restar con me una ventina de' soldati della mia squadra; e poco doppo che quelli havevano presa la strada verso la Trinità e che erano arrivati fuori, il Sig.r Capitano Franchi, con la spada nuda in mano gridando: « A quartiero, soldati! a quartiero! » — con l'aiuto anco del suo sargente et anco del suo alfiero, respinse e fece tornare a quartiero una moltitudine grande de' soldati; e subito il Capitano fece sonar la cassa a raccolta, acciò l'altri soldati, che erano fuori, fossero tornati a quartiero; et ordinò a quelli soldati che havevano respinti a quartiero che fussero andati alle sue stanze; che ancora credo non fosse sonata l'Avemaria; e doppo sonata l'Avemaria delle 24 hore, cominciorno a ritornare dell'altri più a notte oscura; e doppo ritornorno anco dell'altri soldati; che il capitano li fece andare alli suoi posti, et ordinò che non si facesse uscir nessuno; che li soldati presero l'armi per andare a vendicare la morte che si diceva de' soldati Corsi contro li Francesi sud.i, et intesi poi che arrivassero in Piazza Farnese, che sparassero alcune archibugiate, delle quali restassero morti alcuni Francesi, ma non so nè quanti nè quali; e questo è il rumore che successe domenica 20 del cadente mese di Agosto nel nostro quartiero, vicino alla Trinità di Ponte Sisto.

Int.s ut dicat quinam ex militibus Cirneis d.o sero dom.co fuerint primi in exeundo de quarterio et ultimi in redeundo ad illud,

R.dit: Io non posso dire a V. S. quali precisamente fossero li primi a sortire da quartiero quella sera di domenica, perchè furono molti, che tutti uscirno ad un tempo; l'ultimi sì bene, che di notte oscura ritornorno a quartiero, furono, che mi ricordo benissimo, Andrea del q. Battista d'Aiaccio, et il Caporal Carlo d'Ampugnano, et il Caporal Pietro da Monte Maggiore; che questi tre ritornorno in compagnia uno dopo l'altro di notte, che a mio giuditio poteva essere un'hora di notte incirca.

Int⁵ an sit informatus ex qua via supradᵗⁱ Andreas de Aiaccio, Caporalis Carolus de Ampugnano et Caporalis Petrus de Monte Majore dᵒ sero domᶜᵒ et de dᵒ tempore ad quarterium reversi fuerint,

Rᵈⁱᵗ: Quando partirno fuori li soldati Corsi dal quartiero io viddi Andrea d'Aiaccio sudᵒ che prese la strada verso S. Salvatore in Campo et il Monte *della Pietà,* e credo che per quella strada ancora andassero il Caporal Carlo d'Ampugnano et il Caporal Pietro da Monte Maggiore, perchè quando essi ritornorno al quartiero la dᵃ sera, io li viddi ritornare per quella strada di S. Salvatore in Campo, che è strada che passa verso il Monte della Pietà; che io li viddi benissimo ritornare per quella strada, perchè di quel tempo io mi trovavo lì alli cancelli de' rastelli; dove li viddi benissimo ritornare, perchè ci era il lume acceso di corpo di guardia, che faceva lume a tutta la piazza, et era ancora tempo chiaro, che non era troppo oscuro.

Int⁵ ut dicat quid sit ad præsens de dᵒ Andrea de Aiaccio et decurionibus pᵗⁱˢ,

Rᵈⁱᵗ: Io non so che cosa si sia al presente delli sudⁱ Andrea d'Aiaccio, e del Caporal Carlo, e del Caporal Pietro sudⁱ, perchè nella nostra Compagnia non ci sono più; e se ne sono fugiti via, perchè da quella sera di domenica 20 del cadente che essi rientrorno in quartiero io non mi ricordo di haverli visti più; e nella nostra Compagnia non ci sono più, perchè se ci fussero, io li haverei veduti, conforme ce li vedevo prima; che io tengo se ne siano fuggiti per causa delli Francesi sudⁱ, ma però io non so se essi fossero di quelli che sparassero l'archibugiate.

Int⁵ ut dicat an dᵒ sero dominico et de supradᵒ tempore quo pᵗᵘˢ Andreas et decuriones pᵗⁱ reversi fuerunt ad quarterium, aliquis seu aliqui reperirentur apud cancellos pᵗᵒˢ,

R^{dit} : Quando d^a sera di domenica ritornorno li d^i Andrea, caporal Carlo e Caporal Pietro, vi erano delli altri soldati che guardavano li rastelli, ma non posso però dire a V. S. chi si fussero, perchè io non me ne ricordo, che stavo tutto attento alla guardia delli cancelli et a veder chi veniva e chi passava, ma non mi ricordo chi fusse con me di quel tempo.

In^{ts} ut dicat quinam fuerint illi viginti milites qui in societatem I. E^{ti} d^o sero dominico remanserunt ad custodiam d^i corporis guardiæ,

R^{dit} : Io non osservai chi si fussero quelli soldati che restorno con me lì nel corpo di guardia al n° di 20 come ho detto di sopra; perchè essendo usciti l'altri in furia, e doppo rimessi li soldati che poterno il capitano, sargente et alfiere, che però non mi posso ricordare in quella buglia chi si fossero quelli che sortirno fuori con l'altri soldati, come ho detto disopra.

In^{ts} ut dicat et nominet milites Cirneos quos reduxit ad quarterium p^{tus} Capitaneus Francus d^o sero ut supra deponit,

R^{dit} : Io non posso nominare a V. S. nessuno di quelli soldati che il Capitan Franchi fece ritornare a quartiero in quella sera di domenica come ho detto, per la moltitudine grande che rientrò tutta in furia; che io non abadavo se non a far il mio servitio, et a custodire li rastelli.

Et sibi dicto per D. ut describat personas p^{torum} Andreæ, Caroli et Petri supra commemoratorum,

R^{dit} : Andrea di Aiaccio è di statura alta, capelli castagni, baffi simili; portava un giuppone di pelle e calzoni di panno verde. Il caporal Carlo d'Ampugnano, che era soldato della mia squadra, è di statura alta, capelli castagni, con barba simile; vestiva di panno griscio, e portava un cappello griscio che dava nel bianco (1); et il caporal Pietro da Monte-

---

1) D'après ce signalement, Carlo d'Ampugnano nous paraît être celui qui s'avança le premier sur la Place Farnèse, en criant: « Fuora, fuora, canagliaccia! » V. l'Interr^{re} de Carlo Bentivoglio, pp. 197-198.

maggiore era di giusta statura, di pelame castagno oscuro, e vestiva di panno, che non mi sovviene come e di che color si fusse.

Tunc,

Die Veneris, prima septembris 1662.

Exam^s f^t per Perill^m et adm^m Exc^{tem} Augustinum Paris L^{ntem} substitutum, meque, ubi supra,

Marchionnus fil. q. Pauli de Cristinaccia in Cirnea, qui delato sibi juram^{to} verit. dic. prout tactis etc. juravit. Fuit per D.

Int^s quomodo reperiatur in loco examinis, cuius sit exercitii, et an sciat vel excogitare valeat causam sui p^{ntis} examinis.

R^{dit}: Sono venuto a comparire qui avanti V. S. in questo quartiero del Sr Capitano Alfonso Franchi, del quale io sono soldato Corso, perchè sono stato chiamato di suo ordine di V. S. dal nostro sargente della Compagnia, e non so nè posso immaginarmi per che causa V. S. mi habbia fatto chiamare et hora mi voglia essaminare.

Int^s ubi I. E. fuit de die dominico 20 proximè præteriti mensis Augusti ab hora 20 usque ad horam primam noctis di diei,

R^{dit}: Io la domenica delli 20 del mese di Agosto passato, dalle 20 hore di d° giorno sino ad un'hora di notte, e per tutta la notte seguente, et anco per tutto il lunedì sussequente persino alle 22 hore, stiedi sempre in quartiero, che ero di guardia, et entrai alle 22 hore di d^a domenica di guardia, e non uscii persino alle 22 hore il lunedì sussequente.

Int^s an I. E. sit informatus d° die dominico aliquid mali accidisse in d° eius quartiero, et q^{nus}; dicat quid, et recenseat totius facti tenorem;

R^{dit}: La d^a domenica 20 del p. p. mese di Agosto, non successe di male altro che io sappia in d° nostro quartiero, fuorchè, essendo venuta nova nel nostro quartiero che dalli Francesi del Sr Amb^{re} di Francia erano stati ammazzati due nostri soldati Corsi su le 23 hore incirca (che non abadai chi portasse questa nova), *da* li nostri soldati Corsi (che si trovavano li avanti il Corpo di guardia su la piazzetta e si erano ridotti quasi tutti vicino al quartiero, perchè erano 23 hore e mezzo incirca) fu gridato: « All'arme! » — e subito furiosamente se ne entrorno dentro il corpo di guardia e tutti presero li loro archibugi, che si tengono nella stanza vicino al corpo di guardia, e sortirno fuori con essi; e perchè il mio caporale Pietro serrò la porta de'rastelli, essi aprirno il porticino; e perchè anco quello fu serrato dal d° caporale per non farli sortir fuori, essi, che volevano uscire, levorno delli travi dalli rastelli et uscirno fuori, che non si poterno tenere; e molti di essi presero la strada verso S. Salvatore in Campo e del Monte della Pietà; ma il grosso de'soldati se ne andò verso la Trinità; et il nostro sargente procurò di farli ritornare a quartiero con la spada nuda nelle mani, ma non poteva ritenere la moltitudine grande de'soldati. Finalmente il Sig^r Capitano, che si trovava di quel tempo in casa sua, havendo inteso questo rumore, sorti fuori, e con la spada nuda nelle mani, con l'aiuto delli suoi offitiali, oprò tanto che fece tornare a quartiere li soldati, e poi fece anco sonare il tamburro a retirata, e poi ordinò alli soldati che *si* fossero condotti dentro il quartiero a pigliare li posti con le loro armi; che poteva essere l'Avemaria, o poco più, o poco meno, quando furno ridotti a quartiero; che fu una moltitudine di cento e più soldati, li quali presero li loro schioppi per vendicarsi della morte che era stata data a doi nostri soldati; e doppo sonato il tamburro, seguitorno a ritornare li soldati in quartiero persino ad un'hora di notte.

Int[s] ut dicat quinam fuerint ex militibus Cirncis primi in exeundo e corpore custodiæ cum sclopis, et ultimi in redeundo ad quarterium, pariterque dicat per quam viam progressi fuerint primi et reversi fuerint ultimi ad d[m] quarterium,

R[dit] : Tra li primi soldati che io viddi uscire dal corpo di guardia armati con li loro schioppi, che presero la strada verso S. Salvatore in Campo e del Monte *della Pictà*, furono Andrea del q. Battista d'Aiaccio, il Caporal Carlo d'Ampugnano et il Caporal Pietro da Monte Maggiore; e questi tre anco furno l'ultimi che per d[a] strada del Monte tornorno a quartiero; e li viddi benissimo tutti tre tanto nell'andare quanto nel ritornare, perchè io sempre stetti li alli rastelli di guardia, e non mi mossi mai nè partii mai da essi, perchè io ero di guardia e non potevo abandonare la bandiera; che quando li detti tre ritornorno, potevano essere tre quarti di hora di notte incirca; e questi vennero l'uno dietro all'altro; ma io però non so dove andassero nè che cosa ci facessero.

Int[s] an sciat vel saltim sit inform[tus] quid sit ad præsens de p[ctis] Andrea de Aiaccio et decurionibus Carolo de Ampugnano et Petro de Monte Maiori,

R[dit] : Io non so che cosa sia al presente delli sud[i] Andrea d'Aiaccio, e Caporale Carlo d'Ampugnano, e Pietro da Monte Maggiore, perchè io dalla sud[a] sera di domenica 20 del p. p. mese di Agosto, che tornorno a quartiero del d[o] tempo et uscirno come sopra, io non l'ho più veduti; e della nostra Compagnia mancano, e se ne sono fugiti, perchè se nella nostra compagnia ci fossero, io l'haveria veduti e li vederia, conforme li vedevo per prima.

Int[s] an sciat seu saltim sit informatus cur et qua de causa p[ti] Andreas de Aiaccio, et decuriones p[ti] ex cohorte defecerint et fugam arripuerint,

R[dit] : Io mi imagino che li d[i] Andrea d'Aiaccio, Pietro da

Montemaggiore e Carlo di Ampugnano manchino dalla Compagnia e se ne siano fugiti, perchè quella sera della domenica sudᵃ che sortirno fuorì con li schioppi, facessero qualche male con essi; perchè se non havessero fatto male alcuno, non se ne sariano fugiti.

Intˢ ut dicat et describat personas supradictorum Andreæ de Aiaccio, et Petri, et Caroli superius nominatorum,

Rᵈⁱᵗ : Il dº Andrea del q. Battista d'Aiaccio haverà da 30 in 35 anni incirca, a mio giuditio; et è di statura alta assai; ha li capelli, et li baffi castagni; porta un giuppone di pelle, et un paro di calzoni di panno verde. Il caporal Pietro da Monte Maggiore è di giusta statura, di pelame castagno oscuro, e vestiva di panno che mi pareva bisciaccio. Et il caporal Carlo di Ampugnano è di statura alta (1), capelli e barba castagni, vestito di panno griscio, e portava il cappello che dava nel biancaccio.

Intˢ ut dicat et nominet milites ad quarterium reductos per dᵐ capitaneum eiusque offitiales dº sero dominico,

Rᵈⁱᵗ: Io non so dire a V. S. distintamente chi si fossero quella moltitudine delli nostri soldati che fecero ritornare a quartiero il nostro Capitano e suoi offitiali in quella domenica a sera sudᵃ, perchè fu una moltitudine grande di soldati che entrorno tutti assieme nel quartiero, et io non ci feci reflessione nessuna; e non posso nominar nessuno, perchè stavo tutto attento alla guardia delli rastelli, e viddi quella moltitudine tutta assieme; che se fossero venuti separatamente, a doi a doi, o a tre a tre, io l'haverei potuti osservare, conforme osservai li dⁱ Andrea, Carlo e Pietro quando tornorno.

Intˢ ut dicat an ex cohorte Capitⁿᵉⁱ Franchi prædⁱ deficiunt aliqui milites, et quatˢ,

---

1) MS: giusta. V. les Interrʳᵉˢ de Piero d'Oletta et de Carlo Bentivoglio.

R.dit: Io ho inteso dire che della Compagnia del Capit.o Franchi sud.o siano anco fugiti altri soldati, e questo lo potria V. S. sapere dal S.r sargente della nostra Compagnia, che ne tiene la nota.

Int.s per D. ut dicat an aliquis seu aliqui alii viderint prædictos Andream de Aiaccio, et decuriones Petrum et Carolum p.ctos tam de tempore quo exierunt de corpore guardiæ quam de tempore quo reversi fuerint ad d.m quarterium de temporibus superius exp.ssis,

R.dit: Quando li sud.i Andrea e Carlo e Pietro uscirno e sortirno dal quartiere, quella sera di domenica sud.a, per la strada che disopra ho detto, furno anco visti, credo io, dal Caporale Pietro, che era di guardia e stette sempre alli rastelli; e l'haveranno anco visti l'altri soldati della sua squadra che erano di guardia; ma io non posso dire a V. S. chi fossero precisamente quelli che li viddero, perchè io non ci feci reflessione.

Tunc.

Die Sabbati 2.a Septembris 1662.

Exam.s f.t per Perill.m et adm.m exc.tem D. Augustinum Paris L.ntem substitutum, meque, in mansionibus Exc.mi D. Stephani Braccii L.ntis Criminalis,

Jo: Baptista fil. q. Vinciguerræ de Fozzano (1), qui delato sibi juram.to verit. dic. prout tactis etc. juravit. Fuit per D.

Int.s quomodo accesserit ad p.ntem locum examinis, et an sciat vel saltim excogitet causam illius.

R.dit: Io sono venuto qui avanti di V. S. perchè il S.r Capitano Alfonso Franchi (cap.no della soldatesca che adesso sta di quartiero a Capo le Case e per prima stava di quar-

---

1) MS: *Forza* pour Fozzà, abrév. de Fozzano.

tiero alla Trinità di Ponte Sisto, et io sono suo sargente) mi ha comandato che io fossi venuto qui da lei, perchè mi voleva essaminare; et io credo che mi voglia essaminare sopra il rumore che successe domenica 20 del p. p. mese di Agosto tra soldati Corsi e li Francesi del S.r Amb.re di Francia.

Et sibi dicto per D. ut dicat et narret quinam rumor evenerit inter milites Cirneos et homines Gallos p.tos dicto die dominico et quando ortum habuerit, a principio usque ad finem,

R.dit: Domenica 20 del p. p. mese di Agosto, doppo che fu mutata la guardia lì al quartiero della Trinità di Ponte Sisto dove stavo, che entrò di guardia il Caporal Pietro di Oletta, io mi trattenni un poco nella piazza, e poi me ne andai su le mie stanze a cena; che cenorno con me doi soldati mie camerate, uno chiamato Jacomo Alfonsi e l'altro Casanova; e mentre stavamo cenando, che potevano essere 23 hore e mezza incirca, intesi che li soldati nostri facevano nella piazza avanti il corpo di guardia un gran rumore. Da principio io stimai che facessero qualche rumore per causa di gioco; ma perchè sentii che cresceva, mi affacciai alla ringhiera, e sentii che li soldati dicevano che li Francesi havevano ammazzato doi soldati delli nostri: « Adesso ci vengono ad assalire in quartiero; » — e vedea che anco molti uscivano dalli rastelli con li schioppi nelle mani; onde io, perchè vedevo tutti li soldati radunati con l'arme alle mani lì alla piazzetta, presi subito la mia spada e me ne calai subito a basso per impedire li soldati che non uscissero fuori con l'arme et il corpo di guardia non restasse sfornito di soldati; e quando fui a basso, trovai che già molti ne erano scappati fuori con l'arme, et una moltitudine, che erano più di cento soldati, si inviavano verso la chiesa di Ponte Sisto con le loro armi; onde io procurai con la mia spada di trattenerli e farli tornare a quartiero, dicendoli: « A quartiero! a quartiero! » — menandoli anco delle botte; ma non mi poteva riuscire di farli tornare indietro; et essendo quasi arrivati al cantone del macellaro della Trinità, come Dio volse, sopravenne con la spada nuda alle mani in mio aiuto il S.r Cap.n Franchi, che di quel tempo credo che si trovasse in casa sua, sentisse il rumore e scappasse fuori; e con la spada nuda nelle mani, cominciò a menare delle piattonate e delle botte alli soldati, gridandoli: « A quartiero! a quartiero! » — e fece tanto che *tra* me et esso li facessimo retirare nella piazza avanti il corpo di guardia; dove arrivati, il Capitano ordinò che si fosse subito battuta la cassa a retirata per fare retirare a corpo di guardia l'altri soldati, che erano fuori; e poi, per ridurre dentro il quartiero li soldati respinti come sopra, il Capitano si valse di un inganno, dicendoli che bisognava che andassero a guardare le fenestre per fortificare il quartiero, e così li ridusse dentro; et io andai con il caporal Jacomo Alfonso mia camerata con l'alabarda e con la spada nuda alle mani per vedere di raccogliere l'altri soldati che erano fuori, e di ricondurli a quartiero; e me ne andai verso la piazza de' SS.ri Spada, e per quelli vicoli che rispondono in Piazza Farnese, e trovai diversi soldati sparsi; e benchè havevano preso una cantonata, e chi un posto, e chi un altro, essi (1), quando mi viddero, si cacciorno subito a fugire e se ne ritornorno verso il quartiero; e poi me ne ritornai ancora *io* verso il d.º quartiero, credendo che non ce ne fossero più fuori; e ritornato tutto sbattuto, stanco e sudato, feci cautelar bene li rastelli; che quando entrai in quartiero, era un'hora di notte; et in quel mentre, arrivò l'Ecc.mo Sig.r Prencipe D. Mario Chigi, il quale volse informarsi dal caporal di guardia del fatto come era seguito; e seppe che essendo

---

1) MS: li quali.

venuta nova li al quartiero che li Francesi sudⁱ havevano ammazzato doi delli nostri soldati, li soldati infuriati entrorno dentro al quartiero, presero li loro archibugi, e sortirno fuori per vendicarsi contro li Francesi; e vidde anco che il caporal di guardia non haveva (1) potuto impedire la loro uscita, perchè, benchè serrasse li rastelli, li soldati sconficcorno (2) li travi di essi e sortirno fuori; et in quel mentre che io et il Capitano facessimo tornare li soldati a quartiero, sentissimo il sparo di molte archibugiate verso Piazza Farnese, che credo le sparassero li nostri soldati et anco li Francesi, perchè io intesi che si sparasse dall'una parte e l'altra, ma però io non so precisamente quali fussero li soldati che sparassero; che furno poi tenuti tutti li soldati in quartiero; che venne l'ordine dell'Em^{mo} Sr Cardinale Imperiale Progovernatore al Capitano, che in ogni modo si fosse veduto di ridurre tutti li soldati a quartiero; che prima ce lo disse il Barigello, e poi venne il nostro alfiero a portare d° ordine, che era stato spedito a S. E., e poi anco lo diede l'Ecc^{mo} Sr Prencipe D. Mario quando fu li a quartiero; che si tennero li soldati rinchiusi persino al martedi sossequente, nel qual tempo venne l'ordine di S. Ecc^a che si fossero lasciati uscire, e così li fu data la libertà; e questo è il rumore che seguì d^a sera di domenica tra li soldati Corsi e li Francesi del Sr Amb^{re}.

Int^s an sciat seu saltim sit informatus an in p^{to} rumore ut supra sequuto aliquis seu aliqui vulnerati seu extincti remanserint; et si sic, dicat quis seu qui;

R^{dit}: Per quanto io intesi dire, del sud° tempo, cioè il lunedi et il martedi sussequente alla d^a domenica, dalle genti di questa città, per causa di d^e archibugiate sparate

---

1) MS: havendo.
2) MS: conficcorno.

da' nostri soldati ne restorno delli Francesi feriti e morti; ma non so nè quanti nè quali, e solo mi ricordo che la gente dicevano che alcuni nostri soldati havevano ammazzato un paggio del Sr Amb^{re} sud^o lì a S. Carlo de' Catenari, e dicevano così le genti publicamente per le strade lì verso il quartiero.

Int^s an sciat seu saltim sit inform^s unde et quomodo ad notitiam prædictorum militum Cirneorum pervenerit homines Gallos prædictos interfecisse binos milites Cirneos, et quat^s,

R^{dit}: Io credo che qualch' uno delli nostri soldati portasse nova al quartiero, et forse (1) anco qualche uno della città, havessero li Francesi ammazzato doi nostri soldati; ma però io non posso dire chi si fossero, perchè quando io mi affacciai, già la nova era venuta al quartiero.

Int^s ut dicat et nominet milites opere et industria I. E^{ti} et d^i Capitanei Franchi ad quarterium reductos d^o sero dominico.

R^{dit}: Io non posso dire altro a V. S. senonchè li soldati, che il Capitano et io facessimo ritornare a quartiero la d^a sera, fu una moltitudine di soldati di 120 incirca; ma che io possa dirli e nominarli, questo è impossibile, et in quella furia non guardai in faccia a nessuno.

Int^s ut saltim dicat quinam fuerint illi milites quos I. E. invenit d^o sero per illos vicos respondentes ad Plateam Farnesiam, quando in societatem caporalis superius nominati accessit ad Plateam DD. de Spadis,

R^{dit}: Nè meno io posso nominare a V. S. nè dire chi fossero quelli soldati che io trovai per quelle strade impostati verso Piazza Farnese, perchè quelli quando mi viddero di lontano (che non posso dire nè meno quanti si fossero

---

1) MS: fossi.

perchè erano sparti di là e di qua), sapendo di haver preso l'armi senza nostro ordine, si posero subito a fugire.

Int^s an saltim sciat, vel dici audiverit, vel aliàs informatus existat a quo vel quibus ex militibus Cirneis explosæ fuerint archibusiatæ a quibus, ut supra, audivit extinctos remansisse homines Gallos,

R^{dit}: Io non posso asseverantemente dire a V. S. chi furno quelli che sparorno l'archibugiate in Piazza Farnese, delle quali restorno morti e feriti li Francesi, come ho inteso dire. Dico bene che della nostra Compagnia, doppo successo il sud° rumore, sono mancati e sono fugiti via da 32 soldati, cioè 24 della Compagnia del Capitan Franchi, e 8 della Compagnia del Capitan Savelli; e così io stimo e tengo che questi soldati che se ne sono fugiti via sono stati quelli che sparorno, ferirno et ammazzorno li Francesi; perchè se essi non l'havessero fatto, non se ne sarebbero fugiti via, come non se ne sono fugiti l'altri.

Int^s ut dicat et nominet milites Cirneos qui defecerunt et deficiunt ex cohorte prædà fugamque arripuerunt, dicatque pariter de quo præciso tempore defecerunt ex cohorte,

R^{dit}: Io non mi posso ricordare delli nomi di tutti li soldati che sono fugiti, ma li ho bensì notati tutti in un foglio che ho appresso di me; et il foglio è questo che essibisco a V. S., dove ci sono notati li soldati della Compagnia del Franchi e del Savelli che sono fugiti; che questi fugirno e se ne andorno via il martedì a mattino et il martedì a sera, doppo successo il rumore; è ben vero che (1) li primi che io mi accorsi di mancarmi dalla Compagnia il martedì susseguente al rumor sud°, furno il Caporal Carlo d'Ampugnano, Caporal Pietro da Monte Maggiore et Andrea del q. Battista d'Aiaccio, Domenico del q. Jacomo da Rogliano,

---

1) MS: che sono.

e Francesco del q. Salvatore da Venaco; e poi la sera mi accorsi che me ne mancavano in tutti trentadoi, li quali son tutti notati in questo foglio che essibisco (Exhibens quoddam folium incipiens: « Soldati che sono fugiti etc., » et finiens: « Gio: Francesco... da Rostino, » quod ego notarius de mandato recepi ad effectum in præsenti processu inserens; et prosequens dixit): e tutti li notati in questo foglio sono fugiti; perchè io in d° tempo feci diligenza, e trovai che mi mancavano, e nella Compagnia non ci sono più; che se ci fossero, si sariano veduti, conforme si vedevano per prima ultimamente.

Int^s an saltim sciat, vel sit informatus, vel dici audiverit quomodo et a quo interfectus fuerit puer aulicus Exc^{mi} D^{ni} Oratoris p^{ti} apud Ecclesiam divi Caroli, prout superius asseruit audivisse,

R^{dit}: Fra noi altri soldati si sospetta, cioè da me, il capitano et l'alfiere, che il paggio del Sr Ambre sud°, che intesi che fosse ammazzato a S. Carlo, potè essere stato ammazzato da Andrea del q. Battista di Aiaccio, perchè esso (per quanto mi ha riferito il Caporal Pietro fu dell'ultimi in quella sera di domenica che ritornorno (1) a quartiere, e ritornò verso un'hora di notte; e con lui, o poco avanti di lui, ritornorno il caporal Pietro da Monte Maggiore et il caporal Carlo d'Ampugnano; e mi ha detto *il med° caporal Pietro* che questi tre, quando sortirno del quartiere, presero la strada verso S. Salvatore in Campo e del Monte della Pietà, e che per la med^{ma} strada li vidde ritornare a quartiero; e così noi sospettamo che d° Andrea, o qualch'uno delli sud^i che tornorno in ultimo, possono haver ammazzato il d° paggio, perchè furno veduti per quelle contrade; e

---

1) MS: ritornò.

questi anco mi ricordo che furno li primi che mi occorse che se ne fugirno via.

Tunc,

Soldati che fugirno dalla Comp^a del Sig^r Cap^{no} Alfonso Franchi.

1. Caporal Pietro q. Gio: Battista da Montemaggiore.
2. Gio: Battista q. Domenico della Bastia.
3. Anton Giovanni q. Girolamo di Calenzana.
4. Carlo di Gio: Vito d'Ampugnano.
5. Domenico di Pietro da Bastelica.
6. Domenico q. Giacomo da Rogliano (1).
7. Francesco q. Salvatore da Venaco.
8. Ferrante q. Bravetto (2) da Corti.
9. Giuseppe q. Simon Francesco da Vallerustie.
10. Gio: Battista *q.* Bastiano da Sarola.
11. Giuliano *q.* Ruggiero da Monticello.
12. Jacomo di Anton Jesi da Tochisi.
13. Gio: Andrea q. Magnesi (3) della Pietra di Verde.
14. Giulio Cesare di Gio: Pietro d'Orezza.
15. Giacomo Santo q. Antonio da Corrà (4).
16. Gio: Antonio q. Gio: Battista da Bonifatio.
17. Marco q. Giovanni da Vargolè (5).

---

1) MS: Ragliani.

2) MS: *Bravosse*; plus loin *Bravese*; mais *Bravetto* dans les interrogatoires de Ferrante. Ce nom aujourd'hui inusité correspond à celui de *Bravino* que l'on rencontre encore fréquemment dans l'arrondissement de Sartène.

3) Plus loin Mansecchio.

4) MS: Abrév. de Corrano.

5) Plus loin Valgolè et Vergolé, c'est-à-dire *Guargualè*, que Giustiniani appelle *Guargalè*.

18. Mattheo q. Giovanni da Sta Maria.
19. Pier Giovanni q. Rocco da S. Reparata.
20. Pier Giovanni q. Domenico da Zevaco.
21. Pietro q. Gio: Maria da Coggia.
22. Simone di Tomasino da Bastelica.
23. Simon Giovanni q. Alerio della Corbara.
24. Valerio q. Antonio da Sichè.

Fugiti dal Capitan Savelli.

25. Andrea q. Battista d'Ajaccio (1).
26. Antonio q. Secondo da Sari.
27. Gio: Maria q. Piero Maria della Volpaiola.
28. Giuseppe q. Michele di Cassano.
29. Francesco q. Gio: Geronimo da Bastelica.
30. Geronimo q. Nicolò dalla Bastia.
31. Matteo q. Gio: Geronimo da Bastelica.
32. Gio Francesco q..... (2) da Rostino.

Die dicta (*2 Sept.*)

Exam^s f^t per quem et ubi supra, meque,
Thomas fil. q. Petri Angeli Marchetti de Bilia (3) in Cirnea, qui delato sibi juram^to verit. dic. prout tactis etc. juravit. Fuit per D.

Int^s quomodo accessit ad locum examinis, et an sciat vel præsumat causam illius.

R^dit : Sono venuto qui avanti di V. S. perchè sono stato

---

1) Nous savons par les interrogatoires qu'il s'appelait Andrea Crovero.
2) Lacune dans le MS.
3) MS: Appilia.

fatto chiamare di suo ordine per essaminarmi, et io non so sopra a che V. S. mi voglia essaminare, se non me lo dice.

Int^s cuius sit exercitii et professionis, et in quo loco inhabitet,

R^{dit}: L'essercitio mio al presente è di fare il soldato, che sono soldato Corso nella Compagnia del Sr Capitano Alfonso Franchi; e sono otto anni che fo il soldato; et al presente, con occasione che si è mutato il nostro quartiero, che stava alla Trinità di Ponte Sisto, havemo havuto il quartiero a Capo le Case dove stavano li soldati Italiani, quali sono venuti al nostro quartiero.

Int^s ut dicat ubi fuerit die dominico 20 p^e præt^{ti} mensis Augusti ab hora 20 dicti diei usque ad mane lunæ subsequentis, recensendo tota per ipsum gesta toto dicto tempore,

R^{dit}: Io, domenica 20 del p. p. mese di Agosto, pranzai in quartiero con il S^r alfiere Cardone, che pranzassimo nelle sue stanze. Doppo pranzato, ce ne uscissimo là nella piazzetta, e poi me ne ritornai nel quartiero e mi misi un poco a dormire; e doppo haver dormito, me ne uscii li avanti li rastelli, e stetti li persino alle 22 hore, persino che si mutò la guardia; e di lì ad un pezzetto ce ne andassimo io et l'alfiero sud^o a cena nelle sue stanze; e mentre stavamo cenando, che potevano essere 23 hore e mezza incirca, fu inteso un bisbiglio et un rumor di soldati nella piazza; et essendomi io affacciato alla fenestra, intesi che li soldati dicevano che li Francesi del Sr Ambre di Francia havevano ammazzato doi delli nostri, e dicevano: « All'arme! all'arme! che vengono li Francesi per assaltarci; » — e viddi che all'improviso se ne entrorno tutti in quartiero, et una mano sortirno fuori con li schioppi che presero, et il simile volsero fare l'altri, che io dalla fenestra dissi al Caporal Piero che havesse serrato li cancelli; ma ancorchè fussero serrati, con furia detti soldati (1) sconficcorno li travi e volsero uscire; e non si poterno tenere, ancorchè il Sr sargente procurasse con la spada di non farli uscire, conforme fece pure (2) il Sr alfiero, che procurò di non farli uscire; e viddi che una moltitudine grande de' soldati si inviorno verso la Chiesa della Trinità; ma di lì a poco viddi che con l'aiuto del Capit⁰ Franchi, che dalla casa sua che stava lì vicino bisogna che sentisse il rumore et *era* saltato fuori con la spada nuda alle mani, fece ritornare a dietro quella moltitudine di soldati, che potevano essere sopra a cento; che io non abandonai mai il corpo di guardia e non volsi mai uscir fuori, perchè sapevo che senza ordine delli miei superiori non potevo uscir fuori; et arrivati che furno li detti soldati, il Capitano fece battere la cassa a retirata ad effetto che li soldati ritornassero a quartiero, facendo entrare li soldati dentro il quartiero con dirli che andassero a guardare le fenestre del quartiero con li loro schioppi; et in quel mentre che vennero li d[i] soldati respinti a quartiero, io intesi da quattro o cinque botte di archibugiate, quali poi io intesi dire da diverse persone della città, che io non cognosco, che fossero sparate dalli nostri soldati et anco dalli Francesi del Sr Ambre, delle quali restassero feriti o morti alcuni Francesi; e perchè il Capitano diede ordine che quella sera nessuno soldato fosse uscito dal quartiero e fece serrare li rastelli, io me ne stetti tutta quella notte dentro il quartiero, et anco il lunedì susseguente, e persino al martedì a mattino che havessimo la libertà; e questo è tutto quello che io feci in d⁰ giorno di domenica persino al martedì susseguente.

Int[s] an sciat seu saltim sit informatus quinam ex militibus

---

1) MS: ma ancorchè fussero serrati, la furia delli soldati sconficcorno etc.
2) MS: poi.

Cirneis fuerint primi in exeundo cum sclopis ex corpore custodiæ et quinam fuerint novissimi in redeundo dicto sero ad quarterium.

R^dit: Io di certa scienza non posso dire a V. S. chi fossero li primi soldati Corsi che in d^a sera sortirno dal quartiero e chi furno l'ultimi a ritornare a quartiero con li schioppi alle mani. Ho ben inteso dire da Caporal Pietro, che era di guardia quella sera, che li primi che uscirno furno il Caporal Carlo da Ampugnauo, il Caporal Pietro da Monte Maggiore et Andrea del q. Battista da Aiaccio, e che questi fossero anco l'ultimi a ritornare d^a sera in quartiero; e perchè quella sera sud^a di domenica fu detto che dalli nostri soldati fu anco ammazzato un paggio del Sr Amb^re di Francia li a S. Carlo de' Catinari, si è sospettato dalli nostri offitiali che uno delli tre da me nominati l'habbia potuto ammazzare, perchè il Caporal Pietro sud^o dice che, tanto quando uscirno, quanto quando tornorno, li vidde ritornare per quella strada del Monte *della Pietà* e del Sant^mo Salvatore in Campo, e che penetrorno a S. Carlo; e tanto più se ne è sospettato, perchè questi tre furno li primi che se ne fugirno dalla Compagnia.

Int^s ut dicat et nominet milites ad quarterium reductos d^o sero dominico a d^o Capitaneo Franco eiusque officialibus,

R^dit: Io non posso dire e nominare a V. S. nessuno di quelli soldati che in d^a sera di domenica il Capitano Franchi con li suoi officiali fece ritornare a quartiero, perchè quella fu una multitudine di soldati e vennero tutti ammassati assieme, et io non feci reflessione a nessuno.

Int^s an sciat seu saltim sit informatus a quo seu quibus ex militibus Cirneis explosæ fuerint archibusiatæ ex quibus extincti remanserunt nonnulli Galli, ut supra deposuit,

R^dit: Io non ho veduto nessun soldato Corso sparare verso Piazza Farnese *quelle archibugiate* che ferirno o occisero certi Francesi, perchè di quel tempo io me ne ritornavo a quartiero. È ben vero che delli nostri compagni mancano e se ne sono fugiti via da 32 soldati incirca, tra quelli della Compagnia del Capitan Franchi e quelli della Compagnia del Capitan Savelli, e mancano e se ne fugirno via il giorno del martedì susseguente al d° giorno di domenica; e così io stimo, conforme si stima da tutti li nostri soldati, siano quelli che sparorno l'archibugiate; perchè se essi non fossero stati, non se ne sarebbero fugiti, come non sono fugiti l'altri; et io so che ne sono fugiti tanti, perchè fu fatta diligenza dal S^r alfiero et il sargente, e fu trovato mancante il d° numero; che questo si sa publicamente tra noi altri che ne mancan tanti, li quali sono stati tutti notati dal S^r sargente in un foglio, cioè li nomi e le patrie di quelli che se ne sono fugiti.

Int^s an Ipse Examinatus memoriæ teneat milites Cirneos qui defecerint et deficiunt ex cohorte p^{ta} et fugam arripuerunt,

R^{dit}: Io puol essere che mi ricordi di qualcheduno delli soldati che sono fugiti, ma non so se l'haverò a mente tutti particolarmente, perchè furno li primi li sud^i Andrea del q. Battista da Aiaccio, il Caporal Pietro da Montemaggiore et il Caporal Carlo d'Ampugnano, Gio: Battista del q. Bastiano di Sarola, Giuliano q. Rogiero da Monticello, Jacomo d'Anton Jesi da Tossi, Pier Giovanni del q. Domenico da Zevaco, Simone di Tomasino da Bastelica, Gio: Maria della Volpaiola, e delli altri non ne ho li nomi alla mente, ma V. S. li troverà tutti in un foglio notati che l'ha fatto il Sr Sargente; e questi che io ho nominati non ho visto più per la Compagnia da d° giorno di martedì in qua; e so che sono fugiti per il rumore sud°, e so che ne mancano 32, e che è stata fatta la diligenza dalli nostri officiali, e tanti ne mancano e sono fugiti via per il rumor sud°,

Tunc,

Die Dominico 3º Septembris 1762.

Exams ft ubi et per quem supra, Excm D. Lntem, meque,
Joannes Barla q. Dominici Albinganensis, cui delato juramto verit. dic. prout tactis etc. juravit. Fuit per D.

Ints quomodo reperitur in loco examinis, et an sciat pro qua causa sit examinandus seu excogitare valeat, et de eius exercitio, professione et habitatione.

Rdit : Io son venuto qui ad essaminarmi perchè mi è stato ordinato, e cosi son venuto; non so la causa, nè meno me l'imagino; et habito vicino al refettorio della Trinità de' Peregrini e Convalescenti, in casa del medagliero, et al presente sono commissario della Grascia, deputato da Monsr Caraccioli presidente.

Ints in quo loco reperiretur Ipse Exams die dominico 20 mensis Augusti pe præterti post prandium, et in quo loco fuerit usque ad solis occasum,

Rdit : Domenica 20 del p. p. mese di Agosto dopo pranzo, andai a vespro alla chiesa della Trinità de' Pellegrini; e doppo vespro, mi trattenni alla porta di casa mia un pezzetto; che doppo venne a passare un mio paesano chiamato Stefano Vivaldi, quale mi disse che fossimo andati un poco a spasso; e cosi, insieme con lui, andassimo sino in Campo di fiori; e perchè detto Stefano disse volere andare in Banchi (1), lo lasciai, et io andai in Piazza Navona, dove mi trattenni un pezzo al fresco; e poi, perchè era 23 hore e mezza incirca, me ne tornai alla volta di casa per Campo di fiori, e tirai giù per li Giupponari, voltai al Monte della Pietà avanti il palazzo del Sigr Cardl Antonio, e quando

---

1) C.-à-d. in via de' Banchi.

arrivai nella piazza, vicino dove stava il quartiero de' Corsi, viddi una quantità grande di soldati tutti in arme (che non posso sapere precisamente quanti fossero, et erano tutti soldati Corsi di quel quartiero), li quali volevano andar via armati, chi verso Capo di ferro, e chi verso il palazzo del Sr Card.l Antonio; et il loro capitano (del quale non so il nome, ma l'ho inteso chiamare Capitan Franco), assieme con l'alfiero e sargente di d.a Compagnia, con la spada in mano procurava (1) di far fermare e ritornare in quartiero li d.i soldati Corsi, che volevano andar via, anco con darli delle botte; in maniera che operò che la maggior parte, et in quantità grande, ritornorno in quartiero, facendo doglianze grandi acciò non havessero a partire del quartiero; et io me ne ritornai in casa e non uscii più.

Int.s an sciat vel dici audiverit pro qua causa et quo tempore d.i milites se in armis posuerint,

R.dit: Intesi dire che li d.i Corsi si erano messi in armi e volevano andare verso Piazza Farnese, perchè alcuni Francesi havevano maltrattato alcuni soldati Corsi; che questo l'ho inteso dire pubblicamente per il vicinato, e viddi anco ricondurre un soldato Corso a braccio, che era ferito, e doi lo conducevano; e che per questa causa erano state sparate diverse archibugiate verso Piazza Farnese da alcuni Corsi che erano scappati, che n'intesi ancor io tirare da quella parte da tre o quattro; del resto non ho cercato altro.

Tunc,

Die 4 Septembris 1662.

Bartholomeus Simoncellus, Substitutus Chirurgiæ Consolationis, retulit ex hac vita migrasse Jo: Baptistam Raimundi

---

1) MS: procurando.

de Aiaccio, qui sub die 20 Augusti accessit vulneratus, ut in relatione, et ex d⁰ vulnere obiisse ;

Item Jo: Baptistam *q*. Donati *Petrucci* de Valle Tellina, qui sub eodem die accessit vulneratus, ut in relatione, ex d⁰ vulnere obiisse. Et ita, omni etc.

Die Lunæ 4 Septembris 1662.

Vocatus accessi ad Hospitale S^{mæ} Consolationis, in mansione mortuorum, in qua visum et repertum fuit prædictum cadaver cuiusdam hominis, masculini generis, justæ staturæ, ætatis suæ annorum 40 circiter, cum barba baffis et capillis rubeis, jacens inter quoddam feretrum denudatum et vulneratum duobus vulneribus, nempe in hypochondrio et coxa sinistra, quæ vulnera apparent facta ex instrumento incidenti, latitudinis costæ unius testoni, longitudinis verò medietatis unius digiti circiter, ex quibus vulneribus credendum est ex hac vita migrasse, quæ omnia hic annotavi ad effectum etc. præsentibus Jo: Petro Bruno (1) q. Horatii de Perusia et Andrea q. Petri Fabii de Stimigliano in Sabinis, inservientibus in d⁰ loco custodiæ.

Et successivè in d⁰ loco Exam^s f^t super recognit^e cadaveris,

Supradictus Jo: Petrus Brunus (2) de quo supra, cui delato juram^{to} verit. dic. p^t tactis etc. fuit ad expositionem mei interrogatus.

R^{dit} : Io vedo questo cadavero di huomo morto, di statura giusta, di età di anni 40 incirca, con capelli barba e baffi

---

1) MS : *dono*; plus loin, dans les constatations du 8 septembre, *Brunus*.
2) MS : Bonus (V. note précédente).

rossi, che giace nudo in questa bara, in questa stanza de' morti, ferito di doi ferite, *una* cioè nell' ipocondrio sinistro; questa ferita è fatta di lunghezza un mezzo dito, e larghezza della (1) costa di un testone; et un' altra ferita nella coscia sinistra parimente dell'istessa longhezza e larghezza; e dico che questo è il cadavero di Gio: Battista di Raimondo da Aiaccio, soldato Corso, quale venne ferito nel mese passato in questo Hospedale, di dove mai se n'è partito, ma è morto per dette ferite; che questo io lo so, perchè l'ho visto da quel tempo sino alla morte in questo Hospedale, e gli ho parlato più volte; e si faceva chiamare Gio: Battista di Raimondo da Aiaccio, e per tale era reputato; e questa è la verità.

Et successive Exam^s f^t ubi supra per me, de mandato, super recognit^e cadaveris,

Supradictus Andreas q. Petri Fabii de quo supra, cui delato juram^{to} verit. dic. p^t tactis etc. juravit. Fuit per me Interrogatus.

R^{dit}: Io vedo benissimo questo cadavero di huomo morto che giace nudo nel cataletto in questa stanza de' morti di questo Hospedale, di statura giusta, anni 40 incirca, di capelli barba e baffi rossi, ferito di due ferite, una *cioè nell' ipocondrio sinistro, e l'altra* nella coscia sinistra, di lunghezza di mezzo dito incirca e larghezza quanto una costa grossa di cortello o testone, per le quali ferite giudico che sia morto; e questo huomo si chiamava e faceva chiamare Gio: Battista di Raimondo da Aiaccio soldato Corso, e per tale l'ho tenuto e reputato; il quale, del mese di Agosto p. p., venne così ferito; che io lo viddi perchè servo in questo Hospedale tutto, e dall' hora in qua mai più è uscito dall' Hospedale, ma è morto; e questa è la verità.

---

1) MS: di una.

Die d^a (*4 Sept.*)

Successive in eodem loco

Visum et repertum fuit aliud cadaver unius hominis pariter masculini generis, ætatis suæ ut ex aspectu dignoscebatur annorum 45 circiter, staturæ justæ, cum capillis et barba nigra, denudatum, jacens in feretro in stantia prædicta mortuorum, vulneratum unico tantum vulnere in pede sinistro latitudinis ferè unius julii (1), longitudinis ferè unius digiti, ex quo vulnere credendum est ex hac vita migrasse. Quæ omnia ego vidi, notavi, et hic pro veritate adnotavi ad effectum etc. omni etc. Præsentibus sup^tis Jo: Petro Bruno (2) Perusino, et Andrea q. Petri Fabii de Stimigliano, inservientibus in d° Hospitali.

Et successivè Exam^s f^t ubi supra per me de mandato Sup^tus Andreas q. Petri Fabii, cui delato juram^to verit. dic. p^t tactis etc. juravit. Fuit per me opportunè Interr^s.

R^dit: Questo cadavero di huomo morto che giace nudo qui nella bara disteso, vedo che è di giusta statura, di età di anni 45 incirca, con barba baffi e capelli negri, ferito nel piedo sinistro. Questa ferita è di grandezza di un grosso (3) e longhezza di un dito incirca; e quell'huomo mentre visse, e che venne qui nell'Hospedale ferito come sopra (che fu del mese passato d'Agosto, dove non se n'è mai partito, ma è morto per d^a ferita), si chiamava per nome et si faceva

---

1) Le Giulio ou Paolo, petite pièce d'argent de la valeur de 0 fr. 55.
2) MS: Bono.
3) Le *grosso* était une monnaie toscane ou romaine qui valait la moitié d'un *paolo* ou d'un *giulio*, c.-à-d. environ 0 fr. 22.

chiamare da tutti Gio: Battista di Donato *Petrucci* della Valtellina, facchino; che disse che d^a ferita era stata fatta da un'archibugiata nel rumore de' Francesi e Corsi; et io come tale lo conosco, perchè l'ho visto sempre nel tempo sud^o in questo Hospedale, e gli ho parlato più volte, e chiamatolo, e servitolo, essendo io sottopriore di questo Hospedale, e come tale lo riconosco benissimo.

Et successivè Exam^s f^t ubi supra per me de mandato, ad effectum de quo supra,

Suprad^s Joannes Petrus Bonus, cui delato juram^{to} verit. dic. p^t tactis etc. juravit. Fuit per me opportunè Interr^s.

R^{dit}: Io vedo benissimo questo cadavero di huomo morto, che giace disteso nudo su questa bara nella stanza de' morti, et è nudo, di anni 45 incirca, di capelli barba e baffi negri, ferito nel piede sinistro di una sola ferita, che si vede che è larga da un grosso incirca e lunga da un dito incirca; e questo huomo, del mese di Agosto passato, venne in questo Hospedale ferito nel modo sud^o, che disse d^a ferita essere stata fatta da un'archibugiata coltali nel rumore che segui tra Francesi e soldati Corsi, e mai più *si è* partito di qua da sì che venne ferito; e si chiamava e faceva chiamare per nome Gio: Battista di Donato *Petrucci* dalla Valtellina, facchino; e per tale era reputato; et io più volte l'ho inteso chiamare e l'ho chiamato per d^o nome, et esso mi ha risposto più volte, e sempre che io con tal nome lo chiamava; et ogn'uno che lo veniva a vedere, parimente lo chiamava con l'istesso nome, et esso Gio: Battista subito rispondeva per tale; e questo lo so per le ragione sud^e.

Die Martis 5 Septembris 1662.

Exam^s f^t per quem supra meque in quarterio D. Alphonsi Franchi, Capitanei militum Cirneorum,

Franciscus filius q. Marci Attilii Julii (1) de Lota (2) in Insula Cirnea, qui delato sibi juram^{to} verit. dic. p^t tactis etc. juravit. Fuit per D.

Int^s quomodo accesserit ad præsentem locum examinis, et an sciat seu excogitare valeat causam illius.

R^{dit} : Io son venuto qui avanti di V. S. perchè il mio alfiero Cardone mi ha ordinato che io ci venissi, perchè V. S. mi voleva essaminare; ma io non so nè mi posso imaginare sopra che mi voglia essaminare, se non me lo dice.

Int^s cuius sit exercitii et professionis,

R^{dit} : L'essercitio e professione mia è di fare il soldato, e sono soldato Corso della Compagnia del Sr Capitano Savelli; ma venni a Roma questi mesi a dietro assieme con 49 altri soldati, et (3) hora siamo tutti sotto il comando del Capit^o Franchi; e stiamo di quartiero al presente qui a Capo le Case, e prima stavamo di quartiero alla Trinità di Ponte Sisto.

Int^s an cognoverit et cognoscat Andream q. Baptistæ de Aiaccio, et decuriones Carolum de Ampugnano et *Petrum de Monte Majore* milites Cirneos; et si sic, a quo tempore citra et qua occasione;

R^{dit} : Signor sì, che io conosco Andrea del q. Battista d'Ajaccio, et li Caporali Carlo d'Ampugnano e Pietro da Montemaggiore, tutti tre soldati Corsi; e li conosco con occasione che tutti tre stavano sotto il comando del Capitan Franchi sud^o come sto io, se bene Andrea d'Aiaccio era della Compagnia del Capitan Savelli; et è un gran tempo che io li conosco.

Int^s ut dicat quid sit ad præsens de p^{tis} Andrea, Carolo et Petro superius commemoratis,

---

1) MS: *Viuli*. (V. p. 141, note 1).
2) MS: Lot.
3) MS; ma.

R^dit: Li detti Andrea, Carlo e Pietro io non so dove si trovino al presente, perchè essi mancano dalla Compagnia del d° Capitan Franchi dal giorno di martedì susseguente alla domenica che seguì il rumore delli soldati Corsi, e *li Francesi del Sr Amb^re di Francia*; e dal d° giorno non si sono più veduti nella Compagnia, conforme si vedevano per prima; che se ne sono fugiti via, e questo si sa pubblicamente tra (1) noi altri soldati; che se non fussero fugiti, si vederiano, conforme si vedevano per prima; e poi domenica passata furono chiamati alla banca, e non comparsero.

Int^s an sciat seu saltim sit informatus aut aliàs dici audiverit cur et qua de causa prædicti Andreas, Carolus et Petrus ex Cohorte d^i Capit. Franchi defecerint et deficiant fugamque arripuerint,

R^dit: Tra di noi altri soldati publicamente si dice che li sud^i Andrea, Carlo e Pietro fossero quelli soldati che, quella sera che successe il rumore tra li Francesi e li soldati Corsi, andassero con li loro schioppi a S. Carlo de' Catinari e che ammazzassero quel paggio della S^ra Amb^ce di Francia, che fu detto che fu ammazzato vicino S. Carlo de' Catinari in quella sera, e così pubblicamente si discorse tra di noi altri soldati; e così si dice ancora fra di noi che, per causa di d° homicidio del paggio, essi se ne siano fugiti per timore di non andar prigione e non riceverne il condegno castigo; e quelli tre so che furno anco li primi che mancorno dalla Compagnia, et *hebbero* a fugirsene in d° giorno di martedì, perchè della fuga delli detti si discorse prima *che* dell'altri soldati che sono fugiti; li quali fugiti arrivano al numero di 31 o 32.

Tunc,

---

1) MS; ma.

Die dicta (5 *Sept.*)

Exams ft per quem et ubi supra, meque,

Julius q. Astulphi de Pila in Insula Cirnea, qui delato sibi juramto verit. dic. prout tactis etc. juravit. Fuit per Dum.

Ints quomodo se contulerit ad præsentem locum examinis, et an sciat vel præsumat causam illius.

Rdit: Io sono venuto qui avanti V. S. perchè il Sigr alfiero Cardone della Compagnia del Sr Capitan Franchi, del quale io sono soldato Corso, mi ha ordinato che fossi venuto qui avanti di lei, che mi voleva essaminare; ma io non so nè posso imaginarmi la causa, se non me la dice.

Ints an cognoverit et cognoscat decuriones Carolum de Ampugnano, et Petrum de Monte Majore, et Andream q. Baptistæ de Aiaccio, Cirneos milites; et si sic, a quanto tempore citra et qua occasione;

Rdit: Signor sì, che li conosco, li Caporali Carlo di Ampugnano e Pietro di Montemaggiore, et Andrea del q. Battista di Aiaccio; e li conosco da una mano di anni in qua; e tutti tre erano della Compagnia del Capitan Franchi sudo, se bene Andrea di Aiaccio era soldato della Compagnia del Capitan Antonio Savelli, ma stava sotto il comando del Sigr Capitan Franchi; che è uno delli 50 soldati che, li mesi a dietro, vennero da Ascoli.

Ints an sciat quid sint et *ubi* ad præsens reperiantur supradti Carolus, Andreas et Petrus, milites Cirnei superius mentionati,

Rdit: Li sudi Carlo, Pietro et Andrea, soldati Corsi, io non so dove si trovino al presente, nè che cosa ne sia; perchè se ne sono fugiti via, e mancano dalla Compagnia di do Capitano Franchi, dal martedì susseguente al giorno della domenica che successe il rumore tra li Francesi del Sr Ambre di Francia e li soldati Corsi; e dall'hora in qua non si sono più visti; che anco furno li primi a fugire, che così fu scoperto dalli nostri officiali; e questa è cosa publica e notoria fra noi altri, e domenica prossima passata furno chiamati alla banca e non comparsero, et erano fugiti.

Int^s an sciat seu saltim sit informatus aut aliàs dici audiverit cur et qua de causa sup^{ti} Carolus, Petrus et Andreas milites Cirnei fugæ se dederint et quatenùs,

R^{dit}: Li di Andrea, Carlo e Pietro soldati Corsi se ne sono fugiti via dalla Compagnia, perchè tra noi altri soldati si dice publicamente che essi furono quelli che, quella sera di domenica che successe il rumore tra li soldati Corsi e li Francesi sud^i, ammazzassero quel paggio lì a S. Carlo de' Catinari della S^{ra} Amb^{ce} di Francia, che si disse fosse ammazzato con archibugiata in quella sera del rumore tra li Francesi e li Corsi, e per rispetto di detto homicidio si tiene communemente tra noi altri soldati che essi se ne siano fugiti, massimamente per essere stati li primi a fugire, conforme di sopra ho detto.

Tunc.

Die dicta (5 Sept.)

Exam^s f^t per quem et ubi supra, meque,
Barnabeus filius q. Antonii Marci de Sancta Lucia in Insula Cirnea, qui delato sibi juram^{to} verit. dic. p^t tactis etc. juravit. Fuit per D.

Int^s quomodo accesserit ad præsentem locum examinis, et an sciat vel excogitet causam illius.

R^{dit}: Sono venuto qui avanti V. S. perchè il S^r alfiero Cardone del Sig^r Capitano Franchi delli soldati Corsi, che di presente risiede di quartiere qui a Capo le Case e prima stava (1) di quartiere alla Trinità di Ponte Sisto, della Compagnia del quale io sono soldato, mi ha comandato che io fossi venuto qui da lei, perchè mi voleva essaminare; ma io non so sopra di che mi voglia essaminare, se non me lo dice.

Int^s an cognoverit et cognoscat decuriones Petrum de Montemajore et Carolum de Ampugnano, nec non Andream de Aiaccio milites Cirneos; et si sic, dicat a quanto tempore citra et qua occasione;

R^{dit}: Signor sì, che io conosco li sud^i Caporali Pietro da Montemaggiore, Carlo di Ampugnano et Andrea del q. Battista di Aiaccio, tutti soldati Corsi sotto il comando del Capitan Franchi, e li cognosco da molto tempo in qua per essere quasi tutti *miei* paesani, e tutti stavamo sotto il comando di d° Capitan Franchi.

Int^s an sit informatus quid sit ad præsens de dd. Carolo, Petro et Andrea militibus Cirneis supra nominatis,

R^{dit}: Io non so che cosa sia al presente, e dove si trovino al presente li sud^i Carlo, Pietro et Andrea soldati Corsi, perchè essi mancano dalla Compagnia dal giorno di martedì susseguente al giorno di domenica che successe il rumore tra li Francesi del Sr Amb^{re} di Francia e li soldati Corsi; e da detto giorno in qua io non li ho più visti, conforme li vedevo prima continuamente; e se ne sono fugiti via, e questo è cosa certa; e domenica p. p. che passassimo la banca, furno chiamati, e non comparsero, perchè erano fugiti.

Int^s an sciat seu saltim sit informatus, aut aliàs dici audiverit cur et qua de causa sup^{ti} Carolus, Petrus et Andreas Cirnei milites fugæ sese dederint, et quatenùs,

R^{dit}: Li sud^i Carlo, Andrea e Pietro soldati Corsi, tra noi altri soldati Corsi si discorre e dice publicamente che fus-

---

1) MS: stavamo.

sero quelli che, la sera del d° rumore che successe tra li Francesi e li Corsi, con archibugiate ammazzassero il paggio della S^ra Amb^ce di Francia a S. Carlo de' Catinari, che si disse esser stato lì ammazzato dalli soldati Corsi; e questo si tiene communemente vero fra noi altri soldati, e per questo homicidio da noi communemente si tiene che essi se ne siano fugiti, tanto più che essi furno li primi che dalli nostri officiali si scoperse che erano fugiti.

Tunc,

Die Jovis 7 Septembris 1662.

Exam^s f^t per perill^m et adm^m Exc^tem D. Augustinum Paris L^ntem suprad^m meque, in quarterio D. Capitanei Franchi ad Capita domorum,

Victorius q. Papirii de Omessa in Insula Cirnea, qui delato sibi juram^to ver^it. dic. prout tactis etc. juravit. Fuit per D.

Int^s quomodo accessit ad præsentem locum examinis, et an sciat vel excogitare valeat causam illius.

R^dit: Io sono venuto qui, perchè mi è stato ordinato dalli miei officiali che ci fussi venuto perchè lei mi (1) voleva essaminare; et io non so nè posso imaginare la causa per la quale mi voglia essaminare, se non mi si dice.

Int^s de exercitio, professione et habitatione,

R^dit: Io sono soldato Corso della Compagnia del Sr Capitano Franchi, che sono quindici anni che servo per soldato il Papa; e della Compagnia del Capitan Franchi sono dachè lui è stato fatto Capitano; et adesso stiam di quartiero qui a Capo le Case, e prima stavamo di quartiero alla Trinità di Ponte Sisto, dove sono andati a stare li soldati Italiani, e noi siamo venuti nel lor quartiero.

---

1) MS: lui non mi...

Int[s] an sit informatus qua de causa facta fuerit mutatio stationum inter milites Cirneos et milites Italos, et quat[s],

R[dit]: Io so (1) per certo che sia stato mutato il quartiero a noi e fattoci venire dove stavano li soldati Italiani, per causa del romore che successe domenica a sera 20 del passato mese di Agosto tra li soldati Corsi e li Francesi del Sig[r] Amb[re] di Francia.

Int[s] ut dicat quinam rumor evenerit inter milites Cirneos et homines Gallos prædictos dicto sero Dominico 20 p[è] pr[ti] mensis Augusti,

R[dit]: Il rumor che successe domenica a sera 20 del p. p. mese d'Agosto, tra li soldati Corsi e li Francesi del Sig[r] Amb[re] sud[o], fu che, essendo venuto nuova al quartiero che li Francesi havessero ferito mortalmente doi nostri soldati senza causa nessuna (cioè Gio: Battista d'Aiaccio, quale hanno (2) inteso che sia morto nell'Hospedale della Consolatione, e Giovanni da Calenzana), *li* nostri soldati infuriati presero li schioppi per vendicarsi di quello che havevano fatto alli d[i] nostri soldati. Ma perchè il Sig[r] Capitano e li nostri offitiali li respinsero a quartiero, non successe altro male, senonchè alcuni pochi delli nostri soldati penetrorno in quelle strade della Madonna della Cerqua che rispondono in Piazza Farnese, dove sparorno alcune archibugiate contro li Francesi, et essi ancora intesi che sparorno; dalle quali archibugiate intesi che morirno e restassero feriti alcuni; e questo è il rumore che io so che successe in d[a] sera di domenica; et io, di quel tempo che ciò successe, mi ritrovavo a cena nel quartiero, et inteso il rumore calai a basso in aiuto delli miei offitiali, per far ritornare li soldati a quartiero.

---

1) MS: so che.
2) MS: haveva.

Int{}^s an sciat, seu saltim sit informatus, aut aliàs dici audierit quinam fuerint milites illi Cirnei qui archibusiatas prædictas exploserint,

R{}^{dit}: Dalla nostra Compagnia sono fugiti da 32 soldati, e se ne fugirno via il martedì sosseguente alla d{}^a domenica, quando havessimo (1) la libertà; e questi (2) tra noi altri si tiene (3) e si dice publicamente che fossero quelli che sparorno lì a Piazza Farnese, e se non fussero stati, non se ne sarebbono fugiti; ma io però non lo so di certa scienza. So bene di certo che tre delli d{}^i soldati fugiti sparorno in quella sera dell'archibugiate lì in Piazza Farnese, che furno il sergente riformato Domenico da Bastelica, Antonio da Sari et il Caporale riformato Giuseppe da Cassano; e questo ultimo è soldato della Compagnia di Savelli, conforme è anco Antonio da Sari; ma Domenico da Bastelica è della Compagnia del Capitan Franchi; che anco essi tutti tre se ne sono fugiti.

Int{}^s quomodo (4) I. E. sit informatus quod (5) Dominicus, Antonius et Joseph milites Cirnei præd{}^i archibusiatas exploserint dominico prædicto in d{}^a Platea Farnesia,

R{}^{dit}: Io so che li d{}^i Domenico, Giuseppe et Antonio, soldati Corsi, la sera di domenica, sparorno l'archibugiate lì alla Piazza Farnese, perchè essi medesimi me l'hanno detto e confessato; che me (6) lo dissero il martedì a mattina sosseguente al d{}^o giorno di domenica, nel qual giorno noi havessimo la libertà, lì proprio nella piazza della chiesa della SS{}^{ma} Trinità, dove io me ne stavo passeggiando; e si

---

1) MS: havessi.
2) MS: quelli.
3) MS: siano.
4) MS: quando.
5) MS: commemorari.
6) MS: non.

affrontorno a passare tutti tre assieme li detti soldati, li quali mi si accostorno e mi tirorno da parte, perchè erano miei amici, e mi dissero: « A Dio! noi ce ne volemo andar via; » — et havendoli io domandato se per che causa se ne volevano andar via, tutti tre mi dissero che essi se ne volevano andar via, perchè essi erano stati lì a Piazza Farnese e che havevano sparate dell'archibugiate, e che dubitavano di non andar prigione, e che si volevano metter in sicuro et andar via; che io li dissi che havessero fatto quello che li fusse parso meglio; e di nuovo dicendomi: « A Dio, » se la colsero tutti tre via; che io non so poi dove si andassero. So bene che dall'hora in qua io non l'ho più veduti, nè sono stati più visti per il quartiero; et in questa maniera io sono informato che li d[i] tre soldati sparorno delle archibugiate in Piazza Farnese, conforme io ho detto disopra.

Int[s] an aliquis seu aliqui fuerint præsentes audiverintque et intellexerint prædicta, sibi dicta et confessata per suprad[os] milites,

R[dit]: Quando li d[i] Domenico, Giuseppe et Antonio, soldati Corsi, mi dissero le cose sud[e], non vi fu nessuna persona presente che li potesse (1) sentire; perchè mi tirorno da parte, e tra essi e me dissero quanto di sopra ho deposto.

Int[s] an de præmissis discursum habuerit cum aliqua persona; et si sic, dicat cum qua vel quibus;

R[dit]: Hieri, o l'altro pare a me, discorrendo in quartiero con il Sig[r] sergente nostro delli soldati che se n'erano fugiti, e dicendomi esso se io sapevo niente di quelli che havevano sparate l'archibugiate in Piazza Farnese, io ravvisai ad esso quello che havevano detto a me li detti tre soldati che ho detto disopra; che questo fu discorso fatto tra me e detto Sig[r] sargente soli, e non ne ho discorso con altri.

Tunc,

---

1) MS: potessero.

Die dicta (*7 Sept.*)

Exam^s f^t per quem et ubi supra, meque,

Jo: Baptista filius q. Petri de Zilia in Insula Cirnea, qui delato sibi juram^{to} verit. dic. prout tactis etc. juravit. Fuit per D.

Int^s quomodo huc accesserit ad se examini subjiciendum, et an sciat seu præsumat causam illius.

R^{dit}: Io sono venuto qui avanti V. S., perchè il Sig^r alfiero Cardone del Sig^r Capitano Franchi, capitano della soldatesca Corsa, della cui Compagnia io sono soldato, mi ha ordinato che io fossi venuto qui, perchè lei mi voleva essaminare; ma io non so nè posso immaginare la causa per la quale debbia essere essaminato, se non mi si dice.

Int^s quamdiù sit quod I. E. sit miles ex Cohorte dⁱ Capitanei Franchi,

R^{dit}: Sarà un anno che io sono soldato del Sig^r Capitano Franchi, e siamo stati sempre di quartiero alla Trinità di Ponte Sisto; ma da pochi giorni in qua, ci siamo mutati di quartiero, e siamo venuti a stare qui a Capo le Case, dove stavano prima li soldati Italiani, li quali sono andati a stare nel nostro quartiero della Trinità di Ponte Sisto.

Int^s an sit informatus cur et qua de causa facta fuerit dicta mutatio stantiarum inter milites Cirneos et milites Italos,

R^{dit}: Io tengo che siano stati mutati quartieri tra li soldati Corsi e soldati Italiani, per causa del rumor che successe domenica 20 del p. p. mese di Agosto tra li soldati Corsi e li Francesi del Sr Ambre di Francia.

Int^s ut dicat et narret rumorem sequutum dicto die Dominico inter milites Cirneos et homines Gallos præd^{os},

R^{dit}: Il rumore che seguì tra li soldati nostri e li Francesi sud¹ fu che, essendo venuto nuova al quartiero che li Francesi sud¹ havessero ammazzato doi nostri soldati, li nostri soldati, infuriati per dᵃ causa, entrorno in corpo di guardia, presero li schioppi e sortirno fuori; ma però furono fatti ritrarre a quartiero dal Sigʳ Capitano e suoi officiali; et alcuni ne penetrorno per quelli vicoli lì a Piazza Farnese, dove sparorno dell'archibusciate; et intesi che restassero morti alcuni, et alcuni feriti; che io, quando successe dᵒ rumore, stavo in quartiero a letto, et ero convalescente del male che havevo havuto; et intesi il rumore, e che per questa causa havevano preso le armi.

Intˢ an sciat, seu saltem sit informatus, aut aliàs dici audiverit a quo vel quibus ex militibus Cirneis explosæ fuerint archibusiatæ prædᵃᵉ in Platea Farnesia, ex quibus vulnerati et extincti nonnulli remanserunt, ut supra deposuit,

Rᵈⁱᵗ: Io non posso dire a V. S. precisamente tutti quelli che sparorno l'archibugiate lì in Piazza Farnese; so bene che della Compagnia del Capitan Franchi, tra li soldati suoi e quelli del Capitan Savelli, se ne sono fugiti da 32 incirca, per quanto ho inteso; e tra di noi altri si dice e tiene, che questi che sono fugiti se ne siano fugiti per il sparo di dette archibugiate; ma io però non so di certo se tutti quelli che sono fugiti l'habbiano sparate; so bene di sicuro che il sargente riformato Domenico della Bastelica, Antonio da Sari et il caporale riformato Giuseppe da Cassano, la sera di domenica sudᵃ, tutti tre assieme sparorno dell'archibugiate lì in Piazza Farnese; che anco essi se ne sono fugiti, e se ne sono fugiti via il martedì a mattina, susseguente al dᵒ giorno di domenica, che havessimo la libertà.

Intˢ ut dicat quomodo I. E. sit informatus quod prædⁱ Dominicus, Joseph et Antonius milites Cirnei dicto sero dominico archibusiatas exploserint in dᵃ Platea Farnesia, ut supra deposuit,

Rᵈⁱᵗ: Io so che li sud¹ Antonio, Domenico e Giuseppe,

soldati Corsi, sparorno l'archibugiate li in Piazza Farnese, perchè la notte della domenica sud^a, con occasione che io dormivo nella medesima stanza dove dormiva il d^o sargente Domenico da Bastelica, tutta la notte non fece altro che sospirare; che io m'imaginai tra me stesso che lui potesse sospirare per l'archibugiate che erano state tirate in Piazza Farnese, ma poi lui non mi disse mai niente, nè io ce lo domandai. Il martedì a mattina poi susseguente, che havessimo la libertà, standomene io nella piazza avanti il corpo di guardia, mi si accostò il d° sargente Domenico, Giuseppe et Antonio sud^i, e mi dissero che se la volevano cogliere et andarsene via; e perchè io li domandai perchè se ne volevano andar via, tutti tre mi confessorno e dissero che loro se ne volevano andar via, perchè la d^a sera di domenica havevano sparate dell'archibugiate in Piazza Farnese, e che essi non volevano tardar più giorni, che si volevano metter in sicuro; e questo me lo dissero confidentemente, perchè mi erano amici; e se ne partirno via tutti tre assieme, e da quello in qua io non l'ho più veduti; et in questa maniera io sono informato e so che essi sparorno l'archibugiate in Piazza Farnese.

Int^s an aliquis seu aliqui fuerint præsentes, audiverintque et intellexerint sibi dicta per dictos milites superius mentionatos,

R^dit: Quando li d^i Domenico, Giuseppe et Antonio, nostri soldati Corsi, mi dissero le cose sud^e li in Piazza, ci erano dell'altri soldati; ma però nessuno potè sentire quello che mi dissero, perchè questo fu con discorso fatto tra me et essi confidentemente pian piano, che nessuno potè sentire; et io mi ricordo che quando me lo dissero, gli diedi il buon viaggio e li dissi si havessero havuto cura.

Int^s an de præmissis discursum et sermonem habuerit cum aliquo, seu aliquibus; et si sic, dicat cum quo, seu quibus;

R.dit : Di quello che ho detto disopra che mi dissero li di tre soldati che disopra ho nominati, che se ne andorno via, io non ho discorso con altri che con il Sig.r alfier Cardoni; che questo fu hieri o l'altro, con occasione che discorrevamo assieme delli soldati fugiti; e particolarmente essendo entrato in discorso delli d.i Antonio, Domenico e Giuseppe, io li dissi, tra me et esso solo, quello che mi havevano confidato quelli tre soldati da me nominati disopra, quando si partirno; e questo discorso lo facessimo nel quartiero; del resto, io non ne ho discorso con altri.

Tunc,

Die Veneris 8 Septembris 1662.

Bartholomeus Simoncellus, Chirurgus subst.s Consolationis, retulit:

Michaelem Constam Teutonicum furnarium, qui sub die 21 Augusti p.e pr.ti accessit vulneratus in d.° V. Hospitali crure sinistra ex archibusiata, hodie ex d.° vulnere obiisse.

Ideo etc.

D. V.

Visum et repertum fuit per me de mandato, in mansione mortuorum d.i V. Hospitalis S.æ Mariæ Consolationis,

Cadaver masculini generis hominis ætatis suæ annorum triginta quinque circiter, barba, baffis, et cesarie castanea, denudatum in quadam bara existens, quod de mandato mei volutum et revolutum vidi habere solummodo quoddam vulnus in crure sinistra, et dum erat in humanis vocabatur Michael Consta Theutonicus, prout infr. Testes asseruerunt, præsentibus Antonio Cæsaris Bernardi Viterbiensi et Jo: Petro q. Horatii Bruni Perusino testibus.

Die d^a 8 Septembris 1662.

Statim et in continenti Exam^s f^t per me de mandato, ubi supra,

Antonius Cæsaris Bernardi Viterbiensis, testis, qui supra, cui delato juram^{to} verit. dic. prout tactis etc. juravit. Fuit per me opportunè

Int^s, dixit: Io posso dire a V. S. che di suo ordine ho visto questo cadavere d'huomo ignudo, che sta in questa bara, che mostra havere da trentacinque anni incirca, di barba, baffi e capelli castagni, e vedo che ha una sola ferita nella gamba sinistra, per la quale esso venne alcuni giorni sono a medicarsi, e disse esser stata un'archibugiata, per la quale io dico ch'è morto per la peritia che ho in questo mestiere di chirurgo; e mentre è stato in questo Hospedale, sempre ha detto che si chiamava Michele Costa Tedesco, e che faceva il fornaro; e da altri suoi paesani et amici che sono venuti a vederlo mentre in vita, l'ho inteso chiamare (1) per tal nome; e questo è quanto etc.

Tunc,

D. V.

Exam^s fuit per me de mandato, ubi supra, Joannes Petrus Brunus Perusinus, testis, qui supra, cui delato juram^{to} verit. dic. prout tactis etc. juravit. Fuit per me Int^s opportunè.

R^{dit}: Io ho visto e vedo benissimo questo cadavero d'huomo, assieme qui con Antonio Bernardi mio compagno, altro giovane di questo Hospedale; quale è ignudo, e sta sopra questa bara disteso; e vedo che è solamente ferito

---

1) MS: chiaram^{te}.

nella gamba sinistra; e lo conosco da che venne in questo Hospedale quindici o venti giorni fa a medicarsi di dª ferita, che disse haverci ricevuto un'archibugiata; e dico che per dª ferita è morto, per la peritia che ho di chirurgia; e mentre era in vita si chiamava Michele Costa Tedesco, che così esso disse chiamarsi; e diceva fare il fornaro; e così l'ho inteso chiamare da altri suoi paesani et amici che sono venuti qui a vederlo all'Hospedale, mentre era in vita.

Tunc,

Emmo e Rmo Sigr mio Ossmo,

N. S. concede facoltà a V. E. di poter fare essaminare Valerio d'Antonio Corso, estratto di Chiesa, e non compreso nell'editto di taglia. E rassegnandole le mie obligationi, rimango
di V. E.

Hummo e devmo Sre
CARDˡ CHIGI.

Die Veneris 8 Septembris 1662.

Constitutus personaliter coram perilli et admm Excti D. Augustino Paris Lnti substº.

Quinam homo justæ staturæ, ætatis suæ annorum 30 circiter, prout ex eius aspectu dignosci potest, cum cesarie et capillis nigris, baffis et barba castaneis, indutus infrascriptis vestimentis, videlicet: Cappello di feltro bianco con fettuccia di seta attorno di color bianco incornacciato da una parte, e legato con fettuccia di color come (1) di muschio, calzoni

---

1) MS: con.

e giuppone di panno di colore griscio di moro alla francese, con le maniche del giuppone spaccate con bottoni negri et asole negre, strappati e vecchi, ferraiolo di panno del medesimo colore del vestito, ma più moro, calzette di lana di color torchino, scarpe di vacchetta con fettuccie di capicciola torchina, — qui delato sibi juram^{to} verit. dic. prout tactis etc. juravit. Fuit per D.

Int^s de nomine, cognomine, patria, parentibus et consanguineis et affinibus.

R^{dit} : Io mi chiamo Valerio, mio padre si chiama Antonio, mia madre si chiama Angelica; io non ho cognome alcuno, ma mi chiamo solamente Valerio d'Antonio, e mi metto Sichè, perchè la mia patria dove son nato si chiama Sichè, che è una villa o terra che *cosi* si chiama appresso di noi in Corsica; et al paese io ci ho quattro zii, fratelli carnali di mio padre, uno chiamoto Silvio, l'altro Tomaso, l'altro Domenico, e l'altro Luigi; e vi ho altri parenti più alla lontana; che non so se siano vivi, perchè sono nove anni che io manco dal paese; è ben vero che, quattro mesi fa, hebbi lettera che mio padre e mia madre erano vivi; e da che fu creato Papa il presente Pontefice, io ho sempre servito per soldato Corso; che adesso ero della Compagnia del Sigr Capitan Alfonso Franchi, ma quando mi misi per soldato, ero del Colonnello Gentile, e poi venni in quella del Capitan Marozza (1) che è morto, e poi son venuto nella Compagnia del Capitan Franchi; ma però in Roma io ci sono stato poco, perchè in tempo del Gentile, che fu il Consagro (2), stetti tredici mesi a Ponte Corvo (3) di posto; il

---

1) V. p. 132, note 1.
2) MS: *consegnò*. Nous croyons qu'il s'agit de l'avénement d'Alexandre VII, en 1655.
3) MS: *Corvio*, mais peu lisible.

med° Gentile poi mi mandò a Benevento, perchè ivi erano morti una mano di soldati; et in tempo del Marozza, quando esso hebbe la Compagnia, io venni a Roma; e poi mi rimandò con Mons.r Trotti a Benevento, dove stetti nove mesi incirca, e poi me ne ritornai a Roma, chiamato dal Capitano, perchè noi non ci potevamo mover senza ordine del Colonnello o Capitano nostro; e feci il carnevale a Roma; e poi mi mandò al Monte di S. Giovanni di posto, dove stetti da 26 o 27 mesi; et essendo morto il Marozza e fatto capitano il Capitan Franchi, questo carnevale p. p., fui chiamato da d° Capitano Franchi a Roma; e del mese di marzo p. p. mi mandò di posto a Frosinone, *da* dove Mons.r Governatore mi mandò di posto a Ceprano, dove stetti persino alli 11 di Giugno p. p.; nel qual tempo Mons.r di Campagna Barzellino mi mandò di posto ad Anagni, dove io stetti sino alli 19 del p. p. mese d'Agosto, e partii proprio dall'hostaria d'Anagni alle 17 hore del detto giorno delli 19, che veniva la marchia del Sig.r Colonnello e Sig.r Capitano per me e per Mandola della Soccia (1), altro soldato Corso, che stavamo tutti doi di posto ad Anagni, ad effetto fussimo venuti a Roma al quartiero della Trinità di Ponte Sisto; che arrivai in Roma assieme con il detto Mandola (2) su le 22 hore e mezza incirca, la domenica delli 20 d'Agosto p. p.; e ce n'entrassimo in quartiero della Trinità di Ponte Sisto, dove stavano (3) l'altri soldati Corsi, a riporre le nostre armi e le nostre robbe.

Int.s ut dicat in quo loco loci captus fuerit, et an solus vel associatus, et qua de causa,

R.dit: Per dirla a V. S., domenica quando io arrivai in

---

1) MS: Sorcia.
2) MS: Mannola.
3) MS: stanno.

Roma, successe non so che rumore tra li soldati Corsi e li
Francesi; et ancorchè io non ci havessi che far niente in
detto rumore, me ne volsi fugir via senza dir cosa alcuna
nè al mio Capitano nè a nessuno, nè domandar la licenza;
e me ne fugii proprio il martedì susseguente al d° giorno di
domenica; e non potei fugir prima, perchè il lunedì stassimo tutti noi altri Corsi serrati in quartiero; e me ne fugii
senza arme solo, e me ne uscii fuori la Porta di S. Pancratio e me ne andai per certe vigne dove ci sono certi
condotti d'acqua, e me ne sono stato quando nelli canneti
e quando nelle vigne; che la prima sera io stetti nella vigna
del Casaletto del Sig.r Cavalier Ornano, che ci andai da per
me e ci trovai un tal Giovanni da Coggia, Corso, ma non
soldato; e mi trattenni tutta la notte lì persino la mattina
susseguente del mercordì; e perchè quel giovane Corso mi
cominciò a dire che lì non ci stavo bene perchè stavo troppo
vicino a Roma, me ne ritornai indietro, e me ne volsi verso
S. Pietro di Montorio, dove mi trattenni doi giorni, cioè il
mercordì et il giovedì, che me ne stetti parte del tempo in
chiesa e parte nella piazza di lì fuori; e la notte dormii lì
avanti la porta della chiesa lì sul lastrico (1), perchè li frati
non mi volsero mai ricevere in convento. Il venerdì a mattina poi me ne ritornai verso la vigna del Casaletto, e vi
andai per certe vigne disfatte dove non ci sta nessuno; nelle
quali vigne io mi son trattenuto da quattro o sei giorni, e
mi sono mantenuto con otto pagnotte che mi pigliai alla
porta di S. Pancratio quando uscii; ma stetti bene il mercordì, il giovedì et il venerdì senza mangiar pane nè cosa
alcuna; e doppo essermi trattenuto per d.e vigne disfatte,
m'inviai per andarmene verso la Tolfa e le Lumiere; e
quando fui sotto Toscanella, un miglio incirca lontano,

---

1) MS: nell'astrico.

incontrai Mattheo di Giovanni di Paolo da Santa Maria, soldato della Compagnia del Franchi, il quale mi disse che lui voleva andar verso Fiorenza, perchè se n'era fugito; e lo lasciai, e me ne venni verso Viterbo; ma però mi pentii, perchè mi sopravvenne la notte, e mi fermai nel convento, cioè alla porta della chiesa d'un convento di frati zoccolanti, che sta discosto un tiro di sasso da Toscanella; e perchè era serrato il convento e la porta della chiesa, mi misi a sedere su la scala della chiesa avanti la porta, dove anco ci venne a dormire il sud° Matteo di Giovanni; e la mattina essendosi aperta la chiesa, entrassimo tutti doi dentro per sentire la messa; e mentre stavamo sentendo la messa, che era finita, venne lì in chiesa il Capitano di Toscanella con tutta la Compagnia de' suoi soldati, e ci cominciorno a dire: « Fermatevi, che sete prigionieri; » — e dalli soldati fossimo condotti in convento e serrati in una stanza, dove fussimo ritenuti un giorno; e poi vennero li sbirri di Viterbo, e ci legorno lì nel convento, e ci condussero carcerati nelle carceri di Viterbo, nelle quali fussimo posti lunedì a mattina p. p., e siamo stati in secreta sino a hier sera a doi hore di notte; nel qual tempo fussimo presi dalli sbirri di Viterbo, messi a cavallo, e condotti in queste carceri nuove, dove siamo arrivati hoggi, verso le 18 hore.

Tunc,

Die dicta (*8 Sept.*)

Constitutus personaliter coram quo et ubi supra, meque,

Quidam homo justæ staturæ, ætatis suæ annorum 30 circiter prout ex aspectu dignosci potest, cum cesarie et capillis castaneis et baffis similibus, indutus infrascriptis vestimentis, vlt: Calzoni e giuppone alla francese di panno di mezz'olanda di color biancaccio, con le maniche del giuppone spaccate con bottoni di seta et oro, camiscia di tela bianca, un buttafù con maniche pendenti del med⁰ panno di mezz'olanda fodrato di riverso bianco, cappello di feltro di color come biscio con fettuccia di seta negra e cordone pur di seta negra attorno, calzette di lana listraccie (1), scarpe di marrocchino negro con fettuccia di seta roscia scolorita, — qui delato sibi juram^to verit. dic. p^t tactis etc. juravit. Fuit per D.

Int^s de nomine, cognomine, patria, parentibus et consanguineis et affinibus.

R^dit : Io mi chiamo Matteo del q. Giovanni, perchè mio padre che è morto si chiamava Giovanni, e mia madre che parimente è morta si chiamava Lucretia. Io non ho cognome nessuno; ma, perchè son nato in un luogo di Corsica che si chiama Santa Maria, mi metto sempre Matteo del q. Giovanni da Santa Maria; et io ho un fratello carnale, che si chiama Pietro, il quale serve il Sig^r Piero Nerli per Commissario, e riscuote li danari delle gabelle del sale; et al paese io non ci ho altro che doi sorelle maritate, una chiamata Barbara e l'altra Angela, che non so nè meno se al presente siano vive, perchè dal principio dell'anno santo p. p. (2) in qua manco dal paese.

Int^s cuius sit exercitii et professionis,

R^dit : L'essercitio e professione mia da che manco dal paese è stato di fare il soldato e di servire, poichè io, quando venni in Roma per l'anno santo, mi rimisi qui in Roma per soldato Corso nella Compagnia del Colonnello Gentile, e stetti due anni nella sua Compagnia sempre di posto qui in Roma a S. Salvatore et a Ponte Sisto; et a capo alli doi anni mi cassai, et andai a servire il Sig^r Cav^re Ornano Corso, che me n'andai in Francia a trovarlo, che

---

1) MS : lischaccie ; — c.-à-d. *listate* (rayées). En Corse le peuple dit encore *listra* pour *lista*.

2) C.-à-d. l'année du Jubilé pour l'avénement d'Alexandre VII (1655).

così esso mi scrisse di là, che lo trovai in Lione; e stassimo da 40 giorni in Lione, e poi ce ne venissimo su il Fiorentino, dove ci trattenessimo da nove mesi incirca; e poi me ne tornai a Roma, lasciando il Cavaliere su il Fiorentino, e mi rimisi per soldato Corso qui in Roma nella Compagnia del Capitano Cenci, nella quale stetti da tre anni incirca; e poi di nuovo io mi cassai, e me ne andai a stare con mio fratello Pietro, che all'hora faceva l'arte del campo vicino al Burghetto in uno luogo che li si dice Foglia, e me ne stetti da doi anni con d° mio fratello; e poi me ne andai a stare in casa del Sig.r Cavaliere Ornano sud°, che si serviva di me con mandarmi alla sua vigna del Casaletto di Pio Quinto, et a far le faccende di casa; e ci stetti da 15 o 16 mesi; e poi di nuovo mi rimisi soldato qui in Roma nella Compagnia del Capitano Alfonso Franchi, che mi rimisi del mese d'Ottobre dell'anno p. p., e sono stato sempre di quartiero qui in Roma sotto al suo comando alla Trinità di Ponte Sisto; dalla quale compagnia io non mi sono cassato, ma me ne sono fugito via da me senza licenza alcuna, e me ne fugii il martedì a sera susseguente al giorno della domenica delli 20 d'Agosto p. p. che successe il rumore tra li nostri soldati Corsi e li Francesi del Sig.r Amb.re di Francia; nel qual giorno di martedì noi havessimo la libertà, perchè stassimo serrati tutto il lunedì; e me ne fugii solo senza arme, e me ne andai per queste campagne di Roma, che non so come si domandano perchè io non sono prattico; e fugii via, ancorchè io non havessi fatto delitto alcuno e nessuno mancamento, perchè io, nel rumore che seguì tra li Corsi e li Francesi, non mi ci trovai; che quando uscii per la porta di S. Pancratio stetti una notte nella vigna del Cavaliero Ornano, ma non mi ci lasciai vedere da nessuno, e poi sono andato sperso e girando per queste campagne.

Int.s ut dicat et in quo loco fuerit captus et qua de causa, et an solus vel associatus, et de quo tempore,

R^dit : Io fui preso domenica a mattina p. p. dentro una chiesa delli frati di S. Francesco fuori della Porta di Toscanella, et in d^a chiesa assieme con me ci fu anco preso Valerio d'Antonio da Sichè, pur soldato Corso della Compagnia del Franchi, che anco esso se n'era fugito; e c'incontrassimo assieme per queste campagne di Roma, che non so come si chiamano precisamente; et assieme il sabato a sera di notte arrivassimo nella d^a chiesa, dove havendo trovato la porta di essa et anco il convento serrati, dormissimo la notte tutti doi su le scale di essa; e poi la domenica mattina essendosi aperta la chiesa, entrassimo dentro di essa a sentir la messa; e volevo veder di comprare un poco di pane; e stando ancora in chiesa, che havevamo finito di sentire la messa, venne il Capitano di Toscanella con tutti li suoi soldati li in chiesa e ci fece prigionieri tutti doi, e li suoi soldati ci portorno in una stanza del convento, dove ci tennero serrati un giorno; e poi venne la Corte (1) di Viterbo, e ci condusse prigionieri nelle carceri di Viterbo, dove siamo stati carcerati quattro giorni in secreta; et hier sera ad un'hora di notte li sbirri ci misero a cavallo e ci condussero verso Roma, dove siamo arrivati verso le 18 hore in queste carceri; e credo tanto io come d° Valerio siamo stati presi, perchè siamo fugiti.

Tunc,

Die Sabati 9 Septembris 1662.

Bartholomeus Simoncellus, subst^s Chirurgiæ Consolationis, retulit ex hac vita migrasse Philippum Rubeum de Messina orbum, qui sub die 20 Augusti pr^ti pr^ti ad d^m Hospitale *accessit* vulneratus in sincipite, ut in relatione, et ex dicto vulnere obiisse, et ità etc.

---

1) C.-à-d. la Police.

Et successivè per accessum mei ad d^m Hospitale, visum et repertum fuit per me, de mandato, cadaver cuiusdam hominis, masculini generis, ætatis suæ, ut ex aspectu dignosci potuit, annorum 80 circiter, cum baffis capillis et barba canis, jacens in lecto in eodem Hospitale denudatum, vulneratum uno tantum vulnere in capite, in sincipite, latitudinis unius costæ cultri magni, longitudinis verò unius digiti circiter, ex quo vulnere credendum est ex hac vita migrasse. Quæ omnia hic de mandato adnotavi, ex quo vidi, præsentibus Adamo Capranica q. Sebastiani Bononiensi, et Antonio q. Cæsaris Bernardi Viterbiensi, inservientibus in d° Hospitali, testibus.

Et successivè super recognitione cadaveris, Exam^s f^t per me de mandato, in loco præfato,

Suprad^s Adam Capranica qui supra, cui delato sibi juram^to verit. dic. prout tactis etc. juravit. Fuit per me opportunè Int^s;

R^dit: Io testimonio posso dire per verità come hora, assieme con Antonio di Cesaro servente di quest'Hospedale conforme sono io, vedo questo cadavero, di giusta statura, di età di anni 80 incirca, con capelli baffi e barba canuti, che giace nudo in questo letto, ferito di una sola ferita in capo; e questo mentre visse si chiamava e faceva chiamare, da tutti per tale reputato, Filippo Rossi da Messina, cieco; quale venne in questo Hospedale, del mese d'Agosto p. p., ferito in capo (1) con ferita di taglio, che la viddi medicare; per la quale ferita è morto, perchè, da si che capitò qui con d^a ferita, non è più uscito; che se fosse altrimente, io lo saprei, per essere io qui servente di questo Hospedale, che

---

1) MS; quale venne ferito in questo Hospedale del mese d'Agosto p. p. in capo che con ferite etc.

io ci sto del continuo giornalmente; con il quale più volte ci ho parlato, e chiamandolo con d° nome, e come tale mi ha risposto; e questa è la verità, e come tale lo conosco benissimo.

Tunc, et in continenti Exam^s f^t per me de mandato, ad effectum quem supra,

Præfatus Antonius q. Cæsaris de quo supra, cui delato juram^{to} verit. dic. p^t tactis etc. juravit. Ad opportunas meas interrogationes,

R^{dit}: Io vedo benissimo, assieme con Adamo servente in questo Hospedale, questo cadavero nudo, di statura giusta, età di anni 80 incirca, con capelli, baffi e barba canuti, che giace disteso in questo letto in questo Hospedale, ferito di una sola ferita nel capo, che venne così ferito del mese d'Agosto p. p., che non mi ricordo il giorno, fatta d^a ferita, come dissi, da instrumento incidente, per la quale è morto in d° Hospedale; perchè da quel tempo che giunse qui ferito come sopra, non se ne è più partito, e se n'è passato da questa a miglior vita; e si chiamava e faceva chiamare per nome Filippo Rossi da Messina, et era cieco mendicante; e per tale, come tale si faceva chiamare et era chiamato da chiunque gli parlava e l'addimandava, e lui come tale rispondeva; che io gli ho parlato più volte, con occasione che è stato ferito et ammalato come sopra, havendogli io somministrato e datogli da mangiare et altro, conforme ho fatto e fo alli altri feriti et ammalati di questo Hospedale, per essere io servente, che vi sto del continuo; e sì (1) come Filippo Rossi da Messina cieco, lo (2) riconosco benissimo per le cagioni sud^e.

Tunc,

---

1) MS: sò.
2) MS: io.

Die Jovis 14 Septembris 1662.

Interr^s ft coram quo supra, et ubi supra, meque, Valerius fil. Antonii de Sichè in Insula Cirnea, qui delato sibi juram^{to} verit. dic. prout tactis etc. juravit. Fuit per D.

Int^s an aliquid ex se sibi occurrat (1) dicere; et si sic, dicat quid.

R^{dit}: A me non occorre dire cosa alcuna di più di quello che ho deposto nell'altro mio essame.

Int^s quamdiu esset quod, tempore eius accessus ad Urbem, haberet stationem in Civitate Anagnina,

R^{dit}: Io andai di quartiero nella città d'Anagni, cioè nell'hostaria che sta sotto per la strada pubblica, alli 15 di Giugno p. p., e ci stetti persino alli 19 d'Agosto p. p., nel qual giorno io partii e me ne venni a Roma, conforme già deposi nell'altro mio essame.

Int^s ut dicat an aliquis alius stationarius miles in d^a civitate Anagni antecedenter accesserit ad Urbem; et si sic, dicat quis;

R^{dit}: Prima che io, assieme con Mannone (2), partissi d'Anagni e me ne venissi a Roma, d'un mese e mezzo incirca, partì un altro soldato d'Anagni e se ne venne di quartiero a Roma, e questo fu tal Marco del q. Giovanni Vargolè, e gli venne la sua marchia per Roma; et altri soldati non sono venuti d'Anagni a Roma; che questo an-

---

1) MS: narrat.
2) Dans le 1er interr^{re} de Valerio nous avons vu Mandola et Mannola. Nous trouverons plus loin Vannone. Il faut donc croire que ce soldat était désigné sous le sobriquet de Mandola ou Mannola, d'où Mandolone ou Mannolone, et par contraction Mannone. Vannone serait le résultat d'une prononciation négligée ou mal comprise.

cora se n'è fugito, e fugì prima di me, per quanto mi dissero alcuni soldati, mentre io stetti retirato a S. Pietro di Montorio.

Int^s ut describat personam d^i Marci de Vargolè, militis Cirnei,

R^{dit}: Marco da Vargolè è un giovinotto con poca barba, di statura giusta, più presto bassa che alta, con zazzara negra lunga, e veste di panno di color oscuro (1); è giocatore, che sempre gioca; et è anco rissoso, che piglia sempre brighe con li soldati; che per suscitare una lite et una briga non ha pari, come ne ponno far fede tutti li soldati; e dovunque è stato, sempre pigliava brighe; anzi, ci venne nuova ad Anagni che da che lui era venuto a Roma, haveva fatto doi o tre questioni.

Int^s an sciat, seu saltim sit informatus vel dici audiverit cur et qua de causa d^s Marcus de Vergolè fugam arripuerit, dicatque pariter a quo seu quibus audiverit eumdem fugæ se dedisse,

R^{dit}: Io non so dire a V. S. per che causa il d^o Marco da Vergolè se ne sia fugito, ma io m'imagino che esso habbia fatto reflessione alla sua consciencia, e che si possa esser intricato nel rumore che successe la domenica a sera delli 20 tra li soldati Corsi et li Francesi, e che per timore possa essere fugito; ma però io non so che cosa lui si operasse, e mi dissero (2) che d^o Marco da Vergolè era fugito con un tal Gio: Maria della Volpaiola et il Caporal Francesco della Bastelica, tutti doi soldati Corsi, che anco essi se ne sono fugiti; li quali se ne vennero lì a S. Pietro di Montorio, mentre ci stavo ancora io, e mi diedero nuova che d^o Marco da Vergolè con cinque o sei altri se n'erano fugiti via,

---

1) MS: veste di color oscuro di panno.
2) MS: disse.

dicendomi che anco essi se ne volevano fugir via, e se volevo andar con essi; et io gli dissi che non volevo fugire, ma che volevo stare a vedere sin che si metteva il negotio, e che non havevo fallito in cosa alcuna; e così loro se ne andorno via, et io restai lì a S. Pietro di Montorio.

Int^s ut dicat de quo præciso tempore I. E. die dominico 20 Augusti pr^è pr^{ti} ex statione Anagni ad Urbem pervenerit in societatem alterius militis aliàs commemorati (1),

R^{dit}: La domenica 20 di Agosto p. p., dal quartiero d'Anagni io arrivai, assieme con Vannone (2) sud°, *a Roma* et al quartiero della Trinità di Ponte Sisto alle 22 hore e mezza incirca.

Int^s ut dicat quid fecerit I. E. statim ac pervenit ad d^m quarterium Pontis Sixti,

R^{dit}: Subbito che io arrivai con d° Vannone al quartiero della Trinità di Ponte Sisto, mi misi a discorrere un poco con quelli soldati che vi trovai; e poi perchè ero stracco, andassimo disopra io et altri soldati, e lì posai le mie robbe nella stanza di Gio: Francesco da Sichè e mi mutai la camiscia, che ero tutto impolverato e sudato; e dopo mutatomi, calai a basso, et andai assieme con Giovanni da Calenzana a farmi la barba da quel barbiero che sta nella piazza del Monte della Pietà, per poter comparire avanti il mio capitano pulito; e doppo che mi hebbi fatta la barba, ritornassimo io et il d° Giovanni al quartiero, dove arrivati, mi misi a discorrere con il sergente; e mentre discorrevo, il d° Giovanni se ne andò via; e poi me ne andai a cena nell'hostaria del quartiero, in quella stanza di dietro che risponde verso il Monte della Pietà, e cenai assieme con Pier Giovanni da Zevaco (3), che è poco discosto da Sichè mia

---

1) MS: commorati.
2) V. p. 271, note 1.
3) MS.: Zeccato.

patria; e mentre stavamo cenando, sentissimo un rumore et un bisbiglio lì in quartiero et in corpo di guardia, e sentissimo che molti soldati dicevano: « All'arme! all'arme! » — e vedessimo che molti soldati pigliavano li schioppi e sortivano fuori del quartiero, dicendo che li Francesi volevano venir al quartiero et assediarlo; che io non sapendo che novità si fusse questa, pigliai anco io la mia carabina, come anco la prese Pier Giovanni de Zevaco (1) e tutti l'altri soldati; et il caporale di guardia ci ordinò che non fussimo partiti di lì; et in quello viddi il Capitano Alfonso et il suo sargente con le spade nude alle mani, che battevano quantità di soldati che erano sortiti fuori, e li fecero ritornare in quartiero; e dopo rientrati, furno riserrati li rastelli, et il capitano ordinò che ogn'uno fosse stato con prudenza e nessuno fosse sortito fuori del quartiero sotto pena della disgratia del Principe; e fu sonata, d'ordine del Capitano, la cassa a raccolta per far ritornare a quartiero l'altri soldati che mancavano; et in questo arrivò l'Eccmo Sigr Principe Don Mario et il Sigr Cavalier Cellese, che discorsero con il Capitano, e doppo se ne andorno via e noi stassimo tutta la notte di guardia, chi ad una cantonata e chi ad un'altra del nostro quartiero; e la mattina fossimo tutti riserrati dentro il quartiero, e non havessimo la libertà persino al martedì susseguente a mattina, doppo che la sera del lunedì vennero carcerati 12 soldati Corsi.

Ints ut dicat quinam fuerint milites illi qui cum sclopis in quartiero prodiere dicto sero Dominico,

Rdit: Io, Signore, delli soldati della Compagnia del Capitan Franchi ne conosco pochi o nessuno. Soldati delli

---

1) Zuccato. La forme Zeccato revient souvent dans le MS; on y trouve aussi Zeccaro; mais le renvoi (F) donne clairement la forme Zevaco. Le copiste a donc pris u (c.-à-d. v.) pour cc.

vecchi ci sono, e la Compagnia sua era composta di Cappelletti e di Giannizzari e di molti soldati della Compagnia del Capitan Savelli; et io me ne sono stato quasi sempre fuori; ma tra quelli che io viddi uscire con li schioppi alle mani del quartiero, ce ne viddi solo uno che conoscevo, che fu il Caporal Carlo d'Ampugnano; che questo è soldato vecchio, et è una mano d'anni che io lo conosco; et assieme con lui uscirno pure con li schioppi il sargente Domenico da Bastelica, e Simone da Bastelica, et il Caporal Pietro da Monte-Maggiore, et Andrea d'Aiaccio, che questi io li viddi ritornar anco al quartiero l'ultimi di notte oscura, che non so poi che hora precisa fusse; et ancor che io non cognoscessi senon il Caporal Carlo d'Ampugnano, l'altri soldati che erano di li mi li diedero a cognoscere e mi dissero li loro nomi; e questi furono quelli che fecero tutto il male, e che sparorno l'archibugiate a Piazza Farnese, e che ammazzorno il paggio a S. Carlo de' Catinari; che così pubblicamente non solo si diceva per il quartiero, ma anco il lunedi che stassimo serrati, li sud^i Carlo d'Ampugnano, Simone da Bastelica, Domenico da Bastelica, Pietro da Montemaggiore et Andrea d'Aiaccio raccontorno e dissero che havevano sparate l'archibugiate a Piazza Farnese et anco a S. Carlo de' Catinari; e mi ricordo che Simone da Bastelica disse che lui ne haveva buttato in terra uno, ma che non sapeva chi si fosse; che lo disse alla presenza mia e di molti altri soldati che io non cognosco li nella piazzetta del nostro quartiero vicino al pozzo; che mi ricordo che molti soldati gli dissero: « O becco fottuto, bisognerebbe buttarti in questo pozzo; tu non sai quello che hai fatto, ci hai messi in rovina tutti; avertisci di non dire questa cosa, perchè se si sentisse, l'officiali ti faranno sequestrare e ti faranno andar prigione; » — e tanto il sargente Domenico da Bastelica quanto l'altri da me nominati dicevano che anco loro havevano sparato in Piazza Farnese, ma non sapevano se havevano colpito; e pubblicamente si sapeva per il quartiero che essi havevano fatto il male e che l'havevano confessato di propria bocca; e doppo anco fugiti, si è detto publicamente tra noi altri soldati, anzi mi ricordo che raccontorno e dissero che doppo che hebbero sparato a Piazza Farnese, se ne vennero verso S. Carlo de' Catenari per il Monte della Pietà; e quel soldato Matteo che fu pigliato con me in chiesa, mentre stavamo ristretti in quella stanza del convento legati, mi disse: « Già che io sono capitato prigione, non voglio patire per nessuno; » — e che esso sapeva non haver fatto male alcuno, et haveva molti testimonii che potevano deporre che esso stava di posto alla cantonata del palazzo de' Sig^{ri} Santacroce per la parte di dietro; e che mentre esso stava li, intese sparare doi botte a S. Carlo de' Catenari; che poi vidde (1) fallare (2) e venire per quel vicoletto dietro il palazzo di Santa-Croce il Caporal Pietro da Montemaggiore con altri soldati che io credo fussero li sud^i, e venivano correndo verso il quartiero, per quanto mi ha detto il d^o Matteo nel luogo sud^o; e che quando furno li da lui, esso non li voleva lasciar passare; e che essendosi (3) dati a cognoscere, lui li lasciò passare, conforme V. S. potrà sentire meglio dalla bocca del med^o Matteo.

Int^s ut dicat quinam fuerint illi milites qui una cum I. E. fuerunt præsentes quando supradicti Simeon et Dominicus de Bastelica aliique milites superius commemorati supradicta narrarunt modo et forma superius expressis,

R^{dit}: Io delli soldati, come ho detto di sopra, ne conosco pochi, e tanto (4) io ho nominati quelli di sopra quanto che

---

1) MS: viddi.
2) C'est le corse *falare* pour *scendere*.
3) MS: essendo lui.
4) MS: quanto.

li soldati me l'hanno dati a conoscere, e mi hanno detto li loro nomi; e quando li d^i soldati raccontorno quello che havevano fatto, lì in quartiero, troppa quantità di soldati ci furono presenti; ma io non posso dirle come si chiamano nè chi si siano; mi ricordo sì bene che ci furono presenti il Caporal Francesco da Bastelica, che se n'è fugito via, et un tal Gio: Maria della Volpaiola, che se ne fugì via con il d^o Caporal Francesco, et un tale Pier Giovanni, che non so de'quali, nè di che luogo si sia, ma è giovinetto di statura giusta, sbarbato, con carnagione bruna, et ha un segno in fronte, che credo anco esso sia fugito.

Int^s ut dicat an cognoverit et cognoscat aliquem ex illis militibus ad quarterium inductis per Capitaneum Alphonsum eiusque sergentem dicto sero dominico,

R^{dit}: Io viddi una moltitudine di soldati che fecero ritornare a quartiero in d^a sera il Capitan Franchi et il suo sargente; ma chi si fussero, io non lo so, nè lo posso dire, perchè non li cognosco.

Tunc D., acceptatis etc., examen dimisit et I. E. ad locum suum reponi mandavit, animo omni etc.

Die dicta (*14 Sept.*)

Iterum Constitutus coram quo et ubi supra, meque,

Mattheus fil. q. Joannis de Sancta Maria in Cirnea, qui delato sibi juram^{to} verit. dic. p^t tactis etc. juravit. Fuit per D.

Int^s an aliquid ex se dicere occurrat; et si sic, dicat quid.

R^{dit}: A me non occorre di dire cosa alcuna.

Int^s ut dicat ubi fuerit et quid egerit I. E. die dominico 20 Augusti pr^e pr^{ti} ab hora prandii dicti diei usque ad mane lunæ subsequentis, recensens totum id quod fecerit toto dicto tempore,

Rᵈⁱᵗ: Domenica 20 del mese d'Agosto p. p., con occasione che io sono sempre stato solito di mangiar nella bettola di Francesco Campoloro, Corso, e di Monaca sua moglie, che sta vicino al portone di ferro de' Sigʳⁱ Spada, io andai a pranzo in dᵃ bettola, dove ci mangiavano (1) a taglia quattro o cinque altri soldati Corsi; che non mi ricordo con chi pransai detta mattina; e doppo che hebbi pransato, me ne andai a spasso per Roma persino alle 22 hore; et alle 22 hore, perchè io dovevo entrar di guardia, che ero della squadra del Caporal Piero che doveva entrar di guardia in dᵒ tempo, io mi ritirai a quartiero; et entrassimo di guardia noi altri soldati con tutta la sua squadra, che eravamo da 40 o 45; e doppo entrati di guardia, domandai licenza al mio caporale per andarmene a cena, e me ne andai a cena nella sudᵃ bettola, che ci vennero con me a cena il Tenente Tomasso e Marco suo fratello da Zicavo; e doppo cenato, ce ne tornassimo tutti tre alla volta del quartiero, che poteva essere 22 hore e mezzo incirca quando tornassimo, e ci mettessimo a passeggiare lì nella piazzetta avanti il corpo di guardia, che era piena di soldati; et in questo che stavamo così passeggiando, arrivorno lì in fretta tre delli nostri soldati: Marco da Vergolè, che era pochi giorni che era venuto a Roma e stava prima di posto ad Anagni, che è un giovinetto di prima barba, più presto basso che alto, con zazzara negra lunga, che portava un vestito di panno oscuro, che è un giocatore et un huomo discolo e rissoso, e sempre muove risse e brighe; e Jacomo, figlio d'Antonio Jesi da Toxis che fa l'oste in Trastevere, che è giovinotto giannizzaro; et un altro soldato che non so come si chiami, ma vestiva di verde, se mal non mi ricordo; li quali tutti tre, infuriati, arrivati in dᵃ piazza, cominciorno a dire che li

---

1) MS; mangiava.

Francesi e li Corsi si erano attaccati; alle quali voci il caporal di guardia fece serrar subito la porta delli rastelli; ma perchè molti soldati che stavano nella stanza del quartiero sentirno, calaro (1) a basso et infuriati presero li schioppi nella stanza avanti il corpo di guardia, e fecero forza, e sconficcorno li travi delli rastelli, et uscirno fuori; e così anco fecero l'altri, che non si potero tenere; et io mi misi con lo schioppo alla mano a guardar il corpo di guardia e la bandiera, perchè si diceva che li Francesi volevano venire ad assaltare il quartiero; et in questo mentre viddi il Capitan Franchi et il suo sargente, che con la spada alle mani fecero ritornare a quartiero una moltitudine di soldati, e poi d° *Capitano* fece sonar la cassa a raccolta per far ritornar dentro quelli che mancavano; e quietato che fu il rumore e ridotti che furno li soldati in quartiero, che questo fu verso l'Avemaria, o lì intorno, li nostri offitiali fecero pigliar tutti li posti intorno al quartiere dalli soldati, e me mi mandorno a guardare la cantonata del Monte *della Pietà* e della piazza di S. Salvatore in Campo; che ci vennero altri con me a guardar d^a cantonata, che hora non mi sovvengono. Mi ricordo bene che con me ci fu Giovacchino da Ampaza fra l'altri; e doppo che stassimo lì un pochetto, io et un tal d'Orezza (2), che non mi ricordo il suo nome (che è un giovinotto sbarbato, con zazzara e capelli castagni, e veste di negro, di statura ordinaria), ci stendessimo (3), e non so chi altro che hora non mi sovviene, verso la piazza del Monte *della Pietà;* e di lì andassimo a quello contorno del palazzo de' Sig^{ri} Santa-Croce, cioè alla cantonata di dietro, dove ci è quel vicolo stretto che riesce lì a S. Carlo

---

1) MS: sentirno calare.
2) MS: Orizza.
3) MS: stennessimo.

de' Catenari, incontro alla qual cantonata vi sta un fornaro a soccio; che io mi misi a guardar il vicolo che va alla Piazza di Branchi ad effetto che non fusse venuto nessuno di là, et anco quello che viene da S. Carlo; e l'altri chi guardava un luogo e chi l'altro; e mentre stavamo lì guardando detti posti, intesi lì verso S. Carlo de' Catenari il sparo di doi archibugiate; e doppo lo sparo di dette archibugiate, sentii correre per d° vicolo stretto del palazzo di di Sig^{ri} Santa-Croce diverse persone, che io non sapendo chi si fossero, dissi: « Chi va là? » — alle quali parole mi fu subito risposto: « Amici; siamo noi; » — che riconobbi subbito la voce, che io n'havevo prattica e conversavo con lui, che era il Caporal Pietro da Montemaggiore; il quale mi si accostò, e viddi che raccomodava il suo archibugio e serrava la coperchiola del focone; et appresso a lui venivano doi o tre altri soldati pur Corsi che io non potei osservare nè vedere chi si fossero, perchè non mi si accostorno et era oscuro, che poteva essere da un hora di notte incirca; che mentre stetti lì, io discorsi col fornaro e con uno di casa de' Signori Santa-Croce, che non so chi si fusse, che dalla fenestra mi domandò se che rumore ci era; et io li dissi che li Francesi l'havevano presa con li nostri soldati; e discorse con me d'un ragazzo che doveva tornar di fuori, che dubitava non fosse offeso da' soldati; e poi, doppo esser stati lì un pezzo, fussimo richiamati, e (1) tornassimo a quartiero, che così fecero passar voce l'offitiali; dove arrivati, fussimo disposti; et io fui messo proprio al portone della Trinità, dove stetti persino alle 6 hore; e tornati in quartiero, anzi prima di tornare in quartiero, lì in piazza si raccontava tra' soldati che era stato tirato lì a S. Carlo e che era stato ammazzato un paggio del Sig^r Ambasciator di Francia; e

---

1) MS: che.

doppo che io fui tornato in quartiero, stetti tutta la notte e tutto il lunedì susseguente, e (1) persino al martedì a mattina in quartiero; che non potessimo mai uscire, perchè stassimo serrati; ma il martedì a mattina poi havessimo la libertà, et io uscii; e questo è tutto quello che io feci in d° tempo; e quando havessimo la libertà, si discorreva tra noi altri publicamente che Andrea d'Aiaccio, il sargente Domenico da Bastelica, Simone da Bastelica, Carlo d'Ampugnano (2) et il Caporal Pietro da Montemaggiore erano stati quelli che havevano fatto tutto il male, che havevano sparate l'archibugiate in Piazza Farnese e lì a S. Carlo dove fu ammazzato il paggio; che così si discorse, et intesi discorrere prima che io me ne andassi via; ma io, Signore, in questo negotio non ci ho da far niente, perchè mai mi partii dal quartiero e dalli posti dove fui messo.

In^{ts} ut dicat quinam fuerint milites illi, qui primò cum sclopis dicto sero dominico per vim, ut supra deposuit, exiere (3) e corpore custodiæ, pariterque dicat quinam fuerint milites illi ad quarterium reducti per Capitaneum Franchum ciusque sargentem,

R^{dit}: Io non posso dire a V. S. chi si fossero li primi soldati che con li schioppi sortirno fuori del corpo di guardia violentando li rastelli e levando li travi di essi, perchè fu una furia all'improviso e non osservai nessuno, e non posso dirle nè meno chi si fossero quelli soldati che furono fatti tornar in quartiero dal Capitano e dal suo sargente, perchè io nè meno l'osservai; osservai ben una moltitudine di soldati grande, et io fui subito mandato al posto del Monte sud°.

Tunc D. tarditate horæ pro nunc examen dimisit, et I. E. ad locum suum reponi mandavit, animo etc.

---

1) MS: che.
2) MS: Carlo lampugnano.
3) MS: exire.

Die Jovis 21 Septembris 1662.

Exam^s f^t per perill^em et Exc^tem D. Stephanum Braccium L^ntem Crim^lem meque, in carceribus novis,

Pierus fil. q. Baptistæ de Oletta in Corsica, qui delato sibi juram^to verit. dic. p^t tactis etc. juravit. Fuit per D.

Int^s a quo tempore citra reperiatur in his carceribus et quomodo.

R^dit: Io mi ritrovo prigione in queste carceri dalli 18 del presente mese in qua, che venni da Civita Vecchia dove fui arrestato e dove ero andato con la compagnia de'Corsi del Capitan Franchi, che stava qui in Roma.

Int^s quo tempore fuerit in Urbe I. E.,

R^dit: Io mi arrollai soldato Corso in Roma il primo anno che fu creato la santa memoria d'Innocenzo decimo (1), che fu creato del mese di Settembre o Ottobre, salvo il vero; et io entrai soldato qui in Roma il mese di Novembre susseguente sotto il comando (2) del Colonnello Gentile; e doppo sono stato in diversi posti dello Stato della Chiesa; e doppo che hebbe la Compagnia il Capitan Morazzano (3), et il Capitan Savelli, ritornai a Roma; e dopo fui mandato a Piperno et a Terracina, e da sei mesi in qua ritornai caporale sotto il comando del Capitan Franchi qui in Roma nel quartiero de'Corsi alla Trinità di Ponte Sisto, dove sono stato di quartiero sino che fussimo mutati e mandati a Capo le Case di quartiero, doppo che seguì il rumore che io dissi nell'altro mio essame.

---

1) MS: en 1644.
2) MS: la compagnia.
3) MS: Manzaro. (V. p. 132, note 4).

Int^s an sciat in quo loco retinerentur arma quæ fuerunt capta a militibus Cirneis tempore rumoris, de quo alias deposuit,

R^{dit}: L'armi che furono prese dalli soldati Corsi il giorno di domenica che seguì il rumore con li Francesi conforme ho detto nell'altri miei essamini, stavano in una stanza dentro il med° quartiero a piano terra, cioè nella stanza che è subito entrato nelli rastelli a man dritta dove sta la bandiera; e l'armi delli soldati che sono di guardia stanno a mano dritta in faccia alla d^a stanza nel corritore della casa di d° quartiero; che entrorno (1) lì in confuso tutti li soldati infuriati, conforme ho detto nell'altro mio essamine, e non li potei tenere.

Int^s an aliquid dixerit I. E. tam tempore ingressus quam regressus dictorum militum d° tempore, et quid,

R^{dit}: Quando io viddi entrar dentro infuriati a pigliar l'armi li soldati Corsi sud^i, io dopo haver fatto serrar il rastello, conforme ho detto nel mio essamine, cominciai a dire che si fermassero da parte del Principe e che non abandonassero il loro posto e che stessero lì per guardare la bandiera; ma non ostante questo, fecero forza, et infuriati volsero uscir fuori; che aprirno per forza il cancelletto delli rastelli del corpo di guardia, e sconficcorno un trave delli d^i rastelli, e sortirno via, come ho detto.

Int^s an memoriæ habeat qui primò vim fecerunt, ut dixit, ad effectum exeundi a d° quarterio eo tempore, et quat^s recenseat,

R^{dit}: Io ho fatto reflessione per ricordarmi quanto V. S. mi domanda, e mi sono ricordato bene che il primo che io vedessi far forza al cancelletto delli rastelli per sortir fuori, non ostante quello che io havevo detto, viddi che fu Simone

---

1) MS: entrati.

della Bastelica, e con lui ci era ancora il sargente riformato Domenico della Bastelica (1), e Francesco (pare a me) anco esso della Bastelica (2), et uno che si domanda Giuliano, che non so di che paese si sia ; che tutti questi, insieme con altri che hora non mi posso ricordare per esser una moltitudine grande, che quelli, *dico*, che ho nominati furno li primi a far forza, e si balzorno via dal d° cancelletto, e sortirno fuori con li suoi schioppi alla mano, conforme poi uscirno susseguentemente l'altri nella maniera che ho detto nell'altro mio essamine, che io non li potei tenere per la gran forza che mi fecero, e particolarmente li primi che ho detto.

Tunc D., acceptatis etc., et aliàs impeditus, examen dimisit ipsumque Exam^tum pro nunc ad locum suum reponi mandavit.

Die dicta (*21 Sept.*)

Iterum exam^s f^t per quem et ubi supra, meque,

Terramorsus fil. q. Joannis Mariæ de Valle Rustica (3), qui delato sibi juram^to verit. dic. prout tactis etc. juravit. Fuit per D.

Int^s an aliquid sibi dicere occurrat circa ea quæ deposuit in alio eius examine.

R^dit : A me non occorre di dire altro che (4) quello che io ho detto nell'altro mio essamine.

Int^s an sit informatus, seu memoriæ habeat qui fuerint

---

1) MS: Vasselica.
2) MS: Vasselica.
3) Le MS. donne ici, et très souvent dans la suite, Valle Rossa, mais dans le 1er Inter^ro de Terramorso (p. 143) Valle Rustica, c'est-à-dire Vallerustie.
4) MS: di.

illi milites Cirnei qui primò, loco dicto, die dominico, exierunt a quarterio tempore de quo aliàs deposuit, et quat^s,

R^{dit}: Io mi ricordo adesso che delli primi soldati che uscirno dal d° quartiero il giorno di domenica 20 d'Agosto p. p., che ho detto nell'altro mio essamine, furono il sargente riformato Domenico della Bastelica, e Simone della Bastelica, che questi li viddi far forza alli rastelli per sortir fuori con l'archibugio alla mano; e sortirno anco dell'altri appresso infuriati, come ho detto; anzi io viddi un trave delli rastelli sconficcato, di dove anco sortirno fuori altri soldati, che scapporno tutti fuori come ho detto; e se bene ho detto nell'altro mio essamine che il Caporale non fece altra diligenza e disse che si lasciassero sortir quelli che non erano di guardia, lo disse perchè non li poteva più rattenere e portava pericolo di restarvi morto lui per la forza che facevano li soldati infuriati per uscire, e così per la meglio disse che non si lasciassero uscir li soldati che erano di guardia e che nessuno si partisse, per la meglio, acciò che restassero almeno fermi quelli del quartiero. È ben vero che per prima disse a tutti che stassero fermi al suo posto e non si partissero, ma non potè rattener la furia di d^i soldati, che stando essi alla porta del rastello, lo balzorno via di lì, non ostante procurasse ritenerli.

Int^s an aliquid aliud fuerit dictum per Caporalem Pierum eo tempore, et quat^s,

R^{dit}: Io non potei sentire che dicesse d'avantaggio il Caporal Piero in d° tempo, per il rumore grande che ci era lì per la furia delli soldati, essendo stato sbalzato dalli rastelli da quelli primi, conforme ho detto disopra, mentre stava alla parte di essi; e per hora non mi ricordo d'altro.

Tunc,

Die dicta (21 *Sept.*)

Iterum exam^s f^t per quem et ubi supra, meque,
Michael filius q. Francisci de Occhiatana (1), qui delato sibi juram^to verit. dic. prout tactis etc. juravit. Fuit per D.

Int^s an observaverit in quo loco maneret Caporalis Petrus de Oletta die dominico 28 Augusti p^e p^ti tempore quo erat de custodia et norit milites Cirneos ut aliàs deposuit, et quat^s.

R^dit: Il Caporal Piero d'Oletta (2) che era di guardia quella domenica (che entrò alle 22 hore della domenica 20 d'Agosto p. p. quando successe il rumore che ho detto e scapporno fuori *li soldati*, conforme ho detto nell'altro mio essame), stava alla parte delli rastelli, quali fece serrar subito che sentì il rumore delli soldati che erano entrati dentro il quartiero per pigliar l'armi.

Int^s an aliquid dixerit eo tempore d^s Caporalis Petrus, et quid,

R^dit: Il Caporal Piero, havendo serrato la porta del rastello, come ho detto disopra, disse alli soldati che volevano sortire che si fermassero; ma tanto infuriati scapporno fuori e fecero forza alla porta per uscire, che non li potè trattenere il d^o caporale; e non potei sentir altre parole che lui dicesse.

Int^s an observaverit quis primò ex dictis militibus exierit eo tempore a d^a cohorte et janua illius, et quat^s,

R^dit: Io viddi, per quanto hora bene mi ricordo, che delli primi a sortir fuori del d^o quartiero con l'armi alle mani fu

---

1) MS: Occhiasano.
2) MS: Aletta.

quel Domenico della Bastelica, del quale ho deposto nell'altro mio essamine, che è sergente riformato; et appresso lui uscirno altri che hora io non mi ricordo; e lui fu delli primi a far forza a d^a porta per uscir fuori, non ostante che il caporale havesse detto le cose sud^e; che poi lo viddi al posto, come ho detto.

Tunc,

Die Martis 26 Septembris 1662.

Constitutus personaliter coram perillⁱ et Exc^{mo} D. Stephano Braccio L^{nte} meque, in Carceribus novis,

Quidam homo altæ staturæ, ætatis suæ annorum 30 circiter prout ex aspectu dignosci potuit, cum cesarie, barba, baffis castaneis obscuris, indutus infrascriptis vestimentis, vlt. Giustacore di saia griscia foderato di saia gialla, giuppone di pelle bianca, calzoni di panno griscio oscuro, calzette di stame verde e scarpe di marocchino rivoltato, e cappello di feltro negro,

Qui delato sibi juram^{to} verit. dic. prout tactis etc. juravit. Fuit per D.

Int^s de nomine, cognomine, patre, patria, consanguineis et affinibus, et exercitio.

R^{dit}: Io mi chiamo Pietro, mio padre si chiamava Gio: Rocco, la mia patria è Santa Reparata, e mio padre si chiamava di casata Ansaldi, che è morto; mia madre è anco morta, che si chiamava Laura; che non ho altri parenti; et il mio essercitio era di fare il soldato Corso; *e mi chiamano Pietro da Santa Reparata,* per essere Santa Reparata mia patria nell'Isola di Corsica.

Int^s in quo seu quibus locis, et de quo seu quibus temporibus I. E. inservierit pro milite Cirneo,

R^{dit}: Nel tempo della buona memoria di Papa Innocenzo, io mi feci soldato Corso qui a Roma, nel quartiero che stava all'hora in Trastevere vicino a Ponte Sisto, sotto il Capitano Antonio Savelli, dove io stetti da sei mesi incirca, che mi riporto alla verità; e poi andai con una compagnia di soldati Corsi a Lugo; che capitano nostro fu il Capitan Gio: Antonio Fundaccio da Santa Riparata mia patria; che ci fussimo mandati (1) per causa che era stato ammazzato un Governatore dalli banditi, et ivi ci trattenessimo da 20 mesi incirca; che andassimo anco a Ferrara, con ordine del Sig.r Card.l Bonghi che era legato di Ferrara, e ne ritornassimo a Roma; e mi ci trattenni nel medesimo quartiero un anno o doi, salvo il vero; e poi me ne ritornai al paese, dove sono stato da quattro o cinque anni; e poi me ne ritornai a Roma nell'anno 1659, e mi rimisi per soldato Corso nella Compagnia del Capitano Morazzano (2), che è morto, nel quartiere che stava a S. Salvatore del Lauro, dove mi trattenni da sette o otto mesi; che poi morì il Capitano Morazzano; et essendo stato fatto capitano Alfonso Franchi, mi rimisi nella Compagnia sua, nel mese d'Agosto 1660; dove sono stato sino alli 22 del mese d'Agosto p. p., che me ne fugii assieme con altri soldati Corsi della sua Compagnia da Roma senza domandar licenza.

Int.s quare I. E. aufugerit tempore præd.o ex d.a Cohorte, et ubi postea se contulerit,

R.dit: Dirò a V. S. La Domenica antecedente al d.o martedì che io fugii, essendo io uno delli soldati di guardia della squadra del Caporal Piero d'Oletta di d.a Compagnia del Capitan Franchi, che entrassimo di guardia alle 22 hore, nel nostro quartiero che stava all'hora vicino la Chiesa della Trinità di Ponte Sisto alla Regola, e doppo che fussimo entrati di guardia, e posate l'armi alli rastelli dove si so-

---

1) MS: andati.
2) MS: Marezzano (V. p. 132, note 1).

gliono mettere e ritenere dalli soldati che sono di guardia, io mi misi a passeggiar col caporale Jacomo Alfonso da Appieto (1) e Cosimo Durazzo alla Piazza proprio della chiesa della Trinità; et in questo sentissimo un rumore verso Ponte Sisto; e perchè ci credessimo che passasse la Regina di Svetia, e così ce ne andassimo per vederla alla Piazza di Farnese, *pensando* che facesse la strada del palazzo del Sig^r Spada; e riuscissimo in Piazza Farnese, et entrassimo nel Palazzo di Farnese, dove stava il Sig^r Ambasciatore di Francia, dal portone che sta in d^a piazza; et andassimo a riuscire per l'altra parte di d^o palazzo in strada Giulia, dove trovassimo una quantità di Francesi della famiglia del Sig^r Ambasciatore sud^o, armati; che chi portava terzaroli, chi spade, chi pistole corte, e chi forcine di ferro da stalla; che ci trovassimo tutti in mezzo alli d^i Francesi armati come sopra; che ci stendessimo per strada Giulia persino alla bottega del tintore; che all'hora fui (2) preso per un braccio da un (3) giovane che sta attaccato ad una hosteria in faccia a d^o tintore, quale mi disse che in tanto io havevo la vita in quanto li d^i Francesi non mi cognoscevano per Corso, perchè se l'havevano presa li d^i Francesi con li Corsi; et io all'hora dissi alli miei compagni: « Andiamocene via »; — et attraversassimo in un vicolo del palazzo del Card^l Spada, e ce ne riuscissimo per venire al nostro quartiero della Trinità di Ponte Sisto; dove trovassimo che molti soldati de' nostri stavano con l'arme alle mani, e si erano impostati li vicino alla Trinità et havevano preso li posti delle strade, acciò li Francesi non avanzassero ad assaltar li Corsi nel nostro quartiero; e così io me ne entrai in corpo

---

1) MS: Appica.
2) MS: fu.
3) MS: d'un.

di guardia, e mi fermai lì; che ci trovai il nostro Caporal Piero, che stava lì al rastello con la sua labarda alla mano; e perchè si avanzò con quantità grande di soldati per andar contro li Francesi (perchè si era sparsa voce al quartiero che erano morti molti de'nostri soldati), scapporno tutti in furia; che il Capitano Franchi comparve all'hora, e vedendo li alla Piazza della Trinità che li soldati infuriati volevano andar via, cacciò mano alla spada e procurò che ritornassero in quartiero; che tutti quelli che si erano avanzati lì alla Piazza della Trinità li fece ritornare, e disse che tenessero forti li posti, e che se li Francesi fussero venuti ad assaltarli nelli posti, si fossero difesi; che io viddi tutto questo e sentii respettivamente, perchè mi affacciai; e viddi ritornar di soldati; e mentre stavano alli posti, doppo che haveva fatto ritornare li soldati il detto Capitano, sentii sparare da sette o otto archibugiate verso la Piazza di Farnese; che noi ci immaginassimo che fossero li Corsi che facessero ad archibugiate con li Francesi; e durò questo rumore persino all'Avemaria; che poi essendo stati armati li posti per tutto, et io stando (1) di posto a San Paolino della Regola d'ordine del Sig.r Capitano, vi stetti persino alle 3 hore di notte; che ci haveva ordinato che non havessimo fatto passar nessuno, nè avanti nè indietro. Alle 3 hore di notte poi fui levato, e ritornai in quartiero. Dimandai poi licenza al mio caporale, e me ne andai a dormire nel mio quartiero; e tutto il lunedi seguente stassimo serrati, che non poteva uscir nessuno soldato; e stassimo così serrati persino al martedì a mattina sosseguente, che ci fu data la libertà con ordine che nessuno se la pigliasse colli Francesi; e perchè il lunedi a sera sud° furono mandati (2) prigioni dodeci Corsi

---

1) MS: stavo.
2) MS: andati.

della nostra compagnia, fu cominciato a dire fra noi altri soldati che a poco a poco sariamo andati prigioni tutti quanti e che ci haverebbero impiccati o messi in galera, che venivano anco genti di fuora via *a dirci* che ci salvassimo, e così io mi risolsi d'andarmene via ancorchè io non havessi fatto male nessuno nè fussi scappato fuori con l'altri con l'archibuscio, e non era stato in altro luogo, solo dove mi haveva messo il mio capitano di sentinella; e si diceva che anco ne haverebbero patito quelli che non ci havevano che fare quanto quelli che ci (1) havevano che fare; e così la sera di d° martedì, io, Simon Giovanni della Corbara, et un tal di Bonifatio, che così si chiamava la sua patria, del quale non mi ricordo il nome, ci risolvessimo insieme d'andarcene via; et in effetto partissimo senz'arme et andassimo a Ripa per imbarcarci, ma perchè non ci era occasione, ce ne venissimo da Porta Portese, e riuscissimo sù dietro alle mura; e ce ne venissimo a Porta Angelica, che era serrata; e ci mettessimo a dormir lì senza pensar a niente, perchè anco l'alfiero chiamato Anton Carlo Cardone et il nostro sargente Gio: Battista dicevano: « Beato chi se n'è andato, e beato chi se ne andarà! » — e così noi per spavento che havevamo, doppo haver dormito la notte lì a Porta Angelica, a buon hora pigliassimo la strada verso Viterbo et (2) andassimo a Cannapina, dove ci sta un parente di Pier Giovanni del q. Domenico da Zevaco, che con noi (3) era fugito; et il suo parente, che sta a Cannapina, si chiama il Caporal Matteo, et è capo delli soldati Corsi che stanno a Cannapina, che ci diede da bevere e da mangiare; et andassimo a Cannapina perchè incontrassimo il d° Pier Giovanni con tre

---

1) MS: che non ci.
2) MS: che.
3) MS: lui.

altre sue camerate (1), uno chiamato Marco da Vergolè, l'altro Jacomo Sancto da Corrà, et un giovinotto piccolo, del quale non so il nome, tutti della nostra compagnia, che ancor essi erano fugiti, avanti di noi; e l'incontrassimo passata la Storta; e cosi com'ho detto andassimo poi a Cannapina a trovar il parente di d° Pier Giovanni; e da Cannapina andassimo a Montefiascone tutti assieme, e di lì tirassimo a Bolsena, dove trovassimo dell'altri soldati fugiti della nostra Compagnia, che in tutti eravamo 20 incirca. Io con li quattro (2) sudetti facessimo colazione lì a Bolsena, che l'altri l'havevano fatta; che li lasciai tutti l'altri, e me ne andai solo alla volta di Fiorenza, perchè li compagni mi (3) lasciorno tutti e (4) pigliorno la strada di Ligorno; et arrivato in Fiorenza, vi trovai il Caporal Piero da Montemaggiore et il sargente riformato Domenico della Bastelica, che ancor loro erano fugiti dalla nostra Compagnia e stavano in un'hosteria a Fiorenza, e doppo si partirno per Pistoia. Io mi trattenni un giorno a Fiorenza, e poi solo me ne andai a Ligorno, dove cercavo di rimettermi soldato in quella piazza; e la notte seguente al giorno che io arrivai, fui fatto prigione, e fui trattenuto prigione li quattordici giorni e poi condotto a Fiorenza, e da Fiorenza fui poi condotto nello Stato della Chiesa e consegnato al Barigello di Perugia, dal quale poi, con altri sei soldati Corsi della nostra Compagnia, sono stato condotto in Roma; e quando io arrivai in Ligorno, vi trovai Pier Giovanni del q. Domenico da Zevaco e Jacomo Sancto da Corrà, li quali furono presi la notte assieme con me, perchè anco essi erano sol-

---

1) MS: con un altro suo camerata.
2) MS: altri.
3) MS: ne.
4) MS: che.

dati fugiti dalla Compagnia del Capitan Alfonso Franchi ; e per questa causa io mi misi a fugire dalla detta Compagnia del Capitan Franchi, benchè non havessi che fare in questo rumore nè havessi commesso male alcuno.

Int^s an sciat, vel saltim dici audiverit a quo seu quibus fuerint explosæ archibusiatæ de quibus supra deposuit, et quat^s,

R^{dit} : Io non potei vedere da chi fossero sparate l'archibugiate a Piazza Farnese; ma io, la medesima sera di domenica, seppi che molti soldati Corsi della nostra Compagnia si erano impostati per quelli vicoli che riescono a Piazza Farnese, e che havevano sparate diverse archibugiate; che l'ho inteso dire da quelli medesimi Corsi, che dicevano esservi stati et haver sparato et anco colpito.

Int^s a quibus militibus Cirneis audivit fuisse ab eisdem explosas archibusiatas de eo tempore, in loco de quo supra, et in quo loco, et an aliquo *alio* pariter,

R^{dit} : Li soldati Corsi della nostra Compagnia, dalli quali io ho inteso dire che da loro medesimi confessavano d'haver tirate l'archibugiate quella sera di domenica a Piazza Farnese, furono il Caporal Carlo d'Ampugnano, il Sargente Domenico da Bastelica, Giuseppe di Simone Francesco da Vallerustie (1), Gio: Battista da Sarola, Jacomo d'Antonio da Toxi, Marco del q. Giovanni da Vergolè, Pier Giovanni di Domenico da Zevaco, Simone di Tomassino della Bastelica, Andrea di Gio: Battista d'Aiaccio, Antonio di Secondo da Sari, Giuseppe di Michele da Cassano (2), e Francesco del q. Gio: Girolamo della Bastelica; che questi qui discorrevano (3) nel quartiero e dicevano esser stati in quelli vicol

---

1) MS : Vallerossi.
2) MS : Cassaro.
3) MS : dicevano.

che rispondono (1) in Piazza Farnese impostati, e che havevano tirate delle archibugiate alla Piazza di Farnese, e che havevano colpito; e questo lo dicevano, tanto la domenica a sera quanto il lunedì susseguente che stassimo serrati, alla presenza di molti soldati, tra' quali ci era Ferrante del q. Bravetto (2) da Corti, che l'altri soldati che lo sentirno non mi ricordo più chi si fossero; che lo dicevano, e raccontavano quello che havevano fatto, lì nel quartiero publicamente, che lo poteva sentire ogn'uno.

Int[s] an sciat, vel dici audiverit in aliquo alio loco præterquam in Platea Farnesia fuisse explosas archibusiatas et quat[s], in quo loco, et a quo seu quibus, et de quo tempore præciso,

R[dit]: Li detti Carlo d'Ampugnano et Andrea d'Aiaccio, quando raccontorno e dissero lì nel quartiero d'haver tirate l'archibugiate in Piazza Farnese, dissero anco che erano andati verso S. Carlo de' Catenari cercando Francesi assieme con Pietro da Montemaggiore, e che verso mezz' hora di notte incirca, lì vicino a S. Carlo de' Catenari, havevano ammazzato un Francese che andava vicino ad una carrozza; che credo che questo lo sentisse anco d[o] Ferrante; e dicevano che era un paggio; e che li sud[i] da me nominati sparassero a Piazza Farnese, l'ho anco inteso dire publicamente dalla maggior parte delli nostri soldati Corsi, come anco che li detti vi fussero nella strada vicino S. Carlo de' Catenari e che ivi fusse ammazzato il d[o] paggio da loro con archibugiate, e se ne discorreva publicamente per il nostro quartiero.

Int[s] an sciat nomina illorum militum Cirneorum quos reperuit in Bolsena, ut dixit, et quos recenseat,

---

1) MS: rispondevano.
2) MS: *Bravese* (V. p. 236, note 2).

R.dit: Quando arrivassimo a Bolsena, eravamo otto o nove (1): Io, Pier Giovanni da Santa Reparata, Pier Giovanni di Domenico da Zevaco, Simon Giovanni della Corbara, il sargente riformato Girolamo della Bastia, Marco da Vergolè, quel di Bonifacio, che non so il suo nome, Jacomo Sancto da Corrà, un altro giovinotto che lo chiamavano Parmegiano, che io non li so altro nome, che eravamo tutti soldati fugiti della d.a Compagnia del Capitan Franchi; et in Bolsena ci trovassimo da dieci o dodeci altri soldati della med.a Compagnia fugiti anco loro. Quelli erano andati di Roma erano Carlo d'Ampugnano, Gio: Battista da Sarola, Antonio da Sari, Domenico della Bastelica sargente riformato, Giulio Cesare di Gio: Pietro d'Orezza, Giuseppe di Gio: Francesco da Vallerustie (2), e Giuliano di Ruggiero da Monticello, Anton Giovanni di Calenzana, e Francesco di Salvatore da Venaco; et per adesso non mi ricordo d'altri.

Tunc D. tarditate horæ præventus, aliàs impeditus, examen dimisit, ipsumque Const.um ad carceres secretos denuo mandavit; et ità omni etc.

Die d.a (26 Sept.)

Exam.s f.t per quem et ubi supra, meque,

Quidam homo ætatis suæ annorum 25 circiter, prout ex aspectu dignosci potest, cum cesarie castanea obscura, imberbis, justæ staturæ, indutus infrascriptis vestimentis, vlt. Giuppone e calzoni di panno di matelica bisci alla francese, calzette di lana ad aguechia (3), scarpe di vacchetta rivol-

---

1) MS: otto e con.
2) MS: Vallerossi.
3) MS: avucchio.

tata, e cappello di feltro negro, — qui delato sibi juram^{to} verit. dic. prout tactis etc. juravit. Fuit per D.

Int^s de nomine, cognomine, parentibus, patria, et exercitio.

R^{dit}: Il mio nome è Ferrante; mio padre si chiamava Bravetto, che è morto; mia madre è viva, e si chiama Bianca Maria; e la mia patria è Corti, et il mio mestiero è di soldato Corso.

Int^s a quo tempore citra reperiatur in his carceribus et quomodo, et an sciat pro qua causa,

R^{dit}: Io fui fatto carcerato in Fiorenza alli 29 d'Agosto p. p.; et otto giorni fanno hoggi, fussimo condotti via da Fiorenza e menati nello Stato della Chiesa e consegnati al Barigello di Perugia, io e quattro altri soldati Corsi, e di là siamo stati condotti carcerati in Roma; e la causa per la quale siamo stati presi prigioni e condotti a Roma non puol essere per altro se non perchè io con li altri eravamo soldati del Papa sotto il comando del Capitan Alfonso Franchi, capitano delli soldati Corsi che stanno di quartiero alla Trinità di Ponte Sisto, e dalla detta Compagnia ce ne eravamo fugiti; e per questa causa tengo esser stato preso prigione; che con noi altri cinque ci hanno anco condotto prigione Simone della Bastelica (1), e Matteo pure della Bastelica, che ancor loro sono fugiti dalla d^a Compagnia et erano soldati di d^o Capitan Franchi.

Int^s an sciat de quo tempore praedicti milites ab I. E. nominati aufugerint, et pro qua causa, et de quo tempore I. E. pariter aufugerit, et quare,

R^{dit}: Li di Simone e Matteo della Bastelica et io fugissimo dalla d^a Compagnia il martedi 22 del mese d'Agosto p. p. la sera verso le 22 hore e mezzo; che noi ne andassimo assieme persino a Perugia, dove io lasciai d^i Matteo e Si-

---

1) MS: Vastelica.

mone che dissero voler andare alla Fattoria di Perugia; et me ne andai a Fiorenza solo, e l'altri quattro io non so quando si fugirno, et io me ne fugii disviato da d° Simone della Bastelica, il quale mi disse che se non me ne fussi fugito, sarei stato appiccato; e così io per paura, benchè non havessi fatto male alcuno, me ne fugii assieme con loro; e la causa per la quale li (1) sud^i Simone e Matteo se ne sono fugiti *fu* perchè havevano sparate delle archibugiate a Piazza Farnese la domenica antecedente al d° martedì che noi fugissimo; che lo dicevano loro medesimi a me, e l'hanno detto anco ad altri; e Pietro da Montemaggiore, Jacomo Sancto da Corrà (2) e Pietro Giovanni da Zevaco (3), che sono venuti prigione assieme con noi, sono fugiti per l'istessa causa ancor loro, perchè loro medesimi l'hanno detto a me et ad altri d'haver sparate l'archibugiate a Piazza Farnese.

Int^s an sciat vel dici audiverit pro qua causa fuerint explosæ archibusiatæ prædictæ in Platea Farnesia d° die dominico, et an aliquibus aliis ultra superius nominatos fuerint explosæ, de quo tempore, et in quo loco et quat^s recenseat,

R^{dit}: Dirò a V. S. La d^a domenica 20 d'Agosto p. p., essendo (4) entrato di guardia nel d° quartiero de' Corsi alla Trinità di Ponte Sisto il Caporal Pietro d'Oletta con tutta la sua squadra nella quale ero soldato ancora io, doppo entrato di guardia, mi stavo trattenendo con altri soldati Corsi nella piazza della chiesa della Trinità; e verso le 23 hore incirca, venne avviso che erano stati ammazzati alcuni de' nostri soldati dalli Francesi del Sig^r Ambr^e di Francia; che però tutti

---

1) MS: tanto li.
2) MS: Corti.
3) MS: Zecavo (V. p. 237).
4) MS: essendo io.

li soldati della nostra Compagnia si misero in arme; che io me ne andai, sentendo questo rumore, al corpo di guardia, dove ci era il nostro caporale Pietro d'Oletta; quale disse a me et all'altri, che non ci partissimo dal corpo di guardia; e tra tanto uscì una quantità grande delli nostri soldati con li schioppi; che il Caporal Piero cercava di repararli con l'alabarda, ma non potè repararli per la folla che li fecero addosso, con tutto che serrasse la porta del rastello; che una quantità prese la strada verso la Trinità di Ponte Sisto, doppo aver preso l'arme in quartiero; et una parte prese la strada sotto al quartiero verso la Regola e voltorno verso il Monte della Pietà; et in quello arrivò il nostro capitano Franchi, che fece ritornare con la spada nuda alle mani, assieme con il nostro sargente, quelli soldati che erano andati verso la Trinità di Ponte Sisto per andare alla piazzetta del Cardinal Spada; e l'altra squadra che era voltata di sotto non la potè riparare, perchè era andata (1) via; e ricondotti dal Capitano come ho detto li soldati a quartiero, sentissimo sparare delle archibugiate vicino a Piazza Farnese, che furono molte archibugiate; e su l'Avemaria poi, essendo stata battuta la cassa a raccolta, fu armato il corpo di guardia, avanti l'Avemaria delle 24 hore; e verso la mezza hora di notte venne l'Ecc^{mo} Sig^r Principe Don Mario, che fece serrare il quartiero; e doppo esser stato lì un pezzetto, se ne andò via; e doppo il Capitano mise le guardie intorno al quartiero, acciò che non passasse alcuno; e ritornati poi tutti li soldati a quartiero, sentii che Gio: Battista da Sarola, Carlo d'Ampugnano, il Caporal Piero da Montemaggiore, Domenico di Pietro della Bastelica, Giuseppe di Simone Francesco da Vallerustie (2),

---

1) MS: ero andato.
2) MS: Vallerossi.

Jacomo Antonio Jesi da Toxi, Marco da Vergolè, Pier Giovanni di Domenico da Zevaco (1), Simone di Tomassino (2) della Bastelica, Andrea di Gio: Battista d'Aiaccio, Antonio q. Secondo da Sari, e Giuseppe di Michele da Cassano, Francesco del q. Gio: Girolamo della Bastelica, e Matteo di Pietralba, e Francesco da Venaco, e Giovanni Andrea Mansecchio (3) dicevano (4) d'esser stati per quelli vicoli che rispondono in Piazza Farnese et haver sparate delle archibugiate, e lo dicevano publicamente per il quartiero, che lo sentirno tutti quelli che si trovorno in d° luogo del quartiero; che non mi posso ricordare quali furno quelli che lo sentirno; mi ricordo sì bene che fra l'altri ci era Pietro del q. Gio: Rocco da Santa Reparata; e ciò l'ho inteso anco dire publicamente per il nostro quartiero, tanto la domenica a sera sud^a, quanto il lunedì, che stassimo serrati in d° quartiero; e loro medesimi, come ho detto disopra, raccontavano d'haver fatto e detto quella sera di domenica per quelli vicoli intorno a Piazza Farnese; e per la causa che ho detto li sudⁱ soldati Corsi si mossero ad andare a tirar l'archibugiate in dⁱ luoghi; anzi Marco da Vergolè mi ricordo che, ancorchè fusse serrata la porta de'rastelli (5), montò sopra di essi, li scalò, e sortì fuori con l'archibuscio alle mani, e l'ho inteso dire pubblicamente per il quartiero dalla maggior parte delli soldati, e che il Caporal Carlo d'Ampugnano, Pietro da Montemaggiore et Andrea d'Aiaccio erano andati quella medesima sera di domenica verso S. Carlo de'Catenari a cercar Francesi, e che havevano sparate li

---

1) MS: Zeccaro.
2) MS: Trussia.
3) *Magnesi*, dans la liste du sergent, p. 236.
4) MS: quali dicevano.
5) MS: del rastello.

vicino a S. Carlo alcune archibugiate, e che una di quelle haveva colpito et ammazzato un paggio del Sig^r Ambr^o di Francia; e Pier Giovanni da Santa Reparata sud^o sentì quando li sud^i Carlo, Pietro et Andrea dissero esser stati in d^o luogo et haver ammazzato il d^o paggio, come altri ancora l'havevano sentito; ma io non mi ricordo di haverglilo inteso dire, perchè andavano avanti et indietro raccontando le cose che havevano fatte in quella sera, et io non potevo sentir ogni cosa.

Int^s an sciat sub quo caporali essent præfati milites Cirnei ab ipso superius nominati qui accesserunt cum sclopis ad Plateam Farnesiam, ut superius dixit, et quat^s,

R^{dit}: Il sargente Domenico della Bastelica, Jacomo d'Antonio Jesi da Toxi, Marco da Vergolè, Simone di Tomassino della Bastelica, Francesco del quondam Girolamo della Bastelica, e Matteo di Pietralba erano tutti, eccettuato però Simone della Bastelica, della squadra del Caporal Pietro d'Oletta, et erano (1) di guardia quel'a sera di domenica, conforme era io; Pietro da Montemaggiore era caporale in piede; et adesso che mi ricordo, Carlo d'Ampugnano era ancor lui della nostra squadra e di guardia quella domenica a sera, e li altri io non mi ricordo sotto qual caporale stessero; e questi particolarmente della nostra squadra uscirno tutti fuori con l'arme alla mano, non ostante che il Caporal Pietro dicesse che non partissero e guardassero il posto, come erano tenuti di fare per esser soldati di guardia, e ciò lo viddi e sentii respettivamente.

Tunc D., acceptatis etc., aliàs impeditus, examen dimisit et I. E. pro nunc ad locum suum reponi mandavit, animo omni etc.

---

1) MS: era.

Die dicta (*26 Sept.*)

Iterum Const^s coram quo et ubi supra, meque,

Petrus Joannes q. Joannis Rocchi Ansaldi de Sancta Reparata, qui delato sibi juram^{to} verit. dic. prout tactis etc. juravit. Fuit per D.

Int^s an aliquid sibi dicere occurrat ultra ea quæ dixit et deposuit in alio eius examine, et quat^s.

R^{dit}: Io mi ero scordato di dire che tra quelli che confessorno esser stati a tirare l'archibugiate alla Piazza Farnese come ho detto nell'altro mio essame, ci era Matteo del quondam Gio: Girolamo della Bastelica, che è fratello carnale di Francesco della Bastelica che ho nominato nell' altro mio essame; e questo diceva li nel quartiero, conforme l'altri che ho nominati, publicamente di esser stato a sparar a Piazza Farnese.

Int^s an aliqui de prædictis nominatis in alio eius examine essent sub jussu caporalis Petri de Oletta et quat^s,

R^{dit}: Di quelli, che io ho nominato nell'altri miei essami, che andorno a sparare l'archibugiate a Piazza Farnese e disser d'esser stati a sparare, conforme ho detto, l'archibugiate, conforme anco disse Matteo della Bastelica hora da me nominato, della squadra mia sotto il Caporal Pietro d'Oletta era Carlo di Gio: Vito d'Ampugnano, Domenico di Pietro della Bastelica sergente riformato, Jacomo d'Antonio Jesi da Toxi, Francesco del q. Girolamo della Bastelica; et adesso che mi ricordo, viddi uscire con li sudⁱ Matteo da Pietralba (1), che li si disse Mattheo Fortuna, che fu carcerato il lunedì a sera sussequente a d^a domenica nel quar-

---

1) Pietro Albi.

tiero; e tutti questi erano della squadra di d° Caporal Pietro e di guardia in quella sera, come anco il d° Matteo da Pietralba; e benchè il Caporal Pietro gli ordinasse che non si partissero perchè erano di guardia, niente di meno viddi che sortirno fuori con li schioppi alle mani, fecero violenza alli rastelli, e se ne andorno via; e questi presero la strada di sotto al quartiero per il Monte della Pietà assieme con altri soldati Corsi; e questo l'ho inteso anco dire pubblicamente dalla maggior parte delli nostri soldati dentro il nostro quartiero, e lo viddi e sentii respettivamente.

Tunc,

Die Martis 26 Septembris 1662.

Const^s personaliter coram perill^i et ad^m Exc^{ti} D. Augustino Paride Substituto L^{nte} meque, in Carceribus novis,

Quidam homo justæ staturæ, ætatis suæ, ut ex aspectu dignosci potest, annorum 30 circiter; cum coma et capillis, barba et baffis castaneis; coloris olivestri in facie; indutus infrascriptis vestimentis, vlt. Cappello di feltro nero smontato e sbiancato, con cordone di oro falso e due fettucciette attaccate ad esso di diversi colori; Giuppone e calzoni di mezza lanetta di color fratesco, con fettuccie di seta attorno la cintura de' calzoni, e di qua e di là pendenti, li calzoni di color allattato, camiscia di tela bianca, calzette di bambace fatte ad agucchia (1), scarpe di marrocchino roverso come bianco, con fettuccie turchine di seta, — qui delato sibi juram^{to} verit. dic. p^t tactis etc. juravit. Fuit per D.

Int^s de nomine, cognomine, patre, patria et parentibus, consanguineis et affinibus.

---

1) MS: fatte a gucchia.

Rᵈⁱᵗ : Io mi chiamo Matteo; mio padre, che è morto, si chiamava Gio: Girolamo; non ho cognome alcuno; mia madre, che è morta, si chiamava Giorgetta; la mia patria è Bastelica, che è una terra nell'Isola di Corsica; et ho cinque fratelli carnali, uno chiamato Francesco, l'altro Giovannello, l'altro Giacomo, l'altro Biagio, e l'altro, che è piccolo, che è nato doppo sono partito di Corsica, non so come si chiami; li quali gli ho lasciati tutti al paese, eccettochè Francesco, il quale era soldato qui in Roma sotto il comando del Capitano Alfonso Franchi, capitano della soldatesca Corsa che risiedeva qui in Roma, sotto il comando del quale ero anco io soldato; ma però tutti due eravamo soldati nella Compagnia del Capitⁿᵒ Savelli, che venissimo tutti due li fratelli da Perugia, dove stavamo di quartiero, perchè la città di Perugia è posto del Sigʳ Capitano Savelli; e del mese di Maggio p. p. ci venne la marchia di tutti due per Roma, e così venissimo qui nella Compagnia del Sigʳ Capitano Franchi e sotto il suo comando; e stessimo sotto il suo comando sino al martedì a sera su le 23 hore, che fu quel martedì susseguente al giorno della domenica che successe il rumore tra la soldatesca Corsa e li Francesi del Sigʳ Ambʳᵉ di Francia; nel qual tempo io me ne fugii dalla Compagnia assieme con Simone da Bastelica mio paesano, lasciando mio fratello sudᵒ nella Compagnia et al quartiero della Trinità dove stavamo di quel tempo; e ce ne andassimo verso la Porta del Popolo per uscir fuori di Roma; e quando fossimo alla Porta del Popolo, trovassimo un altro soldato Corso della Compagnia del Capⁿ Franchi, chiamato Ferrante da Corti, che anche lui era fugito dalla Compagnia, e tutti tre ce ne andassimo a Perugia, dove arrivassimo il venerdì a sera susseguente.

Intˢ quamdiù sit quod reperiatur carceratus, in quo loco captus, et an solus vel associatus, et qua de causa,

Rᵈⁱᵗ : Io mi trovo carcerato da 20 giorni in qua, che son

stato preso assieme con Simone della Bastelica mio paesano dentro la Chiesa della Madonna della Serra, luogo del territorio d'Agubio discosto due o tre miglia dalla Fratta di Perugia; che ci venne a pigliare in d^a chiesa la Corte (1) d'Agubio e li soldati, li quali ci condussero nelle Carceri d'Agubio, nelle quali siamo stati ritenuti 13 giorni; e poi siamo stati trasportati nelle carceri di Perugia, e di lì assieme con cinque altri soldati Corsi siamo stati tutti trasportati a Roma et in queste carceri, alle quali poco fa siamo arrivati; che erano tre o quattro giorni che ci trovavamo in d^a chiesa della Serra, con occasione che essendo arrivati in Perugia, havendo cercato il Sig^r Francesco Raniero Perugino e non havendolo trovato, stimando che fosse alla sua Contea di Civitella, io e detto Simone andassimo a quella volta, lasciando in Perugia il d^o Ferrante, et havendo saputo in Civitella che il d^o Sr Conte Francesco stava retirato alla Madonna della detta terra della Serra assieme con il Sr Conte Pompeo suo fratello per causa d'alcuni disgusti che passavano fra essi et il Conte Costantino Raniero, andassimo tutti due alla volta della d^a chiesa, dove trovassimo li di SS^{ri} Conti fratelli; li quali ci (2) fecero trattenere lì in d^a chiesa e non volsero che partissimo; et io non so per che causa io e d^o Simone siamo stati presi, nè meno io me lo posso imaginare, perchè quando siamo stati fatti prigionieri con ordine di S. S^{tà} e del Sr Cardinal Legato d'Urbino, e così noi ci rendessimo subbito, *e* non facessimo resistenza alcuna.

Int^s ut dicat qua de causa I. E. una cum d^o Simone eius conterraneo d^o sero Martis militiam deseruerit et fugæ se dederit,

---

1) V. p. 269, note 1.
2) MS: mi.

R^{dit}: Io credo che V. S. e tutti di questa Città sappino il rumore che successe *il* 20 d'Agosto p. p. tra li soldati Corsi e li Francesi del Sr Amb^{re} di Francia; che per quello che io intesi (1) dire all'hora, alcuni Francesi del Sr Amb^{re} di Francia la presero con alcuni soldati Corsi su'l Ponte Sisto, dove tirorno mano alle spade assieme; e che essendosi sparsa voce che un soldato Corso era rimasto morto, li soldati che si trovorno al quartiero pigliorno li loro schioppi e scapporno fuori e se ne andorno nella Piazza Farnese, dove si sparorno dell'archibugiate, dalle quali intesi dire che ne restassero morti alcuni et alcuni feriti, e che restasse anco morto un paggio di esso Sr Amb^{re}; che questo io lo so, perchè l'intesi dire in quartiero, ma io non mi ci trovai; e perchè per d^o fatto i nostri officiali publicamente dicevano, cioè il Capitano Franchi, l'alfiero Cardone et il Sargente Gio: Battista dicevano publicamente che per d^o fatto dovevamo (2) esser tutti impiccati, ancorchè io non ci havessi che far niente in d^o rumore, risolvei di fugirmene via, et assieme con d^o Simone ce ne fuggissimo il martedì a sera, come ho detto; che il rumore sud^o successe la domenica a sera dopo che fu mutata la guardia, la quale si mutava alle 22 hore; che mi ricordo che quella sera entrò di guardia il Caporal Pietro con la sua squadra, e poteva essere 23 hore, di lì intorno, per quello intesi.

Int^s ut dicat ubi fuerit I. E. die dominico 20 Augusti pr^e pr^{ti} ab hora 20 dⁱ diei usque ad 1^m et 2^m noctis horam, et quid egerit toto dicto tempore,

R^{dit}: Domenica 20 Agosto p. p. assieme con Simone sud^o mio camerata pranzai in quartiero, e dopo che hebbi pranzato mi misi a giocare alli dadi (3) su la piazza, che giocai con

---

1) MS: che io per quello che intesi...
2) MS: dovevano.
3) MS: dati.

il Caporale Antonio Jovanni, mio caporale, e con Marco da Valgolè, e con molti altri soldati, li quali hora non mi sovvengono; che giocai sino a 18 o 19 hore, e poi me ne andai a spasso sino al Ghetto assieme con Antonio Felice che mi pare sia della Volpaiola, pur soldato Corso; e ce ne ritornassimo verso le 21 hora a quartiero; e mi trattenni lì in piazza sino che si mutò la guardia. Io e Simone sud° mio paesano ce ne salissimo sù in quartiero, cenassimo assieme, e dopo cenato me ne uscii dal quartiero assieme con Antonio Felice sud°, e ce ne andassimo alla volta di Ponte Sisto; e passato che havessimo il Ponte Sisto, incontrassimo lì proprio vicino al ponte dalla parte di Trastevere l'alfiere riformato Orso Paolo de' Bozzi, agente del Capitano Savelli, il quale si accompagnò con noi due, e tutti tre ce ne andassimo a S. Pietro Montorio a spasso; che pigliassimo la strada a mano manca del Ponte, da quella parte del fiume; e ce ne andassimo per lassù poco meno d'un'hora, e dopo ce ne andassimo alle fontane di S. Pietro Montorio, e da quelle ce ne venissimo verso il quartiero; che quando arrivassimo al quartiero, potevano essere 24 hore sonate; e trovassimo tutti li soldati Corsi con l'armi alla mano, e che batteva la cassa a raccolta; dove trovassimo anco il Capitano, l'alfiero e sargente, che all'hora havevano messo le sentinelle per tutte le cantonate del quartiero; et io et Antonio Felice entrassimo nel Corpo di guardia e pigliassimo i nostri archibugi, havendo lasciato Orso Paolo in casa del Can^{co} Savelli figliuolo del Capit° Savelli, che habita in Trastevere attaccato al Ponte; dove ci trattenessimo ancor noi un pezzetto in casa, perchè le genti ci dicevano che non fossimo passati, perchè li Francesi ci haverebbero ammazzati; e dopo che cessò il rumore, ce ne venissimo al quartiero, dove esso Orso Paolo venne anco, poco doppo fossimo arrivati noi; e stetti tutta la notte con l'armi alla mano in quartiero, perchè dicevano che li Francesi volevano venirci ad assaltare in quartiero; e stessimo serrati tutto il lunedì; et il martedì a mattina susseguente havessimo la libertà; e la sera del lunedì furono fatti dodeci de' nostri soldati prigionieri e condotti a queste carceri per causa del sud° rumore, per quanto fu detto.

Int[s] an sciat, seu saltem sit informatus, aut aliàs dici audiverit quinam fuerint milites illi qui cum sclopis e quarterio egressi d° sero dominico accesserunt ad Plateam Farnesiam ibique archibusiatas exploserunt ex quorum ictibus nonnulli extincti et nonnulli vulnerati remanserunt, prout supra deposuit,

R[dit] : Io di vista non posso dire d'haver visto nessuno soldato sparare la d[a] sera di domenica; et (1) io non ho veduto nessuno, perchè non mi ci trovai; e non posso nè meno dire a V. S. tutti quelli che furono a Piazza Farnese a sparare l'archibugiate. È ben vero che per il quartiero, il giorno di martedì (che poi la sera fuggii), intesi publicamente dire da più e diversi soldati, e dalla maggior parte di essi, che fra quelli che erano stati a sparare l'archibugiate nel loco sud° ci erano stati il Caporale Carlo d'Ampugnano, Domenico di Pietro da Bastelica, Gio: Battista di Bastiano da Sarola, Marco di Giovanni da Vargolè, Andrea di Battista d'Aiaccio (2) et Antonio di Secundo da Sari, tutti soldati Corsi che stavano sotto il commando del Franchi; che così dicevano e raccontavano publicamente li soldati li nel quartiero.

Int[s] ut dicat et nominet milites qui prædicta dicebant,

R[dit] : Io non posso dire a V. S. adesso chi fossero questi soldati, li quali publicamente intesi che dicevano per il quartiero che li sud[i] soldati da me sopra nominati erano

---

1) MS: perchè.
2) MS: da Jaccio.

stati tra l'altri a sparare l'archibugiate a Piazza Farnese; perchè io adesso non me ne ricordo. Mi ricordo sì bene che la maggior parte delli soldati nostri lo dicevano; che io non so come li sud^i soldati che lo dicevano lo sapessero; ma potrebbe essere che in quel tempo *che* successe il rumore, essi si fossero trovati al quartiero, dove anco li sud^i che si disse sparorno lo dicessero.

Int^s an sciat seu saltim sit informatus quid sit ad præsens de prædictis Carolo de Ampugnano, Dominico de Bastelica, Jo: Baptista de Sarola, Marco de Vargolè, Andrea de Aiaccio (1) et Antonio de Sari, militibus Cirneis superius nominatis,

R^{dit}: Io non so dire a V. S. che cosa sia al presente del sud° Carlo d'Ampugnano et altri da me sopra nominati, che intesi sparassero l'archibugiate in Piazza Farnese; perchè io li viddi il martedì quando havessimo la libertà lì per il quartiero e per la piazza, ma poi io, essendomene andato via la sera, non li viddi più; e non so dove al presente si trovino, o se stiano in Roma, o pure siano fuggiti anco essi.

Tunc D. ob tarditatem horæ præventus examen dimisit, et I. E. in secretis Carceribus poni mandavit, animo etc.

Die Mercurii 27 Sept^{bris} 1662.

Iterum Exam^s f^t per perill^m et Exc^m D. Stephanum Braccium L^{ntem} et Jud^m deput^{um}, meque, in carceribus novis,

Ferrantes q. Bravetti de Corte, qui delato sibi juram^{to} verit. dic. p^t tactis etc. juravit. Fuit per D.

Int^s an aliquid sibi dicere occurrat ultra ea quæ deposuit in alio eius examine, et quat^s.

---

1) MS: Arastio.

R^{dit} : A me non occorre di dire altro di più di quello che ho detto nell'altri miei essami.

Int^s an sciat quot milites in corpore custodiæ quarterii remanserint tempore rumoris de quo aliàs deposuit, et quat^s,

R^{dit}: Delli soldati che erano di guardia della squadra del Caporal Pietro d'Oletta, mio caporale, ce ne restorno da una ventina incirca, e l'altri erano sortiti fuori con l'armi, e tra l'altri uscirno fuori Mattheo da Pietralba e Pier Giovanni di Domenico da Zevaco; che questi due, con (1) l'altri soldati che restorno al posto et in corpo di guardia non ci erano; e se ci fossero stati, io l'haverei visti.

Int^s an ab aliqua alia persona dici audiverit exiisse è d^o quarterio eo tempore et accessisse ad Plateam Farnesiam *aliquos alios* ex dictis militibus Cirneis, et quos,

R^{dit}: Io adesso mi ricordo che tra l'altri soldati che uscirno fuori del quartiero coll'armi alle mani et che andorno a Piazza Farnese e che sparorno l'archibugiate, ci fu anco Mattheo del q. Gio: Girolamo della Bastelica, fratello di Francesco della Bastelica; che lui medesimo me lo disse di haver sparato in Piazza Farnese dell'archibugiate ad una truppa di persone che stava su'l portone del palazzo del Sr Ambre di Francia; che questo me lo disse per la strada quando andavamo verso Perugia, e me lo disse alla presenza di Simone della Bastelica; e me lo disse anco in corpo di guardia, prima che ce ne fuggissimo; che mi disse anco il d^o Mattheo che haveva messo la polvere bagnata dentro l'archibugio con la carta anco bagnata, acciò che s'arruginisse presto, acciò non si conoscesse che lui havesse sparato di fresco e che apparisse che era un pezzo che il suo archibugio non era stato sparato; che lo diceva nel quartiero publicamente, et ogn'uno poteva sentire.

Tunc,

---

1) MS: sono.

Die Mercurii 27 Sept^(bris) 1662.

Const^s personaliter coram quo et ubi supra, meque,
Quidam homo parvæ staturæ, ætatis suæ annorum 30 prout ex aspectu dignosci potest, cum cesarie nigra et baffis et barba castaneis, indutus infrascriptis vestimentis, vlt. Un' ungarina di panno mischio, una camisciola di saia rossa, calzoni di panno mischio, calzette di lana bianca, scarpe di vacchetta rivoltata e cappello di feltro bianco, — qui delato sibi juram^to verit. dic. p^t tactis etc. juravit. Fuit per D.
Int^s de nomine, cognomine, parentibus, patria et exercitio.
R^dit: Io mi chiamo Jacomo Santo del q. Antonio, che così si chiamava mio Padre, che è morto; mia madre è pure morta, et si chiamava Sancta; non ho cognome, e la mia patria è Corrà in Corsica; l'essercitio mio è di soldato Corso, che sono cinque anni che l'essercito.
Int^s a quo tempore citra reperiatur in his carceribus et quomodo,
R^dit: Io sono (1) carcerato dall'ultimo del mese di Agosto p. p. in qua, che fui preso prigione in Livorno assieme con Pier Giovanni Zevaco (2) et Pier Giovanni da Sta Reparata; et da Livorno fossimo condotti carcerati nello Stato della Chiesa assieme con il Caporal Pietro da Montemaggiore, *e* Ferrante da Corti, tutti soldati Corsi; che fussimo consegnati carcerati dal Barigello di Perugia, del quale poi siamo stati condotti in queste carceri assieme con Mattheo et Simone dalla Bastelica, pure soldati Corsi, che tutti quanti eravamo soldati in Roma nella Compagnia del Capit^o Alfonso

---

1) MS : fui.
2) MS : Zeccato.

Franchi, e stavamo di quartiero vicino la Trinità di Ponte Sisto alla Regola; et hier mattina arrivassimo in Roma, e fossimo condotti in queste carceri.

Int[s] an sciat, vel saltem præsumere valeat causam suæ carcerationis et præsentis examinis,

R[dit]: Io non so la causa per la quale io sia stato preso prigione a Livorno e poi condotto a Roma; ma io m'imagino che sia perchè, essendo seguito rumore tra li soldati Corsi e li Francesi la domenica delli 20 d'Agosto p. p. et essendo state sparate alcune archibugiate a Piazza Farnese, fussimo il giorno seguente sequestrati; et il martedì sosseguente essendoci stata data la libertà, perchè il Capitano et altri dicevano che saressimo tutti andati in mano delli Francesi, io vedendo che se ne fuggivano *molti* delli nostri soldati, mi risolsi ancora io di fuggirmene, benchè io non mi partissi mai dal quartiero quella sera, conforme puol dire il Caporal Pietro d'Oletta che era caporale di guardia et io ancora per esser della sua squadra *ero di guardia;* per ciò mi risolsi ancora io di fuggire, conforme feci il martedì a sera sud° alle 22 hore; che con me ci vennero anco Pier Giovanni da Zevaco (1) sud°, e Pier Giovanni da Sta Riparata, e Pietro Parmegiano; che ce ne andassimo via, e facessimo la strada di Viterbo; che poi io me ne andai a Livorno, dove son stato preso; e per questa causa, per esser io fuggito come hanno fatto l'altri sud[i], credo esser stato preso prigione e che hora V. S. mi voglia essaminare; ma io non son fuggito per haver fatto male alcuno, perchè quella sera del d° rumore io non mi partii mai dal corpo di guardia.

Int[s] an sciat, vel dici audiverit a quo vel quibus fuerint explosæ archibusiatæ d° sero diei dominici, et qua de causa,

---

1) MS: Zeccato.

Rdit: Io ho inteso dire pubblicamente per il quartiero che a sparare l'archibugiate in quella sera di domenica ci andassero il Caporal Carlo d'Ampugnano, Francesco dalla Bastelica, Francesco da Venaco, il sargente riformato Domenico della Bastelica, Gio: Battista da Sarola, Simon Giovanni della Corbara (1), e Marco da Vergolè; che *di* questi non solamente si diceva pubblicamente e l'ho inteso dire dalla maggior parte delli soldati della nostra Compagnia, ma anco loro medesimi lo raccontavano, e dicevano che erano stati a Piazza Farnese in quelli vicoli, e che havevano sparate delle archibugiate; e Francesco della Bastelica particolarmente diceva che haveva colpito il capitan di guardia delli Francesi; e Marco di Vergolè, che ritornò a quartiero doppo quietato il rumore verso le 24 hore, ritornò con la spada rotta e diceva che haveva tirato delle archibugiate a Piazza Farnese e che haveva tirato di spada, che li si era rotta; e l'altri ancora dicevano di haver sparato e fatto e detto; che lo dicevano (2) pubblicamente, che li potevano sentire tutti li soldati; che io hora non mi ricordo chi fossero presenti quando li sudi raccontavano quanto io ho detto disopra; e per hora non mi ricordo d'altro, nè che sian stati altri a sparare l'archibugiate in quella sera in Piazza Farnese; e si mossero a spararli de archibugiate, perchè vennero feriti al quartiero Gio: Battista d'Aiaccio e Giovanni da Jossano (3), e si diceva che li Francesi maltrattavano li Corsi, e per vendicarsi sortirno fuori con l'armi.

Tunc D. acceptatis etc. examen dimisit, et I. E. pro tunc ad locum suum reponi mandavit, animo omni etc.

---

1) MS: Bastia. La liste du sergent (p. 237) ne donne qu'un *Simon Giovanni*, qui est de *La Corbara*.

2) MS: diceva.

3) Nous savons, par son interrogatoire (p. 107), qu'il était de Calenzana et non de Giussani.

Die dicta (*27 Sept.*)

Const^s personaliter coram quo et ubi supra, meque,

Quidam homo justæ staturæ, ætatis suæ annorum 30 circiter prout ex aspectu dignosci potest, cum cesarie castanea, baffis et barba nigris, indutus infrascriptis vestimentis, vlt. Giuppone e calzoni di panno leonato fatti alla francese, calzette di lana bianca, scarpe di vacchetta revoltata, e cappello di feltro negro, — qui delato sibi juram^{to} verit. dic. p^t tactis etc. juravit. Fuit per D.

Int^s de nomine, cognomine, patre, patria et exercitio.

R^{dit}: Io mi chiamo Simone, mio padre si chiama Tomassino, non ho cognome di sorte alcuna, la mia patria è Bastelica, et il mio essercitio è di fare il soldato; che solo sette mesi ho fatto il soldato, cinque mesi cioè nel Forte Urbano e due mesi nella compagnia del Sr Capitan Alfonso Franchi qui in Roma, che haveva il suo quartiero vicino la Trinità di Ponte Sisto.

Int^s de tempore, loco et causa suæ capturæ,

R^{dit}: Io fui preso alli 6 del cadente alla Serra d'Urbino, e con me ci fu presa una mia camerata chiamata Matteo del q. Gio: Girolamo da Bastelica; e fussimo presi dalli sbirri e soldati in una chiesa, che sta dentro la d^a terra della Serra; e la causa della nostra cattura mi imagino che sia stato perchè, essendo anco io con d° Matteo, mia camerata, soldati qui in Roma nella Compagnia del d° Capitano Franchi, capitano de' Corsi, ce ne fuggissimo assieme il martedì a sera delli 22 di Agosto (1), e per la strada Romana ce ne andassimo al d° luogo della Serra; che passassimo

---

1) MS: Maggio.

per Perugia; ma noi non havevamo fatto nè delitto, nè male alcuno; che ce ne fuggissimo per paura, che si diceva per la nostra compagnia che tanto haveva da esser appiccato chi haveva fatto il male quanto chi non l'haveva fatto; che io ero uno di quelli che non havevano fatto nè delitto nè male alcuno, e così per paura me ne fugii, e per questa causa credo essere stato preso prigione.

Tunc D. acceptatis etc. examen dimisit, et I. E. pro tunc ad locum suum reponi mandavit, animo omni etc.

Die dicta (*27 Sept.*)

Consts personaliter coram quo et ubi supra, meque,

Quidam homo justæ staturæ, ætatis suæ annorum 28 circiter prout ex aspectu dignosci potest; cum cesarie, baffis et barba castaneis, indutus infrascriptis vestimentis, vlt. Giuppone e calzoni di panno bisciaccio, calzette di stame bianche, scarpe di marrocchino rivoltato, e cappello di feltro negro, — qui delato sibi juram^{to} verit. dic. p^t tactis etc. juravit. Fuit per D.

Int^s de nomine, cognomine, parentibus, patria et exercitio.

R^{dit} : Io mi chiamo Pier Giovanni; mio padre si chiamava Domenico, che è morto; mia madre si chiama Apollonia, che è viva; la mia casata è Peretti; la mia patria è Zevaco in Corsica; e l'essercitio mio è di fare il soldato, che sono 14 anni che fo l'arte del soldato; et ultimamente ero soldato sotto il comando d'Alfonso Franchi, capitano della Compagnia Corsa che stava acquartierata alla Regola, vicino la Trinità di Ponte Sisto.

Int^s quando, et a quo tempore citra reperiatur carceratus, ubi captus, et an sciat vel arbitrari valeat causam suæ carcerationis,

R^{dit} : Io mi ritrovo carcerato dal primo giorno di questo cadente mese di settembre, che fui preso in Livorno assieme con Pier Giovanni da S.ta Reparata et Jacomo Sancto da Corrà, che questi erano anco soldati Corsi sotto il comando del medesimo Capitano Franchi qui in Roma; e da Livorno fussimo tutti tre trasportati a Firenze; e da Firenze fussimo condotti nello Stato della Chiesa e consegnati al Barigello e sbirri di Perugia. Quel Barigello poi ci ha condotti tutti tre in queste carceri nove di Roma; e con noi condusse anco prigione quattro altri soldati Corsi che io solo cognosco a vista, e sono anco essi de' soldati della Compagnia di d.o Capitan Franchi; et io non so nè mi posso imaginare per qual causa io con li detti due, mie camerate, fossimo fatti prigioni in Livorno.

Int.s de quo tempore I. E. discesserit ab Urbe, et qua de causa, et an solus vel associatus,

R.dit: Io partii da Roma assieme con le dette due mie camerate, che furno presi con me, il martedì che furno li 22 d'Agosto; che facessimo la strada di Viterbo, ma però non entrassimo in d.a città; che passassimo per Cannepina, e ce ne andassimo a Montefiascone, e poi a Ponte Lentino; che passassimo per Bolsena, e di là ce ne andassimo a Livorno, dove fussimo presi e catturati; e ci partissimo da Roma e fuggissimo dalla d.a nostra Compagnia de' soldati Corsi, perchè si era sparsa voce per il nostro quartiero che tutti dovevamo esser appiccati, e così per paura ce ne fuggissimo da d.a nostra Compagnia; ma io non havevo fatto male alcuno, perchè quella sera di domenica 20 di Agosto p. p. che furono sparate l'archibugiate in Piazza Farnese, io ero di guardia e non mi potevo partire dal corpo di guardia, perchè ero obligato a stare a guardare il posto e la bandiera del Principe, e per essermi sempre trattenuto in quartiero in d.a sera di domenica non potevo haver fatto male alcuno; ma me ne fuggii solo per paura, come ho detto disopra.

Int^s an sciat vel dici audiverit a quo seu quibus et pro qua causa fuerint explosæ archibusiatæ illo sero diei dominicæ in Platea Farnesia,

R^dit : Io non so nè ho inteso dire da chi nè per che causa fussero sparate le d^e archibugiate la d^a domenica a sera in Piazza Farnese, perchè, come ho detto, ero di guardia et attesi a guardare il posto, et il Caporal Piero d'Oletta, mio caporale, ordinò che tutti noi altri soldati della sua squadra non ci fussimo partiti di lì dal corpo di guardia, come era nostro debito; e però non ho potuto vedere chi habbia sparate d^e archibugiate, solamente ho inteso dire da Gio: Battista da Sarola, dal Sargente Domenico della Bastelica, *da* Francesco della Bastelica e da Antonio da Sari, che trovai in Ligorno, che loro si erano trovati in quella sera a sparare l'archibugiate a Piazza Farnese, e che loro medesimi havevano sparato l'archibusiate sud^e al Palazzo di Farnese; ma se havessero ammazzato le genti, o nò, io non glie lo ricercai; che me lo dissero in Livorno dove li trovai, con occasione che essi ancora erano fuggiti dalla compagnia del Capitan Franchi dove loro erano anco soldati Corsi; che Francesco dalla Bastelica et il sargente Domenico del d^o luogo erano soldati della mia squadra, e tanto essi erano di guardia come ero io; et io viddi che li sud^i Domenico e Francesco erano fuori di quartiero benchè fossero di guardia, perchè li viddi ritornar di fuori con li suoi schioppi alle mani su la (1) mezz'hora di notte incirca; che io li viddi ritornare dalla parte della Regola; e si mossero li Corsi ad andare a sparare l'archibugiate a Piazza Farnese, perchè si levò voce per il nostro quartiero, verso le 23 hore, che li Francesi del Sr Ambre di Francia havevano ammazzato alcuni nostri Corsi, e perciò fu cominciato a gridare: « Al-

---

1) MS: in.

l'armi! all'armi! » — e così li soldati Corsi entrorno in quartiero e presero l'armi; che delli primi ad entrare a pigliar l'armi viddi che furno il d° sargente Domenico della Bastelica, Francesco pure della Bastelica, Gio: Battista et Antonio tutti due da Sari (1), Andrea d'Aiaccio, e gli altri corsero poi infuriati ancor loro a pigliar l'armi; che fu una quantità grande, che non posso sapere nè potei osservare in quel rumore chi si fossero; e li sud^i cinque da me nominati, con sei o sette altri soldati, li viddi sortir fuori del quartiero con gli archibugi alle mani, e li viddi voltar verso la chiesa del Salvator in Campo vicino al Monte della Pietà; e poi sentii sparare una quantità d'archibugiate, che si sentivano che erano tirate per quelli vicoli verso la Piazza di Farnese; e del resto io non so nè ho inteso dire che ci siano stati altri.

Tunc D. acceptatis etc. examen dimisit aliàs impeditus, et I. E. ad locum suum reponi mandavit; et ita omni etc.

Die dicta (*27 Sept.*)

Const^s personaliter coram quo et ubi supra, meque,

Quidam homo altæ staturæ, ætatis suæ annorum 40 circiter prout ex aspectu dignosci potest, cum cesarie, barba et baffis nigris, indutus infrascriptis vestimentis, vlt. Ungarina o giustacore di panno biancaccio con li suoi bottoni di pelo negro, calzoni di panno lionato; calzettoni di lana lisci, scarpe di vacchetta rivoltata, e cappello di feltro negro, — qui delato sibi juram^{to} verit. dic. prout tactis etc. juravit. Fuit per D.

---

1) MS: Seri.

Int^s de nomine, cognomine, parentibus, patria et exercitio.

R^dit : Io mi chiamo Pietro, mio padre è morto e si chiamava Gio: Battista, mia madre anco è morta e si chiamava Fiordispina, e la mia patria è Montemaggiore in Corsica, et il mestiero mio è di fare il soldato Corso; che ultimamente ero soldato della Compagnia d'Alfonso Franchi, capitano della soldatesca Corsa che stava acquartierata alla Regola vicino la Trinità di Ponte Sisto, dove io ero caporale d'una squadra, cioè di 50 soldati incirca.

Int^s a quo tempore citra reperiatur in his carceribus et quomodo,

R^dit: Io mi ritrovo prigione dalli 4 del corrente mese di Settembre, che fui preso prigione a Pistoia in certe montagne dove sta un quartiero di Corsi, e di là fui condotto a Pistoia, e da Pistoia a Fiorenza, e da Fiorenza fui condotto con 4 altri soldati Corsi della medesima Compagnia nostra nello Stato della Chiesa, dove fussimo consegnati dalla Corte di Fiorenza al Barigello di Perugia; e da quel Barigello poi con due altri soldati Corsi pure della nostra Compagnia, che in tutti eravamo sette, fossimo condotti carcerati in Roma et in queste carceri, dove arrivassimo hier mattina.

Int^s qui sint isti alii commilitones, cum quibus fuit ductus ad eos carceres, ut dixit,

R^dit : Li soldati Corsi della mia Compagnia che son stati condotti carcerati in Roma assieme con me sono Pier Giovanni da Zevaco, Pietro Giovanni da Sta Reparata, Matteo dalla Bastelica, Simone dalla Bastelica, Ferrante da Corti e Jacomo Santo da Corrà.

Int^s an sciat, vel saltem præsumere valeat causam suæ carcerationis et præsentis examinis,

R^dit: Io non so, nè meno posso imaginarmi per che causa sia stato preso prigione et hora V. S. mi voglia essaminare.

Int^s a quo tempore citra abesset ab Urbe, tempore quo

fuit captus in montibus Pistoriæ, ut dixit, et qua occasione ibidem reperiretur,

R.^{dit} : Io partii da Roma alli 22 del mese d'Agosto p. p. assieme con Matteo da Ghisone (1) et Anton Giovanni da Calenzana, soldati della medesima Compagnia del Capitan Franchi; che andassimo per la strada di Viterbo, e poi ci spartissimo a Ponte Lentino; che loro dissero di voler andare a Livorno, et io me ne andai in Fiorenza; et mi partii da Roma perchè, essendo la domenica a sera venuto avviso che li Francesi del Sr Ambre di Francia havevano ammazzato alcuni nostri soldati, per questo si mosse tutta la Compagnia e si mise in arme; che io in quel tempo stavo a cena nel quartiero nella mia stanza; calai a basso e viddi che la maggior parte delli soldati erano usciti fuori, et dal quartiero io intesi sparare una mano d'archibugiate verso Piazza Farnese; che poi fu detto che erano stati li soldati Corsi che havevano sparato contro li Francesi; e così poi fossimo rinchiusi in quartiero, dove stassimo serrati tutto il lunedì seguente persino al martedì a mattina sosseguente; e dopo che fussimo aperti, io viddi li soldati della nostra Compagnia tutti sottosopra, e domandando io che novità ci era, mi fu risposto da alcuni soldati de' nostri che tutto il mondo diceva che noi ce ne fossimo andati, e tra l'altri che ci eran venuti due frati cappuccini e che havevano detto che noi altri soldati ci salvassimo: e così io mi risolsi di fugirmene, conforme me ne fugii da d.^a Compagnia, per essere pauroso e per poco giuditio mio.

Int.^s an sciat a quibus militibus Cirneis fuerint explosatæ archibusiatæ illo sero diei dominicæ, vel saltem dici audiverit,

R.^{dit} : Io non so chi fussero quelli che andorno e sparorno

---

1) MS: *Isone.*

l'archibugiate a Piazza Farnese in quella sera di domenica sud^a, perchè Carlo Antonio Cardone, nostro alfiero, mi ordinò che non mi fussi partito dal corpo di guardia, ordinandomi che non mi partissi dal corpo di guardia e dalla bandiera da parte del Principe; e così io non mi partii e non mi mossi mai di lì dal quartiero. Ho bensì inteso dire che fossero molti quelli soldati Corsi delli nostri che andorno a Piazza Farnese et in quelli vicoli convicini, e che sparorno l'archibugiate come ho detto; e questi ho inteso dire che furono il sargente riformato Domenico della Bastelica, Gio: Battista da Sarola, Antonio da Sari, Gio: Maria della Volpaiola, Carlo d'Ampugnano, e Marco da Vergolè; et adesso non mi ricordo d'altri; che hora mi suvviene anco che ci era Andrea d'Aiaccio; che questo l'ho inteso dire publicamente dalla maggior parte delli soldati della nostra Compagnia, che tutti li sudⁱ nostri soldati si erano trovati a sparare dette archibugiate a Piazza Farnese, e che con d^e archibugiate havevano colpito et occiso delle genti; che si diceva in più maniere circa l'haver occiso; che io li sudⁱ li viddi anco ritornar di notte con l'archibugio al quartiero.

Tunc D. tarditate horæ præventus, aliàs impeditus, examen dimisit, et I. E. ad locum suum reponi mandavit, animo omni etc.

Die Jovis 28 Septembris 1662.

Const^s personaliter iterum coram quo et ubi supra, meque,
Petrus q. Joannis Baptistæ de Monte Maiore in Insula Corsica, qui delato sibi juram^{to} verit. dic. p^t tactis etc. juravit. Fuit per D.

Int^s an aliquid sibi dicere occurrat ultra ea quæ deposuit in alio eius examine.

R^{dit} : A me non occorre dire altro di più di quello che ho detto nell'altro mio essame.

Int^s ut dicat pro veritate an Caporalis Petrus de Oletta, tempore successus de quo aliàs deposuit, aliquid dixerit militibus Cirneis qui eo tempore extra quarterium exire volebant die dominico, de quo aliàs deposuit, et quat^s,

R^{dit} : Quando entrorno su 'l primo li soldati Corsi in quartiero quella domenica delli 20 Agosto p. p., io stavo a cena disopra nel medesimo quartiero dentro la mia stanza, che potevano essere le 23 hore incirca; e quando calai giù, erano sortiti li soldati fuori del quartiero, et io mi fermai giù a basso, e non potei sentire se il Caporal Pietro dicesse cosa alcuna, perchè era un tumulto grande de' soldati che entravano a pigliar l'arme et uscivano.

Int^s quanto tempore I. E. moratus fuerit in quarterio prædicto postquam discessit ex eius stantia, ut dixit,

R^{dit} : Io mi trattenni in corpo di guardia, quella domenica a sera che ho detto 20 d'Agosto p. p., dopo che fui calato giù da cena, sino che furono ritornati tutti li soldati a quartiero, che poteva essere mezz'hora di notte; e doppo fossimo serrati, e non mi partii più di lì.

Int^s an I. E. a tempore quo cœnam sumpsit illo sero diei dominicæ usque per totam noctem aliquo modo discesserit ab eius quarterio, et quat^s,

R^{dit} : Signor nò, che io mai, doppo che calai giù da cena dalla mia stanza quella domenica a sera sud^a dopo che intesi il rumore come ho detto disopra, non partii mai in modo alcuno dal nostro quartiero lì della Regola, e non uscii mai più sino al martedì a mattina sosseguente, che fossimo aperti.

Int^s an die dominico I. E. accesserit aliquo modo ad Plateam Farnesiam, et quat^s, an solus vel associatus,

R^{dit} : Signor nò, che io mai quella sera di domenica nè di notte nè di giorno fui mai in modo alcuno alla Piazza di Farnese, nè di lì attorno in modo alcuno.

Int^s an I. E. sciat ubi sit posita Ecclesia Sancti Caroli ad Catenarios nuncupatam, et quat^s,

R^{dit}: Io non so dove sia la Chiesa di S. Carlo de' Catenari.

Int^s an sciat in Urbe adesse aliquam viam nuncupatam ut dicitur « de Giopponari », et quat^s,

R^{dit}: Signor sì, che io so la strada de' Giopponari, che sta dove risponde il palazzo del Sr Card^l Antonio Barbarino.

Int^s an sciat quorsum tendat recto tramite via prædicta, et quo,

R^{dit}: La d^a strada de' Giopponari per andare in sù dritto riesce in Campo di fiori, e per andare in giù dritto va a riuscire a Piazza Giudia, dove sta il Ghetto degli Hebrei.

Int^s an sciat *quod* per dictam viam tendentem versus Plateam Judeorum adsit aliqua Ecclesia, et quà,

R^{dit}: Io non so se nella strada dritta che va dalli Giopponari in Piazza Giudia e per d^a strada vi sia chiesa alcuna. So bene che ci sta il Card^l Santa Croce, e che ci è una Piazza che si chiama Piazza de' Branchi, che ci andavo spesso a comprar la carne; e per la d^a strada dritta puol essere che ci sia la chiesa, ma io non ci ho osservato.

Int^s an dicto die dominico fuerit unquam aliquo modo per d^m viam tam de die quam de nocte, et quat^s,

R^{dit}: Signor nò, che io mai il d^o giorno di domenica son stato, nè di giorno nè di notte, per la d^a strada de' Giupponari, nè per tutta quella strada (1) che va da' Giopponari a Piazza Giudia.

Et sibi dicto per D. quod caveat a mendaciis, quia ex processu desumitur I. E. dicto die dominico de sero non solum fuisse extra quarterium militum Cirneorum in quo

---

1) MS: tutte quelle strade.

I. E. miles erat, verum etiam versùs Plateam Farnesiam accessisse et per dictam viam cum aliis associatum tendentem versus Plateam Judeorum etiam de nocte fuisse, et noctis tempore ad quarterium regressum habuisse; ideo se disponat liberè super præmissis veritatem fateri;

R^{dit}: Se dal processo si raccoglie che io quella sera di domenica uscissi di quartiero, e che andassi verso Piazza Farnese, e che in compagnia d'altri ancora di notte passassi per quella strada che dalli Giupponari va in Piazza Giudia, et che di notte la d^a domenica ritornassi a quartiero, io dico che non è la verità, perchè io non mi partii mai dal quartiero quella domenica a sera 20 d'Agosto p. p. da che mi misi a cena sino al martedi sosseguente, conforme ho detto di sopra.

Et replicante D. non solum prædicta ex processu desumi, verum etiam Curia prætendit I. E., in societatem aliorum militum Cirneorum de eius Cohorte, archibusiis armat^m d^o die dominico 20 dicti pr^e pr^{ti} mensis Augusti, circa 23 horam, accessisse prope Plateam Farnesiam et in vicis ibidem vicinis et in d^m Plateam correspondentibus se posuisse, ibique plures archibusiatas ab I. E. et sociis explosas fuisse, ex quorum ictibus plura homicidia sequuta fuerunt; nec non etiam I. E. in societatem duorum aliorum militum Cirneorum pariter archibusiis armat^m per dictam viam tendentem versus Plateam Judeorum et prope Ecclesiam Sancti Caroli nuncupatam noctis tempore fuisse et pervenisse, et prope dictam Ecclesiam homicidio famuli Ex^{cmi} Gallorum Oratoris intervenisse, qui prope currum (1) Exc^{mæ} eius d^i oratoris uxoris in d^a Platea S. Caroli eo tunc incedebat. Ideò relictis mendaciis se disponat liberè veritatem fateri;

R^{dit}: Mai si trovarà, Signore, che io quella sera di dome-

---

1) MS: plateam.

nica sia uscito del quartiero armato d'archibugio *nè solo* nè in compagnia d'altri soldati Corsi della mia Compagnia, nè che io con altri in d^a domenica 20 di Agosto p. p. sia andato vicino a Piazza Farnese, e che in compagnia d'altri soldati Corsi io mi sia messo in quelli vicoli vicini che rispondono in d^a Piazza Farnese, nè si trovarà mai che io habbia sparato archibugiata alcuna nè alla Piazza di Farnese nè altrove. Ho sentito bensì dire quella sera di domenica sud^a che fossero ammazzati alcuni dalli (1) Corsi che sparorno dell'archibugiate; ma io in (2) questo non ci ho da fare niente, perchè io non ci son stato; nè meno io sono intervenuto all'homicidio del paggio che V. S. dice della Sig^{ra} Amb^{ce} di Francia, seguito alla piazza di S. Carlo de' Catenari, perchè in quella strada che da' Giupponari va a Piazza Giudia io non ci stiedi mai in quella sera di domenica sud^a, perchè dalle 23 hore di d^a domenica io non mi partii mai dal nostro quartiero lì alla Regola sino al martedì sosseguente, conforme ho detto disopra.

Et subjungente D. ulterius Curiam prætendere I. E. dicto sero diei dominicæ extra quarterium armatum exiisse in societatem aliorum militum Cirneorum de eius Cohorte, prohibente Caporali Petro de Oletta qui tunc erat de Custodia dictæ cohortis una cum eius militibus; ideo etc.

R^{dit}: Io torno a dire a V. S. che non è mai la verità, che io sia uscito fuori di quartiero armato quella sera di domenica sud^a 20 d'Agosto p. p., nè io ho trasgredito all'ordini del Caporal Pietro d'Oletta, che era caporal di guardia, perchè non mi partii dal quartiero; nè meno viddi Carl'Antonio Cardone alle 23 hore e mezza incirca, che stavo lì nel quartiero; e per esser lui alfiere mi ordinò da parte del Principe che io non mi fussi partito.

---

1) MS: delli.
2) MS: di.

Tunc D. acceptatis etc. aliàs impeditus examen dimisit, et I. E. ad locum suum pro nunc reponi mandavit, animo omni etc.

Die dicta (*28 Sept.*)

Iterum Const^s personaliter coram quo et ubi supra, meque, Mattheus filius Hilarii de Petralba in Insula Corsicæ, qui delato sibi juram^to verit. dic. p^t tactis etc. juravit. Fuit per D.

Int^s an aliquid ex se dicere velit antequam interrogetur et quat^s dicat quid.

R^dit : Io non posso dire d'avantaggio di quello che ho detto nell'altro mio essame.

Int^s an die dominico 20 Augusti pr^t pr^ti postquam ingressus fuit custodiam sub Caporali Petro de Oletta, ut aliàs deposuit, in cohorte militum Cirneorum, I. E. nunquam aliquo modo discesserit e dicto quarterio et quat^s, an solus vel associatus,

R^dit : Signor nò, che io mai quel giorno di domenica 20 d'Agosto p. p., dopo che entrai di guardia con il mio caporale Pietro d'Oletta nel quartiero de' Corsi alla Regola vicino la Trinità di Ponte Sisto, non mi partii mai di là sino al lunedì susseguente alla d^a domenica, che andai a vedere un ammalato alla Consolazione con licenza degli Officiali.

Int^s an sciat, vel dici audiverit in quo loco præcisè evenerit rumor inter milites Cirneos et Gallos illo sero diei dominico, et quat^s,

R^dit : Io non so, nè meno ho inteso dire in che luogo preciso succedesse il rumore dell'archibugiate il giorno di domenica sud^a tra li Corsi e (1) li Francesi, perchè io me

---

1) MS : con.

ne stetti sempre in quartiero, e non mi partii mai perchè ero di guardia; sentii sì bene le botte di alcune archibugiate, ma non posso sapere in che luogo fossero sparate, nè meno l'ho inteso dire.

Int^s an sciat in Urbe adesse aliquem locum nuncupatum Montem Pietatis, et quat^s,

R^{dit}: Signor sì, che io so il Monte della Pietà, che sta vicino al nostro quartiero della Regola, che non ci è se non la strada di mezzo.

Int^s an sciat in quo loco reperirentur Galli cum quibus dici audivit illo die dominico præfato interfuisse rumorem (1), ut aliàs deposuit, et qui essent, vel saltem dici audiverit,

R^{dit}: Io sentii (2), in quella sera quando fu detto che ci era rumore e che si erano attaccati li Corsi con li Francesi, che alcuni dicevano che si erano attaccati (3) a S. Giovannino in Trastevere, et alcuni dicevano a Ponte Sisto; e sentii dire che erano Francesi, ma non so che Francesi si fossero; nè meno so se erano di quelli che servivano l'Ambre di Francia, che stava a Piazza Farnese.

Int^s an I. E., postquam audivit rumorem præd^m, fuerit ullo modo prope dictam Plateam Farnesiam vel ibidem circumcirca, et quat^s,

R^{dit}: Se il quartiero era serrato, come vuole V. S. che quella sera di domenica, dopo che sentii che si era attaccato tra li Francesi e li Corsi, che io sia uscito dal quartiero per andare a Piazza Farnese? E nè meno potevo, nè dovevo io uscire, per esser di guardia; che entrai di guardia alle 22 hore, come ho detto, e dovevo stare a guardare la ban-

---

1) MS: rumori.
2) MS: sentii dire.
3) MS: si era attaccato.

diera del Principe; e di mano in mano che rivenivano li soldati che faceva ritornare indietro il nostro capitano, li faceva rientrare in corpo di guardia; che si apriva la porta del rastello, e poi subbito si serrava; che questo l'haveva fatto il caporal di guardia, e le sentinelle; e però dico a V. S. che quella sera di domenica, dopo che entrai di guardia, io non uscii mai di quartiero sino al lunedì sosseguente, come ho detto disopra; et io non sono stato in modo alcuno, nè solo nè accompagnato, in detto tempo a Piazza Farnese, nè di li attorno nè altrove.

Et monitus per D. ad dicendum super præmissis veritatem, quia Curia prætendit I. E. dicto die dominico 20 Augusti p^{e} pr^{ti}, postquam ingressus fuit de custodia in dicta Cohorte, contra jussum eius caporalis Pieri de Oletta, illiusque dicto non obediendo (1), stationem suam et custodiam d^i quarterii deserendo, p^t tenebatur, armatum in societatem aliorum extra dictum quarterium exiisse et prope Plateam Farnesiam se contulisse, et in d^m Plateam cum aliis militibus Cirneis archibusiis armatis, in quorum societate erat, plures archibusiatas explosisse (2), quibus plura sequuta fuere homicidia; ideò recedat de mendaciis;

R^{dit}: Io la verità l'ho detta. Non sono stato altrimenti quella sera di domenica 20 di Agosto p. p. alla Piazza di Farnese nè in altro luogo li vicino nè altrove, nè solo nè accompagnato. Io non ho sparata archibugiata, nè alla d^a Piazza nè altrove, perchè non sono mai partito dal quartiero; nè ho contravenuto nè dissobedito all'ordine del caporale, nè meno lasciato il corpo di guardia in d° tempo, che ero tenuto di star li, conforme altre volte ho detto; e la

---

1) MS: audiendo.
2) MS: explosas fuisse.

Corte non puole pretendere altrimenti, perchè non è la verità.

Tunc D. acceptatis etc. examen dimisit et I. E. pro nunc ad locum suum reponi mandavit, animo omni etc.

Die dicta 28 Septembris 1662.

Iterum Const^s coram quo et ubi supra, meque,

Petrus Joannes fil. q. Dominici de Zevaco in Corsica, qui delato sibi juramento veritatis dicendæ prout tactis etc. juravit. Fuit per D.

Int^s an dicto sero diei dominici 20 Augusti pr^e pr^{ti}, postquam fuit de custodia sub caporali Petro de Oletta in eius cohorte, nunquam aliquo modo ex ea discesserit.

R^{dit}: Signor nò, che io mai la d^a domenica a sera delli 20 d'Agosto p. p. partii in modo alcuno, nè di giorno nè di notte, dal nostro quartiero della Regola lì alla Trinità di Ponte Sisto.

Int^s an sciat aliquos alios ultrà superiùs ab I. E. nominatos explosisse archibusiatas in Platea Farnesia, vel dici audiverit aliquo modo,

R^{dit}: Io non so, nè meno ho inteso dire che altri soldati Corsi della nostra Compagnia habbino sparato archibugiate la d^a domenica a sera alla Piazza di Farnese se non quelli che ho detti nell'altro mio essame; che me lo raccontorno in Livorno Francesco da Bastelica, il sargente Domenico di d^o luogo, Gio: Battista da Sarola (1), et Antonio da Sari, conforme ho detto disopra nell' altro mio essame.

Int^s an aliquis esset præsens tempore quo præd^a audivit a præfatis superiùs nominatis in loco de quo supra, et quat^s,

---

1) MS: Sari.

R.dit : Quando li sud.i mi raccontorno d'haver sparate l'archibugiate in Piazza Farnese la d.a sera di domenica, non vi erano presenti altre persone.

Int.s ut dicat pro veritate an I. E. dicto sero diei dominici, postquam fuit de custodia, accesserit aliquo modo ad Plateam Farnesiam vel ibi propè circumcirca aliquo modo et quat.s an solus vel associatus.

R.dit: Signor nò, che io mai in modo alcuno, dopo che fui entrato di guardia, la d.a domenica a sera 20 d'Agosto p. p., cioè dalle 22 hore persino al martedì a mattina sosseguente, non partii dal d° nostro quartiero nè di giorno nè di notte, nè fui in modo alcuno a Piazza Farnese, nè solo nè accompagnato, nè di lì vicino nè altrove, perchè ero di guardia e stiedi sempre in corpo di guardia, e non potevo partire da quello, che così era il mio obligo.

Et monitus per D. ad dicendum veritatem super præmissis, quia Curia prætendit I. E. non solum accessisse d° sero in societatem aliorum militum Cirneorum de eius Cohorte, omnibus archibusiis armatis, ad d. Plateam Farnesianam vel ibi propè in vicis vicinis in illam respondentibus, ibique plures archibusiatas explosisse ex quibus quamplura homicidia sequuta fuere; verùm etiam, contra jussum sui caporalis cui parere tenebatur, et stationem deseruisse exeundo armat. ad effectum de quo supra è loco quem, ut ipsemet E. fassus fuit, tenebatur custodire et jussum habuerat a d° Caporali Petro ne discederet; ideoque etc.

R.dit: Io, Signore, non ho disobedito al mio caporale, quale mi ordinò che non mi partissi dal corpo di guardia, come anco ordinò a tutti l'altri suoi soldati della sua squadra; et io so molto bene che ero tenuto star là e non partire dal corpo di guardia, e però la Corte non puol pretendere che io con altri soldati Corsi sia uscito dal quartiero contro l'ordine sud°, nè che io in quella sera di domenica sud.a 20 di Agosto p. p. sia andato a Piazza Farnese nè a quelli vicoli che rispondono in d^a Piazza nè altrove, nè che io habbia sparate archibugiate, perchè io non ci son andato e non mi son partito mai dal quartiero, conforme ho detto.

Tunc D. acceptatis etc. aliàs impeditus examen dimisit, et I. E. ad locum suum reponi mandavit, animo omni etc.

Die Veneris 29 Septembris 1662.

Consts iterùm coram perill^i et exc^mo D. Stephano Braccio Lente et Judice deputato, meque, in Carceribus novis,

Petrus Joannes q. Dominici de Zevaco, qui delato sibi juram^to verit. dic. p^t tactis etc. juravit. Fuit per D.

Int^s an tandem se disposuerit veritatem fateri melius quam huc usque fecerit super iis de quibus fuit superiùs interrogatus, et signanter super desertione custodiæ et explosione archibusiatarum, de quibus fuit aliàs interrogatus.

R^dit: La verità l'ho detta. Io non ho lasciato il corpo di guardia la domenica delli 20 d'Agosto p. p. mentre ero di guardia, non sono uscito, nè andato a Piazza Farnese con armi, nè solo nè accompagnato, non ho sparato archibugiata in modo alcuno.

Tunc D., ad convincendum I. C. (1) de mendacio, ad *illum* disponendum ad veritatem fatendam omnemque alium talem finem et effectum, nec non pro legitimatione processus, mandavit ad I. C. faciem conduci Petrum q. Francisci Rocchi de Sancta Reparata;

Quo Adducto, et delato sibi et renovato E^ti juramento veritatis dicendæ, p^t tactis etc. jurarunt. Fuit per D., facta prius inter sese mutua nominum et personarum recognitione in forma, A. (2)

---

1) C.-à-d. Ipsum Constitutum.
2) C.-à-d. Adductus, et ainsi dans toutes les confrontations qui vont suivre.

Int⁵ an ea quæ dixit et deposuit in aliis eius examinibus in præsenti causa factis pro veritate dixerit et deposuerit, et modo pro veritate sit paratus ratificare et confirmare in faciem præsentis C^{ti},

R^{dit} A.: Tutto quello che io ho detto e deposto nell'altri miei essami, lo dissi e deposi per la verità; e per la verità ancora son pronto ratificarlo et approvarlo in faccia di Pier Giovanni da Zevaco qui presente.

Et lectis per me, de mandato, successivè, ad claram etc. examinibus I. A^{ti} de quibus supra in processu, in parte et partibus etc. omissis etc., et per ambos bene auditis et intellectis, ut asserunt, fuit per D.

Int⁵ an ea quæ sibi modo legi audivit vera fuerint et sint, pro veritate dixerit et deposuerit, et modò approbet, ratificet et confirmet in faciem præsentis C^{ti}.

R^{dit} A.: Io ho inteso benissimo quanto V. S. mi ha fatto leggere, recognosco essere li medesimi essami da me fatti, e tutto ho detto per verità; e per verità adesso lo ratifico e confermo in faccia di Pier Giovanni qui presente.

Præsente I. C° et prædicta omnia audiente, intelligente, et dicente: Ho inteso benissimo quanto depone Pietro di Gio: Rocco da Sta Reparata, ancor lui soldato Corso sotto la squadra del Caporal Pietro d'Oletta, che in sostanza dice che io habbia confessato che io quella sera 20 d'Agosto uscissi dal quartiero et andassi con altri a Piazza Farnese e per quelli vicoli vicini, e che ivi sparassi dell'archibugiate, con quel di più che lui dice in dⁱ suoi essami da V. S. fattimi leggere e da me benissimo intesi; et io dico e rispondo che non è vero che io sia stato a Piazza Farnese nè altri luoghi vicini, nè sono uscito di quartiero quella sera, perchè ero di guardia, e non ho sparato archibugiate in loco alcuno; nè ho detto, nè a lui nè ad altri, tal cosa.

Replicante A. et dicente: Io ho detto la verità in ogni cosa, et io ho visto uscire Pier Giovanni qui presente con l'altri che ho detto dal corpo di guardia quella sera di domenica con quelli che erano di guardia della nostra squadra, che me ne ero scordato di dirlo di Pier Giovanni qui presente, non ostante che il Caporal Pietro dicesse a tutti li soldati della sua squadra che nessuno si partisse; e questo è la verità;

Et data facultate I. C⁰ interrogandi A^tum super præmissis quat^s cum protestatione et monitione, quod more belli et ex facultatibus DD. judicum deputatorum in huiusmodi causa testes confrontati *non* repetuntur, ideoque etc.

R^dit C: Quello che ho detto è ben detto, et io non gli voglio domandar cosa alcuna.

Qua declaratione habita et per D. acceptata, acceptatisque etc., A^m a loco examinis licentiavit, et prosequens examen cum I. C⁰, ad illius faciem, ad effectus de quibus supra, conduci mandavit

Ferrantem q. Bravetti de Corte (1); quo A^to et delato sibi et renovato respective I. C^ti juramento verit. dic. p^t tactis etc. jurarunt (2). Fuit facta prius inter sese mutua nominum et personarum recognitione in forma. Fuit per D^m A^tus

Int^s an ea quæ dixit et deposuit in alio eius examine pro veritate dixerit et deposuerit, et modò pro veritate approbare et ratificare intendat in faciem præsentis C^ti,

R^dit: Io tutto quello che ho detto e deposto nell'altro mio essame, lo dissi e deposi per la verità; e per la verità son pronto ratificarlo et approvarlo in faccia di Pier Giovanni da Zevaco qui presente.

Et lecto per me, de mandato, successivè, examine I. A^ti de quo supra in processu, in parte et partibus etc. omissis ad claram etc., et per ambos bene audito et intellecto, ut asseruerunt, fuit per D^m A^tus

---

1) MS: Corso.
2) MS: juravit.

Int^s an ea quæ sibi modo legi audivit vera fuerint et sint, pro veritate dixerit et deposuerit, et modò approbet et ratificet, et confirmet in faciem præsentis C^{ti}.

R^{dit}: Io ho inteso tutto questo essame, che V. S. hora mi ha letto, riconosco essere il mio esame da me fatto per la verità, e per la verità adesso ratifico, confermo et approvo in faccia di Pier Giovanni qui presente.

Præsente I. C^{to} et prædicta omnia audiente, intelligente, et dicente: Ancora io ho inteso quello che dice Ferrante, soldato Corso della mia squadra, che hora mi è venuto in faccia; e dico che lui non dice la verità, perchè io non l'ho detto mai di esser stato a Piazza Farnese a sparare archibugiate; nè sono uscito dal quartiero quella domenica a sera 20 d'Agosto p. p., perchè non potevo uscire, che ero di guardia; e non dice niente di verità.

Replicante A^{to} et dicente: Io ho detta la verità di quello che ho inteso e saputo, e se non fosse vero, non l'haverei detto;

Et data facultate I. C^{to} interrogandi A^m super præmissis quat^s cum protestatione et monitione, de quibus aliàs;

R^{dit} C^s: Io non gli voglio domandar niente, e solo dico che quello che lui dice non è la verità.

Replicante A^{to} et dicente: Io ho detta la verità; e non solamente me l'hai confessato in Roma di essere stato fuori del quartiero e di haver sparate l'archibugiate in quella sera della domenica sud^a, ma anco me l'hai confessato in Livorno.

Qua declaratione habita, illaque accepta, A^m a loco examinis licentiavit, et I. C^m ad locuum suum reponi mandavit, et ità etc. non solum etc. omni etc.

Die dicta (*29 Sept.*)

Iterum coram quo et ubi supra, meque,
Mattheus fil. Hilarii de Petralba, qui delato sibi juram^{to} verit. dic. p^t tactis etc. juravit, fuit per D.

Int^s an sit dispositus veritatem fateri super iis de quibus fuit aliàs interrogatus, et præsertim an die dominico 20 Augusti pr^è pr^{ti} fuerit extra quarterium militum Cirneorum tempore quo erat de custodia, et super explosione archibusiatarum de quibus fuit superius interrogatus.

R^{dit}: La verità io l'ho detta. La domenica a sera 20 d'Agosto p. p. mentre io ero di guardia, non son uscito mai di quartiero, nè sono andato a Piazza Farnese, nè altrove a sparare archibugiate; e se ci fussi stato, l'haverei detto.

Tunc D., ad convincendum I. C. de mendacio (1), ad *eum* prædisponendum ad veritatem fatendam, pro legitimatione processus, et ad omnem alium bonum finem et effectum, mandavit ad I. C^{ti} faciem conduci

Petrum q. Joannis Rocchi de Sancta Reparata;
quo A^{cto} et delato sibi et renovato I. C^{ti} respectivè juramento verit. dic. p^t tactis etc. jurarunt; factaque per ipsos mutua nominum et personarum recognitione in forma, fuit per D^m idem A^{tus}

Int^s an ea quæ dixit et deposuit in suis examinibus de persona præsentis C^{ti} pro veritate dixerit et deposuerit, et modò promptus et paratus sit ratificare et approbare in faciem præsentis C^{ti}.

R^{dit}: Signor sì, che tutto quello che ho detto e deposto nell'altri miei essami, *lo dissi e deposi per la verità;* e per

---

1) MS: mandatis.

la verità son pronto ratificarlo et approvarlo in faccia di Matteo da Petralba qui presente.

Et lectis per me de mandato successivè examinibus I. C^{ti} de quibus supra in processu, ad claram (1) etc. omissis in parte, et partibus etc., et per ambos bene auditis et intellectis, ut asserunt, fuit per D^m A^{ctus}

Interr^s an ea quæ modò sibi legi audivit vera fuerint et sint, recognoscat esse eademmet ab ipso dicta et deposita, et pro veritate modò ratificet et confirmet in faciem præsentis C^{ti}.

R^{dit}: Io ho inteso benissimo quanto V. S. mi ha fatto leggere, reconosco esser li medesimi miei essami da me fatti per la verità, et per la verità hora li ratifico e confermo in faccia di Matteo qui presente.

Præsente I. C^{to} et prædicta omnia audiente, intelligente, et dicente: Ho inteso ancora io quanto ha deposto nelli suoi essami Pietro Giovanni de Sancta Reparata, che mi è venuto in faccia, che era soldato della medesima mia squadra sotto il Caporal Piero d'Oletta; et io dico et rispondo che io non ho mai detto d'esser stato a Piazza Farnese, e non sono mai uscito di quartiero la sera di domenica 20 d'Agosto p. p., nè ho sparate archibugiate in modo alcuno.

Respondente A^{to} et dicente: Io ho detta la verità in ogni cosa;

Et data facultate I. C^{to} A^m interrogandi quat^s cum protestationibus et monitionibus, quod more belli ex facultatibus concessis DD. Judicibus deputatis in præsenti Causa ampliùs non repetuntur etc.;

R^{dit} C^s: Io non gli voglio domandar altro.

Qua declaratione habita et per D. acceptata, acceptatisque etc., A^m a loco examinis licentiavit, et prosequendo

---

1) MS: classem.

examen cum I. C⁰ ad effectus de quibus supra, ad eius faciem adduci mandavit

Ferrantem q. Bravetti de Corte in Cirnea, quo A^{cto} et delato sibi et renovato C^{ti} juramento verit. dic.; p^t tactis etc, jurarunt. Facta prius inter sese mutua nominum et personarum recognitione in forma, fuit per Dᵐ A^{tus}

Int^s an ea quæ dixit et deposuit in aliis eius examinibus pro veritate dixerit et deposuerit, et modò pro veritate sit promptus ratificare et approbare in faciem præsentis C^{ti}.

R^{dit}: Tutto quello che io ho detto e deposto nell'altri miei essami, l'ho detto e deposto per la verità; e per la verità son pronto ratificarlo et approvarlo in faccia di Matteo da Petralba.

Et lectis per me, de mandato, successivè examinibus I. A. de quibus supra in processu, ad claram etc. omissis in parte et partibus etc., et per ambos bene auditis et intellectis, ut asseruerunt, fuit per Dᵐ A^{tus}

Int^s an ea quæ modò sibi legi audivit fuerint et sint vera et ab I. A. pro veritate dicta et deposita, et modò approbet et ratificet in faciem præsentis C^{ti}.

R^{dit}: Io ho inteso benissimo quanto V. S. mi ha fatto leggere, e riconosco esser i medesimi essami da me fatti. Il tutto ho detto per la verità, e per la verità lo ratifico e confermo in faccia di Matteo qui presente.

Præsente I. C., et prædicta omnia audiente, intelligente, et dicente: Ho inteso benissimo quanto dice nelli suoi essami Ferrante, che hora mi è venuto in faccia; e dico che lui non dice la verità, perchè io quella domenica a sera 20 Agosto non uscii mai dal quartiero; io non sono andato a Piazza Farnese, non ho sparate archibugiate, nè ho detto mai di haver fatto questo, e non si puol dire altrimente per verità;

Replicante A. et dicente: Io ho detta la verità in ogni cosa; e voi non ci stavate in corpo di guardia, chè se ci fussite stato, io vi haverei visto;

Et data facultate I. C⁰ interrogandi Aᵐ super præmissis cum protestationibus et monitionibus de quibus supra, ideò etc.;

Rᵈⁱᵗ C: Io non gli voglio domandar cosa alcuna.

Qua declaratione habita per D. et acceptata, acceptatisque etc., Aᵐ a loco examinis licentiavit et I. Cᵐ ad locum suum reponi mandavit, et ita omni etc.

Die dicta (*29 Sept.*)

Iterùm Constˢ coràm quo et ubi supra, meque,

Mattheus filius q. Joannis Hieronymi de Bastelica, qui delato sibi juramᵗᵒ verit. dic. pᵗ tactis etc. juravit. Fuit per D.

Intˢ an tempore rumoris sequuti die dominico 20 Augusti pᵗᵉ prᵗⁱ, I. C. accesserit aliquo modo ad Plateam Farnesianam et quatˢ an solus vel associatus.

Rᵈⁱᵗ: Io la sera di domenica 20 d'Agosto p. p., non sono stato in modo alcuno nella Piazza di Farnese; perchè io andai a S. Pietro di Montorio, come ho detto nell'altro mio essame, e tornai a quartiero sonate le 24 hore, che era già finito il rumore; e non mi son trovato a cosa alcuna di quello che segui la dᵃ sera.

Et dicto sibi p. D. quòd caveret a mendaciis, quia ex processu desumitur I. Cᵐ cum aliis eius militibus Cirneis suæ Cohortis, archibusio armatum exiisse de eius quarterio contra ordinem Caporalis Petri de Oletta eo tunc de custodia dⁱ quarterii dᵒ sero, ut dicitur « caporal di guardia, » — et accessisse cum aliis pariter archibusiis armatis ad Plateam Farnesiam, seu vicos vicinos, ibique plures archibusiatas explosisse, ex quibus plures homines vulnerati et extincti remanserunt; ideò dicat liberè veritatem;

R^{dit} : Io non son stato altrimente a Piazza Farnese quella domenica a sera che seguì il rumore, nè solo nè accompagnato; io non ho preso armi dal quartiero, nè son andato armato con persona alcuna alla d^a piazza, nè nelli luoghi vicini. Il Caporal Pietro non puol haver*mi* dato ordine nessuno, perchè io non ci ero; et in quel tempo che seguì il rumore, io stavo in casa del Canonico Savelli, figlio del Capit° Antonio Savelli, che sta in Trastevere a Ponte Sisto; e se dal processo si raccoglie altrimente, non è la verità.

Tunc D. ad convincendum I. C. de mendacio, ad *illum* disponendum ad veritatem fatendam, pro legitimatione processus, et ad omnem alium bonum finem et effectum, mandavit ad eius faciem adduci

Petrum q. Joannis Rocchi de Sancta Reparata, quo A. et delato sibi et renovato C^{ti} juramento verit. dic. prout tactis etc. jurarunt. Facta prius inter sese mutua nominum et personarum recognitione in forma, fuit per D^m A^{tus}

Int^s an ea quæ dixit et deposuit in aliis eius examinibus pro veritate dixerit et deposuerit, et modò sit promptus et paratus ratificare et approbare in faciem præsentis C^{ti},

R^{dit} : Signor si, che tutto quello che io ho detto e deposto negli altri miei essami, l'ho detto e deposto per la verità; e per la verità son pronto ratificarlo et approvarlo in faccia di Matteo dalla Bastelica, soldato Corso come sono io, qui presente.

Et lectis per me de mandato successivè examinibus I. A^{tt} de quibus supra in processu, in parte et partibus omissis etc. et per ambos bene auditis et intellectis ut asserunt, fuit per D^m A^{tus}.

Int^s an ea quæ modò sibi legi audivit vera fuerint et sint, pro veritate dixerit et deposuerit, et modò approbet, ratificet, et confirmet in faciem præsentis C^{ti}.

R^{dit} : Io ho inteso benissimo quanto V. S. mi ha fatto leggere, riconosco esser li miei essami da me fatti per la verità, e per la verità ratifico, confermo et approvo in faccia di Matteo da Bastelica qui presente.

Præsente I. C. et prædicta omnia audiente, intelligente, et dicente: Ancora io ho inteso quanto ha deposto nelli suoi essami Pietro da Santa Reparata, che mi è venuto in faccia; e dico che non è vero quello che lui dice, perchè io non li ho mai detta tal cosa, e mai l'ho detto d'esser stato a sparar archibugiate a Piazza Farnese. Io non ci son stato, perchè ero in casa del Canonico sud° quando successe d° rumore, e nessuno potrà dire che io sia uscito dal quartiero con armi quella domenica a sera 20 d'Agosto p. p.; et io non ho sparato archibugio da molto tempo in qua, e da Maggio p. p. in qua non ho più sparato, che sparai a Perugia per la festa d'un Corpo Santo che si portò in processione.

Replicante A. et dicente: Io ho detta la verità in ogni cosa;

Et data facultate I° C° A^m interrogandi qual^s super præmissis, cum protestationibus et monitionibus, quod more belli et ex facultatibus concessis DD. Judicibus deputatis in præsenti Causa testes confrontati ampliùs non repetuntur etc., ideo etc.;

R^{dit} C: Io non gli voglio domandar cosa alcuna.

Qua declaratione habita et per D. acceptata acceptatisque etc. A^m a loco examinis licentiavit, et prosequendo examen cum I. C. ad effectus de quibus supra, ad faciem I. C. adduci mandavit

Ferrantem q. Bravetti de Corte de quo supra, quo A. et delato sibi, et renovato C^{ti} juram^{to} verit. dic. p^t tactis etc. jurarunt. Facta prius inter sese mutua nominum et personarum recognitione in forma, fuit per D^m A^{tus}

Int^s an ea quæ dixit et deposuit in aliis eius examinibus pro veritate dixerit et deposuerit, et modò sit promptus et paratus ratificare et approbare in faciem præsentis C^{ti}.

R^{dit}: Tutto quello che io ho detto e deposto negli altri miei essami, l'ho detto e deposto per la verità; e per la verità son pronto ratificarli et approvarli in faccia di Matteo della Bastelica qui presente.

Et lectis per me, de mandato, examinibus I. A. de quibus supra in processu, in parte et partibus etc. omissis, ad claram etc., et per ambos bene auditis et intellectis, fuit per Dm A^{tus}

Int^s an ea quæ sibi modò legi audivit vera fuerint et sint, pro veritate dixerit et deposuerit, et modò approbet et ratificet in faciem prætentis C^{ti}.

R^{dit}: Io ho inteso tutti questi essami da me fatti per la verità, e per la verità ratifico e confermo in faccia di Matteo da Bastelica qui presente.

Præsente I. C. et prædicta omnia audiente, intelligente, et dicente: Ancora io ho inteso quanto ha deposto nelli suoi essami Ferrante da Corti qui presente, che m'è venuto in faccia, il quale in sostanza dice che io fussi a Piazza Farnese a sparare l'archibugiate, che io medesimo gli l' habbi confessato, e che ricaricassi l'archibugio mio con la polvere e carta bagnata, acciò apparisse che l'archibugio fosse un pezzo che non fosse stato sparato; et io dico che lui non dice la verità, e che io, in quella sera della domenica 20 d'Agosto p. p., mentre segui il rumore tra li soldati Corsi e li Francesi, stavo in casa del Canonico Savelli sud°.

Replicante A. et dicente: Io ho detto la verità in ogni cosa;

Et data facultate I° C° A^m super præmissis interrogandi qual^s cum protestationibus et monitionibus de quibus supra, ideo etc.;

R^{dit} C^{tus}: Io non li voglio domandar cosa alcuna.

Qua declaratione habita et per B. acceptata, acceptatisque etc., A^m à loco examinis licentiavit, et prosequendo examen cum I. C. ad effectus de quibus supra, ad eius faciem adduci mandavit

Caporalem Pierum de Oletta de quo supra; quo A^to, et delato sibi, et renovato C^ti juramento verit. dic. p^t tactis etc. jurarunt. Facta prius inter sese mutua nominum et personarum recognitione in forma, fuit per D^m A^tus

Int^s an ea quæ dixit et deposuit in aliis eius examinibus pro veritate dixerit et deposuerit, et modò promptus et paratus sit ratificare et approbare in faciem præsentis C^ti.

R^dit A^tus: Tutto quello che io ho detto e deposto negli altri miei essami, l'ho detto e deposto per la verità; e per la verità son pronto ratificarlo et approvarlo in faccia di Matteo dà Bastelica qui presente.

Et lectis per me, de mandato, successivè examinibus I. A. de quibus supra in processu, in parte et partibus etc. omissis ad claram etc., et per ambos bene auditis et intellectis, ut asseruerunt, fuit per D^m A^tus

Int^s an ea quæ sibi modò legi audivit, vera fuerint et sint, pro veritate dixerit et deposuerit, et modò approbet, ratificet et confirmet in faciem præsentis C.

R^dit A: Ho inteso l'essami che V. S. m'ha fatto leggere, conosco esser li miei essami da me fatti per la verità, e per la verità li ratifico, confermo et approvo in faccia di Matteo della Bastelica qui presente.

Præsente I. C. et prædicta omnia audiente, intelligente, et dicente: Ancora io ho inteso quanto ha deposto nelli suoi essami il Caporal Piero d'Oletta qui presente, che mi è venuto in faccia, il quale in sostanza dice che io (1) sortissi fuori delli rastelli per forza con l'armi alle mani, non ostante che lui dicesse da parte del Principe che non ci partissimo, con quel di più che lui dice nelli di suoi essami da V. S. fattimi leggere e da me benissimo intesi. Dico e rispondo che non dice la verità, perchè di quel tempo io

---

1) MS: se.

non ero in quartiero, ma fuori, come ho detto; e non è vero che io sortissi fuori con la carabina.

Replicante A. et dicente: Io ho detto la verità in ogni cosa;

Et data facultate I. C^{to} interrogandi A^m super præmissis quat^s cum protestatione et monitione de quibus aliàs;

R^{dit} C.: Io non gli voglio domandare altro.

Qua declaratione habita et per D. acceptata, acceptatisque etc., A^m a loco examinis licentiavit; et prosequendo examen cum I. C. ad effectum de quo supra, mandavit ad eius faciem adduci

Terramorsum filium q. Joannis Mariæ de Vallerustica (1) de quo supra; quo A., et delato sibi et renovato C^{ti} juramento verit. dic. p^t. tactis etc. jurarunt. Facta prius inter sese mutua nominum et personarum recognitione in forma, fuit per D^m A^{tus}

Int^s an ea quæ dixit et deposuit in alio eius examine pro veritate dixerit et deposuerit, et modò sit promptus et paratus ratificare in faciem præsentis C^{ti}.

R^{dit}: Tutto quello che io ho detto, *l'ho detto* per la verità; e per la verità son pronto ratificare et approvare in faccia di Matteo della Bastelica qui presente.

Et lecto per me, de mandato, successivè examine I. A^{ti} de quo supra in processu sub die 21 Septembris proximè præteriti (2), in parte et partibus etc. omissis etc. et per ambos· bene audito et intellecto, ut asseruerunt, fuit per D^m A^{tus}

Int^s an ea quæ sibi modò legi audivit vera fuerint et sint, pro veritate dixerit et deposuerit, et modò approbet et ratificet in faciem præsentis C^{ti}.

R^{dit}: Io ho inteso benissimo tutto l'essame che V. S. mi

---

1) MS: Valleoruna.
2) C'est la date du 2° interrogatoire de **Terramorso.**

ha fatto leggere, riconosco essere da me il tutto stato detto e deposto per la verità, e per la verità lo ratifico, e confermo, et approvo in faccia di Matteo qui presente.

Præsente I. C. et prædicta omnia audiente, intelligente, et dicente: Ancora io ho inteso quanto ha deposto nel suo essame Terramorso da Vallerustie, che mi è venuto in faccia; il quale in sostanza dice che il Caporal Piero facesse serrare li rastelli, e che ordinasse che nessun soldato sortisse fuori del quartiero; et io dico et rispondo che di questo non ne so niente, perchè io non ero in quartiero;

Replicante A. et dicente: Io ho detto la verità in ogni cosa;

Et data facultate I⁰ C⁰ Aᵐ interrogandi quatˢ cum protestationibus et monitionibus de quibus supra, ideo etc.

Rᵈᵈ C: Io non gli voglio domandar cosa alcuna.

Qua declaratione habita et per D. acceptata, acceptatisque etc., Aᵐ a loco examinis licentiavit, et prosequendo examen cum I. C. ad effectum de quo supra, ad eius faciem adduci mandavit

Michaelem q. Francisci de Occhiatana (1) de quo supra; quo A., et delato sibi, et renovato Cᵗⁱ juramento verit. dic. pᵗ tactis etc. jurarunt. Facta prius inter sese mutua nominum et personarum recognitione in forma, fuit per Dᵐ Aᵗᵘˢ

Intˢ an ea quæ dixit et deposuit in alio eius examine pro veritate dixerit et deposuerit, et modò sit promptus et paratus ratificare et approbare in faciem præsentis Cᵗⁱ.

Rᵈᵗ: Signor sì, che tutto quello che io ho detto e deposto nell'altro mio essame, l'ho detto e deposto per la verità; e per la verità son pronto ratificarlo et approvarlo in faccia di Matteo della Bastelica qui presente.

Et lecto per me, de mandato, successivè examine I. A. de

---

1) MS: Occhiusano.

quo supra, facto sub die 21 Septembris currentis (1), in parte et partibus etc. omissis, ad claram etc., et per ambos bene audito et intellecto, ut asseruerunt, fuit per D^m A^{tus}

Int^s an ea quæ modo sibi legi audivit vera fuerint et sint, pro veritate dixerit et deposuerit, et modò approbet, ratificet et confirmet in faciem præsentis C^{ti},

R^{dit} A: Io ho inteso tutto questo essame che hora V. S. mi ha fatto leggere, riconosco essere il mio essame da me fatto per la verità; e per la verità lo ratifico e confermo in faccia del medesimo Matteo qui presente.

Præsente I. C. et prædicta omnia audiente, intelligente, et dicente: Ancor io ho inteso quello che depone Michele, che m'è venuto in faccia, che è soldato Corso, che in sostanza dice che il Caporal di guardia Pietro d'Oletta ordinasse a tutti li soldati Corsi, che erano entrati nel nostro quartiero a pigliar l'armi quel giorno di domenica 20 d'Agosto p. p., che non si partissero e che stassero al posto, con quel di più che dice nel suo essame, che V. S. mi ha fatto leggere; et io dico et rispondo che di questo io non ne so niente, perchè non mi ci son trovato;

Replicante A. et dicente: Io ho detta la verità in ogni cosa;

Et data facultate I° C° A^m interrogandi quat^s cum protestationibus et monitionibus de quibus supra, ideò etc.

R^{dit} C: Io non li voglio domandar cosa alcuna.

Qua declaratione habita et illa acceptata, acceptatisque etc., A. a loco examinis licentiavit et I. C. ad locum suum prorsus reponi mandavit, animo omni etc.

---

1) Date du 2° interrogatoire de Michele d'Occhiatana.

Die Veneris 29 Septembris 1662.

Iterùm Const^s personaliter coram quo et ubi supra, meque,
Petrus Joannes q. Dominici de Zevaco in Cirnea, qui delato sibi juram^{to} verit. dic. p^t tactis etc. juravit. Fuit per D.

Int^s an tandem se disposuerit veritatem fateri super iis de quibus fuit superiùs interrogatus et quat^s.

R^{dit}: Io la verità l'ho detta, e non posso dire d'avantaggio.

Tunc D. ad disponendum I. C. ad veritatem fatendam, pro legitimatione processus, et ad omnem alium bonum finem et effectum, mandavit ad faciem I. C. adduci

Petrum de Oletta caporalem de quo supra, quo A. et delato sibi et renovato C^{ti} juramento verit. dic. prout ambo tactis etc. jurarunt. Facta prius inter sese mutua nominum et personarum recognitione in forma, fuit per D^m A^{tus}

Int^s an ea quæ dixit et deposuit in aliis eius examinibus pro veritate dixerit et deposuerit, et modò sit promptus et paratus ratificare et approbare in faciem præsentis C^{ti}.

R^{dit}: Signor sì, che tutto quello che io dissi e deposi (1) nell'altro mio essame, lo dissi e deposi per la verità; e per la verità son pronto ratificarlo et approvarlo in faccia di Pier Giovanni da Zevaco qui presente.

Et lectis per me, de mandato, successivè examinibus I. A^{cti} de quibus supra in præsenti processu, in parte et partibus omissis etc. ad claram etc. et per ambos bene auditis et intellectis, ut asseruerunt, fuit per D^m A^{tus}

Int^s an ea quæ modò sibi legi audivit vera fuerint et sint, pro veritate dixerit et deposuerit, et modò approbet et ratificet in faciem præsentis C.

---

1) MS: dò.

R.dtt : Io ho inteso tutti questi essami che V. S. mi ha fatto leggere, riconosco essere li miei essami da me fatti per la verità, e per la verità li ratifico e confermo in faccia del medesimo Pietro Giovanni da Zevaco, che era soldato Corso della mia squadra.

Præsente I. C. et prædicta omnia audiente, intelligente, et dicente: Ancor io ho inteso quanto depone il Caporal Pietro d'Oletta, che era mio caporale nella Compagnia del Capit° Alfonso Franchi, che in sostanza dice che lui dasse ordine a tutti noi suoi soldati di guardia che non fossimo usciti fuori dal corpo di guardia, e con tutto *ciò* la maggior parte uscisse fuori con li schioppi alla mano, con quel di più che lui dice in d° suo essame che hora mi ha fatto leggere e da me è stato ben inteso; et io dico e rispondo che so molto bene che mentre ero di guardia non potevo partire, et è vero che il Caporal Pietro diede l'ordine che li suoi soldati di guardia non partissero dal corpo di guardia, che lo dicevano tutti li suoi soldati, conforme intesi; ma io non partii mai dal quartiero, et obedii li suoi ordini.

Respondente A. et dicente: Io ho detta la verità in ogni cosa, e lo possono dire tutti li soldati, che io gridai ad alta voce quella domenica delli 20 d'Agosti p. p. che d^i soldati di guardia non uscissero, e glie lo dissi anco da parte del Principe;

Et data facultate I° C° A^m interrogandi quat^s cum protestationibus et monitionibus de quibus aliàs ; Ideo etc.

R^{dtt} C: Io non gli voglio domandar cosa alcuna.

Qua declaratione habita et per D. acceptata, acceptatisque etc., A^m a loco examinis licentiavit, et continuando examen cum I. C. ad effectum de quo supra, ad eius faciem adduci mandavit

Terramorsum q. Joannis Mariæ de Vallerustica de quo supra, qui delato sibi juramento verit. dic. et simili juramento delato C^{to}, prout tactis etc. jurarunt. Facta prius inter sese mutua nominum et personarum recognitione in forma, fuit per D^m A^{tus}

Int^s an ea quæ dixit et deposuit in alio eius examine pro veritate dixerit et deposuerit, et modò sit promptus et paratus ratificare et approbare in faciem præsentis C.

R^{dit}: Tutto quello che io dissi e deposi nell'altro mio essame, lo dissi e deposi per la verità; e per la verità son hora pronto a ratificarlo et approvarlo in faccia di Pietro Giovanni da Zevaco qui presente.

Et lecto per me, de mandato, successivè examine I. Acti facto sub die 21 Septembris currentis, in parte et partibus etc. omissis, ad claram etc., et per ambos bene audito et intellecto, ut asseruerunt, fuit per D^m A^{tus}

Int^s an ea quæ modò sibi legi audivit vera fuerint et sint, pro veritate dixerit et deposuerit, et modò approbet, ratificet et confirmet in faciem præsentis C^{ti}.

R^{dit}: Tutto quello che V. S. hora mi ha fatto leggere, io l'ho detto e deposto per la verità, e per la verità ancora adesso ratifico e confermo in faccia di Pier Giovanni da Zevaco qui presente.

Præsente I. C. et prædicta omnia audiente, intelligente, et dicente: Ancor io ho inteso quel che depone nel suo essame Terramorso, soldato Corso della mia squadra, che in sostanza dice che in quel giorno di domenica 20 del p. p. mese di Agosto il nostro Caporal Piero da Oletta ordinasse a tutti noi altri soldati di guardia che non ci fussimo partiti dal posto e che non havessimo abbandonato il corpo di guardia, e facesse serrare li rastelli, con quel di più che lui dice in d° suo essame; et io dico e rispondo che è vero quello che dice Terramorso qui presente, ma io non uscii mai dal quartiero, et obedii.

Et data facultate I. C^{to} interrogandi A^m quat^s cum protestationibus et monitionibus de quibus supra, ideò etc.

R^{dit} C^{us}: Io non voglio domandar cosa alcuna a Terramorso, perchè lui dice la verità, et è vero che il Caporal Pietro d'Oletta ordinò a noi altri soldati di guardia che non havessimo abbandonato il posto e il corpo di guardia.

Qua declaratione habita illaque acceptata, acceptatisque etc., A^m a loco examinis licentiavit, et cum I. C. (1) *examen* prosequendo ad effectum de quo supra, ad eius faciem adduci mandavit

Michaelem de Occhiatana (2) de quo supra, quo A^{to}, et delato sibi et renovato C^{ti} juramento verit. dic. p^t tactis etc. jurarunt. Facta prius inter sese mutua nominum et personarum recognitione in forma, fuit per D^m A^{tus}

Int^s an ea quæ dixit et deposuit in alio eius examine pro veritate dixerit et deposuerit, et modò promptus et paratus sit ratificare et approbare in faciem præsentis C^{ti}.

R^{dit} : Signor sì, che tutto quello che io dissi e deposi nell'altro mio essame, lo dissi e deposi per la verità, e per la verità sono..... (F) ratifico e confermo adesso in faccia di Pier Giovanni da Zevaco qui presente.

Præsente I. C. et prædicta omnia audiente, intelligente, et dicente; Ancora io ho inteso quanto dice nel suo essame Michele d'Occhiatana (3) qui presente, che mi è venuto in faccia, il quale in sostanza dice che il Caporal Pietro in quella sera di domenica 20 di Agosto p. p. facesse serrare li rastelli del corpo di guardia e che ordinasse a tutti li soldati suoi di guardia che non si partissero dal corpo di guardia, con quel di più che dice in dⁱ suoi essami; et io dico e rispondo che è la verità questo che lui dice, che per prima io non me ne ricordavo, ma poi mi è tornato a memoria, che è verissimo questo ordine che ci diede il d° Caporal Piero.

---

1) MS: et I. C. cum.
2) MS: Michaelem Occhiatanum.
3) MS: Michele Occhiatano.

Replicante A.: Io ho detto la verità.

Et data facultate I° C° A^m interrogandi quat^s cum protestationibus et monitionibus de quibus supra, ideò etc.

R^dit C.: Io non voglio domandar cosa alcuna a Michele qui presente, perchè lui dice la verità.

Qua declaratione habita et per D. acceptata, acceptatisque etc., A^m a loco examinis licentiavit, et I. C. ad locum suum reponi mandavit, animo omni etc.

Die Veneris 29 Septembris 1662.

Iterùm Const^s personaliter coram perill^i et adm^m Exc^ti D. Augustino Paris L^nte subst^to meque, ubi supra,

Petrus fil. q. Joannis Baptistæ de Montemaiore Cirneus, cui delato juramento verit. dic. p^t tactis etc. juravit. Fuit per D.

Int^s an tandem se disposuerit fateri veritatem super iis de quibus aliàs fuit interrogatus, et præcipuè an sero diei dominicæ 20 Augusti p^e pr^ti vim aliquam attulerit cancellis stationis militum Cirneorum positæ propè Ecclesiam S^mæ Trinitatis de Ponte Sisto, et an se contulerit cum sclopo ad Plateam Farnesiam, quia non desunt testes in processu qui ipsum de mendacio conveniunt.

R^dit: Io, Signore, la verità l'ho detta, e la sera della domenica 20 d'Agosto p. p. io non usai violenza nessuna alli rastelli del corpo di guardia del nostro quartiero già alla Trinità di Ponte Sisto, nè men io uscii fuori da esso con lo schioppo, nè andai a Piazza Farnese; perchè quando io intesi il rumore, ero nella mia stanza ad alto (1) in quartiero, che cenava; e subbito presi la mia spada e cappello,

---

1) MS: altro.

e calai a basso; e l'alfiero, perchè li soldati erano tutti usciti, mi commandò da parte del Principe che non partissi di là, e che non abandonassi la bandiera; e così io non partii mai dal corpo di guardia del quartiero, e questa è la verità.

Tunc D. ad convincendum I. C. de mendacio, ipsumque disponendum ad super præmissis veritatem fatendam, ac pro legitimatione processus, et ad omnem alium meliorem finem et effectum, mandavit ad I. C. faciem adduci

Valerium fil. Antonii de Sichè in Insula Cirnea, de quo supra in Processu;

Quo Add°, delato tam ipsi quam C^{to} juramento verit. dic. p^t tactis etc. jurarunt. Fuit A. per D.

Int^s an ea quæ dixit et deposuit in suo examine seu consulto facto sub die 14 currentis mensis (1) vera fuerint et sint, illaque pro veritate dixerit et deposuerit, modòque sit promptus confirmare et ratificare in faciem præsentis C^{ti}.

R^{dit}: Signor sì, che tutto quello che io dissi e deposi (2) nel mio essame che feci quando fui condotto a queste carceri, io l'ho detto e deposto per la verità; e per la verità hora sono pronto confermarlo e ratificarlo in faccia del Caporal Pietro da Montemaggiore qui presente.

Et lecto sibi per me, de mandato, examine I. A. sub die dicta facto, de quo in processu, ad claram tam ipsius quam C. intelligentiam, in parte et partibus tangentibus præsentem C., omissis etc,, et per ambos bene audito et intellecto, ut asseruerunt, fuit A. per D.

Int^s an ea quæ modò sibi legi audivit fuerint et sint vera, et ab ipso dicta pro veritate et deposita, et tanquam talia modò approbet, confirmet et ratificet in faciem præsentis C^{ti}.

---

1) Date du 2e interrogatoire de Valerio da Sichè.
2) MS: posi.

R.dit: Io ho inteso benissimo quanto V. S. mi ha fatto leggere, riconosco esser l'essame de me fatto, e quanto in esso si contiene da me è stato detto e deposto per la verità; e per la verità lo confermo *et* approvo in faccia del Caporal Pietro qui presente.

Præsente I. C. et prædicta omnia audiente, intelligente, et dicente: Ho inteso ancora io benissimo quanto depone Valerio da Sichè qui presente, che mi è venuto in faccia, il quale in sostanza dice che la sera di domenica 20 Agosto p. p. essendo esso a mangiare nella stanza di dietro dell'hostaria, intese un rumore et un bisbiglio nel quartiero e corpo di guardia, et intese che molti soldati dicevano: « All'arme! all'arme! » e vidde che molti soldati presero li schioppi e sortirono fuori del quartiero; e che esso tra quelli che vidde uscire con li schioppi alle mani dal quartiero ci vidde me, che gli fui (1) insegnato; e che mi vidde ritornare al quartiero tra l'ultimi; e che il lunedì, che stassimo serrati, io raccontai e dissi che havessi sparato l'archibugiate a Piazzo Farnese et a S. Carlo de' Catenari; che questo fu fatto nella piazzetta del quartiero vicino al pozzo; e che pubblicamente per il quartiero si sapeva che io con altri havessimo (2) fatto tutto il male; e che Matteo di Giovanni da Santa Maria, quando fu fatto prigione seco, gli raccontò che havendo esso preso il posto alla cantonata del palazzo di Santa Croce per la parte di dietro, mentre stava lì, intese lo sparo di due archibugiate, e che vidde fuggire per quel vicoletto dietro il palazzo delli S.ri Santa Croce me con altri soldati; con quello di più che dice nel suo essame hora letto e da me ben inteso. Dico *e* rispondo che esso non dice la verità, perchè io in quella sera di

---

1) MS: fù.
2) MS: havessero.

domenica non partii mai dal corpo di guardia; e la verità è questo che io dico, ma non quello *che* dice Valerio.

Replicante A. et dicente: Io ho detto la verità; e se non fosse stato vero, non l'haverei detto; e son pronto a deporlo e ratificarlo dovunque bisognerà, perchè la verità ho detto; e mi sarei vergognato a dirlo, se non fosse vero, perchè io stimo l'anima mia;

Et data per Dm facultate I. Co Am interrogandi super præmissis quals cum protestatione et monitione, quod testes confrontati de stilo Tribunalis Gubernii Urbis amplius non repetuntur;

Rdit: Io non gli voglio dimandar cosa alcuna; perchè tutto quello *che* dice contro di me, è (1) una gran bugia.

Tunc D. stante declaratione prædicta, acceptatisque etc., Am a loco examinis licentiavit, et ad locum suum reponi mandavit, et prosequendo examen cum I. C. ad effectus de quibus suprà, mandavit ad I. Cti faciem adduci

Mattheum fil. q. Joannis de Sancta Maria in Insula Cirnea;

Quo addo et delato sibi ac renovato Cn juramento verit. dic. pt tactis etc. jurarunt; factaque prius mutua nominum et personarum recognitione in forma, fuit per Dm Atus

Ints an ea quæ dixit et deposuit in alio eius examine seu consulto, facto sub die 14 præsentis mensis (2), de quo in processu, vera fuerint et sint, illaque pro veritate dixerit et deposuerit, modòque sit promptus ratificare ad faciem præsentis Cti,

Rdit: Signor sì, che tutto quello io dissi e deposi nell'altro mio essame fatto sotto li 14 di Settembre corrente, lo dissi e deposi per la verità; e per la verità son pronto confermarlo e ratificarlo in faccia del Caporal Pietro qui presente.

---

1) MS: dice.
2) Date du 2e interrogatoire de Matteo da Sta Maria.

Et lecto sibi per me, de mandato, examine I. A^u sub dicta die facto, de quo in processu, in parte et partibus tangentibus personam Constituti, omissis aliis, ad claram tam ipsius quam C^ti intelligentiam, et per ambos bene audito et intellecto prout asseruerunt, fuit per D^m A^{tus}

Int^s an ea quæ sibi legi audivit fuerint vera et sint ab ipso dicta et deposita et vera sint, et tanquam talia modo comprobet et ratificet ad faciem præsentis C^ti.

R^{dit}: Io ho inteso benissimo quanto V. S. mi ha fatto leggere, riconosco esser l'essame da me fatto per verità, e per verità adesso lo confermo et approvo in faccia del Caporal Pietro qui presente.

Præsente I. C. et prædicta omnia audiente, intelligente, et dicente: Ho inteso anco io benissimo quanto depone Matteo di Giovanni da Sta Maria qui presente, che mi è venuto in faccia, il quale in sostanza dice che quella sera di domenica 20 d'Agosto p. p. essendo esso con altri andato a guardare quella cantonata dietro il palazzo delli S^{ri} Santa-Croce che viene verso la Piazza de' Branchi et a (1) quel vicoletto che viene a S. Carlo de' Catenari, mentre esso stava li guardando d° posto, intese verso S. Carlo de' Catenari sparare due archibugiate, e dopo lo sparo di d^e archibugiate senti correre per d° vicolo sotto del palazzo de' SS^{ri} Santa-Croce diverse persone, quali non sapendo esso chi si fossero, disse: « Chi va là? » — e che a queste parole gli fu risposto: « Amici! siamo noi; » — che riconobbe subbito la voce mia, e che me gli accostai, e vidde che accommodavo il mio archibugio e serravo la coperchiola del focone; e che quando havessimo la libertà, si discorreva publicamente tra soldati che io con altri eravamo stati quelli che havevamo fatto tutto il male, e che havevamo sparate l'archibugiate li

---

1) MS: e da.

a S. Carlo; con quello di più *che* dice nel suo essame hora letto e da me ben inteso. Io dico e rispondo che esso non dice la verità, perchè io quella sera di domenica non partii mai dal quartiero, come ho detto.

Replicante A^{to}: Io ho detto la verità; e se non fosse stato vero, non l'haverei detto; e questo tu non lo puoi negare, che non solamente ti riconobbi benissimo quando ti accostasti là al vicoletto, come ho detto, ma anco da principio, quando dissi: « Chi va là? » — e voi rispondeste: « Siamo noi, siamo amici; » — che ti conobbi alla voce, che tu sai che ci conoscemo tra di noi alla voce, et alla parlata *con* che proferimo le parole quando (1) parlamo tra noi, e la tua voce l'havevo molto ben nota per prima;

Et data per D. facultate I. C° A^m interrogandi super præmissis quat^s cum protestatione et monitione de quibus suprà;

R^{dit}: Io non gli voglio domandar cosa alcuna; solo dico che esso non dice la verità contro di me.

Tunc D., stante declaratione prædicta acceptatisque etc., A^m a loco examinis licentiavit et ad locum suum reponi mandavit, et prosequendo examen cum I. C. ad effectus de quibus suprà, mandavit ad eius faciem adduci

Pierum q. Baptistæ de Oletta (2) in Insula Cirnea; quo adducto, delato tam ipsi quam C^{to} juramento verit. dic. p^t tactis etc. jurarunt; factaque prius inter eos mutua nominum et personarum recognitione in forma, fuit A. per D.

Interrog^s an ea quæ dixit et deposuit in eius examine facto sub die ultima Augusti proximè præteriti (3), de quo

---

1) MS: e quando.
2) MS: *Batistæ Theoletta*. Le copiste semble avoir écrit sous la dictée d'un autre.
3) Date du 1er interrogatoire du Caporal Piero d'Oletta.

in processu, de persona præsentis C^{ti} vera fuerint et sint, illaque pro veritate dixerit et deposuerit, modoque sit promptus ratificare et approbare ad faciem præsentis C^{ti}.

R^{dit}: Signor sì, che tutto quello io dissi e deposi (1) nel mio essame, che io feci all'ultimo d'Agosto p. p. della persona del Caporal Piero da Montemaggiore qui presente, io lo dissi e deposi per la verità; e per la verità adesso son pronto confermarlo e ratificarlo in faccia del medesimo Caporal Pietro qui presente.

Et lecto sibi per me, de mandato, examine I. A^{ti} sub dicta die facto, de quo in processu, in parte et partibus tantùm tangentibus personam C^{ti}, omissis etc., et per ambos bene audito et intellecto prout asseruerunt, fuit per D^m A^{tus}

Int^s an ea quæ modò legi audivit recognoscat fuisse ab ipso deposita, et vera sint, et tanquam talia confirmet et ratificet ad faciem præsentis C^{ti}.

R^{dit}: Io ho inteso benissimo quanto V. S. mi ha fatto leggere, riconosco esser l'essame da me fatto per verità, e per verità adesso lo confermo e ratifico in faccia del Caporal Pietro qui presente.

Præsente I. C. et prædicta omnia audiente, intelligente, et dicente: Ho inteso ancor io quanto depone il Caporal Piero qui presente, che m'è venuto in faccia, il quale in sostanza dice che dell'ultimi (2) soldati che vidde ritornare a notte oscura la sera di domenica 20 Agosto p. p. tra l'altri fui io; che tornai ad un'hora di notte incirca; e che quando io partii dal quartiero, presi la strada verso S. Salvatore in Campo et al Monte *della Pietà,* perchè quando io ritornai al quartiero esso mi vidde ritornare per quella strada di San Salvatore in Campo che è strada che porta

---

1) MS: posi.
2) MS: che l'ultimi...

verso il Monte della Pietà; che esso mi vidde benissimo ritornar per quella strada, perchè di quel tempo si trovava alli cancelli delli rastelli; che mi vidde benissimo, perchè ci era il lume acceso li al corpo di guardia; con quello di più depone della mia persona nel suo essame hora letto e da me ben inteso. Io dico e rispondo che non dice la verità.

Replicante Adducto (1), et dicente: Tu non la dici la verità; e bisognava che tu non partissi dal quartiero, se volevi che io non dicessi la verità *che ho detto;* e se io non ti havessi veduto uscir dal quartiero o ritornar al quartiero come ho detto, non l'haverei detto;

Et data per D. facultate I. C^{to} interrogandi A^m qual^s cum protestatione et monitione de quibus suprà,

R^{dit}: Io non gli voglio domandar cosa alcuna.

Tunc D., stante declaratione prædicta acceptatisque etc., A^m è loco examinis licentiavit, et prosequendo examen cum I. C., ad effectus de quibus suprà, mandavit ad I. C^{ti} faciem adduci

Ferrantem q. Bravetti de Corti;

Quo adducto, et delato sibi ac renovato C^{ti} juramento verit. dic. prout tactis etc. jurarunt; factaque inter eos mutua nominum et personarum recognitione in forma, fuit per D^m A^{tus}

Int^s an ea quæ dixit et deposuit in alio cius examine pro veritate deposuerit, et pro veritate modò sit paratus comprobare et ratificare ad faciem præsentis C^{ti}.

R^{dit}: Signor sì, che tutto quello che io ho detto e deposto nell'altro mio essame, l'ho detto e deposto per verità; e per verità adesso son pronto confermarlo in faccia del Caporale Pietro qui presente.

Et lecto sibi per me, de mandato, examine I. A^{ti}, ad

---

1) MS: audiente.

claram etc. in parte et partibus etc. omissis, et per ambos benè audito et intellecto prout asseruerunt, fuit per D^m A^{tus}

Int^s an ea quæ modò legi audivit recognoscat fuisse ab ipso deposita, et vera sint, et tanquam talia modò confirmet et ratificet ad faciem præsentis C^{ti}.

R^{dit}: Tutto quello che V. S. mi ha fatto leggere, l'ho inteso benissimo e riconosco esser l'essame da me fatto per verità; e per verità lo confermo et approvo in faccia del Caporale Pietro qui presente.

Præsente I. C^{to} et prædicta omnia audiente, intelligente, et dicente: Ho inteso ancora io benissimo quanto depone Ferrante da Corti qui presente, il quale in sostanza dice che intese dire publicamente che a S. Carlo de' Catenari io fossi con altri, quando fu sparata l'archibugiata et ammazzato il paggio, con quello dice di più nel suo essame hora letto e da me ben inteso. Io dico e rispondo che non dice la verità.

Replicante A. et dicente: Io ho detta la verità; e se non fosse vero, non l'haverei detto e deposto;

Et data per D. facultate I. C. interrogandi A. super præmissis cum protestatione et monitione de quibus aliàs;

R^{dit}: Io non gli voglio domandar cosa alcuna.

Tunc D., stante declaratione prædicta, A^m licentiavit, et ad locum suum reponi mandavit; et prosequendo examen cum I. C., ad effectus de quibus suprà, mandavit ad eius faciem adduci

Petrum Joannem de Sancta Reparata in Insula Corsicæ;

Quo adducto, et delato sibi juramento et renovato C^{ti}, prout tactis etc. jurarunt. Fuit per D^m A^{tus}

Int^s an ea quæ dixit et deposuit in alio eius examine pro veritate deposuerit, et pro veritate modò sit paratus confirmare et ratificare in faciem præsentis C^{ti}.

R^{dit}; Signor sì, che tutto quello io ho detto e deposto nel mio essame della persona del Caporale Pietro qui presente, l'ho detto e deposto per verità; e per verità son pronto confermarlo e ratificarlo in faccia del medesimo qui presente.

Et lecto per me sibi, de mandato, examine I. A^{ti} facto sub die 26 Septembris (1) de quo in processu, ad claram tam ipsius quam C^{ti} intelligentiam, et per ambos bene audito et intellecto, prout asseruerunt, fuit per D^m A^{tns}

Int^s an ea quæ modò legi audivit recognoscat fuisse ab ipso deposita, et vera sint, et tanquam talia modò confirmet et ratificet ad faciem præsentis C^{ti}.

R^{dit}: Io ho inteso benissimo quanto V. S. mi ha fatto leggere, riconosco esser l'essame da me fatto per verità; e per verità adesso lo confermo et approvo in faccia del Caporale Pietro qui presente.

Præsente I. C. et prædicta omnia audiente, intelligente, et dicente: Ho inteso ancora io quanto depone Pier Giovanni di Gio: Rocco da Sta Reparata, che mi è venuto qui in faccia, il quale in sostanza dice che, quando esso intese raccontare da Carlo d'Ampugnano et Andrea d'Aiaccio per il quartiero d'aver tirate l'archibugiate in Piazza Farnese, dissero anco che erano andati verso S. Carlo de' Catenari cercando Francesi assieme con me; e che verso mezz'hora di notte incirca, vicino S. Carlo de' Catenari, havevano sparate l'archibugiate, e che havevano ammazzato un Francese vicino ad una carrozza; con quello di più che dice nel suo essame. Io dico e rispondo che non dice la verità, perchè in quella sera non partii mai dal quartiero come ho detto.

Replicante A. et dicente: Io ho detto la verità; e se non fosse la verità, non l'haverei detto;

Et data per D. facultate I. C^{to} interrogandi A^m super præmissis cum protestatione et monitione de quibus supra;

R^{dit}: Io non gli voglio dimandar niente.

---

1) Date du 2e interrogatoire de Pietro Giovanni Ansaldi da Sta Reparata.

Tunc D., stante declaratione prædicta, acceptatisque etc., A^m licentiavit et I. A^m et C^m ad loca sua reponi mandavit, omni etc.

Die lunæ 2 Octobris 1662.

Iterum exam^s f^t per Perill^m et Exc^{um} D. Stephanum Braccium L^{ntem} et Judicem deputatum meque (1), in Carceribus novis,

Jordanus fil. Nicolai de Corrà in Corsica, qui delato sibi juramento verit. dic. prout tactis etc. juravit. Fuit per D.

Int^s ut dicat pro veritate a quo seu quibus fuerint prolata illa verba: « All'armi! all'armi! » — de quibus deposuit in alio eius examine, et pro qua causa, et quat^s.

R^{dit}: Io non posso sapere da chi fussero dette quelle parole: « All'armi! all'armi! » — delle quali io ho deposto nell'altro mio essame, quando furono dette li al nostro quartiero vicino alla Trinità di Ponte Sisto, il giorno di domenica 20 d'Agosto p. p.

Int^s ut dicat pro veritate an sciat quinam fuerint illi milites qui extra quarterium cum sclopis armati dicto die dominico exierunt, et de quibus aliàs deposuit,

R^{dit}: Io ho detto e torno a dire di novo a V. S. che io non conobbi nè posso nominare persona alcuna di quelli soldati Corsi che uscirno coll'archibugio alle mani il d^o giorno di domenica dal nostro quartiero delli Corsi in tempo del rumore che seguì, conforme ho detto nell'altro mio essame; perchè, se bene io ero di guardia sotto il Caporal Pietro d'Oletta e stavo li in corpo di guardia, non potei osservare quella moltitudine di soldati che uscirno.

Et monitus per D. ad dicendum veritatem super præ-

---

1) MS: nisi.

missis, quia non est verisimile neque est credendum quod I. E., dum erat ibi præsens in d° loco, ut dicitur « del corpo di guardia », aliquem seu aliquos ex dictis militibus eo tempore exeuntibus non cognovisset; ideò recedat a mendaciis et puram veritatem tradat, quia aliàs pro ea habenda devenietur contra I. E. ad juris et facti remedia necessaria et opportuna;

R^{dit}: Io la verità l'ho detta. Non ho conosciuto nessun di quelli Corsi che uscirno fuori con l'archibugio quella sera di domenica sud^a. Se bene io stavo in corpo di guardia et ero di guardia in d° giorno, e se bene sono quattro mesi che son soldato in quel quartiero, non li potei conoscere; e se non è verisimile che io non li conoscessi, non so che mi ci dire; e se mi vogliono dare il tormento, sono padroni.

Tunc D. sedens etc., visa pertinacia et obstinatione I. E^{ti} nolentis de plano integram veritatem tradere super præmissis, considerato quòd non sit verisimile nec credendum I. E^{tum} non cognovisse dd. milites qui foras exierunt cum sclopis armati tempore rumoris prædicti, dum ipse (1) erat in loco et ibi præsens, et propterea ipsos vidisse et cognovisse credendum sit, pro habenda ab I. E. integra veritate tanquam verisimiliter *de præmissis* informato, quæ aliàs ab I. E. haberi non potest, mandavit adduci in locum tormentorum existentem, spoliari, ligari, et funi applicari;

Qui, sic spoliatus, ligatus et funi applicatus, anteà quam in altum elevaretur, fuit per D. benignè monitus et hortatus ad integram super præmissis veritatem fatendam nec velit pati in altum elevari, prout elevabitur si in eius obstinatione persistat;

R^{dit}: Io non posso dire più di quello che ho detto.

Tunc D. mandavit I. E^m in altum elevari.

---

1) MS: se.

Qui sic elevatus tacuit, et deinde dixit: Io voglio dire la verità. Il caporal di guardia Piero d'Oletta disse a quelli soldati che volevano uscire quella domenica a sera, che non uscissero; e non ostante questo, viddi uscire il sargente Domenico della Bastelica, che è riformato, Matteo da Ghisone (1), e non vedei altri; e questi uscirno con l'archibugi alle mani fuori delli rastelli; del resto non mi ricordo aver veduti altri.

Et replicante D. ut dicat pro veritate an alios viderit, quia sicut vidit modò a se nominatos, verisimile etiam est et alios vidisse; ideò etc.

R^{dit}: In quella moltitudine di soldati che uscirno quel giorno di domenica sud^a non potei osservare altri.

Et instante D. pro integra veritate habenda ab I. E. an (2) alios viderit et noverit eo tempore,

R^{dit}: Io non osservai altri che uscirno dal d^o quartiero, — et deinde tacuit.

Et cum stetisset sic elevatus ferè per quartam partem cum dimidia unius horæ ad horologium pulveris currentis, et nihil aliud ab I. E. haberi potuisset, D. mandavit leniter de tormento deponi, disligari, brachia reaptari, et revestiri, et ad suum locum reponi; et ità omni etc.

Die dicta (2 Oct.)

Iterum Exam^s f^t per quem et ubi supra, meque,

Joannes Andreas q. Josephi de Monte Maiore, qui delato sibi juramento verit. dic. prout tactis etc. juravit. Fuit per D.

Int^s an sit dispositus dicere pro veritate quinam fuerint

---

1) MS: d'Isolo (V. p. 320, note 1).
2) MS: non.

illi milites Cirnei de eius Cohorte, qui cum sclopis d° die dominico 20 Augusti p^e p^i ex quarterio egressi fuere, tempore de quo aliàs deposuit in alio eius examine, e quorsùm se contulerint.

R^{dit}: Signore, io non potei osservare chi fussero quelli soldati Corsi della nostra Compagnia che io viddi, mentre ero di guardia, scappar fuori con l'archibusei alle mani dal nostro quartiero; perchè in quella moltitudine di gente, non potei far riflessione, e se lo havessi potuto dire nell'altro mio essame, l'haverei detto alla prima.

Et dicto sibi per D. non esse verisimile I. E. neminem *cognovisse* ex prædictis militibus qui eo tempore extra d^m quarterium cum sclopis egressi fuere, quia I. E. eo tempore erat de custodia et manebat in loco ubi prædicta sequuta fuere; ideò recedat ab eius obstinatione, et dicat liberè veritatem super præmissis, quia aliàs pro ea habenda devenietur contra I. E. ad juris et facti remedia necessaria et opportuna;

R^{dit}: Io ho detto quello che sapevo e non posso dire altro; e se bene io stavo in corpo di guardia, che ero di guardia di quel tempo, io non li potei osservare.

Tunc D. sedens etc., visa pertinacia et obstinatione I. E^{ti} nolentis de plano veritatem tradere super præmissis, viso et considerato quod I. E., tempore quo prædicti milites egressi fuerunt cum sclopis d° die dominico, reperiebatur in eodem loco et erat de custodia de eo tempore, et ideo et adeò non esse verisimile *I. E^m* neminem *cognovisse* ex dd. militibus eo tunc exeuntibus cum sclopis è dicto quarterio, propterea esse verisimiliter informatum de præmissis, inhærendo facultatibus etc., cùm aliàs ab I. E. veritas haberi non potest, mandavit I. E^m pro ea integra veritate habenda in loco tormentorum existente spoliari, ligari et funi applicari;

Qui, sic spoliatus, ligatus, et funi applicatus, anteà quam in altum elevaretur, fuit per D. benignè monitus et hortatus ad integram super præmissis veritatem fatendam nec patiatur in altum elevari prout elevabitur, quat^s etc.

R^{dit} : Io la verità l'ho detta, non posso dire d'avantaggio.

Tunc D. mandavit I. E^m in altum elevari;

Qui sic elevatus cœpit dicere: « O Gesù Maria! » et deinde tacuit.

Et instante D^{no} ut dicat pro veritate qui fuerint illi milites Cirnei qui egressi fuerunt eo tempore archibusiis armati;

R^{dit} : Io ho detta la verità di quello che sapevo, — et tacuit.

Et iterum instante D. ut veritatem tradat super præmissis,

R^{dit} : Io la verità l'ho detta.

Et dicente D. ut dicat veritatem super præmissis,

R^{dit} : Io l'ho detta la verità, e non posso dire d'avantaggio.

Et cum stetisset sic in tormento elevatus per spatium quartæ partis cum dimidia unius horæ, ad horologium pulveris currentis, et nihil aliud ab ipso haberi potuisset, D. mandavit I. E^m a tormento leniter deponi, disligari, brachia reaptari, revestiri et ad locum suum reponi, omni etc.

Die dicta 2 Octobris 1662.

Iterùm Cont^s coram quo et ubi supra, meque, in Carceribus novis,

Petrus fil. q. Joannis Baptistæ de Monte Maiore, de quo aliàs, qui delato sibi juramento verit. dic. prout tactis etc. juravit. Fuit per D.

Int^s an *sit* dispositus veritatem fateri super iis, de quibus supra *fuit* interrogatus, et quat^s.

R^{dit} : Io la verità l'ho detta; e non sono uscito di quartiero, nè *ho* sparate archibugiate in loco alcuno.

Tunc D. ad effectum de quo aliàs etc., mandavit ad I. E^{ti} faciem adduci

Valerium fil. Antonii de Sichè in Corsica, de quo aliàs;

Quo adducto, et delato *sibi* et renovato C^{ti} respectivè juramento verit. dic. prout ambo tactis etc. jurarunt. Fuit per D^m ideo A^{tus}

Int^s an ea quæ dixit et deposuit et ratificavit in faciem præsentis C. pro veritate dixerit et deposuerit, et modò pro veritate sit paratus et in tormentis quat^s opus sit in faciem præsentis C. ratificare et confirmare;

R^{dit}: Signor sì, che tutto quello che io dissi e deposi e ratificai in faccia di Pietro qui presente, come anco quello che deposi nel mio essame contro gli altri da me nominati, l'ho detto e deposto per la verità; *e per la verità* son pronto anco adesso nelli tormenti ratificarlo e confirmarlo.

Tunc D. ad tollendam omnem maculam omnemque dubietatem quæ quomodolibet considerari posset tàm circa dictum quàm circa personam I. A^{ti}, et ad tanto magis afficiendum I. C^m et alios absentes ab I. A. (1) nominatos, et in caput illorum, omnemque alium bonum finem et effectum, mandavit I. A. in loco tormentorum existente spoliari, ligari, et funi applicari; qui sic spoliatus, ligatus et funi applicatus, anteà quam in altum elevaretur, fuit per D. benignè monitus et hortatus ut Deum timeat et præ oculis habeat, neminem indebitè inculpet, et quat^s vera dixerit non timeat modò in his tormentis illa ratificare et confirmare;

R^{dit}: Tutto quello che ho detto, io l'ho detto per la verità, et io non incolpo nessuno a torto; e perchè ho detto la verità, son pronto mantenerlo in questo tormento.

Tunc D. mandavit I. A. in altum elevari;

Qui, sic elevatus, fuit per D.

---

1) MS: I. E.

Int⁵ an ea quæ deposuit in alio eius examine pro veritate dixerit et deposuerit, illaque in substantiam recenseat.

R^dit: Signor sì, che tutto quello che ho detto e deposto nel mio essame, l'ho detto e deposto per la verità; et in sostanza dissi che il sargente Domenico della Bastelica, Simon della Bastelica, et il Caporal Pietro qui presente, et il Caporal Carlo d'Ampugnano, et Andrea d'Aiaccio uscirno fuori del quartiero quel giorno di domenica delli 20 d'Agosto p. p. con li schioppi quando fu il rumore che ho detto, e *che* loro furono l'ultimi a ritornare di notte oscura; e che poi dissero haver sparato l'archibugiate a Piazza Farnese, e che havessero ammazzato un paggio a S. Carlo de' Catenari; il che ancora intesi dire publicamente, e come meglio dissi nel mio essame, al quale mi riferisco.

Int⁵ an ea quæ dixit modò pro veritate ratificet et confirmet in his tormentis tam in faciem præsentis C. quam in caput aliorum absentium nominatorum, et quat⁵,

R^dit: Signor sì, che tutto questo e quello che dissi nel d⁰ mio essame è la verità, et adesso lo ratifico e confermo in questo tormento in faccia di Pietro qui presente et anco per l'altri soldati assenti da me nominati nel mio essame.

Præsente I. E. et prædicta omnia audiente, intelligente, et dic^nte: Ho inteso ancora io quello che ha ratificato nel tormento Valerio qui presente, e dico che non è la verità;

Respondente A^to et dicente: Io ho detta la verità in ogni cosa;

Et cum unusquisque eorum in suo dicto persisteret, D^nus mandavit A^m leniter de tormento deponi, disligari, brachia reaptari, quat⁵ revestiri, et ad locum suum reponi, cum stetisset in dicto tormento elevatus per quantum præmissa haberi potuere; et continuando examen cum I. E., ad illius faciem adduci mandavit

Mattheum fil. q. Joannis de Sancta Maria de quo aliàs;

quo adducto et delato sibi et renovato C^ti juramento verit. dic. prout tactis etc. jurarunt. Fuit per Dm A^tus

Int^s an ea quæ dixit et deposuit in alio eius examine, tam circa personam præsentis C. quam alios per ipsum nominatos, pro veritate dixerit et deposuerit, et modò pro veritate sit promptus etiam in tormentis quat^s opus sit ratificare et confirmare, tam in faciem præsentis C^{ti} quam in caput aliorum absentium ab ipso nominatorum, et quat^s.

R^dit: Signor si, che tutto quello che io dissi e deposi nell'altro mio essame, lo dissi e deposi per la verità; et hora son pronto ratificarlo et approvarlo etiam nelli tormenti, se bisognarà, tanto in faccia di Pietro qui presente quanto in testa dell'altri assenti da me nominati, perchè così è la verità.

Tunc D. sedens etc. ad tollendam omnem maculam omnemque dubietatem *quæ* quomodolibet adsit et considerari posset (1) tam circa dicta quam circa personam præsentis A., et ad tanto magis afficiendum I. C. præsentem *et* alios absentes per ipsum in suo examine nominatos, omnemque alium bonum finem et effectum, et in caput illorum, mandavit I. A^m in loco tormentorum spoliari, ligari, et funi applicari;

Qui, sic spoliatus, ligatus et funi applicatus, anteà quam in altum elevaretur, fuit per D. benignè monitus et hortatus ut Deum timeat et præ oculis habeat, neminem indebitè inculpet, et quat^s vera dixerit non timeat modò etiam in tormentis illa ratificare et confirmare.

R^dit: Quello che io ho detto, io non l'ho detto per offendere nessuno; ma l'ho detto solo perchè così era la verità. Ho Dio avanti l'occhi, e non incolpo nessuno a torto; e però non dubito di confermarlo anco nelli tormenti.

---

1) MS: dubietatem quomodolibet tangen. adsit considerari posset.

Tunc D. mandavit I. A^m in altum elevari ad effectum de quo supra;

Qui, sic elevatus, fuit per D.

Int^s an ea quæ dixit et deposuit in alio eius examine pro veritate dixerit et deposuerit, illaque modò in substantiam recenseat.

R^dit : Signor si, che tutto quello che dissi e deposi nel d° mio essame, lo dissi e deposi per la verità; et in sostanza dissi che quella sera di domenica 20 d'Agosto p. p. uscirno fuori, con occasione del rumore che ho detto, dal nostro quartiero una quantità di soldati Corsi, e che anco sconficcorno li rastelli; e che intesi (1) poi, con occasione *che* io fui messo vicino Piazza de' Branchi, il sparo di archibugiate; e che viddi passare il Caporal Pietro qui presente, che raccommodava la coperchiola del suo archibugio; e sentii dire publicamente poi che Andrea d'Aiaccio, il sargente Domenico della Bastelica, Carlo d'Ampugnano, et il Caporal Pietro qui presente erano stati quelli che havevano fatto tutto il male, e che havevano sparate le archibugiate a Piazza Farnese et anco a S. Carlo de' Catenari, e che havevano anco ammazzato il paggio, conforme dissi meglio nell'altro mio essame, al quale mi riferisco.

Præsente I. C. et prædicta omnia intelligente, et dicente: Ho inteso ancora io quello che dice hora nel tormento Matteo da Santa Maria, e dico che non dice la verità, e che lo dice per scolpare se medesimo; et io non ho fatto cosa alcuna di quello che lui dice;

Respondente A. et dicente: Io ho detta la verità; non lo dico per scolpar me, nè per far male ad altri; et io se son fuggito, son fuggito senza causa alcuna, perchè non ho fatto male; e quello che ho ratificato e sta scritto è la verità;

Et cùm unusquisque eorum in suo dicto persisteret,

---

1) MS: se intese.

D^nus mandavit I. A^m leniter de tormento deponi, disligari, brachia quoque reaptari, revestiri et ad locum suum reponi, cùm stetisset in dicto tormento elevatus per quantum prædicta scribi potuerunt, et acceptatis etc. examen dimisit et I. C^m ad locum suum reponi mandavit, animo etc.

Die dicta (2 Oct.)

Iterùm examinatus fuit per quem et ubi supra, meque,
Ferrantes q. Bravetti de Corte, de quo aliàs, qui delato sibi juramento veritatis dicendæ, prout tactis etc. juravit. Fuit per D.
Int^s an ea quæ dixit et deposuit et aliàs ratificavit de eius examinibus pro veritate dixerit et deposuerit, et modò sit paratus etiàm in tormentis ratificare et confirmare in caput absentium nominatorum in suis examinibus.
R^dit: Signor sì, che tutto quello che io dissi e deposi nell'altri miei essamini, lo dissi e deposi per verità; e per verità son pronto anco adesso nelli tormenti ratificarlo e confermarlo contro chi fa di bisogno.
Tunc D. sedens etc., ad tollendam omnem maculam omnemque dubietatem quæ adsit et quomodolibet considerari possit, tam circa dicta quam circa personam præsentis A., et ad tanto magis afficiendos absentes ab ipso nominatos in eius examinibus, et ad omnem alium bonum finem et effectum, mandavit I. E^m in loco tormentorum existentium spoliari, ligari, et funi applicari;
Qui, sic spoliatus, ligatus, funi applicatus, antequam in altum elevaretur, fuit per D. benignè monitus et hortatus ut Deum optimum præ oculis habeat et timeat, neminemque indebitè inculpet; si verò veritatem dixit, non timeat modò in his tormentis ratificare et confirmare.
R^dit: Tutto quello che ho detto, l'ho detto per verità, non

incolpo nessuno a torto, ho il timor di Dio avanti l'occhio; e se non fusse stata la verità, non l'haverei detto; e però son pronto ratificarlo anco in d° tormento.

Tunc D. sedens etc. mandavit, ad effectum de quo supra, I. E^m in altum elevari;

Qui, sic elevatus, fuit per D.

Int^s an ea quæ dixit et deposuit in aliis suis examinibus pro veritate dixerit et deposuerit, illaque in substantiam recenseat.

R^{dit}: Tutto quello che io ho detto e deposto nelli altri miei essamini, lo dissi e deposi per verità; et in sostanza dissi che quel giorno uscendo fuori dal quartiero, dico quel giorno delli 20 d'Agosto p. p., uscirno fuori dal quartiero con li schioppi alle mani il sargente Domenico della Bastelica, Jacomo d'Antonio Jesi da Toxi, Marco da Vergolè, Francesco del q. Gio: Girolamo della Bastelica, Matteo da Pietralba et il caporal riformato Carlo d'Ampugnano; quali, benchè fossero di guardia et il Caporal Pietro d'Oletta gli lo prohibisse, tanto volsero uscire; e sentii poi nel quartiero che loro medesimi (doppo che l'hebbi visti uscire e che furono ritornati, loro et altri soldati che erano usciti con li schioppi medemamente quel giorno dal corpo di guardia, che erano (1) Gio: Battista da Sarola, Giuseppe da Vallerustie (2), Pier Giovanni di Domenico da Zevaco, Simone della Bastelica, Andrea di Gio: Battista d'Aiaccio, Antonio da Sari, Giuseppe da Cassano et altri da me nominati) dicevano d'esser stati in Piazza Farnese a tirar archibugiate, et che havevano colpito; e viddi scalare il rastello da d° Marco di Vergolè; e questo l'intesi dire anco publicamente dalli soldati del quartiero, come anco ho sentito dire publicamente

---

1) MS: era.
2) MS: Vallerossi.

dalli detti come sopra, che Andrea *d'Aiaccio*, Carlo d'Ampugnano e Pietro da Montemaggiore erano stati a S. Carlo de' Catenari, dove havevano sparate archibugiate, e che havevano ammazzato il paggio, come meglio ho detto nel mio essame, al quale mi riferisco.

Int̄s an ea omnia modò pro veritate approbet et ratificet in capita prædictorum absentium ab ipso nominatorum,

R^dit : Signor sì, che io il tutto ratifico et approvo in capo delli sud^i da me nominati, per esser la verità.

Et cùm stetisset in d° tormento elevatus per tantum temporis spatium per quantum prædicta scribi potuerunt, D. mandavit I. E^m leniter de tormento deponi, disligari, brachia reaptari quat^s, et acceptis etc., ad locum reponi, omni etc.

Die dicta (*2 Oct.*)

Iterùm Exam^s fuit per quem et ubi supra, meque,

Petrus Joannes *q. Jo:* Rocchi *Ansaldi* de Sancta Reparata in Cirnea, de quo aliàs, qui delato sibi juramento verit. dic. prout tactis etc. juravit. Fuit per D.

Int̄s an ea quæ dixit et deposuit in aliis suis examinibus pro veritate dixerit et deposuerit, et modò sit paratus ea omnia quat^s opus sit etiàm in tormentis ratificare et confirmare;

R^dit : Signor sì, che tutto quello che io dissi e deposi nelli altri miei essamini, lo dissi e deposi per verità; e per verità sono pronto adesso anco nelli tormenti, caso sia di bisogno, ratificarlo e confirmarlo.

Tunc D. sedens etc., ad tollendam omnem maculam omnemque dubietatem quæ quomodolibet considerari posset circa personam I. E^ti et ad tanto magis afficiendos absentes ab ipso nominatos in eius examinibus, et ad omnem alium meliorem finem et effectum, mandavit I. E^m in loco tormentorum existentium spoliari, ligari, et funi applicari;

Qui, sic spoliatus, ligatus, et funi applicatus, antequam in altum elevaretur, fuit per D. benignè monitus et hortatus ut Deum timeat *et* præ oculis habeat, neminem indebitè inculpet, et quatenus vera dixerit non timeat modo etiam in his tormentis illa ratificare et confirmare.

R^dit: Io ho detto la verità, non incolpo nessuno a torto, temo Iddio, e perchè è la verità, sono pronto anco adesso in questi tormenti ratificare e confirmare quanto ho detto.

Tunc D., ad effectum de quo supra, mandavit I. E^m in altum elevari;

Qui, sic elevatus, fuit per D.

Int^s an ea quæ dixit et deposuit in aliis suis examinibus pro veritate dixerit et deposuerit, illaque modò in substantiam recenseat.

R^dit: Signor si, che tutto quello che io dissi e deposi nelli miei essamini, l'ho detto e deposto per verità; et in sostanza dissi che quel giorno di domenica 20 di Agosto p. p. uscirno fuori del quartiero con li schioppi alla mano, che havevano preso in corpo di guardia, il sergente Domenico della Bastelica, Jacomo d'Antonio Jesi da Toxi, il Caporal Carlo d'Ampugnano, Giuseppe di Simon Francesco da Vallerustie, Gio: Battista di Bastiano (1) da Sarola, Marco del q. Giovanni da Vergolè, Pier Giovanni di Domenico da Zevaco, Simone di Tomassino della Bastelica, Andrea di Gio: Battista d'Aiaccio, Antonio *di* Secondo da Sari, Giuseppe di Michele da Cassano, e Francesco del q. Gio: Girolamo della Bastelica; e che questi dissero poi in quartiero che erano stati in quelli vicoli che rispondono a Piazza Farnese, et haver sparate dell'archibugiate, che lo racconta-

---

1) MS: Bastia.

vano publicamente; e Carlo d'Ampugnano et Andrea d'Aiaccio dissero anco esser stati verso S. Carlo de' Catenari cercando Francesi, assieme con Pietro da Montemaggiore, verso mezz'hora di notte incirca; e che li a S. Carlo havevano sparate dell'archibugiate et havevano ammazzato un paggio; e questo l'ho anco inteso dire publicamente qui per il quartiero; e confessò anco di esser stato in Piazza Farnese Matteo del q. Gio: Girolamo della Bastelica. Dissero ancor loro publicamente d'esser stati a sparare in Piazza Farnese contro Francesi, et altro, conforme meglio dissi nell'altri miei essamini, alli quali mi riferisco.

Int^s an ea modò pro veritate ratificet et confirmet in capita absentium ab I. E. nominatorum, et quatenus,

R^{dit}: Signor sì, che tutto quello che io dissi nelli detti miei essamini, per esser la verità, lo ratifico adesso e confermo in questi tormenti;

Dicens: « O Gesù! calatemi, calatemi! che quello che ho detto è la verità, e per la verità adesso lo ratifico, confermo et approvo di novo. »

Tunc D., acceptatis etc., mandavit I. E^m leniter de tormento deponi, disligari, brachia reaptari, revestiri, et ad locum suum reponi, cùm stetisset sic in d^o tormento elevatus per tantum temporis spatium per quantum prædicta scribi potuerunt; et ità etc. non solum etc. omni etc.

Die Sabbati 7 Octobris 1662.

Constitutus personaliter coram quo et ubi supra, meque,

Petrus Joannes q. Dominici *Peretti* de Zevaco, de quo aliàs, qui delato sibi juramento verit. dic. prout tactis etc. juravit. Fuit per D.

Int^s an tandem se disposuerit veritatem dicere super iis de quibus fuit superiùs interrogatus, et qua^{ts}.

R^dit: Io la verità l'ho detta; e non posso dire d'avantaggio, perchè quanto ho detto nell'altro mio essamine è la verità.

Tunc D. mandavit in loco examinis accersiri

Mattheum *fil.* Hilarii de Petralba, de quo aliàs, qui delato sibi juramento verit. dic. prout tactis etc. juravit. Fuit per D.

Int^s an tandem se disposuerit puram fateri veritatem super iis de quibus fuit aliàs interrogatus.

R^dit: Signore, quel tanto che io sapea (1), l'ho detto; e non posso dir altro, perchè ho detto la verità.

Et accersitus etiam, de mandato Domini,

Mattheus q. Joannis Hieronymi de Bastelica, delato sibi juramento verit. dic., prout tactis etc. juravit. Fuit per D.

Int^s an tandem se disposuerit puram fateri veritatem super iis de quibus fuit aliàs interrogatus, et quat^s.

R^dit: Io la verità l'ho detta, e quel che ho detto è ben detto.

Tunc D. mandavit ad faciem præsentium C. C. adduci Petrum q. Joannis Rocchi de Sancta Reparata;

Quo adducto, et delato sibi, et renovato II. CC. respectivè juramento verit. dic. prout omnes tactis etc. jurarunt. Fuit per D. idem A^ctus

Int^s an ea quæ dixit et deposuit in aliis eius examinibus de personis præsentium C. C. pro veritate dixerit et deposuerit, et pro veritate modò, quat^s opus sit, sit paratus etiam in tormentis in eorum faciem confirmare et ratificare.

R^dit: Signor si, che tutto quello che dissi e deposi nell'altri miei essamini delle persone di Pier Giovanni da Zevaco, di Matteo della Bastelica, e Matteo da Pietralba qui presenti, lo dissi per verità; e per verità sono pronto adesso

---

1) MS: sopra.

ratificarlo et approvarlo in faccia di chi bisognarà, et in faccia loro.

Tunc D. sedens etc., ad tollendam omnem maculam omnemque dubietatem quæ quomodolibet considerari posset, tam circa dicta quam circa personam I. A^{ti} quat^s adsit, et ad tanto magis afficiendos II. CC. præsentes, mandavit I. A^m in loco tormentorum existentium et ad faciem prædictorum C. C. spoliari, ligari et funi applicari; qui, sic spoliatus, ligatus, et funi applicatus, antequam in altum elevaretur, fuit per D. benignè monitus et hortatus ut Deum timeat *et* præ oculis habeat, neminem indebitè inculpet, et quat^s vera dixerit non timeat modò etiam in tormentis illa ratificare et confirmare;

R^{dit}: Io ho detto la verità, ho il timor di Dio, non incolpo nessuno a torto; *e* perchè ho detto la verità, la voglio anco ratificare nel tormento.

Tunc D. mandavit I. A^m in altum elevari;

Qui, sic elevatus, fuit per D.

Int^s an ea quæ dixit et deposuit in dictis suis examinibus pro veritate dixerit et deposuerit, illaque in substantiam recenseat.

R^{dit}: Signor sì, che tutto quello che io dissi e deposi nell'altri miei essamini, lo dissi per verità; et in sostanza dissi che Pier Giovanni da Zevaco, Matteo della Bastelica, et altri nominati nelli miei essamini confessorno, et io intesi che dissero, d'esser stati a Piazza Farnese con l'armi et haver sparate dell'archibugiate, e Matteo da Pietralba qui presente uscì ancor lui da quartiero con lo schioppo quella sera di domenica delli 20 Agosto p. p., nonostante fusse di guardia *e* contro l'ordine del nostro caporale; et intesi dire publicamente che Matteo da Bastelica e Matteo da Pietralba, e Pier Giovanni da Zevaco si trovassero a sparare l'archibugiate a Piazza Farnese, come meglio dissi nell'altri miei essamini, alli quali mi riferisco.

Int^s an ea omnia modò approbet et ratificet in faciem præsentium C. C.

R^{dit}: Signor sì, che tutto quello che ho detto e deposto lo ratifico e confermo anco in faccia delli sudⁱ qui presenti.

Præsentibus II. CC. et prædicta omnia audientibus, videntibus, intelligentibus, et dicentibus,

P^o loco, Matteo da Petralba: Non è vero niente di quello che lui dice;

2° loco, risponde Matteo da Bastelica: Non è la verità;

3° loco, risponde Pier Giovanni (1) da Zevaco: Lui non dice niente di vero, Pietro da Santa Reparata;

Respondente A. et dicente: Io ho detto la verità;

Et cùm unusquisque eorum persisteret in suo dicto, D. mandavit I. A. leniter de tormento deponi, disligari, brachia reaptari, quat^s revestiri, et acceptatis etc., ad locum suum reponi; et continuando examen cum ipsis C. C., ad eorum faciem adduci mandavit

Ferrantem q. Bravetti de Corte; quo adducto, delatoque sibi et renovato II. CC. respectivè juramento verit. dic. prout tactis etc. jurarunt. Fuit per D. ideo A^{tus}

Int^s an ea quæ dixit et deposuit in aliis suis examinibus de persona præsentium C. C. et in eorum faciem ratificavit, pro veritate dixerit et deposuerit, *et* modò pro veritate etiàm in tormentis, quat^s opus sit, paratus et promptus sit illa ratificare et approbare in faciem præsentium C. C.

R^{dit}: Signor sì, che tutto quello che io dissi e deposi nell'altri miei essamini et ho ratificato in faccia di Pier Giovanni da Zevaco, Matteo della Bastelica, e Matteo da Pietralba qui presenti, lo dissi e deposi per verità; e per verità son pronto adesso ratificarlo e confirmarlo in faccia loro, etiàm nelli tormenti, caso che sia di bisogno.

---

1) MS: Pietro Jacomo.

Tunc D. sedens etc., ad tollendam omnem maculam omnemque dubietatem quæ quomodolibet considerari posset, tam circa dicta quam circa personam I. A^ti quat^s adsit, et ad tanto magis afficiendos II. CC. præsentes, et ad omnem alium meliorem finem et effectum, mandavit eumdem A. in loco tormentorum existentium spoliari, ligari, et funi applicari;

Qui, sic spoliatus, ligatus, et funi applicatus, antequam in altum elevaretur, fuit per D. benignè monitus et hortatus ut Deum timeat et præ oculis habeat, et neminem indebitè inculpet; si verò veritatem dixit, non dubitet modò ratificare et approbare in faciem præsentium C. C.

R^dit: Quello che io ho detto, l'ho detto per verità; temo Iddio, non incolpo nessuno a torto; e perchè è la verità, lo voglio anco ratificare nelli tormenti.

Tunc D. mandavit I. A. in altum elevari, ad effectum de quo suprà;

Qui, sic elevatus, fuit per D.

Int^s an ea quæ dixit et deposuit in dictis suis examinibus pro veritate dixerit et deposuerit, illaque in substantiam recenseat.

R^dit: Signor si, che tutto quello che io dissi e deposi nelli miei essamini, lo dissi e deposi per verità; et in sostanza dissi che Pier Giovanni da Zevaco, Matteo della Bastelica, e Matteo da Pietralba, et altri da me nominati dissero d'esser stati a Piazza Farnese et haver sparate l'archibugiate il giorno di domenica 20 d'Agosto p. p., e che Pier Giovanni e Matteo da Pietralba, benchè fossero di guardia, uscirno fuori con li schioppi, non ostante l'ordine dato dal Caporale Piero che non uscissero quelli di guardia; et anco l'ho inteso dire publicamente per il quartiero; e come meglio dissi nelli miei essamini, alli quali mi riferisco.

Præsentibus II. CC. prædicta omnia audientibus, videntibus, intelligentibus, et dicentibus,

P⁰ loco, Pier Giovanni (1) da Zevaco: Lui non dice la verità;

2⁰ loco, Matteo da Bastelica: Non è la verità quello che lui dice;

3⁰ loco, Matteo da Pietralba: Lui dice bugia e non dice la verità.

Respondente (2) A. et dicente: Io ho detto la verità in ogni cosa; e se non fosse stato la verità, non l'haverei detto.

Et cùm unusquisque eorum persisteret in suo dicto, D. mandavit I. A. leniter de tormento deponi, disligari, brachia reaptari, quat^s revestiri, et acceptatis etc., ad locum suum reponi; acceptatisque etc., examen dimisit, ipsosque C. C. ad locum suum reponi mandavit; Et ita etc. non solum etc. omni etc.

Die dicta 7ª (3) Octobris 1662.

Const^s personaliter iterùm coram quo et ubi supra, meque,

Petrus Joannes q. Dominici de Zevaco, de quo aliàs, qui delato sibi juramento verit. dic. prout tactis etc. juravit. Fuit per D.

Int^s an tandem se disposuerit veritatem fateri super illis de quibus fuit aliàs interrogatus, et præsertim an die dominico 20 Augusti p^e p^{ti}, tempore quo I. C. erat de custodia sub caporali Petro de Oletta, et rumoris de quo aliàs deposuit, I. C. fuerit extra quarterium et ad Plateam Farnesiam, et aliis de quibus fuit superius interrogatus, et quat^s.

R^{dit}: Io la verità l'ho detta. Domenica 20 d'Agosto p. p., che io ero di guardia, non sono mai uscito fuori del mio corpo di guardia, dal nostro quartiero che stava all'hora

---

1) MS: Pietro Jacomo.
2) MS: Respective.
3) MS: 8ª.

vicino la Trinità di Ponte Sisto, nè con arme nè senza, nè sono stato mai a Piazza Farnese con archibuscio, nè ho fatto male alcuno nè sparato archibugiate in modo alcuno.

Et ei dicto per D. ex processu satis clarè apparere I. C^m dicto die dominico 20 Augusti p^e p^{ti}, tempore quo I. C. erat de custodia, contra ordinem sui caporalis exiisse cum armis è dicto quarterio, et cum aliis accessisse versùs Plateam Farnesiam, et in viis et vicis convicinis, ubi in dictam Plateam fuerunt explosæ multæ archibusiatæ a militibus Cirneis, et alia sequuta fuerunt, de quibus fuit superiùs interrogatus; propterea se disponat liberè super præmissis veritatem fateri, quia aliàs pro ea habenda devenietur contra I. C. ad juris et facti remedia necessaria et opportuna, nempe ad torturam;

R^{dit}: Io la verità l'ho detta. La sera di domenica 20 di Agosto p. p. non uscii altrimenti fuori del mio corpo di guardia, dal tempo che io entrai di guardia in quel giorno, come ho detto; io non sono andato a Piazza Farnese, et in quelle strade vicine che rispondono in essa, non so che siano state sparate archibugiate; nè io mi sono trovato a rumore alcuno; e se mi vogliono dar li tormenti, faccia Iddio per me.

Tunc D. sedens etc., visa pertinacia et obstinatione I. C. nolentis de plano veritatem fateri, visis et consideratis inditiis contra I. C. ex processu resultantibus, et (1) huiusmodi facultatibus de quibus in Commissione manu (2) Sanctissimi signata et de qua in actis et in huiusmodi causa præsentata, nec non decreto sub externo die in plena Congregatione habito, procedendo contra I. C. etiam denegantem, in vim facultatorum etc., visisque videndis, consideratis considerandis, auditis DD. Advocatis et Procuratoribus Pauperum,

---

1) MS: in.
2) MS: mane.

cùm aliter ab I. C. veritas haberi non posset, mandavit eumdem in loco tormentorum existentium spoliari, ligari, et funi applicari;

Qui, sic spoliatus, ligatus et funi applicatus, antequam in altum elevaretur, fuit per D. benignè monitus et hortatus ut recedat ab eius pertinacia et obstinatione, nec velit pati in altum elevari, prout elevabitur quat^s in eius obstinatione persistat.

R^{dit}: Quello che ho detto, ho detto, e non posso dire d'avantaggio.

Tunc D. mandavit I. C^m in altum elevari; qui, sic elevatus, tacuit.

Et instante D. pro veritate *habenda* ab I. C.,

R^{dit}: Quello che ho detto è detto, — et deinde tacuit.

Int^s per D. ad veritatem fatendam super præmissis,

R^{dit}: Quello che ho detto è detto, e non so altro; — et deinde tacuit.

Et iterùm instante D. pro veritate *habenda* ab I. C.,

R^{dit}: Quello che ho detto, ho detto; et io non uscii fuori, ma stiedi sempre nel mio corpo di guardia.

Et replicato sibi per D. ut dicat veritatem super præmissis,

R^{dit}: Io la verità l'ho detta; e se bene è vero che io sono fugito dalla Compagnia e da Roma, me ne fugii per la paura che dissi nelli miei essamini, — et deinde tacuit.

Subiungente D. non esse verisimile aufugisse ea de causa (1), sed quia fuit extra quarterium, et in locis de quibus fuit supra interrogatus, et ex aliquo (2) delicto commisso, prout ex processu apparet; ideo dicat veritatem;

R^{dit}: Se bene io sono fugito, non ho fatto male alcuno, e

---

1) MS: absque causa.
2) MS: quo.

non sono fugito perchè habbia fatto delitto; e la verità io l'ho detta.

Et iterum instante D. pro veritate *habenda* ab I. C. super præmissis,

R^{dit}: La verità l'ho detta; e quello che ho detto, ho detto.

Et iterum replicante et instante D. ut veritatem dicat super præmissis,

R^{dit}: Quello che ho detto è detto, — nec aliud responsum haberi potuit.

Et dicente D. ut dicat veritatem,

R^{dit}: Quello che ho detto è detto; et io ero di guardia, et *non* uscii fuori del quartiero.

Et cum stetisset sic in tormento elevatus (1) per spatium unius horæ ad horologium *pulveris* currentis, D. mandavit I. C. leniter de tormento deponi, disligari, brachia reaptari, revestiri et ad locum suum pro nunc reponi, acceptatis etc. omni etc.

Die lunæ 9 Octobris 1662.

Exam^s ft iterùm per Ill^{trem} et Exc^{tem} D. Stephanum Braccium L^{ntem} et jud^m deput^{um}, meque, in Carceribus novis,

Valerius q. Vincentelli de Zevaco in Corsica, qui, delato sibi juramento verit. dic., prout tactis etc., juravit. Fuit per D.

Int^s an tempore quo descendit, ut asseruit, ex stantiis in quarterio, aliqui reperirentur milites Cirnei in Custodia dicti quarterii.

R^{dit}: Io non posso dire a V. S. che soldati furono quelli che erano in corpo di guardia, quando calai giù da cena, conforme ho detto nell'altro mio essamine, la domenica a

---

1) MS: in commuto clausas.

sera 20 di Agosto p. p. doppo che io ero entrato di guardia; e nè meno posso sapere se ci erano tutti li soldati di guardia della mia squadra del Caporal Pietro d'Oletta; nè meno posso dire chi fussero quelli che io ci trovai.

Int^s an I. C. viderit aliquos ex redeuntibus ad quarterium, et an sciat qui essent,

R^{dit}: Se bene io ero di guardia, non potei cognoscere quelli che ritornorno la sera a quartiero, perchè era di notte quando ritornorno; se bene ci era il lume in corpo di guardia, io non l'osservai.

Int^s an tempore quo descendit in quarterio post cœnam, ut dixit, viderit aliquos milites exeuntes ex eo, et quat^s,

R^{dit}: Io non mi ricordo se, quando calai a basso giù io doppo cena nel corpo di guardia la d^a sera di domenica, uscisse nessuno. Sentii si bene che il Caporal Piero d'Oletta, che era caporal di guardia, ordinò che nessuno uscisse, particolarmente quelli di guardia, et fece serrare il rastello.

Et dicto sibi per D. esse inverisimile I. E^m non recordari an aliqui milites exierint de quarterio præd^o dicto sero diei dominici, prout pariter esse inverisimile I. E^m non cognovisse aliquem ex dictis militibus redeuntibus illo sero; ideò dicat liberè veritatem, quia aliàs pro ea habenda, ut sit de præmissis verisimiliter informatus, devenietur contra ipsum E^m ad juris et facti remedia necessaria et opportuna;

R^{dit}: Io non posso dire altro *più* di quello che ho detto, nè mi ricordo se uscirno soldati Corsi dal quartiero o corpo di guardia il d^o giorno di domenica, mentre ordinò il caporale che non uscisse alcuno; nè meno ho cognosciuto nessuno di quelli che sono ritornati in quella sera sud^a; e se mi vuole dar li tormenti, V. S. è padrone.

Tunc D. sedens etc., visa pertinacia et obstinatione I. E. nolentis de plano veritatem tradere, viso et considerato quod I. E. erat in loco ubi aderant milites prædicti, et optimè videre poterat ea de quibus fuit superius interrogatus, et verisimiliter esse de præmissis informatum, visisque videndis, consideratis considerandis, cùm aliter ab I. C. veritas integra haberi non posset, mandavit I. C^m ad effectum prædictum in loco tormentorum existentium spoliari, ligari, et funi applicari;

Qui, sic spoliatus, ligatus, et funi applicatus, anteà quam in altum elevaretur, fuit per D. benignè monitus et hortatus ad puram et integram super præmissis veritatem tradendam, nec velit pati in altum elevari, prout elevabitur quat^s in eius obstinatione persistat, et quat^s.

R^{dit}: Quello che ho detto, ho detto; e se havessi saputo *altro* (1), l'haverei detto e lo direi.

Tunc D. mandavit I. C. in altum elevari;

Qui, sic elevatus, tacuit.

Et instante D. pro veritate habenda super præmissis,

R^{dit}: Quello che ho detto è detto, e non so altro che dire.

Int^s per D. ad veritatem super præmissis tradendam,

R^{dit}: Io non ne so niente, e quello che ho detto, ho detto; e non so altro.

Et subjungente D. ut veritatem dicat super præmissis, et non permittat ulterius tormento funis cruciari,

R^{dit}: Quello che ho detto è detto, e non posso dire d'avantaggio.

Et replicante D^{no} ut dicat veritatem super præmissis,

R^{dit}: Io non so dire di più di quello che altre volte ho detto.

Et cùm stetisset sic in tormento elevatus (2) per quartam partem unius horæ ad horologium pulveris currentis, et nil aliud ab I. E. haberi potuisset, D. mandavit I. E^m leniter de tormento deponi, disligari, brachia reaptari, revestiri, et ad locum suum pro nunc reponi (3), et ita etc. omni etc.

---

1) MS: e se l' havessi saputo,...
2) MS: elevatus fuit.
3) MS: reponi mandavit.

Die 16 Octobris 1662.

Pro fisco contra Simonem Thomassinum de Bastelica, et alios milites Cirneos, ac alios Carceratos, et alios quoscumque,

Comparuit Perill^{is} et Exc^{mus} D. Joannes Franciscus Andreothus, Generalis Procurator fiscalis, et ad docendum de aliis facultatibus concessis in huiusmodi causis, et de quibus in Commissione manu S^{mi} signata, de qua in actis, et in infrascripto Chirographo Em^{mo} et R^{mo} D. Cardinali Progubernatori et aliis conjudicibus deputatis in dicta Commissione a S^{mo} D. N. Papa facto, exhibuit et produxit Chirographum directum d^o Em^{mo} Cardinali Imperiali Progubernatori et aliis præd^{is} Conjudicibus manu Sanctitatis Suæ sub die 14 octobris currentis signatum, tenoris sequentis, vlt.:

R^{mo} Card^{le} Imperiale, nostro Progovern^{re} e Vice Camerlengo, et altri coiudici da noi con commissione signata di nostra mano specialmente deputati nell'infrascritte cause.

Havendoci rappresentato il fiscale generale della nostra Camera Apostolica ritrovarsi inquisiti, processati e carcerati nelle Carceri nuove di Roma Simone Tomassino della Bastelica et altri soldati Corsi per li eccessi e delitti espressi in d^a nostra Commissione e de' quali nelli processi sin hora in dette cause fabricati; e che dovendosi procedere alli tormenti per haverne la verità, potrebbe opporsi dalli (1) difensori d'essi Carcerati li detti eccessi e delitti non esser atrocissimi nè esserci inditii urgentissimi, conforme richiede la Riforma de' Tribunali di Roma della felice memoria di Paolo V nostro predecessore; havendo noi li detti eccessi e

---

1) MS: alli.

delitti per atrocissimi per le circostanze e qualità loro, di nostro Motu proprio, certa scienza, e pienezza della nostra potestà assoluta concediamo a voi et altri coniudici da noi come sopra deputati di poter procedere e far procedere dal Giudice o Giudici da voi deputati nelle dette cause contro li detti carcerati et altri che in avvenire si carcerassero, sì per le dette cause come per qualsivoglia dissobedienza alli loro offitiali, o contraventione de' bandi del Generale, o per altro qualsisia delitto militare commesso (1) nel giorno di Domenica 20 di Agosto p. p., o con l'occasione sudetta, al tormento della Veglia, restandovi ferme le facultà già communicatevi di poter procedere al tormento della Veglia con l'inditii sufficienti al tormento della Corda. Remossa e tolta affatto a ciaschedun di essi Rei tormentati, o da tormentarsi come sopra, et a qualsisia di loro Procuratore o Defensore ogni et qualsivoglia eccettione, oppositione, richiamo, querela, ricorso, appellatione e dictione de nullità, dimanda di restitutione in integro, o qualsivoglia altro rimedio ordinario o straordinario. E così, e non altrimente vogliamo che si eseguischi, essendo tale la nostra mente e volontà precisa. E che per ciò non si possi altrimente judicare, dichiarare et interpetrare da chi si sia, benchè Auditore di Rota, Auditore e chierici della nostra Camera, Cardinali etiamdio, Legati de latere, Prefetto della nostra Sig^{ra} di Giustitia, e di qualsivoglia Congregatione, e qualsisiano altri, de' quali bisognasse farne specifica et individua mentione e che non si comprehendessero sotto qualsivoglia generalità di parola con la clausula sublata et decreto irritante, non ostante la d^a riforma e dispositione di essa, stili, usi, consuetudini, constitutioni et ordini, apostoliche leggi, statuti, et ogn'altro che facesse in contrario; a quali tutte e singole cose,

---

1) MS: commessi.

havendo il tenore di ciascheduno d'essi qui per espresso et inserto di parola in parola a questo effetto, espressamente deroghiamo.

Dato dal nostro Palazzo Apostolico di Monte Cavallo questo di 14 d'Ottobre 1662.

Alexander Papa VII^s.

Die Mercurii 25 Octobris 1662.

Iterùm Const^s personaliter coram perillⁱ et Exc^{mo} D. Stephano Braccio L^{nte} Criminale, meque, in Carceribus novis, assistente D. Eligio Citio (1) substituto fiscale,

Mattheus fil. Hilarii de Petralba in Cirnea, qui delato sibi juramento verit. dic. p^t tactis etc. juravit. Fuit per D.

Int^s an tandem se disposuerit puram fateri veritatem super iis de quibus fuit aliàs interrogatus, et præsertim super inobedientia jussu Caporalis Petri de Oletta die dominico 20 Augusti p^e p^{ti}, et exitu cum armis a quarterio tempore quo I. C. erat de custodia, et aliis de quibus fuit superius interrogatus.

R^{dit}: Io la verità l'ho detta. Il giorno di domenica 20 d'Agosto p. p. in tempo che io ero di guardia, dico non sono uscito altrimente dal quartiero de' Corsi dove stavano di quel tempo; non ho dissobedito il Caporale, perchè io so il mio debito, e mentre ero di guardia, non potevo partire; e non ho fatto male alcuno di quello che sono stato interrogato.

Et dicto sibi per D. quod caveat a mendaciis, quia ex processu satis apertè colligitur I. C^m dicto die dominico,

---

1) Plus loin, Citrio.

postquam ingressus fuit de custodia, contra ordinem Caporalis Petri de Oletta, et illius jussu non obediendo, nec suo debito satisfaciendo, extra rastellos et ut dicitur « fuori del corpo di guardia » violenter cum armis et in societatem aliorum egressum fuisse, aliaque fecisse de quibus fuit superius interrogatus; ideò se disponat liberam super præmissis veritatem fateri, quia alias pro ea habenda deveniretur contra I. C. ad juris et facti remedia necessaria et opportuna;

R^{dit}: Io la verità l'ho detta. Non sono uscito fuori di quartiero quel giorno di domenica, dopo che ero di guardia; non sono andato in luogo alcuno con arme; e se mi vogliono dare il tormento, sto in mano di chi mi farà la giustitia.

Tunc D. sedens etc., visa pertinacia et obstinatione I. C. nolentis de plano veritatem fateri; visis et consideratis inditiis contra I. C. ex processu resultantibus, et (1) huiusmodi facultatibus de quibus in Commissione manu SS^{mi} signata, de qua in actis, DD. judicibus in huiusmodi causa concessis, nec non particulari Chirographo manu SS^{mi} pariter signato et in processu superius registrato, nec non decreto in plena Congregatione sub hodierna die habito, procedere contra I. C. ad tormentum funis et deinde vigiliæ, etiam denegatis etc.; auditis prius DD. Advocato et Procuratore pauperum, eisdem communicato et tradito processu, et facultatibus de quibus supra etc., visisque videndis et consideratis considerandis, cùm aliter ab I. C. veritas haberi non posset, mandavit eumdem in loco tormentorum existentium spoliari, ligari, et funi applicari.

Qui, sic spoliatus, ligatus et funi applicatus, antea quam in altum elevaretur, fuit per D. benignè monitus et hortatus ad puram super præmissis veritatem fatendam, nec velit pati

---

1) MS: in.

in altum elevari, prout elevabitur si in eius obstinatione perstiterit.

R^dit: Io la verità l'ho detta, e non posso dire d'avantaggio.

Tunc D. mandavit I. C. in altum elevari;

Qui, sic elevatus, nihil dixit.

Et instante D. pro veritate *habenda* super præmissis ab I. C.,

R^dit: Io la verità l'ho detta, et deinde dixit: O Giesù, Maria, Madonna del Carmine! Santo Antonio di Padova! — et tacuit.

Int^s per D. ad tradendam veritatem,

R^dit: Non posso dir altro. La verità l'ho detta.

Et iterum instante D. pro veritate *habenda* ab I. C.,

R^dit: La verità l'ho detta, — et deinde tacuit.

Et replicante D. ut I. C. super præmissis veritatem dicat,

R^dit: La verità l'ho detta, — et tacuit.

Tunc D. sine præjudicio continuationis tormentorum, mandavit I. C^m leniter de tormento deponi, disligari, brachia reaptari, revestiri, et in loco separato cum custodia reponi, cùm stetisset sic in tormento elevatus per medietatem unius horæ ad horologium pulveris currentis, animo etc. et sine præjudicio ut supra etc.

Die Jovis 26 Octobris 1662.

Iterùm Consts personaliter coram Perilli et Ex^cmo D. Stephano Braccio L^nte Criminali et Judice deputato, meque, in Carceribus novis, assistente Perilli et Ex^cte D. Carolo Antonio Neroccio, subst^to fiscali.

Mattheus fil. Hilarii de Petralba in Insula Cirnea, de quo supra in processu, qui delato sibi juramento verit. dic. prout tactis etc. juravit. Fuit per D.

Ints an tandem se disposuerit fateri veritatem super inobedientia *jussu* Caporalis Petri de Oletta die dominico 20 Augusti pᵉ pᵗⁱ, postquam ingressus fuit de custodia sub dº Caporali, et exitu seu egressu violento e dicta custodia cum armis, aliisque de quibus fuit superius interrogatus.

Rᵈⁱᵗ: Io la verità l'ho detta. Io non sono uscito di quartiero il giorno di domenica 20 d'Agosto p. p.; non sono uscito fuori con l'arme, nè sono andato in luogo alcuno, nè *ho* fatto male alcuno, perchè io ero di guardia quel giorno e non potevo uscire.

Et dicente Dⁿᵒ ut recedat ab eius obstinatione, et liberam se disponat super præmissis veritatem tradere; quia aliàs pro ea habenda deveniet contra I. C. ad continuationem tormentorum;

Rᵈⁱᵗ: Possono, Signori, fare quello che vogliono, sono padroni, che io la verità l'ho detta.

Tunc D. sedens etc., visa pertinacia et obstinatione I. C. nolentis de plano veritatem fateri; visis et consideratis inditiis contra I. C. ex processu resultantibus, et quod *ossa* per præcedentem torturam non fuerunt elisa, inhærendo facultatibus et decreto de quibus supra, visisque videndis et consideratis considerandis, auditis etc,, cùm aliter ab I C. veritas haberi non posset, mandavit I. C. in loco tormentorum existentium spoliari, ligari, et in tormento Vigiliæ poni, cum assistentia D. Silvestri Possuri, et Antonii Gallinæ, Medici et Chirurgi Charitatis et carcerum respectivè;

Qui, sic in dº tormento subpositus, manibus post terga revinctis, super scamno (1) ligneo accomodatus, undique

---

1) MS: Scandero, mais peu lisible.

Le MS: porte en marge une figure représentant une sorte de grand escabeau à trois pieds, surmonté d'une calotte conique, lequel servait au supplice de la Veille. Deux de ces pieds sont reliés entre eux, à la partie supérieure, par des planchettes marquées successivement, à partir du sommet, des chiffres 1, 2, 3 qui probablement indiquent la durée du supplice.

ligatus de novo etc. cum assistentia etc., fuit per D. benignè
monitus et hortatus ad puram super præmissis veritatem
dicendam.

R^{dit}: Io la verità l'ho detta, et io sono innocente.

Currente prima hora, fuit per D.

Int^s ad dicendam veritatem super præmissis.

R^{dit}: Io l'ho detta la verità, — et tacuit.

Et replicante D. ut veritatem super præmissis tradat,

R^{dit}: Che volete che dica?

Et dicente D. quod veritas exposcitur ab I. C.

R^{dit}: Io la verità l'ho detta, — et deinde tacuit.

Currente hora 2^a, fuit per D.

Int^s ut tandem se disponat veritatem dicere super præmissis; nec patiatur amplius in d° tormento detineri, quia tormentum in quo detinetur non consistit in brevitate temporis, et propterea, si velit se liberari, veritatem dicat.

R$^{d.t}$: Io la voglio dire. Quella domenica a sera 20 d'Agosto p. p., essendo io entrato di guardia alle 22 hore sotto il comando del Caporal Pietro d'Oletta, che eravamo da 40 soldati e più della sua squadra, mentre io stavo in corpo di guardia, fu sparsa una voce che ci era rumore tra li Francesi del Sig^r Ambre di Francia e li nostri soldati; e così corsero una quantità de' nostri soldati dentro il quartiero e corpo di guardia infuriati, per pigliar l'armi e sortir fuori con quelle; che sentii che il nostro caporale disse a tutti noi altri soldati, e particolarmente a quelli di guardia, tra quali ero io, che nessuno sortisse fuori, ma che stassimo ivi a guardare il posto; e così non ostante questo, facessimo forza noi altri soldati alli rastelli per uscir fuori, e li forzassimo e sortissimo fuori con le nostre armi da 20 o 25 soldati; che io sortii fuori con loro con il mio schioppo; e pigliassimo la strada verso Piazza Farnese; che passassimo per la Piazza della Trinità, dove arrivati, chi di noi altri soldati prese la strada verso il Palazzo di Spada, e chi per quelli altri vicoli; che io, assieme con Francesco della Bastelica e certi altri, de' quali non mi ricordo nè so li loro nomi, mi impostai lì vicino ad una bottega dello collararo, che vi sta un vicoletto, e di lì sparai una archibugiata verso il Palazzo e Piazza di Farnese, che poteva esser 23 hore e mezza, o 24 incirca; e quelli altri che erano con me, sparsi chi di là, e chi di qua, sparorno ancor loro dell'archibugiate; et in quel luogo dove stavo e presi posto io, vi stavano da sette o otto altri soldati Corsi; e gli altri che si sparsero per quelli altri vicoli, non posso sapere quanto fussero precisamente, e doppo sparato e che li compagni miei hebbero sparato ancora essi, io me ne ritornai al quartiero, e fui il primo, che fu su le 24 hore; dove ritrovai molti soldati, che non posso sapere chi si fussero.

Int[s] ut dicat qui essent alii qui cum armis exierunt de quarterio et accesserunt prope Plateam Farnesiam, et archibusiatas exploserunt, ut dixit; et dicat pro veritate per quam viam se contulit ad locum ubi ab I. C. fuit explosa archibusiata;

R[dit]: Io dico a V. S. che quelli che vennero con me e sortirno di fuori con l'archibusci alle mani quel giorno di domenica che ho detto, e che si impostorno, come anco quelli altri che andorno per quelli vicoli intorno a Piazza Farnese e che si divisero et intesi che sparorno l'archibusciate, io non so come si chiamano; so bene che erano soldati della nostra Compagnia, e presi la strada che ho detto assieme con l'altri.

Currente 3ª hora, fuit per D.

Int[s] ut dicat pro veritate et nominet illos milites quos vidit exeuntes e quarterio d° die dominico tempore præd°.

R[dit]: Io viddi uscire dal quartiero e dal corpo di guardia con l'arme alle mani quella sera di domenica 20 di Agosto p. p., quando uscii io, Matteo della Bastelica, *et* il sargente Domenico della Bastelica, ma questi non presero la strada che presi io; li quali, con altri de'quali non so li nomi, si sparsero chi verso li Vaccinari di sotto al quartiero, e chi verso il Monte della Pietà; che io non potei osservare dove si andassero; sentii sì bene sparare molte archibugiate lì a Piazza Farnese; e viddi anco uscire con l'arme alle mani Pietro da Montemaggiore, che non osservai che strada pigliasse.

Int^s ut saltim describat illos milites Cirneos qui fuerunt cum I. C. in dicto loco prope Plateam Farnesiam, ubi fuerunt explosæ archibusiatæ.

R^{dit}: Insieme con me nel d° luogo dove io sparai l'archibugiata, come ho detto di sopra, vi stavano Ranuccio da Brando che era soldato del Capitan Franchi con me, adesso che mi sono ricordato, che credo che anco esso sparasse, e non so sotto che caporale si stasse; e per hora non mi ricordo di altri; e nè meno li so descrivere, perchè in quel tempo non potevo abadare come si andassero vestiti, nè meno le loro effigie.

Et dicto sibi per D. non esse verisimile dictos milites non cognovisse, saltim illos qui fuerunt in societatem I. C^{ti},

R^{dit}: Io dico a V. S. che quelli che furono in mia compagnia a sparare dette archibugiate nel detto luoco, non li cognosco; che quelli che cognoscevo, io l'ho detto; e non potevo nè posso conoscerli, perchè erano solo tre mesi che io stavo in d^a Compagnia; et io sparai solamente una archibusciata, come ho detto, e viddi che ci era della gente lì nella piazza, ma non so se cogliesse a nessuno.

Tunc D., acceptatis etc., mandavit I. C. leniter de tormento deponi, disligari cum assistentia etc., et super strato accommodari, eidemque necessaria subministrari, sine præjudicio continuationis tormentorum quat^s etc., et animo etc., cùm stetisset in d° tormento positus per spatium duarum horarum cum dimidia ad horologium pulveris currentis, omni etc.

Die Veneris 27 Octobris 1662.

Iterùm Const^s coram quo supra, meque, in Carceribus novis,

Mattheus fil. Hilarii de Petralba, de quo supra, qui delato sibi juramento verit. dic. prout tactis etc. juravit. Fuit per D.

Int^s an ea quæ dixit et fassus fuit externa die in tormentis pro veritate dixerit et fassus fuerit, et modò pro veritate sit paratus ea omnia ratificare et confirmare hoc in loco extra tormenta et locum tormentorum, et citra illorum timorem.

R^dit: Io non mi ricordo d'haver detto cosa alcuna hier sera nelli tormenti; e se pur l'ho detto, me l'hanno fatto dire il tormento et il dolore che io pativo.

Et dicto sibi per D. ut recedat ab iis subterfugiis, et se disponat dicere an ea quæ dixit et fassus fuit pro veritate dixerit, cùm non possit dubitari ab ipso non fuisse deposita, et ab ipso dicta et confessata ex processu corroborata appareant; ideò etc.

R^dit: Quello che io ho detto e confessato hier sera nel tormento non è altrimenti la verità, ma me lo fece dire il dolore, et il tormento.

Tunc D. acceptatis etc. examen dimisit, animo etc., ipsumque C. ad locum suum cum custodia reponi mandavit, sine præjudicio etc. omni etc.

Die 27 Octobris 1662.

Exam^ta f^t per Exc^m D. Stephanum Braccium L^ntem meque, in Officio,

D. Brigida q. Joannis Donati Romana, quæ delato sibi juramento verit. dic. prout tactis etc. juravit, et fuit per D.

Int^a quomodo præsenti se subjiciat examini, et de eius exercitio, professione et habitatione.

R^{dit}: Io sono venuta qui avanti V. S. ad essaminarmi, perchè mi è stato fatto intendere che io fossi venuta qua all'Officio per servitio della giustitia; è l'essercitio mio di collarara, et habito nella strada dritta che sta passato e sotto alla Piazza di Spada, *e* che va verso Piazza Farnese, avanti il vicoletto della Chiesa della Madonna della Cerqua (1).

Int^a an de mense Augusti p^e p^{ti} et præsertim die 20 di mensis, I. E. inhabitaret in loco prædicto, et fuerit domi præsertim de sero,

R^{dit}: Signor sì, che io del mese d'Agosto p. p. habitavo in detta casa, come anco il giorno di domenica 20 del d^o mese; che son più di 18 anni che vi habito; e ritornai a casa in d^o giorno alle 23 hore incirca.

Int^a an sciat d^o sero diei dominici aliquid mali evenisse in eius vicinio, et quat^s,

R^{dit}: Io la detta sera di domenica, arrivata che io fui a casa, sentii rumore nella Piazza di Farnese. Chi correva di là, e chi di qua; e viddi lì in d^a strada dove sto io, che si vennero (2) ad impostare da sei o sette Corsi che portavano l'archibugio in mano, e li conobbi che erano Corsi alla parlata che loro facevano et all'arme che portavano; e sentii che cominciorno a sparare dell'archibugiate, e viddi la fiamma di esse archibugiate, e sentii li colpi; che perciò io serrai subito la porta della mia bottega per paura che non mi cogliesse qualche palla di dette archibugiate, e mi stangai dentro senza guardar più altro.

Int^a an sciat qui essent dicti milites Cirnei, vel saltim illos describat,

---

1) C.-à-d. Quercia. Le MS. emploie toujours cette transposition populaire.

2) MS: in detta strada dove che sto io vennero ecc.

R.dit: Io non so chi si fossero detti soldati Corsi, che io viddi impostati come sopra, nè meno mi basta l'animo di descriverli; che *per* la paura che io hebbi, non li potei osservare. Tunc,

Die Veneris 27 Octobris 1662.

Iterùm Const.s personaliter coram quo et ubi supra, meque, assistente quo supra,

Mattheus fil. Hilarii de Petralba in Corsica, qui delato sibi juramento verit. dic. prout tactis etc. juravit. Fuit per D.

Int.s ut dicat an ea quæ dixit et fassus fuit externa die in tormentis pro veritate dixerit et fassus fuerit, et modò sit paratus illa ratificare et confirmare extra tormenta et locum tormentorum, et quat.s

R.dit: Quello che dissi e confessai hier sera, torno a dire a V. S. che non è la verità; ma lo confessai per il tormento.

Et dicto sibi per D. quod eius confessio apparet verificata, in ea parte quæ dixit *eum fuisse* in via (1) tendente a Platea DD. de Spadis versus Plateam Farnesiam cum aliis militibus Cirneis de eius Cohorte ibique archibusiatas explosas fuisse, ex depositione mulieris collararia ab I. E. indicatæ, in dicta via inhabitantis; quæ ab eius ore habita fuerunt et per antea ex processu minimè eidem notificata fuere: ideo se disponat liberè dicere an ab ipso dicta et confessata pro veritate dixerit et fassus fuerit;

R.dit: Io dico a V. S. che dalla bocca mia quello che è uscito hier sera nel tormento non è la verità; e se la collarara dice il particolare che io ho detto *nel tormento,* cioè

---

1) MS: verificata mea parte quæ dixit in via etc.

quella collarara che habita in quella strada che dissi, può dire quello che vuole; può essere la verità, ma io non mi ci sono trovato; e quello che ho detto, l'ho detto per il tormento.

Tunc D. ad disponendum I. C. ad veritatem fatendam, et ad omnem alium meliorem finem et effectum, mandavit ad I. C^{ti} faciem adduci

Brigidam q. *Joannis* Donati Romanam de qua supra;

Qua adducta et (1) delato sibi juramento verit. dic. prout tactis etc. juravit; et renovato I. C^{ti} juramento verit. dic. prout tactis etc., juravit. Fuit eadem Adducta per D.

Int^a an ea quæ dixit et deposuit in alio eius examine pro veritate dixerit et deposuerit, et modò tanquam vera ad faciem præsentis C. confirmare et ratificare parata sit.

R^{dit}: Signor si, che tutto quello che io ho detto e deposto nell'altro mio essame, l'ho detto e deposto per la verità; e per la verità sono anco pronta adesso ratificarlo e confirmarlo in faccia di quest'huomo qui presente.

Et lecto nihilominùs per me, de mandato, ad claram etc. examine I. Add^æ facto (2) sub hodierna die, et de quo in præsenti processu etc., et per ambos bene audito et intellecto, ut asseruerunt, fuit eadem Add^a per D.

Int^a an ea quæ sibi modò lecta fuerunt, fuerint ab ipsa (3) dicta et deposita, recognoscat esse eius examen, vera sint, pro veritate dixerit et deposuerit, et modò pro veritate ratificet et confirmet ad faciem præsentis C.

R^{dit}: Io ho inteso benissimo quanto V. S. mi ha fatto leggere, riconosco essere il medesimo mio essame, da me fatto per la verità; e per la verità hora lo ratifico e confermo in faccia di quest'huomo qui presente.

---

1) MS: Qua addet.
2) MS: nomine I. E. dd. factæ etc.
3) MS: ipso.

Præsente I. C. et prædicta omnia audiente, intelligente, et dicente: Io ancora ho inteso quanto dice nel suo essame questa donna che mi è venuta in faccia, che dice in sostanza che sei o sette Corsi, la detta sera di domenica 20 d'Agosto, stettero impostati, nella strada dove lei habita, con l'archibugi alle mani; e che sparorno l'archibugiate; con quel di più *che* dice nel suo essame hora letto e da me molto bene inteso. Dico e rispondo che può essere che vi siano stati li Corsi, come lei dice, a sparar l'archibugiate; ma io non vi sono stato.

Replicante Adducta et dicente: Io ho detto la verità.

Et data per D. facultate I. C[to] interrogandi Add[am] super præmissis quat[s] cum protestationibus et monitionibus de quibus aliàs,

R[dit]: Io non li voglio domandar niente.

Qua declaratione habita et per D. acceptata, Add[am] e loco examinis licentiavit, et acceptatis etc. examen dimisit, et I. C[m] ad locum suum reponi mandavit, animo etc. omni etc.

Die dicta 27 Octobris 1662.

Iterùm Cons[ts] personaliter coram Perill[i] et Exc[mo] D. Stephano Braccio L[nte] et D. Augustino Paris subst[o] L[ntis], et Judicibus deputatis, meque, in Carceribus novis, assistente quo supra et D[o] Citrio subst[o].

Mattheus *fil.* Hilarii de Petralba, de quo aliàs, qui delato sibi juram. verit. dic. prout tactis etc. juravit. Fuit per D.

Int[s] an sit dispositus dicere veritatem super iis de quibus fuit aliàs interrogatus.

R[dit]: Io la verità l'ho detta. Io non mi sono partito dal corpo di guardia la domenica 20 d'Agosto p. p., non sono andato in luogo alcuno; e se ho detto altrimenti, l'ho detto per il dolore.

Et D. dicente I. C. clarè apparere veritatem dixisse et prædicta delicta de quibus fuit superius interrogatus commisisse; ideò se disponat liberam super præmissis dicere veritatem, quia aliter pro ea habenda devenietur contra I. C. ad continuationem tormentorum;

R^{dit}: Io la verità l'ho detta; e se mi vuol dare il tormento, è padrone.

Tunc D. sedens etc., visa pertinacia et obstinatione I. C. nolentis de plano veritatem fateri, visis et consideratis inditiis contra I. C. ex processu resultantibus, et inhærendo facultatibus et decreto de quibus aliàs, visisque videndis, et consideratis considerandis, cùm aliter ab I. C. veritas haberi non possit, mandavit I. C^m duci ad locum tormentorum, ibique spoliari, ligari, et in tormento Vigiliæ apponi.

Qui, sic adductus, spoliatus, ligatus, et in d^o tormento accommodatus, de more etc. cum assistentia DD. de quibus aliàs, fuit per D. benignè monitus et hortatus ad veritatem liberè fatendam super præmissis.

R^{dit}: La verità l'ho detta.

Et currente prima hora, fuit per D.

Int^s ut se disponat dicere veritatem.

R^{dit}: La verità la voglio dire, Signore.

Et dicto sibi ut pollicitam veritatem tradat,

R^{dit}: Essendosi, la detta sera di domenica, cominciato il rumore tra li Corsi e Francesi in Trastevere, via Santa Dorotea, e poi a Ponte Sisto, dove restò ferito Giovanni da Calenzana, soldato della nostra Compagnia, et un altro d'Aiaccio, che non mi ricordo il nome; et essendosi sparsa questa voce nel nostro quartiero, che stava all'hora alla Trinità di Ponte Sisto; sentii *gridare:* « all'armi! all'armi! (1) che si scaramuccia con li Francesi; » — e viddi che entrorno

---

1) MS: che sentii armi, armi.

una quantità di Corsi infuriati *per* andar dentro a pigliar l'armi in quartiere; che all'hora il Caporale Piero d'Oletta, nostro caporale, col quale io ero entrato di guardia, serrò la porta delli rastelli acciò non uscissero fuora li soldati, e disse a tutti li soldati che erano corsi a pigliar l'armi, come anco a noi altri che eravamo di guardia, che nessuno uscisse, comandandoli che stassero fermi al loro posto; ma li soldati infuriati non volsero stimare l'ordine del caporale, ma fecero forza al rastello et al medesimo caporale, che non potè trattenere la furia delli soldati sud^i che non uscissero fuora con l'armi alle mani; tra' quali uscii fuora ancora io infuriato con gli altri con l'archibugio in mano; e parte de' nostri soldati andorno sù dritto verso la Trinità di Ponte Sisto, e Capo di ferro, e parte voltorno di sotto al quartiere verso San Paolino alla Regola dietro al Monte della Pietà; et io andai con altri verso la Piazza di Spada; e benchè il nostro Capitan Franchi ne facesse tornare molti a dietro, io caminai avanti e mi misi impostato con sei o sette altri soldati Corsi della nostra Compagnia in quella strada che sta passata la Piazza di Spada e va dritto a Piazza Farnese; che ci mettessimo lì dove stà la collarara a canto un vicolo stretto, e lì io sparai da due archibugiate verso la Piazza di Farnese, dove ci era della gente, con le palle; ma non so se colpissi alcuno con le mie archibugiate; e l'altri soldati, che erano lì impostati con me, sparorno molte archibusciate verso d^a Piazza; et avanti io viddi che diversi altri della nostra Compagnia si divisero per quelli vicoli intorno a d^a piazza, e sentii molte archibugiate; e quelli che stavano assieme con me, uno so che è da Santa Lucia, ma non so il nome; un altro *era* chiamato Giuseppe da Calenzana, e l'altro Ranuccio da Brando; *e* adesso che mi ricordo, quello (1) da Santa

---

2) MS: che adesso che mi ricordo che quello etc.

Lucia si chiama Barnabeo, e l'altri non so come si chiamano; e doppo haver sparato l'archibugiate, me ne venni verso il quartiero per la strada de' Giupponari (1); che voltai al Palazzo del Monte della Pietà, e me ne venni a quartiere, che era quasi notte.

Int^s an viderit qui essent illi qui egressi fuerunt a quarterio illo die dominico,

R^{dit}: Li soldati che viddi uscir fuori infuriati a far forza alli rastelli, et uscire con l'armi alle mani, furno Carlo d'Ampugnano, Pietro da Montemaggiore, Matteo della Bastelica, e Francesco della Bastelica suo fratello; e molti altri uscirno, come ho detto di sopra, con l'armi alle mani; che intesi dire poi che delle archibugiate che loro sparorno ne restasse morto un libraro, et ho inteso dire anco publicamente che fosse ammazzato un paggio dell'Ambasciatrice a S. Carlo de' Catenari, dove intesi dire publicamente che ci era stato a sparare uno da Aiaccio, che non li so il nome.

Int^s quomodo incederet indutus illo sero I. C., et an ab aliquo seu aliquibus fuerit visus, tam in egressu quam in regressu præd^{to}, et quat^s,

R^{dit}: Quella sera che io uscii, e sortii fuora dal quartiere, come ho detto, con l'armi alle mani, ero vestito di panno di matelica bigio alla francese, senza ferraiolo, col cappello nero; et io tanto nell'uscire quanto nel tornare al quartiero quella sera, sarò stato visto da molti, ma io non posso sapere chi mi habbia visto.

Int^s an sciat quid factum fuerit post eius regressum ad quarterium,

R^{dit}: Tornato che fui a quartiere, fu serrato, et ordinato che, di mano in mano che venivano li soldati, non li facesse

---

2) MS: me ne venni verso le strade, e per la strada de' Giupponari, e me ne ritornai poi a quartiero per la strada de' Giupponari, che voltai etc.

uscire nessuno; e venne anco il S.r Principe D. Mario, il quale ordinò parimente che non uscisse alcuno; et il Capitano fece mettere li posti alle cantonate del quartiere attorno; che io poi andai con il sargente a levarli e farli ritornare in quartiere; che le sentinelle furono messe alle cantonate dalla parte della Trinità, *e* delli Vaccinari, e dalla parte del Monte *della Pietà;* e stassimo serrati tutto il lunedì, che poi la sera fui menato prigione in queste Carceri nove.

Tunc D. acceptatis etc. mandavit I. C. cum assistentia etc. leniter de tormento deponi, disligari, et super strato accommodari, et denique necessaria subministrari, et in loco separato cum custodia reponi, animo etc. sine præjudicio etc., cum stetisset in d° tormento positus per tres *quartas* partes unius horæ ad horologium pulveris currentis, omni etc.

Die Sabbati 28 (1) Octobris 1662.

Const^s personaliter coram quibus supra, meque, in Carceribus et in mansione separata tormentorum, et extra locum tormentorum,

Mattheus fil. Hilarii de Petralba, qui delato sibi juram. verit. dic. prout tactis etc. juravit. Fuit per D.

Int^s an ea quæ dixit et fassus fuit externa die in tormentis pro veritate dixerit et fassus fuerit, et modò sit paratus illa ratificare et confirmare extra tormentum et locum tormentorum, et quat^s.

R^{dit}: Signor nò, che io quello che dissi hier sera nel tormento, non lo dissi altrimente per verità, ma me lo fece dire il dolore.

---

1) MS: 29.

Et dicto sibi per D. quod ex processu apparet I. C. veritatem dixisse, et ab ipso deposita et confessa sunt satis verisimilia; ideò recedat ab istis subterfugiis, et liberè se disponat dicere pro veritate an ea quæ deposuit et fassus fuit in tormento pro veritate dixerit et fassus fuerit;

R.dit: Io dico a V. S. che quello che ho detto, l'ho detto per il tormento e per il dolore che io sentivo.

Et replicante D.no I. C.m deposuisse et incepisse deponere statim atque positus fuit in tormento, et *quod* postea prosequutus fuerit confiteri ab ipso deposita et non potest allegare pro eius excusatione præsentem dolorem; ideò se disponat dicere pro veritate an illa quæ deposuit sint vera et pro veritate ab ipso confessata;

R.dit: Se bene io cominciai a confessare subito messo su la Veglia hier sera, in ogni modo il dolore io lo sentivo, perchè la sera innanzi io havevo havuto il medesimo tormento; e però torno a dire a V. S. che quello che io dissi non è la verità, ma me l'ha fatto dire il dolore; e se bene dissi esser stato impostato in quel vicolo o strada, e d'aver sparato doi archibugiate con la palla, io lo dissi per il tormento; perchè io non uscii di quartiero, ma stetti al posto dove mi mise il Capitano. È ben vero che per prima, quando venne la furia de' Corsi per entrar dentro il corpo di guardia per pigliar l'armi, presi l'archibugio io ancora per uscir fuori; ma non potei uscire, perchè il Caporal Piero fece serrare la porta del rastello e ci ordinò a tutti che non ci partissimo; ma poi al tardo venne il Capitano, e ci mise alli posti per guardarli (1), acciò li Francesi non ci venissero ad assaltare; e questa è la verità.

Tunc D. acceptatis etc. examen dimisit, ipsumque C., animo etc. et sine præjudicio etc., pro nunc ad locum suum reponi mandavit; et ita, omni etc.

---

1) MS: guardarne.

Renvois du Manuscrit.

(A) armorum et.
(B) in officio.
(C) che seppi poi che ci era la S^ra Ambasciatrice di Francia.
(D) trovai uno sbirro.
(E) nella detta chiesa, e poi nel convento, che ci trattenessimo...
(F) pronto ratificare et approvare in faccia di Pietro Giovanni Zevaco, soldato Corso della nostra Compagnia, qui presente.

Et lecto per me, de mandato, examine ipsius Adducti de quo supra, facto sub die 21 præsentis mensis Septembris, ad claram etc., et per ambos bene audito et intellecto, ut asseruerunt, fuit per D^m Add^s

Int^s an ea quæ sibi modò legi audivit, vera fuerint et sint, pro veritate dixerit et deposuerit, et modò approbet *et* ratificet in faciem præsentis C.

R^dit: Io ho inteso tutto questo essame, che V. S. hora mi ha fatto leggere, e riconosco essere il mio esamine da me fatto per verità; e per la verità...

Approbo omnes suprascriptas remiss^nes seu postillas Ego id. Joannes Andreas Genuensis notarius infrascriptus; Et quia Ego Joannes Andreas Genuensis Curiæ causarum criminalium Tribunalis Gubernii Almæ Urbis pro Charitate notarius, suprascriptam præsentem Copiam, foliorum in totum centum sexaginta septem, ex suo proprio originali extractam et copiatam, cum illo collationatam et auscultatam, concordare inveni, salva semper meliori collationatione etc. quats, ideo me subscripsi et publicavi reg. (1).

Nos Joannes Nicolaus Abbas de Comitibus Baro Rom^s V. Sig. S^{mi} D. N. Papæ Ref^s Almæ Urbis eiusque districtus Gen^{lis} Gubernator et Vice Camerarius,

Per idem facimus et attestamur suprad^m D. Joannem Andream Genuensem esse talem qualem se facit, suisque Scripturis in Judicio et extra semper adhibitam fuisse et de præsenti adhiberi fidem. In quorum fidem etc. Datum Romæ ex ædibus nostris hac die vigesima septima mensis Novembris 1662.

JOANNES CAMERESIUS prosecr^{rio} m^o (2).

---

1) En marge le sceau du Notaire.
2) Collé au dessous un écusson en parchemin portant le sceau du Référendaire.

CONCLUSION

CONCLUSION

I.

L'abbé Salvetti, dont le Récit est un résumé succinct, mais fidèle de l'Enquête qu'il avait eue sous les yeux (1), nous en donne en ces termes le résultat final :

« Sono stati ultimamente impiccati lo sbirro che tirò al
» Capitano della Guardia del Sr Ambasciatore e uno de' do-
» deci Corsi presi la sera seguente al delitto, al quale si è
» data la Veglia con special chirografo di Nostro Signore (2). »

Les dernières lignes désignent clairement Matteo d'Ilario da Pietralba, surnommé Matteo Fortuna (3), lequel, soumis trois fois à la torture (4), fit l'aveu — rétracté, il est vrai, le lendemain (5), — d'avoir quitté le quartier malgré l'ordre du caporal pour aller tirer des coups d'arquebuse à la place Farnese (6).

---

1) On sait qu'il avait été le secrétaire de la Commission d'Enquête.
2) Racconto, p. 46.
3) V. p. 302, l. 27. — Son exécution fut différée jusqu'à la découverte du meurtrier du Capitaine des gardes, — « solo a fine di fare una giustizia più numerosa, et esemplare. » (Racc. p. 51).
4) Les 25, 26 et 27 octobre. — V. pp. 387, 389 et 398.
5) V. pp. 393, 395 et 401-402.
6) Racc. p. 42. — V. pp. 390 et 398.

Il faut ajouter à cette double condamnation à mort la suppression de la Milice Corse, si hautement estimée à Rome (1), et l'érection de la fameuse pyramide destinée à flétrir à jamais (chose étrange!) non point uniquement les coupables, mais la Nation Corse tout entière, qui fournissait au St Siège ses plus solides défenseurs (2).

Notons, comme dernier contraste, que, pendant qu'on soumettait neuf Corses à la torture, les gens de l'Ambassadeur n'étaient pas même mis en cause, malgré les nombreux témoignages qui les accusent d'avoir été les provocateurs du conflit, malgré les attentats divers que l'Enquête laisse à leur charge; et nous aurons la mesure des sacrifices que la raison d'Etat est capable d'imposer.

Il est, toutefois, juste de reconnaître que le pape Clément IX, successeur d'Alexandre VII, s'efforça de réparer autant que possible l'injustice dont la Nation Corse avait été l'objet, en insistant auprès du roi pour la démolition de la pyramide. Louis XIV y consentit en 1668 (3).

II.

Quelle est, d'après l'Enquête, la part de responsabilité qui revient à chacun des partis en présence dans le conflit du 20 août?

Provocations antérieures (4). — Les soldats Corses, en raison même de leur dévoûment au St Siège, étaient devenus

---

1) « Milizia brava et honorata » dit l'Anonyme lui-même, p. 22.
2) « li Corsi... li quali erano pure in quel tempo il miglior nervo delle forze che qui fossero per la difesa. » Racc. p. 57.
3) V. Appendice n° 1.
4) Pour les Provoc. antér. V. les Interrogatoires des Officiers Corses, surtout celui de l'alfier, pp. 169-170, et 176-177.

depuis deux mois le point de mire des gens de l'Ambassadeur, qui, s'inspirant des sentiments de leur maître, cherchaient à les provoquer par des outrages de toute sorte : des paroles injurieuses, des heurts ou des menaces. « Questi Francesi del Sr Ambasciatore, dit Jacopo Tox dans son interrogatoire (1), era un pezzo che volevano attaccarla con noi altri soldati Corsi. » Et Tommaso da Muro s'écrie de son côté (2) : « Questi Francesi a noi altri ci hanno la sete addosso, e procurano di maltrattarci, e pensano che noi habbiamo paura di loro, ma però non ne havemo paura. » A plusieurs reprises, les officiers Corses et les autorités pontificales durent intervenir pour calmer les esprits. Mais les insultes continuèrent, jusqu'au jour du 20 août, où elles se changèrent tout-à-coup en agressions à main armée.

1re *Agression* (3). — Ce jour-là, après le repas du soir, trois Corses se promenaient à S. Dorotea in Trastevere, non loin de Ponte-Sisto. Ils rencontrent trois laquais de l'ambassadeur qui, en passant, les gratifient, suivant leur habitude, des épithètes de *sbires* et d'*espions du pape*. Les Corses se contentent de répondre *qu'ils ne sont ni sbires ni espions, mais soldats et hommes d'honneur*. Les valets redoublent d'insolence : « *Bougres de coquins*, répliquent-ils, *sbires, espions, nous vous baillerons des coups d'arquebuse.* » On s'éloigne de part et d'autre ; mais bientôt les valets reviennent, la main sur l'épée. Les Corses, qui s'en aperçoivent, se tiennent sur leurs gardes. « Ces gens-là, disent-ils, veulent nous attaquer à coups d'épée ; il faut nous défendre. » Et dès qu'on fut en présence, on dégaîna des deux côtés. Mais les agresseurs ne tardèrent pas à recu-

---

1) V. p. 113, l. 20.
2) V. p. 112, l. 20.
3) Pour la 1re agression, V. les Interrogatoires de Giovanna Vietti et de Marco Vietti, pp. 85 et 88.

ler, à prendre la fuite. Les Corses les poursuivirent jusqu'au Palais Farnese, puis ils rentrèrent à leur quartier (1).

2º *Agression* (2). — Peu après, six autres laquais de l'ambassadeur, venant du Transtevere, où ils ont sans doute appris la déconfiture de leurs camarades, traversent Ponte-Sisto en courant, l'épée à la main. Sur l'autre rive, ils rencontrent un soldat corse isolé, Giovanni da Calenzana, qui prend tranquillement le frais devant le Fontanone et contemple la cascade (3). Ils tombent sur lui, en criant : « Bougre de Corse, espion du pape, tire ton épée. » Le Corse, surpris, répond néanmoins *qu'il est serviteur et soldat du pape, mais non espion*. Puis il se défend vaillamment et pare les coups d'épée qu'on lui porte de tous côtés. Un autre champion survient contre lui et se joint aux six autres (4). Blessé enfin au bras droit et ne pouvant plus manier son arme (5), le Corse est sur le point de succomber lorsque, par un heureux hasard, deux de ses camarades qui passaient viennent à son secours. Ils mettent en fuite les sept agresseurs (6); puis lentement (7), par la ruelle de la Sirène, ils ramènent au quartier le soldat blessé, pendant que leurs adversaires vont s'unir aux fuyards de la première agression, qui déjà retournent du Palais Farnese avec des renforts considérables. Nos trois Corses voient, en effet, de loin un groupe nombreux d'hommes armés déboucher de la

---

1) V. p. 117, l. 17-27; p. 119, l. 24-33; p. 122, l. 26-32; p. 98, l. 3-12.

2) Pour la 2ª agression, V. les Interrogatoires de Giovanni da Calenzana, p. 107, de Tomaso da Muro, p. 110, et de Jacopo Tox, p. 112.

3) P. 108, l. 12-18.

4) P. 108, l. 28.

5) P. 109, l. 8.

6) P. 109, l. 14; p. 114, l. 2; p. 110, l. 14.

7) « Viddi anco ricondurre un soldato Corso *a braccio*, che era ferito, e doi lo conducevano. » (p. 243, l. 20-22).

rue du Mascherone et courir vers Ponte-Sisto (1). Ils sont une vingtaine, dit un témoin (2), une trentaine, dit l'abbé Salvetti (3), tous munis d'arquebuses, de pistolets, d'épées, de fourches en fer ou de gourdins (4).

3e *Agression* (5) — Pendant ce temps, Gio: Battista d'Ajaccio et Domenico da Rogliano, de retour d'une longue promenade à Ripetta, cheminent tranquillement vers leur quartier, et, par la Via Giulia, arrivent au Fontanone. A la vue de cette foule armée et menaçante, dont ils ne s'expliquent point la présence, ils veulent aborder la ruelle de la Sirène, afin d'arriver promptement au quartier, où leurs chefs peuvent avoir besoin d'eux. Mais Gio: Battista, qui a pris les devants, s'aperçoit, après avoir fait quelques pas, que six ou huit ou dix hommes de la troupe (il n'a guère eu le temps de les compter) sont à ses trousses. Il se retourne brusquement et ne voit plus son camarade, que deux passants charitables ont *enlevé* et enfermé dans l'Hôpital Saint Sixte pour l'arracher à une mort certaine (6). Ne pouvant résister à tout ce monde à la fois, il cherche un refuge dans la boutique d'un herbager, où trois ou quatre de ces hommes

---

1) La rue du Mascherone longe le Palais Farnese et débouche dans la Via Giulia qui suit le cours du fleuve jusqu'à Ponte-Sisto, à l'entrée duquel se trouve le Fontanone. Cette dernière partie de la Via Giulia a pris aujourd'hui le nom de Via del Fontanone.
2) P. 117, l. 33.
3) Racconto, p. 8.
4) P. 118, l. 1-4; p. 121, l. 12-15; p. 290, l. 14.
5) Pour la 3e agression, V. les Interrogatoires de Gio: Battista d'Ajaccio (p. 104-107), de Domenico da Rogliano (p. 115-116), de Gio: Diodato di Lorena (p. 117-118), de Domenico Tomasi da Montecarotto (p. 120, l. 5-14), de Domenico Vinci (p. 121, l. 12-24), et d'Angelo Miliaccio (p. 123, l. 1-14).
6) Doi gentilhuomini che erano lì, mi presero e *di peso* mi portorno dentro l'hospedale di S. Sisto, dicendomi: « Li Francesi vi ammazzeranno, » e mi fecero serrare dentro d° hospedale. p. 116, l. 12.

pénètrent après lui et le frappent de deux coups d'épée. Le cri qui, à ce moment, retentit dans la rue : « Ce n'est pas lui ! ce n'est pas lui ! » prouve bien qu'on a affaire aux auteurs des agressions précédentes (1). Le malheureux Gio: Battista, transporté à l'Hôpital de la Consolation, y meurt quelques jours après (2).

Comment qualifier de pareils attentats ! Et quelles représailles ne sont-ils pas de nature à justifier !

III.

Ces tristes nouvelles arrivent bientôt au quartier des Corses. On exagère le nombre des victimes (3). On raconte même que les gens de l'ambassade vont en masse assaillir le quartier (4), y mettre le feu (5). Ces récits produisent une irritation immense. Les soldats furieux prennent les armes, brisent les barrières, se précipitent dans les rues voisines. Les premiers sortis courent au Palais Farnese et appellent au dehors ceux de leurs adversaires qui s'y tiennent enfermés (6). Ils tirent sur les fenêtres d'où l'on tire sur eux, et c'est ainsi que les balles parties du Palais tuent le garçon libraire Andrea Guernaccino (7) et blessent le boulanger allemand Michel Trussil (8). C'est maintenant partout une lutte sauvage, une véritable chasse à l'homme,

---

1) V. p. 106.
2) Le 4 septembre. V. la Constatation médicale, p. 243-244.
3) « Si era sparsa voce al quartiero che erano morti *molti* de' nostri soldati » (p. 291, l. 4). V. aussi p. 298, l. 23; p. 317, l. 30 et p. 320, l. 10.
4) Tous les soldats Corses en parlent dans leurs Interrogatoires.
5) V. p. 157, l. 13-15.
6) V. p. 197, l. 24-28. — Cf. p. VIII, l. 25-30.
7) Cf. p. 181, l. 20-28 et p. 183, l. 3-16 avec la Constatation médicale, p. 78, l. 9-20.
8) P. 85, l. 1-3.

dans laquelle les passants ont, comme toujours, leur part de malheur. Mais cette chasse à l'homme n'avait-elle pas commencé à Ponte-Sisto contre les Corses? Et s'il y a eu des excès regrettables, la faute n'en est-elle pas à ceux qui les ont si violemment provoqués? (1)

Heureusement l'échauffourée ne dura guère plus d'une demi-heure, grâce à l'intervention énergique du capitaine corse, qui en empêcha l'extension dès le début. Alfonso Franchi était chez lui, occupé à sa correspondance, lorsqu'il entendit le tumulte. Il descend aussitôt dans la rue et se trouve en présence d'une centaine de ses soldats (2), qui viennent de quitter le quartier et courent furieux dans la direction du palais Farnèse. « Arrière, soldats! au quartier! (3) Au quartier, mes enfants! » (4) leur crie-t-il, cherchant à leur barrer le passage et accompagnant même ses ordres de coups de plat d'épée (5). Certes il fallait qu'il fût bien sûr du dévoûment de ces hommes et de leur respect pour la discipline pour oser les affronter ainsi dans un moment pareil. Un témoin en est stupéfié et craint sérieusement pour les jours du capitaine (6). Et pourtant, à la voix de leur chef, ces cent hommes, animés d'une juste colère, armés d'épées et d'arquebuses, s'arrêtent tout-à-coup, et, à contre-cœur sans doute, la rage dans l'âme, mais soumis et résignés, ils reprennent le chemin du quartier. On entend au loin des détonations; le capitaine fait battre le rappel, une trentaine d'autres soldats revien-

---

1) Les Provocations ci-dessus relatées étaient de notoriété publique; tous les témoins en font foi.
2) Le capitaine dit cent environ (p. 171, l. 7), le sergent dit 120 (p. 233, l. 21).
3) P. 171, l. 16; p. 178, l. 15, p. 222, l. 6; p. 172, l. 9.
4) P. 185, l. 15; p. 188, l. 26.
5) P. 171, 178, 185, 188, 231, etc.
6) P. 219, l. 23-31.

nent à leur tour. Il en resta peu dehors; et parmi eux les trois qui, par S. Salvatore in Campo, s'étaient rendus à la Place Farnese, puis à S. Carlo de'Catenari, rentrèrent les derniers (1). Le capitaine les enferme tous, les livre à la justice, sans qu'un seul mot d'aigreur s'échappe de leurs lèvres (2).

Nous retrouvons chez ces hommes quelques-uns des traits bien connus de ce vieux caractère national, que la civilisation et les vicissitudes politiques n'ont pas sensiblement modifié: prudents et calmes, mais toujours prêts à accepter la lutte, fiers et indomptables devant l'insulte ou l'injustice, respectueux de la règle et du droit, dévoués jusqu'à l'abnégation.

IV.

L'Incident de S. Carlo (3). — Mais voyons ce qui s'est passé à S. Carlo de'Catenari, car cet épisode de la lutte a donné lieu à l'accusation la plus grave qu'on ait formulée contre les Corses. On les a accusés, en effet, d'avoir *tiré sur l'Ambassadrice* (4).

L'Ambassadrice s'était attardée ce soir-là dans sa visite aux églises et revenait sans flambeaux (5) à la tombée de la nuit. « Era mezz'ora di notte, » disent tous les témoins.

---

1) C'étaient Andrea Crovero d'Ajaccio, Pietro da Montemaggiore et Carlo d'Ampugnano. — V. p. 222-223; p. 226, l. 17-19; p. 227, l. 6-19; p. 276, l. 10; p. 299, l. 13-18.
2) V. les Interrogatoires de tous les soldats prisonniers.
3) Pour l'incident de S. Carlo, V. les Interrogatoires de Dragonio (p. 88), de Baldeschi (p. 91) et de Maccione (p. 94), témoins oculaires.
4) V. p. 23, l. 31-34.
5) V. Introd., p. X, l. 10-11.

Arrivée à S. Carlo, elle entend le tumulte, peut-être même des détonations lointaines (1). Elle fait arrêter son carrosse et envoie deux laquais en reconnaissance. Ils se dirigent vers la rue des Giubbonari, qui fait suite à la place S. Carlo. Dans cette rue se trouvaient trois soldats corses, revenant de la Place Farnese (2). Dès qu'ils aperçoivent les laquais, ils tirent sur eux un coup d'arquebuse, sans les atteindre (3). L'Ambassadrice effrayée ordonne à son cocher d'entrer dans la ruelle voisine; mais le carrosse en tournant laisse à découvert le page, et l'un des trois Corses qui, dans l'intervalle, avait fait quelques pas vers la place à la poursuite des laquais (4), voyant tout-à-coup cet homme de livrée (5), tire sur lui et le tue.

A-t-on jamais pu croire sérieusement que ce coup fût destiné à l'ambassadrice?

En présence des faits ci-dessus, la première pensée qui se présente à l'esprit, c'est que, dans cette demi-obscurité, la parité d'âge entre les personnes (6) et une certaine ressemblance dans leurs costumes ont donné le change au meurtrier et qu'il a cru tirer sur l'un des deux laquais.

Voyons ce que dit l'Enquête.

Et d'abord, à ce moment, était-il facile de reconnaître l'ambassadrice, ou seulement son carrosse? Les trois témoins qui, à une heure moins avancée du crépuscule, ont vu le

---

1) Celles de la place Farnese, par exemple.
2) Les trois nommés plus haut (p. 414, note 1). V. p. 282, l. 6-13 et p. 295, l. 14-20.
3) P. 91, l. 9-10.
4) P. 91, l. 8-12.
5) P. 89, l. 27. Cf. p. 81, l. 22.
6) Le page avait 20 ans (p. 80 et 81). Les deux laquais étaient aussi des jeunes gens: *due giovinotti* (p. 92, l. 2).

carrosse arriver sur la place et s'arrêter près de l'église, ne l'ont point reconnu ; ils n'ont été informés que plus tard (1) de la présence de l'ambassadrice.

En second lieu, est-il naturel et vraisemblable, comme le fait judicieusement observer l'abbé Salvetti (2), que ceux-là mêmes qui avaient, un quart d'heure avant, respecté l'ambassadeur à la Place Farnese (3), ne respectassent pas l'ambassadrice à S. Carlo? Les soldats Corses, étrangers à la politique, n'en voulaient personnellement ni à l'ambassadeur ni, à plus forte raison, à l'ambassadrice, mais à leurs gens qui les avaient insultés et assaillis (4).

---

1) «.... che seppi *poi* essere l'Amb^ce di Francia », dit Dragonio (p. 89, l. 8), et plus loin : « la carrozza che dissero *poi* essere della S^ra Amb^ce (p. 89, l. 27). Maccione dit tout simplement: « due carrozze di dame franzese » (p. 94, l. 26), et plus loin : « che seppi *poi* che ci era la Sig^ra Amb^ce di Francia » (p. 95 renvoi C.). L'autre témoin de vue, Baldeschi, dit : « *Sentii* lì per il vicinato etc. » (p. 91, l. 15-20).

2) Racc. p. 13 (passage cité par nous, p. X).

3) V. p. 197, l. 14-19; p. 202, l. 1-7; p. 276-277; p. 282, l. 6-12; p. 295, l 14-28. Cf. p. IX.

4) Créquy s'efforça de donner à ce conflit une couleur politique, afin d'en pouvoir tirer le prétexte d'une insulte faite à la France à l'instigation de la Cour de Rome. L'abbé Salvetti réfute très-simplement ce grief imaginaire : « Se l'ira de' Corsi (dit-il à la page 53 de son Racconto) fusse stata contro la Nazione intiera, sono tanti Francesi in questa Città, tanti se ne trovavano in quell' hora esposti per le vie pubbliche alla discrezione de' Corsi e senz'armi da per tutto, che non *tre* soli, ma in gran numero sariano stati i morti e gli offesi, quando l'odio de' Corsi fosse stato contro la Nazione intiera. » Nous avons vu d'ailleurs (p. 111) qu'au moment où la 2e agression va se produire, un soldat corse, du nom de Stefano, s'arrête près du Fontanone et quitte ses camarades pour causer amicalement avec des Français.

Mais il y a dans ce procès une déposition qui, si l'on en pouvait tenir compte, donnerait un air de probabilité aux *Vêpres Corses* de M. Chantelauze: c'est celle d'Antoine Duboys, capitaine des gardes de l'Ambassadeur (page 82). Duboys prétend, en effet, avoir été

Nous ajoutons, nous, qu'alors même qu'il n'en serait pas ainsi, une telle agression paraîtrait presque impossible à tous ceux qui connaissent les mœurs de notre île. On trouverait difficilement dans les annales du banditisme l'exemple d'un Corse se vengeant d'une injure sur les femmes de ses ennemis. Et si parfois les hommes se voient réduits à rester enfermés des mois entiers sous la menace

---

assailli par *20 ou 30 soldats corses*, qu'il a reconnus à leurs armes (*épée et carabine* — il oublie le poignard), et qui auraient tiré sur lui et sur ses trois compagnons, en criant : « Ammazza, ammazza là, che son Francesi! » Or, cette déposition est contredite par toutes les autres. Les témoins De Visa, Ferretti, Donnusi et Speranza, qui se trouvaient dans la ruelle des Balestrari, où le fait se serait passé, ne disent nullement avoir entendu proférer ces mots ; de plus, ils n'ont vu passer, au milieu de la panique générale que 3, ou 6, ou au plus 8 Corses (pp. 92, 97, 99, 101) et encore ces soldats disparurent-ils bientôt par la Via della Quercia pour aller vers la Place Farnese (p. 99, l. 22). En présence de ces renseignements contradictoires, on donna à l'Enquête supplémentaire une direction différente et il fut prouvé finalement qu'Antoine Duboys n'avait pas été blessé par un soldat corse, mais par un sbire, lequel, arrêté plus tard à Velletri, fut bel et bien pendu pour ce fait (Racconto, p. 50). Et, notons-le en passant, les sbires ne portaient point *l'épée* (Racconto, p. 49). Que reste-t-il des affirmations complaisantes du capitaine des gardes?... En rapprochant les dépositions des quatre témoins ci-dessus nommés, on arrive à conclure que le meurtrier d'Antoine Duboys fut très probablement un de ces *quatre hommes armés d'arquebuses* (et non d'épées) dont il est question à la p. 97 (l. 14-18), qu'un des témoins reconnait pour des sbires (p. 93, l. 9) et qui vinrent se poster juste à l'endroit récemment quitté par les Corses, empêchant, par mesure d'ordre, la circulation dans la ruelle. On comprend dès lors comment les choses se sont passées : Duboys arrive avec ses trois amis ; les sbires lui crient : « Ferma là ! » (p. 93, l. 9; p. 101, l. 23) ; il *veut* passer quand même et, après quelque violente réplique, on tire sur lui. Mais les Corses n'y sont pour rien : c'est chose jugée, et l'on n'avait nul intérêt à faire retomber la faute sur les sbires plutôt que sur les soldats corses, les uns et les autres étant également au service du Pape. Donc, point de *Vêpres Corses*.

persistante d'un bandit, les femmes peuvent librement vaquer à leurs affaires. La vendetta respecte les femmes et les enfants. C'est une loi d'honneur, garantie contre toute infraction par la crainte du mépris public.

Mais dans le cas actuel, on a mieux que des preuves morales à produire. Le Procès fournit la *preuve matérielle* que le meurtrier du page n'a pas reconnu le carrosse de l'ambassadrice.

Les trois soldats qui étaient à S. Carlo de' Catenari ont fait, avant de s'enfuir (1), des confidences à quelques-uns de leurs amis. Les termes dont ils se sont servis ont ici une portée décisive, car à l'heure où les témoins en déposent le meurtrier a eu le temps de regagner la Corse et l'on n'a plus rien à craindre pour lui (2).

Or Andrea Crovero, le meurtrier présumé, confie successivement à deux de ses compatriotes ajacciens qu'il a tué *un laquais ou un page de l'Ambassadeur* (3). S'il n'a point parlé de l'ambassadrice, c'est qu'il ne se doutait pas qu'elle fût là. S'il n'a pas même parlé du carrosse, c'est que, n'ayant vu entre le véhicule et l'homme qu'un rapport accidentel de position, il n'y a attaché aucune importance. Mais ces présomptions, bien naturelles, se changent en certitude après l'interrogatoire d'Ansaldi. Devant ce dernier, en effet, et devant plusieurs autres, les trois inculpés ont dit avoir tué *un Français qui allait près d'une voiture* (4). Se

---

1) Ces 3 soldats se sont enfuis le mardi matin 22 août (V. Interrogatoire du sergent, p. 234, l. 25-31).

2) Fabio d'Ajaccio et Paolo Maria Pozzodiborgo déposent le 29 août (sept jours après le départ de Crovero), et Pietro Ansaldi le 26 septembre (35 jours après ce départ).

3) Fabio dit: « Un servitore o paggio che fosse del Sr Ambre di Francia », (p. 214, l. 14-29), et Pozzodiborgo : « Un paggio o servitore del Sr Ambre » (p. 218, l. 1).

4) « Un Francese che andava vicino ad una carrozza » (p. 295, l. 20).

seraient-ils exprimés de la sorte, s'ils avaient pu seulement soupçonner que ce fût le carrosse de l'ambassadrice? C'était donc bien, à leurs yeux, une voiture *quelconque*. Près de cette voiture, Crovero voit tout-à-coup paraître un jeune homme que, malgré le crépuscule, il reconnaît à sa livrée pour un serviteur (page ou laquais) de l'ambassadeur, et il tire sur lui, sans s'occuper de la voiture, qui n'était pas son objectif.

Voilà la vérité, telle qu'elle ressort de l'Enquête. L'ambassadeur a pu un instant, dans l'irritation première, ajouter foi à des récits exagérés; il a songé ensuite à en tirer parti contre le pape. Mais la passion politique aveugle entièrement notre Anonyme, lorsque, après avoir rendu hommage à la *bravoure* et à *l'honorabilité* de la Milice Corse (1), il reproduit, vingt lignes plus loin, cette calomnie énorme, en y ajoutant des circonstances inventées à plaisir pour en grossir l'effet. Rappelons ce curieux passage:

« Arrivati alla contrada detta de' Catenari, incontrarono l'ambasciatrice... e senza riguardo nè al sesso, nè alla condizione, nè alla maestà della persona, *gli sparorno contro delle archibugiate, ferirono due o tre del suo seguito*, ammazzando il paggio Bertò, che stava *attaccato alla stessa portiera della carrozza* (2), etc. »

Or, l'Enquête nous l'apprend, à S. Carlo de' Catenari *il n'y a pas eu de blessés*, et toute cette fusillade se réduit à *un seul coup* d'arquebuse, celui qui a tué le page; car le coup précédent, qui n'a d'ailleurs atteint personne (3), a été tiré dans la rue des Giubbonari et d'un endroit d'où on ne pouvait absolument pas voir le carrosse (4). Enfin le

---

1) P. 22, l. 6.
2) p. 22, l. 25 et suiv.
3) P. 91, l. 9-10.
4) P. 91, l. 31 et suiv.

page n'était pas *attaecato alla stessa portiera della carrozza* (dont il a dû s'écarter pour le moins dans l'évolution précipitée de celle-ci), mais simplement *appresso alla carrozza* (1), *vicino alla carrozza* (2), comme disent tous les témoins oculaires et le juge instructeur lui-même (3), confirmant en cela les paroles des trois Corses.

Donc, dans le récit de l'Anonyme, il n'y a de vrai que le meurtre du page, que personne ne conteste; et il reste prouvé par les éléments de l'Enquête que *les Corses n'ont pas tiré sur l'Ambassadrice*. C'est la seule chose qu'il nous importait d'établir, après la provocation. Pour le reste, nous n'hésitons pas à le dire, une appréciation impartiale ne pourra manquer de reconnaître que les Corses se trouvaient dans le cas de la *légitime défense*.

Quant au grief relatif à la prétendue connivence des autorités pontificales, mis en avant par Créquy dans l'intérêt de sa politique, timidement insinué par l'Anonyme (4) et soutenu par d'autres dans le même esprit (5), nous ne nous y arrêterons pas, estimant que les raisons données par l'abbé Salvetti (6), confirmées par le Procès (7), suffisent amplement pour en démontrer l'inanité.

L. et P. L.

---

1) P. 89, l. 22.
2) P. 91, l. 17 et p 95, l. 9.
3) « ... qui *prope currum* Exc^{mæ} d^i Oratoris uxoris in d^a Platea S. Caroli eo tunc *incedebat*. » (p. 324, l. 28).
4) P. 24, l. 1-16.
5) M. Chantelauze, cité par M. Gérin (V. p. IX, note 2).
6) V. p. XI-XII, et p. 416, note 4.
7) V. notamment les Interrogatoires des Officiers Corses.

APPENDICE

APPENDICE

N° 1. — Louis XIV fit frapper deux médailles à l'occasion de l'*affaire des Corses;* elles se trouvent reproduites dans le recueil des

Médailles sur les principaux événements du règne entier de Louis le Grand avec des explications historiques. — A Paris, de l'imprimerie royale. MDCCXXIII.

Ne pouvant en donner ici le dessin, nous en empruntons la description suivante à l'ouvrage précité:

1664.
LA PYRAMIDE ÉLEVÉE A ROME A L'OCCASION DE L'ATTENTAT DES CORSES.

Par le traité de Pise, les Corses avaient été déclarez incapables de servir jamais dans l'Estat Ecclésiastique: le Pape s'était mesme obligé de faire élever dans Rome, vis-à-vis de leur ancien corps-de-garde, une pyramide avec une inscription, pour conserver la mémoire de ce chastiment. On y travailla avec une telle diligence, que l'ouvrage se trouva achevé avant le retour du duc de Créquy. Le choix du lieu où l'on plaça ce monument, et les termes de l'inscription marquaient toute l'horreur qu'on avait de l'attentat commis en la personne de l'ambassadeur de France.

C'est le sujet de cette médaille. Rome assise et appuyée sur son bouclier, regarde avec étonnement la pyramide élevée. La légende et l'exergue, *pœnæ de Corsis sumptæ posita pyramide. MDCLXIV.* signifient *Pyramide élevée en punition de l'attentat des Corses en 1664* (p. 78).

1668.

LA PYRAMIDE DES CORSES ABBATTUE.

Clément IX, qui avait donné au Roy plusieurs preuves de sa tendresse et de son attachement, luy fit demander que l'on abbattist la pyramide élevée à Rome sous le Pontificat de son prédécesseur, en mémoire de la punition des Corses. Sa Majesté voulant marquer publiquement sa considération pour le Saint Père, consentit à la destruction de ce monument.

C'est le sujet de cette médaille. La religion y tient de la main droite une croix, et de la gauche un livre. Près d'elle, d'un côté est un autel, avec un encensoir; et de l'autre on voit la pyramide à demi renversée. Les mots de la légende, *Violatæ Majestatis Monumentum abolitum*, signifient *destruction du monument qui conservait la memoire de l'attentat commis contre la Majesté Royale*. Ceux de l'exergue, *Pietas regis optimi. MDCLXVIII.* marquent *la piété du Roy*. Plus bas est la date 1668 (p. 108).

N° 2. — La Marquise de Créquy parle de *l'affaire des*

Corses dans ses *Souvenirs* (1). Il lui aurait été vraiment difficile d'accumuler plus d'erreurs en si peu de lignes. Qu'on en juge par l'extrait suivant :

« Montaigne a dit avant moi combien il est fastidieux « de ramentevoir et longuement destailler les choses cognües et contenues ez livres d'histoire ; » aussi ne vous *ramentovoirai-je* en aucune façon les démêlés du pape Alexandre VIII (*sic*) avec Louis XIV, non plus que cette audacieuse entreprise d'insulte contre le Duc de Créquy, son ambassadeur, par des soldats de la garde pontificale, en plein jour et dans la rue du Corso. Je vous dirai seulement qu'un des pages de l'Ambassadrice, appelé M. de Polignac, avait été tué derrière son carrosse, et que ces misérables soldats avaient assailli de coups de pierre la marquise de Créquy (2), belle-sœur du Duc, à sa sortie de l'église de Saint-Louis-des-Français. L'ambassadeur de France se retira d'abord sur les terres de Naples, au pas de ses chevaux, escorté par ses gentilshommes et sa livrée, comme aussi par tous les sujets du Roi, qui se trouvaient dans l'Etat romain; mais la Duchesse et la Marquise de Créquy restèrent, avec seulement une vingtaine de domestiques, dans Rome et dans leur palais Farnèse, dont on ouvrit, pour lors, toutes les grilles et toutes les portes majeures, avec un air de fière indifférence et de sécurité méprisante, parce que le représentant, ou pour mieux dire l'envoyé du Roi très-chrétien ne s'y trouvait plus.

» L'inflexible et résolu Pontife en fut attéré. Le gouver-

---

1) *Souvenirs de la marquise de Créquy de 1710 à 1803. Paris, Garnier frères* (tome II, pp. 140, 1, 2 et 3).
2) Catherine de Rougé du Plessis-Bellière. Elle nous a laissé des manuscrits dont je vous recommande la lecture. Cette relation de son voyage à Rome est écrite avec un esprit et un agrément infinis.
(*Note de l'Auteur*).

nement romain en était paralysé de terreur. Le Duc de Créquy ne voulut écouter aucune explication, recevoir aucune excuse, aucune satisfaction personnelle.

» Certains détails de cette étrange affaire n'ont pas été bien rendus, ni peut-être bien connus par nos historiographes de France, car notre ambassadeur avait commencé, comme je vous l'ai dit, par se transporter à Campoli, sous la domination du Roi d'Espagne et des Deux-Siciles ; et voici la copie de la première lettre qui fut écrite au Pape Alexandre par le Roi notre maître, à l'occasion de cet événement. L'original en est aux archives pontificales, d'où Monseigneur Falconieri voulut bien m'en faire avoir une transcription que je vais copier avec une attention scrupuleuse (les inscriptions qui précèdent la lettre du Roi sont du fait de la chancellerie romaine, et sont écrites à l'encre violette) :

« *Alla Santità del Beatissimo Padre il Papa Alessandro VIII (sic) Pontefice Massimo Nostro Signore in Roma la Santa.*
» *Settima lettera di Sua Maestà, il Re Cristianissimo Ludovico XIV. 30 d'agosto 1662. Rasp. 149. XXV.*

» Très Sainct Père, nostre cousin le Duc de Créquy nous ayant fait connaître l'attentat commis sur sa personne, le vingt aoust dernier, dans les rües de Rome, par les gardes corses de vostre Saincteté, nous avons tout aussitost mandé à nostre dit cousin qu'il eust à sortir de vos estats, à fin que sa personne et nostre dignité n'y restassent pas exposées à des actes innouis mesme chez les barbares. Nous avons également ordonné au Sieur Abbé de Bourlemont, Auditeur de Rote, qu'il ait à savoir de vostre Béatitude si elle a dessein de nous en proposer une satisfaction proportionnée à la grandeur de l'offense, laquelle a non seullement attaqué, mais indignement renversé et violé le droit des gens. Nous ne demanderons rien à vostre Saincteté en cette rencontre. Elle a pris une si longue habitude de nous refuser toute chose et témoigné jusqu'icy tant d'adversion pour nostre personne et nostre couronne, que nous voulons laisser à sa seule prudence le soin de lui fournir une résolution sur laquelle la nostre se règlera : souhaitant seullement de pouvoir rester de vostre Béatitude le très dévot et révérend fils aisné,

LOUIS.

A Versailles, ce 30 aoust 1662. »

« Il est assez connu que le Souverain-Pontife envoya son neveu (de son nom), le Cardinal Fabio Chigi, avec le titre de Légat *a latere,* pour en demander publiquement excuse au Roi, séant sur son trône à Versailles. On avait décimé les Corses pour la galère, et la garde corse fut licenciée à perpétuité. Enfin, pour attester la réparation d'un pareil outrage, la Cour de Rome érigea dans la grande cour du Vatican une pyramide en marbre noir avec une inscription satisfaisante. Ni M. de Créquy, ni moi, lorsque j'allai dans ce palais avant le conclave (1), ne voulûmes jeter les yeux du côté de cette pyramide, ce qui fut équitablement apprécié par les Romains, et fort approuvé du cardinal de Rohan. Nous savons pourtant que les Corses ne sont pas traités charitablement dans l'inscription de cette pyramide, qui les qualifie de nation toujours infâme, odieuse aux peuples, et désormais indigne de servir les Rois. Pour les Corses, avait

---

1) En 1721.

dit Tacite, *primo vindicta, secundo mentiri, tertio negare Deos.*

» Quelques jours après cette entrevue du Pape avec M. de Créquy, j'obtins mon audience personnelle dans la sacristie du couvent des chanoinesses du Saint-Esprit, où je fus admise à baiser les pieds du Saint-Père et recevoir sa bénédiction. M. de Créquy voulut m'y faire l'honneur de son escorte, et le Saint-Père (1) ne pouvait se lasser de converser avec lui. Voici les dernières paroles qu'il nous ait dites avec un air de dignité modeste et d'enjouement rempli d'urbanité : « Nous n'oserions vous dire que nous vous aimons infiniment, les personnes de votre maison sont trop fières avec les Papes. Nous ne saurions vous dire non plus que nous serions bien aise de vous voir ici pour ambassadeur et pour ambassadrice, à cause du terrible nom que vous portez, mais nous serions bien heureux et fort honoré de vous avoir pour sujets du Saint-Siège. ✠ Benedicat vos omnipotens Deus ! »

Et voilà justement comme on écrit l'histoire !

Ce qui nous étonne, ce n'est pas que l'auteur confonde Alexandre VIII avec Alexandre VII, estropie un méchant distique attribué à Sénèque pour en charger la conscience de Tacite, et noircisse enfin les pauvres Corses de tous les péchés d'Israël ; — la spirituelle Marquise ne se pique pas d'érudition. — Mais comment aurait-elle pu voir en 1721, dans la *grande cour du Vatican,* une pyramide élevée, en 1664, *vis-à-vis l'ancien corps-de-garde des Corses,* près de la *Trinità di Ponte Sisto,* aujourd'hui *Trinità de'Pel-*

---

1) lément XIII.

legrini (1), et abattue par le pape Clément IX en 1668 ? Le Souverain Pontife, qui avait tant pressé Louis XIV d'en autoriser la destruction, l'aurait-il fait transporter dans la cour de son palais, pour la contempler à son aise, comme une curieuse antiquaille ? Nos lecteurs répondront pour nous à ces questions.

La Marquise revient, au tome IX, pag. 113, de ses *Souvenirs* sur cette affaire des Corses. En rendant compte de son entretien avec le Premier Consul au sujet de la restitution d'une partie de ses biens confisqués, elle dit :

« Il (*le consul*) m'accorda la restitution de vos bois avec une grâce parfaite, et puis il me parla de la belle et noble conduite du duc de Créquy-Lesdiguières à Rome, en ajoutant que la France avait eu grand tort de souffrir la *destruction* de cette pyramide qui témoignait et verbalisait les réparations que la Cour de Rome avait faites à cet Ambassadeur...

» Bonaparte ne savait pas ou peut-être ne se rappela-t-il point que, sur le monument dont il regrettait la *démolition*, les Corses se trouvaient qualifiés de *nation toujours infâme, odieuse aux peuples et désormais indigne de servir les rois.* »

Ces souvenirs pourraient bien être un peu infidèles. N'oublions pas que Mme de Créquy avait alors près de cent ans.

---

1) Matteo da Pietralba dit dans son 2e interrogatoire (p. 327) : « Il Monte della Pietà, che sta vicino al nostro quartiero della Regola, che non ci è se non la strada di mezzo. » Or, le Mont de Piété est en face de la Trinità de' Pellegrini.

N° 3. — Nous n'avons pas été peu surpris de voir un écrivain distingué, M. le général Iung (1) lire *pirati* au lieu de *patrati* (P. TRATI) dans l'inscription citée à la page VI de notre Introduction. Il est vrai qu'un *sic* traditionnel accompagnant ce barbarisme, qui est en même temps un solécisme, la faute passe au compte de l'ignorance des latinistes romains. Mais ne pourrait-on pas l'attribuer aussi à quelque distraction de M. Iung? Quoi qu'il en soit, voici comment cet auteur traduit l'inscription :

« En exécration de l'attentat commis par les soldats corses sur la personne de Son Excellence le duc de Créqui, ambassadeur du roi très chrétien, *la nation corse, nation de pirates*, a été déclarée, *par décret de N. S. P. le pape Alexandre VII, en date du 13 septembre 1662, incapable et indigne* de servir au Siège apostolique, en exécution du traité de Pise et en mémoire éternelle de cet événement (1664). » t. I, p. 2.

Notons en outre qu'égaré par ce malheureux *pirati*, le traducteur commet une confusion étrange : il prend la date du conflit (1662) pour celle du décret du pape (1664), de sorte que le traité de Pise se trouve en pleine vigueur deux années avant sa conception.

En fouillant dans les archives, M. Iung a trouvé des choses autrement piquantes! Nous ne résistons pas au plaisir d'en citer quelques-unes, bien qu'elles n'aient aucun rapport avec notre sujet :

Il a découvert, par exemple (t. I, p. 34), toute une nichée

---

1) Th. Iung. Bonaparte et son temps, 1769-1799. Paris, G. Charpentier, 1880. *Ouvrage dédié à M. Léon Gambetta.*

de *Quondam,* sans doute des débris de quelque colonie romaine, très proches parents des Bonaparte — côtés paternel et maternel. — L'auteur aurait-il pris le Pirée pour un homme, et ignorerait-il que *Johannes quondam Silvestris* signifie *Jean de feu Silvestre?*

Puis (pag. 35 et suiv. passim), il disserte sur le nom de *Napoleone:*

« Ce n'est pas un nom de saint, dit-il. Du moins, le *martyrologe universel* ne le mentionne pas. Le seul qui s'en rapproche et que citent l'auteur des *Acta Sanctorum* et le *martyrologe* est *Saint Néopole* etc....

» Doit-on s'arrêter, se demande-t-il gravement, aux formes *Napulione* ou *Nabulione* consignées dans plusieurs actes?... »

Nous répondrons en toute humilité: Le nom de *Napoleone* est très ancien et assez répandu en Italie, et s'il ne se trouve pas dans le *Martyrologe,* ce n'est pas une raison pour croire qu'il n'est pas chrétien. L'empereur disait plaisamment à ce propos: « Il y a plus de saints au paradis que dans le calendrier. »

Quant à *Napulione* et *Nabulione,* ce sont des corruptions de *Napoleone,* et ces formes populaires sont encore en usage au-delà des Monts. Pour s'en convaincre, M. Iung n'aurait qu'à faire un tour à Ajaccio.

Plus loin (pag. 45, n. I), il écrit:

« J. B. Cervoni, né en 1768 à *Socria en Sardaigne,*... fut tué à la bataille d'Eckmühl en 1809. »

C'est la reproduction de l'erreur de Dezobry et Bachelet qui, dans leur dictionnaire, font de J. B. Cervoni un **officier** *sarde au service de la France*. Mais un écrivain militaire du mérite de M. Iung devrait puiser ailleurs ses renseignements et savoir que ce brave général était né à *Soveria en Corse* et, par conséquent, Français.

Enfin, à la pag. 216, n. 1, il observe que la sœur du comte Charles-André de Pozzo-di-Borgo était la mère de Louis et Charles Blanc.

Décidément, M. Iung n'est pas heureux dans ses notes : La famille du comte Pozzo-di-Borgo, originaire d'Alata, n'a aucun lien de parenté avec les Pozzo-di-Borgo d'Ajaccio, auxquels appartenait la famille de Mme Blanc.

Nous tenons à déclarer ici que ces erreurs de détail ne nous paraissent point diminuer la valeur de l'ouvrage de M. Iung, vrai, selon nous, dans son ensemble et dans la plupart de ses déductions.

N° 4. — Liste des Victimes du conflit du 20 août 1662.

Morts.

1. Aubin Copet, page du secrétaire de l'Ambassadeur.
2. Bertaud, page de l'Ambassadrice (1).
3. Antoine Duboys, Capitaine des Gardes de l'Ambassadeur (2).

---

1) La Marquise de Créquy le donne pour un Polignac (V. Appendice n° 2).

2) « Fra i tre feriti ne. tempo della mischia uno fu Monsù du Bois, Capitano delle Guardie del Sig^r Ambasciatore » (Racconto, p. 49). Et c'est uniquement comme *blessé* d'un coup d'arquebuse dans le bas-ventre qu'il figure dans notre Manuscrit (p. 82). Mais la confrontation de certains passages du *Racconto* autorise à croire qu'il mourut des suites de sa blessure. En effet, d'après le passage cité par nous à la p. 416, note 4,

4. Gio: Battista d'Ajaccio, soldat corse, blessé à Ponte-Sisto (3e agression).
5. Andrea Guernaccino da Carpegna, garçon libraire.
6. Michele Costa, boulanger allemand.
7. Gio: Battista Petrucci della Valtellina, portefaix.
8. Filippo Rossi da Messina, mendiant aveugle (1).

Blessés.

1. Giovanni da Calenzana, soldat corse, blessé à Ponte Sisto (2e agression).
2. Michele Trussil, boulanger allemand.

N° 5. — Nous n'avons donné, à la page 73, que le commencement de la note du docteur Th. Prelà, apposée sur le manuscrit du *Processo de' Corsi*. En voici la fin:

..... *la quale* (la nazione corsa) *perdette la sua chiesa nazionale ed i fondi assegnatigli dai defonti Corsi, distinti per gradi militari superiori presso il Governo Pontificio. Potrebbero i Corsi che ora tanto figurano nel Governo Francese rivendicarli, o almeno conoscerne la erogazione se corrisponda alla volontà (in specie) dei testatori; e riacquistare la chiesa*

---

il n'y aurait eu en tout, le jour du conflit, que *trois* Français d'atteints (morts et blessés compris). Antoine Duboys était du nombre; et comme en définitive on eut à déplorer la mort de *trois* Français (Racc. pp. 15 et 53), il faut qu'Antoine Duboys ait succombé à sa blessure, toutefois après le 21 novembre, date à laquelle se termine la partie de l'Enquête que nous publions. La constatation de son décès doit donc faire partie de l'Enquête supplémentaire.

1) Les 3 derniers moururent, comme Gio: Battista d'Ajaccio, à l'Hôpital de la Consolation, des suites de leurs blessures.

ed il casamento annesso, per stabilirvi un ospizio per i poveri ecclesiastici che vengono in Roma, ed un ospedale anche per i secolari infermi, particolarmente marinari, che spesso vengono a Roma, come l'hanno anche le più piccole nazioni. I nostri Corsi morendo avranno sperato invano quel — exoriare aliquis nostris ex ossibus ultor? — e composte le vertenze con la chiesa, i soli defonti credenti avranno pagato il fio, senza esserne colpevoli, alla etichetta eventuale e postuma della politica giurisdizione, e di una sistematica prepotenza, o capriccio del tempo? —

L. et P. L.

TABLE DES MATIÈRES CONTENUES DANS LE PROCÈS [1]

	Page
Processo de' Corsi in Roma	71
Rapport de police du 20 août	75
Rapport de police du 21 août	76
Transport du cadavre d'Andrea Guernaccino, garçon libraire	»
Visite judiciaire	»
Constatation médicale	77
Reconnaissance du cadavre par 2 témoins	78, 79
Transport du cadavre de Bertaud, page de l'Ambassadrice	80
Visite judiciaire	»
Reconnaissance du cadavre par 2 témoins	80, 81
Constatation méd^{le} de la blessure d'Ant. Duboys, cap^{ne} des Gardes	82
Visite judiciaire, et Interrogatoire d'Antoine Duboys	»
Constatation médicale de la blessure de Michele Costa	83
Visite judiciaire et Interrogatoire du blessé Michel Trussil	»
Interrogatoire de Giovanna Vietti	85
» de Marco Vietti	86
» de Luigi Dragonio	88
» de Girolamo Baldeschi	90
» de Cristoforo de Visa	92
» de Giuseppe Maccione	94
» de Andrea Feretti	96
» de Bartolomeo Dannusi	98
» de Evangelista Speranza	101
Constatation médicale de la blessure de Gio: Battista Petrucci	102
Visite judiciaire et Interrogatoire de Gio: Battista Petrucci	»

---

(1) Abréviations employées dans cette Table:
(*s. c.*)   signifie : soldat corse.
(*s. c. p.*) — soldat corse prisonnier.
(*TF.*)   — soumis au supplice de la Corde.
(*TV.*)   — soumis au supplice de la Veille.
(*TF. 2*), (*TV. 2*) — s. au suppl. de la Corde ou de la Veille pour la 2e fois.

Constatation médicale de la blessure de Filippo Rossi . . .		103
Visite judiciaire et Interrogatoire de Filippo Rossi		»
Constatation médicale des blessures de Gio: Battista d'Ajaccio . . . . (s. c.)		104
Visite judiciaire et Interr.ᵛᵉ de Gio: Battista d'Ajaccio . . .		»
Interrogatoire de Giovanni da Calenzana . . . . (s. c.)		107
» de Gio: Tomaso da Muro. . . . . (s. c.)		110
» de Giacomo da Tox . . . . . (s. c.)		112
» de Domenico da Rogliano . . . (s. c.)		115
» de Giovanni Deodato		116
» de Domenico Tomasi		119
» de Domenico Vinci		120
» de Angelo Miliaccio		122
» de Angelo Balestra		123
» de Matteo da Pietralba . . . (s. c. p.)		124
» de Piero da Giussano . . . (s. c. p.)		131
» de Michele da Occhiatana . . . (s. c. p.)		134
» de Anton Giulio da Venaco . . . (s. c. p.)		141
» de Terramorso da Vallerustie . . (s. c. p.)		143
» de Valerio da Zevaco . . . . . (s. c. p.)		148
» di Gio: Battista da Focicchia . . (s. c. p.)		150
» de Annibale da Altiano . . . . (s. c. p.)		154
» de Jacopo da Tox . . . . . . (s. c. p.)		158
» de Gio: Andrea da Montemaggiore. (s. c. p.)		161
» de Giordano da Corrà . . . . (s. c. p.)		165
» du Capitaine Alfonso Franchi		168
» de l'Alfier Antonio Cardone		175
» de Filippo Catalucci		180
» de Giovan Pietro Bernardini		183
« de Bernardino Appii		186
» de Bartolomeo Guidotti		190
» de Gio: Battista Suardi		192
Transport du cadavre d'Aubin Copet, page du secrétaire de l'Ambassadrice		194
Visite judiciaire		»
Constatation médicale		195
Reconnaissance du cadavre par 2 témoins		195, 196
Interrogatoire de Carlo Bentivoglio		196
» de Bernardino Boni		198
» de Francesco Umiltà		200
» de Aurelio Lorenzi		204
» de Stefano Montacuti		208
» de Fabio d'Ajaccio . . . . . (s. c.)		211
» de Paolo Maria Pozzodiborgo . . . (s. c.)		215

— 437 —

Interrogatoire de Francesco Bernasconi			248
» du Caporal Piero d'Oletta	(s. c.)		220
» de Marchione da Cristinaccia . . .	(s. c.)		225
» du Sergent Gio: Battista da Fozzano .	(s. c.)		229
» de Tomaso Marchetti da Bilia . . .	(s. c.)		237
» de Giovanni Barla.			242
Déclaration des décès de Gio: Battista d'Ajaccio et de Gio: Battista Petrucci, blessés le 20 août			243
Constatation judiciaire du décès de Gio: Battista d'Ajaccio.			244
Reconnaissance du cadavre par 2 témoins		244,	245
Constatation judiciaire du décès de Gio. Battista Petrucci ,			246
Reconnaissance du cadavre par 2 témoins		246,	247
Interrogatoire de Francesco Giulj da Lota	(s. c.)		247
» de Giulio da Pila	(s. c.)		250
» de Barnabeo da Santa Lucia. . . .	(s. c.)		251
» de Vittorio da Omessa	(s. c.)		253
» de Gio: Battista da Zilia.	(s. c.)		257
Déclaration du décès de Michele Costa, blessé le 20 août.			260
Visite judiciaire			»
Reconnaissance du cadavre par 2 témoins			261
Lettre du Cardinal Chigi			262
Interrogatoire de Valerio da Sichè	(s. c. p.)		»
» de Matteo da Santa Maria . . .	(s. c. p)		266
Déclaration du décès de Filippo Rossi, blessé le 20 août . .			269
Visite judiciaire			270
Reconnaissance du cadavre par 2 témoins		270,	271
2ᵉ Interrogatoire de Valerio da Sichè.			272
» de Matteo da Santa Maria			278
» du Caporal Piero d'Oletta			283
» de Terramorso da Vallerustie			285
» de Michele d'Occhiatana			287
Interrogatoire de Pietro Ansaldi da Santa Reparata.	(s. c. p.)		288
» de Ferrante da Corti	(s. c. p.)		296
2ᵉ Interrogatoire de Pietro Ansaldi da Sᵗᵃ Reparata . . .			302
Interrogatoire de Matteo da Bastelica	(s. c. p.)		303
2ᵉ Interrogatoire de Ferrante da Corti			309
Interrogatoire de Giacomo Santo da Corrà . . .	(s. c. p.)		311
» de Simone da Bastelica	(s. c. p.)		314
» de Pier Giovanni Peretti da Zevaco.	(s. c. p.)		315
» du Capˡ Pietro da Montemaggiore.	(s. c. p.)		318
2ᵉ Interrogatoire du Capˡ Pietro da Montemaggiore			321
» de Matteo da Pietralba.			326
» de Pier Giovanni Peretti da Zevaco . . .			329
3ᵉ Interrʳᵉ de Pier Giovanni Peretti da Zevaco			331

Sa confrontation avec Pietro Ansaldi	335
» avec Ferrante da Corti	340
» avec le caporal Piero d'Oletta .	342
» avec Terramorso da Vallerustie. .	343
» avec Michele da Occhiatana. . .	344
4° Interr.re de Pier Giovanni Peretti da Zevaco	346
Sa 2.e confrontation avec le cap.l Piero d'Oletta .	»
» avec Terramorso da Vallerustie .	347
» avec Michele da Occhiatana. .	349
3° Interr.re du cap.l Pietro de Montemaggiore.	350
Sa confrontation avec Valerio da Sichè	351
» avec Matteo da S.ta Maria	353
» avec le caporal Piero d'Oletta .	355
» avec Ferrante da Corti	357
» avec Pietro Ansaldi	358
2° Interrogatoire de Giordano da Corrà . . . . . . (*T F.*)	360
» de Gio: Andrea da Montemaggiore . . (*T F.*)	362
4° Interr.re du cap.l Pietro da Montemaggiore	364
Sa 2.e confrontation avec Valerio da Sichè . . (*T F.*)	365
» avec Matteo da Sta Maria. (*T F.*)	366
3° Interrogatoire de Ferrante da Corti . . . . . . (*T F.*)	369
» de Pietro Ansaldi . . . . . . (*T F*)	371
Triple confrontation de Pier Giovanni Peretti, de Matteo da Pietralba et de Matteo da Bastelica.	
1° avec Pietro Ansaldi . . . . (*T F.* 2)	374
2° avec Ferrante da Corti . . . . . . (*T F.* 2)	376
6° Interrogatoire de Pier Giovanni Peretti . . . . . (*T F.*)	378
2° Interrogatoire de Valerio da Zevaco . . . . . . (*T F.*)	381
Chirographe du Pape ordonnant l'application du supplice de la Veille	384
4° Interrogatoire de Matteo da Pietralba . . . . . (*T F.*)	386
5° Interrogatoire de Matteo da Pietralba . . . . . (*T V.*)	388
6° Interrogatoire de Matteo da Pietralba.	393
Interrogatoire de Brigida Donati	»
7° Interrogatoire de Matteo da Pietralba	395
Sa confrontation avec Brigida Donati	396
8° Interrogatoire de Matteo da Pietralba . . . . (*T V.* 2)	397
9° Interrogatoire de Matteo da Pietralba	401

TABLE GÉNÉRALE

DES MATIÈRES CONTENUES DANS LE PRÉSENT VOLUME

Introduction	V-XIII
Relazione etc. (document anonyme)	1-69
Processo de' Corsi (document officiel)	70-404
Conclusion	405-420
Appendice	421-434
Table des matières contenues dans le Procès	435-438

ERRATA

	Au lieu de :	Lisez :
p. 44, l. 24	controverse	controversie
p. 78, l. 10	quello	quella
p. 83, l. 24	forraro	fornaro
p. 83, en marge	Fx lib.	Ex lib.
p. 84, l. 7	me. Int°	me int'
p. 84, l. 22	et che havendo	et havendo
p. 88, l. 26	essa minato	essaminato
p. 92, l. 27	dalla	nella
p. 96, l. 11	S^s	S^r
p. 98, l. 18	cis	eis
p. 99, l. 11	prox°	proxè
p. 126, l. 19	habuit	habuerit
p. 135, l. 30	solito	solita
p. 136, l. 31	Marco lì nella Piazzetto	giunto lì nella Piazzetta
p. 150, l. 22	meqne	meque
p. 169, note 3	evcogitaret	excogitaret
p. 174, l. 10	io gli là	io gli la
p. 187, l. 13	mensi	mensis
p. 190, l. 13	hic	huc
p. 192, l. 23	Fioræ	Floræ
p. 194, l. 17	cesaria	cesarie
p. 198, l. 22	informatus	informatum
p. 211, l. 27	usqne	usque
pp. 249, 251, 253, 276	Catinari	Catenari
p. 263, l. 16	chiamoto	chiamato
p. 274, note 2	V. p. 271, note 1.	V. p. 272, note 2.
p. 283, note 1	MS : en 1644.	En 1644.
p. 294, l. 29	vicol	vicoli
p. 311, l. 25	del quale	dal quale
p. 348, l. 12	si sentivano	si sentiva

	Au lieu de :	Lisez :
p. 334, l. 29	locuum	locum
p. 336, l. 17	de	da
p. 361, l. 23	mandavit adduci	mandavit eum adduci
p. 362, l. 20	mandavit leniter	mandavit eum leniter
p. 363, l. 3	e quorsum	et quorsum
p. 379, l. 30	facultatorum	facultatum
p. 383, l. 22	deito	detto
p. 398, l. 13	possit	posset
p. 414, note 4	V. p. 23, l. 31-34	V. p. 22, l. 26-29 et p. 23, l. 31-34.
p. 425, l. 6	*ramentovoirai*	*ramentevoirai*
p. 428, note 1	lément XIII.	Clément XIII.
p. 430, l. 3	*patrati*	*patrati* ou *perpetrati*

Publications de la Société :

Bulletin de la Société des Sciences Historiques et Naturelles de la Corse, années 1881-1882, 1883-1884 et 1885-1886, 3 vol., 724, 663 et 596 pages.

Lettres de Pascal Paoli, publiées par M. le docteur Perelli, 1re série, 400 pages. — Supplément, 201 pages.

Mémoires de Rostini, texte italien avec traduction française par M. l'abbé Letteron, 2 vol., 482 et 588 pages.

Memorie del Padre Bonfiglio Guelfucci, dal 1729 al 1764, 1 vol., 236 pages.

Dialogo nominato Corsica del Rmo Monsignor Agostino Justiniano, vescovo di Nebbio, texte revu par M. de Caraffa, conseiller à la cour d'appel, 1 vol., 120 pages.

Voyage géologique et minéralogique en Corse, par M. Emile Gueymard, ingénieur des mines, (1820-1821), publié par M. J.-M. Bonavita, 1 vol., 160 pages.

Pietro Cirneo, texte latin, traduction de M. l'abbé Letteron, 1 vol., 414 pages.

Histoire des Corses, par Gregorovius, traduction de M. Pierre Lucciana, 1 vol., 168 pages.

Corsica, par Gregorovius, traduction de M. P. Lucciana, 2 vol., 262 et 360 pages.

(Ces trois derniers volumes font partie du même ouvrage).

Pratica delli Capi Ribelli Corsi giustiziati nel Palazzo Criminale (7 maggio 1746). Documents extraits des archives de Gênes. Texte revu et annoté par M. de Caraffa, conseiller, et MM. Lucciana frères, professeurs, 1 vol. 420 pages.

Pratica Manuale del dottor Pietro Morati di Muro. Texte revu par M. de Caraffa, 2 vol., 354 et 516 pages.

La Corse, Cosme Ier de Médicis et Philippe II, par M. A. de Morati, ancien conseiller, 1 vol., 160 pages.

La Guerre de Corse, texte latin d'Antonio Roccatagliata, revu et annoté par M. de Castelli, traduit en français par M. l'Abbé Letteron, 1 vol., 250 pages.

Annales de Banchero, ancien Podestat de Bastia, manuscrit inédit, texte italien publié par M. l'Abbé Letteron, 1 vol., 220 pages.

Histoire de la Corse (dite de Filippini), traduction de M. l'Abbé Letteron, 1er volume, XLVII-504 pages.

BULLETIN

DE LA

SOCIÉTÉ DES SCIENCES HISTORIQUES & NATURELLES DE LA CORSE

PRIX DU BULLETIN :

Pour les membres de la Société, un an. . . 10 fr.

ABONNEMENTS :

Pour la Corse et la France, un an . . . . 12 fr.
Pour les pays étrangers compris dans l'union
   postale, un an. . . . . 13 fr.
Pour les pays étrangers non compris dans
   l'union postale, un an . . . . 15 fr.

NOTA. — Tout abonnement est payable d'avance, et se prend à l'année, du mois de janvier au mois de décembre.

S'adresser pour les abonnements à M. CAMPOCASSO, Trésorier de la Société, ou à la librairie OLLAGNIER, à Bastia.

Prix du fascicule : 3 francs

www.ingramcontent.com/pod-product-compliance
Lightning Source LLC
Chambersburg PA
CBHW070534230426
43665CB00014B/1690